铁路大跨度钢箱混合梁斜拉桥关键施工技术

中铁四局集团第二工程有限公司 ◎编

  世界图书出版公司

广州·上海·西安·北京

图书在版编目（CIP）数据

铁路大跨度钢箱混合梁斜拉桥关键施工技术 / 中铁四局集团第二工程有限公司编 . -- 广州：世界图书出版广东有限公司，2020.7
 ISBN 978-7-5192-7667-6

Ⅰ．①铁… Ⅱ．①中… Ⅲ．①长跨桥－箱梁桥－斜拉桥－铁路桥－桥梁施工 Ⅳ．① U448.135.4

中国版本图书馆 CIP 数据核字（2020）第 128121 号

书　　名	铁路大跨度钢箱混合梁斜拉桥关键施工技术 TIELU DAKUADU GANGXIANG HUNHELIANG XIELAQIAO GUANJIAN SHIGONG JISHU
编　　者	中铁四局集团第二工程有限公司
策划编辑	康琬娟
责任编辑	刘　旭
出版发行	世界图书出版广东有限公司
地　　址	广州市海珠区新港西路大江冲 25 号
邮　　编	510300
电　　话	020-84460408
网　　址	http://www.gdst.com.cn/
邮　　箱	wpc_gdst@163.com
经　　销	新华书店
印　　刷	广东虎彩云印刷有限公司
开　　本	889×1194 mm　1/16
印　　张	23.25
字　　数	345 千字
版　　次	2020 年 7 月第 1 版　2020 年 7 月第 1 次印刷
国际书号	ISBN 978-7-5192-7667-6
定　　价	258.00 元

版权所有　翻印必究
（如有印装错误，请与出版社联系）

编写委员会

主　编：陈　平

副主编：王　杰　　李　猛　　孙小猛　　岑　峰
　　　　徐　泽　　赵春斌

编　委：任世朋　　胡晓东　　徐登云　　狄　鹏
　　　　闫明赛　　李世铭　　赵　伟　　王亚飞
　　　　张　刚　　姜泛金　　张少飞　　王宁平

序　言

　　宁波铁路枢纽北环线甬江特大桥（以下简称甬江特大桥）是国内铁路建设史上第一座钢箱混合梁斜拉桥，放眼世界，在建成的铁路混合梁斜拉桥中该桥以 468 m 跨度目前位列第一。本书通过甬江特大桥的设计施工实施方案全面介绍了甬江特大桥的设计与施工相关技术。通过设计、施工的技术创新，大桥实现了结构受力、使用功能和建筑景观的完美结合。该桥 2010 年 5 月开工建设，2014 年 12 月建成通车，运营状况良好，先后荣获中国建设工程鲁班奖、中国土木工程詹天佑奖、安徽省科学科技进步奖一等奖。甬江特大桥 177.91 m 钻石形索塔与下游宁波绕城高速公路清水浦特大桥 140 m 钻石形联体双塔交相辉映，形成了国内难得一见的"六塔耸天"的壮观场面，成为宁波又一道亮丽风景，受到了国内桥梁工程界的广泛赞誉。

　　该桥结构设计新颖，施工技术先进，两者有效结合并得到了成功实践，使得甬江特大桥成为一件举世瞩目的艺术佳作。本书中阐述的设计与施工技术独具匠心，值得桥梁工程师们鉴阅，也相信广大读者一定能从中获益。

目 录

第一章 铁路大跨度钢箱混合梁斜拉桥设计 /01

第二章 铁路大跨度钢箱混合梁斜拉桥关键施工技术研究 /71

第三章 复杂地质条件下超长大直径钻孔桩施工成套关键技术研究 /91

第四章 铁路大跨度钢箱混合梁斜拉桥施工控制技术研究 /135

第五章 超高索塔施工方法及关键施工技术研究 /169

第六章 钢箱主梁施工方法、设备研制及关键施工技术研究 /251

第七章 钢混结合段施工方法及关键施工技术研究 /305

参考文献 /341

工程施工图片 /353

后 记 /365

第一章

铁路大跨度钢箱混合梁斜拉桥设计

1 桥位勘察

1.1 桥址处工程特征

1.1.1 地理位置

本项目地处宁波市，甬江特大桥是宁波铁路枢纽北环线的重要桥梁，于宁波绕城高速公路桥位上游 64.8 m 处跨越甬江。桥址段属于滨海平原，地形平坦开阔，多辟为旱地、农田、村舍，植被发育，交通便利，地表水系发育，沟渠纵横。

1.1.2 河道及航道

桥区河段位于河道顺直处，属感潮河段。主槽位于线路大里程侧，宽约 180 m，水深在 8.0 m 以上，河道与线路夹角 83°。边滩较宽达 180 m，较浅，通航时水深仅 1.5 m。

宁波水利局甬水政〔2008〕55 号文指出，甬江是流域的行洪、排涝通道，属感潮河道，容易发生冲刷和淤积，目前甬江的行洪排涝能力已难以满足规划要求，因此，在该河段设置桥梁，原则上要求一跨过江，当前该河段的上下游桥梁都按此要求进行严格限制。

《宁波铁路枢纽北环线甬江特大桥通航净空尺度及技术要求论证研究报告》评审意见认为：此桥紧邻宁波绕城公路东段甬江大桥，按《内河通航标准》规定，通航孔必须相对应；桥位位于弯道河段，根据《通航海轮桥梁通航标准》，桥梁宜一孔跨越河道；要求通航净高不小于 30.86 m，净宽不小于 200 m，设计最高通航水位 3.27 m（黄海高程）。

1.1.3 气象及水文

桥址属北亚热带为亚热带季风性湿润气候，南部具向中亚热带过渡的特征。冬季主要受西风带冷空气控制；夏季则受副热带高压、台风和西南气流影响，多异常天气。

多年平均气温 16.3℃，极端最高气温 41.2℃，极端最低气温 –11℃，最高月平均气温 28.1℃（7月），最低月平均气温 4.3℃（1月）。年降水量 1700 mm 以上，最大 1900 mm。风速年均 5.6 m/s，极大 52.3 m/s，属台风次重影响区，年均 1.8 次，影响期 5～11 月，其中 8～9 月为集中影响期。

甬江由南源奉化江和北源姚江在宁波市区三江口汇合后向东北流经镇海外游山入海。甬江两源中，姚江略长，奉化江流域面积略大。甬江水系流域面积 100 km² 以上的支流 5 条，其中流域面积在 200 km² 以上的有剡江、县江、鄞江 3 条。水系的中、下游是一大片由河湖和浅海沉积形成的平原，河湖相连，水网密布，形成独特的河网水系。甬江长 133 km，比降 4.9‰，流域面积 4518 km²（含上虞丰惠地区）。

甬江口多年平均年入海径流量为 28.6 亿立方米，多年平均年径流量为 16.855 亿立方米。

甬江属不正规半日潮型，一天有 2 个高潮和 2 个低潮，其相邻的高潮低潮均不相等。本桥大潮期各潮位观测点实测最高潮位 1.77 m，最低潮位 –1.06 m；小潮期各潮位观测点实测最高潮位 1.43 m，最低潮位 –0.63 m。

流量及水位采用 100 年潮 + 10 年洪组合，最大设计流量 $q_V = 3278 \text{ m}^3/\text{s}$，最高设计水位 $h = 3.53 \text{ m}$；设计流速采用 100 年洪 + 10 年潮组合，$v = 1.30 \text{ m/s}$。

1.1.4 立交、规划及管线情况

江北 DK18 + 085.78 附近，规划有宽 30 m 沿江大道，江南 DK18 + 626.02 附近，规划有宽 28 m 沿江大道。

DK18 + 566.8 处（P6 号索塔附近），有一管道直径 740 mm 的高温蒸汽管，与线路正交，管顶标高 8.44 m。

1.1.5 上下游建筑物

桥址下游 64.8 m 处有在建宁波绕城公路东段甬江大桥，主桥采用（54 + 166 + 468 + 166 + 54）m 叠合梁斜拉桥方案，桥面布置为双向八车道，桥面净宽 2 × 20 m，设计荷载公路 — Ⅰ 级。索塔高 141.5 m，桥面以上塔高 105 m，基础采用 φ2.2 m 钻孔桩基础。主梁采用两个钢箱纵梁与混凝土板叠合的组合体系，钢箱梁中心距 24 m，梁高 2.67 m。钢箱纵梁之间设置工字钢横梁，组成纵横梁体系。

北仑侧引桥采用预应力混凝土连续刚构，全桥共 1 联，孔跨为（3 × 45 + 35）m，下部结构采用花瓶式实体墩，基础采用 6φ150 钻孔

灌注桩。镇海侧引桥亦采用预应力混凝土连续刚构，孔跨布置为（4×50）+（35+3×45）+（4×50）m，共3联，下部结构采用花瓶式实体墩，基础采用6ϕ150钻孔灌注桩。

1.2 工程地质

场址表层为第四系杂填土（Q_4^{ml}）、第四系全新统海积（Q_4^m）黏性土和淤泥质黏性土，其下为第四系上更新统冲海积（Q_3^{al+ml}）黏性土及冲洪积（Q_3^{al+pl}）砂类土，下伏基岩为白垩系下统馆头组（K1g）泥质粉砂岩、燕山晚期火山岩（γ）玄武玢岩及燕山晚期潜火山岩（λπy4）流纹斑岩。各岩土层地层岩性分述如下：

（1）填土层（Q_4^{ml}）

杂填土：杂色，松散，主要为碎石、砖块混黏性土等建筑垃圾组成，碎径10～30 cm，层厚0.80～2.20 m。

（2）第四系全新统地层（Q_4^m）

黏土：灰黄色，硬塑，局部软塑，厚层状，偶夹碎石。层厚1.20～3.80 m。

淤泥质黏土：灰色，流塑，局部夹有薄层粉土、粉砂，含有少量贝壳和腐殖物，普遍分布，层厚20.10～28.50 m。

黏土：灰色，流塑—软塑，薄层状，偶夹少量粉土薄膜。该层仅Jz-Ⅳ09-2号孔揭露，层面标高-22.02 m，揭露厚度5.10 m。

淤泥质粉质黏土：灰色，流塑，薄层状，层间夹少量粉土薄膜，局部为淤泥质黏土。层面标高-28.46～2.20 m，层厚6.40～31.70 m。

粉砂：灰色，松散—稍密，饱和，局部含较多黏性土。该层场地内大部分有分布，层面标高-42.77～-18.92 m，层厚1.80～8.40 m。

粉质黏土：灰色，软塑，薄层状，局部相变为黏土。该层场地内大部分有分布，层面标高-49.27～-26.92 m，层厚1.30～19.60 m。

粉土：灰色，稍密—中密。厚层状，局部为粉质黏土。该层场地内大部分有分布，层面标高-47.68～-34.82 m，层厚1.10～14.80 m。

（3）第四系上更新统冲海积地层（Q_3^{al+ml}）

粉砂：灰色，稍密—中密，饱和，厚层状，局部为细砂，偶含小砾。该层场地内大部分有分布，层面标高-56.13～-41.10 m，层厚0.50～15.70 m。

粉质黏土：灰色，软塑，局部硬塑，厚层状，含砾砂较多，局部以粉砂为主。该层场地内大部分有分布，层面标高 −62.27 ～ −44.03 m，层厚 1.70 ～ 11.20 m。

细砂：灰色，中密，饱和，厚层状，局部为砾砂。该层场地内大部分有分布，层面标高 −77.00 ～ −57.90 m，层厚 1.50 ～ 6.70 m。

砾砂：灰黄色及灰褐色，中密—密实，饱和，厚层状，局部为细砂或中砂，偶含小砾。该层场地内局部有分布，层面标高 −65.26 ～ −62.03 m，层厚 1.60 ～ 9.30 m。

（4）第四系上更新统冲洪积地层（Q_3^{al+pl}）

粉质黏土：灰绿、灰黄色，硬塑，厚层状，局部含砾或砂较多。该层场地内均有分布，层面标高 −78.50 ～ −65.34 m，层厚 3.30 ～ 21.70 m

粉质黏土：灰色，软塑，局部硬塑，厚层状，偶含小砾。该层场地内部分分布，层面标高 −87.34 ～ −74.26 m，层厚 3.60 ～ 8.00 m。

砾砂：灰黄色及灰褐色，中密—密实，饱和，厚层状，局部为细砂或中砂，偶含小砾。该层场地内大部分有分布，层面标高 −91.64 ～ −77.46 m，层厚 1.16 ～ 13.00 m。

含砾粉质黏土：褐红及褐黄色，硬塑，砾石含量 20% ～ 30%，偶夹碎石。该层场地内均有分布，仅个别孔钻探未揭露，层面标高 −94.76 ～ −82.65 m，层厚 3.70 ～ 17.80 m。

（5）白垩系下统馆头组（K1g）

全风化泥质粉砂岩：紫红色，风化强烈，岩芯呈硬塑状含砾粉质黏土，遇水易软化。层面标高 −105.84 ～ −93.65 m，层厚 3.45 ～ 16.80 m。

强风化泥质粉砂岩：紫红色，风化较强烈，岩芯呈碎块状及短柱状，块径 9 ～ 20 cm 不等，裂隙发育。层面标高 −120.43 ～ −103.76 m，层厚 1.90 ～ 24.60 m。

弱风化泥质粉砂岩：紫红色，局部裂隙较发育，岩芯呈碎块状及柱状，节长 7 ～ 25 cm 不等，易断裂，局部微细裂隙发育。层面标高 −130.82 ～ −126.66 m，层厚 5.00 ～ 10.60 m。

（6）燕山晚期火山岩（γ）、燕山晚期潜火山岩（λπy4）

强风化玄武玢岩：灰紫色及灰黑色，斑状结构，岩芯多呈碎块状，少许短柱状，块径 3 ～ 15 cm 不等，局部裂隙很发育，裂面平直，见铁质浸染。层面标高 −135.82 ～ −100.36 m，揭露厚度 2.10 ～ 18.10 m。

弱风化玄武玢岩：青黑色，斑状结构，岩芯多呈柱状，节长 9 ～

120 cm 不等，局部充填少量灰绿色岩脉。层面标高 –137.92 m，揭露厚度 10.46 m。

全风化流纹斑岩：紫红色，岩芯呈硬塑状含砾粉质黏土，遇水易软化，易断。层面标高 –106.68～–101.55 m，层厚 1.70～5.20 m。

强风化流纹斑岩：紫红色，风化较强烈，岩芯呈碎块状及短柱状，块径 3～15 cm 不等，裂隙发育。层面标高 –110.18～–105.34 m，揭露厚度 2.40～16.10 m。

弱风化流纹斑岩：紫红色，局部裂隙较发育，岩芯呈碎块状及柱状，节长 5～50 cm 不等，岩质较硬。层面标高 –121.53～–108.05 m，揭露厚度 0.80～27.89 m。

1.3 水文地质

桥址区甬江北岸地下水对混凝土无化学侵蚀性及氯盐侵蚀性。甬江南岸地下水对混凝土无化学侵蚀性，但具氯盐侵蚀性，环境作用等级为 L2。

1.4 地震烈度

场地土为软土—岩石，场地类别为 IV 类，场地浅层无液化的饱和砂土存在。根据《宁波铁路枢纽北环线工程场地地震安全性评价报告》，100 年 10% 地表水平动峰值加速度 0.131 g，100 年 4% 地表水平动峰值加速度 0.152 g。

2 主要技术标准和设计规范

2.1 主要技术标准

2.1.1 线路标准

铁路等级：I 级；

正线数目：双线；

设计行车速度：货车最高运行速度 120 km/h；

线间距：4.0 m。

2.1.2 设计荷载

双线，中–活载。

2.1.3 建筑限界

满足开行双层集装箱列车运输要求。

2.1.4 线路平纵断面

主桥位于 ±1‰ 纵坡上，关于主跨中心对称，平面位于直线上。

2.1.5 通航标准

通航净高不小于 30.86 m，净宽不小于 200 m，设计最高通航水位 3.27 m（黄海高程）。

2.2 设计规范

《铁路桥涵设计基本规范》（TB10002.1—2005）
《铁路桥梁钢结构设计规范》（TB10002.2—2005）
《铁路桥涵钢筋混凝土和预应力混凝土结构设计规范》（TB10002.3—2005）
《铁路桥涵地基和基础设计规范》（TB10002.5—2005）
《铁路工程抗震设计规范》（GB50111—2006）（2009年版）
《公路斜拉桥设计细则》（JTG/TD65-01—2007）
《公路桥梁抗风设计规范》（JTG/TD60-01—2004）
《铁路混凝土结构耐久性设计暂行规定》（铁建设〔2005〕157号、铁建设函〔2007〕140号）
《新建铁路桥上无缝线路设计暂行规定》（铁建设函〔2003〕205号）
《铁路双层集装箱运输装载限界》（铁科技函〔2004〕157号）
《铁路钢桥制造规范》（TB10212—2009）
《建筑钢结构焊接规程》（JBJ81—2002）
《钢结构工程施工及验收规范》（GB50205—2001）
《通航海轮桥梁通航标准》（JTJ311—1997）
《铁路工程建设标准局部修订条文汇编》（2009年版）

对以上规范不能涵盖的部分，还参考了如下规范：

《公路工程技术标准》（JTGB01—2003）

《公路桥涵设计通用规范》（JTGD60—2004）
《公路钢筋混凝土及预应力混凝土桥涵设计规范》（JTGD62—2004）
《公路桥涵地基与基础设计规范》（JTJ024—1985）
《道路桥示方书·同解说》【日本道路协会，平成八年（1996）】
《美国公路桥梁设计规范》（AASHTO，1994）
《钢桥、混凝土桥及结合桥》（英国标准学会，BS5400-3）（2000年版）

3 桥式方案比较

3.1 钢桁梁斜拉桥方案

3.1.1 桥式布置及平纵断面

主跨468 m跨越甬江，和下游64.8 m处在建宁波绕城公路桥主跨对应布置，边跨跨径的选择考虑边中跨合理比值、钢桁节间长度，及辅助墩尽量与下游公路桥对齐等因素。钢桁梁斜拉桥方案孔跨布置为（96＋168＋468＋168＋96）m，主桥长999.6 m。桥式布置如下图：

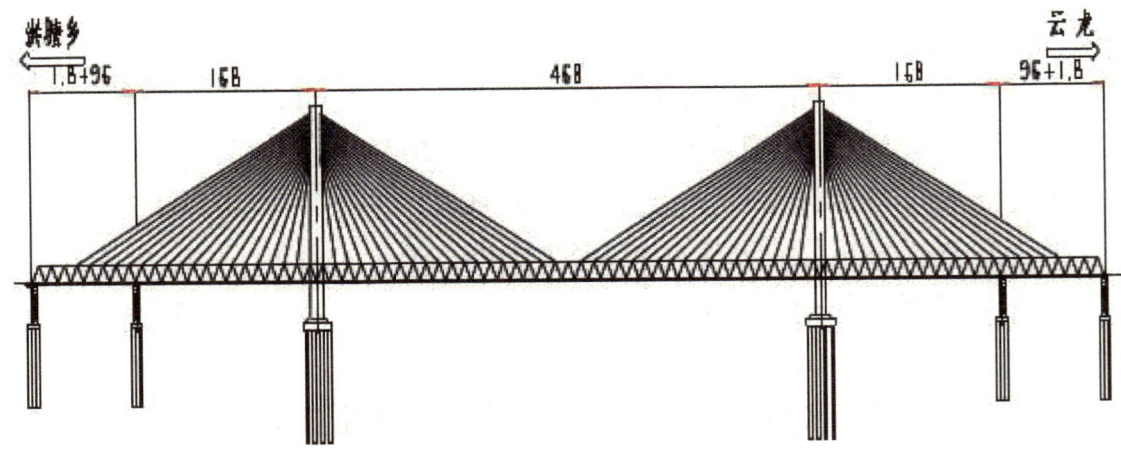

图1-1 钢桁梁斜拉桥方案总体布置图（单位：m）

主桥位于平坡、直线上，轨底标高38.694 m，梁底标高35.629 m，满足通航要求。

3.1.2 主梁结构设计

主梁采用三角形桁式，2片主桁横向中心距（桁宽）19 m，桁高15 m，节间距12 m。钢桁梁主体结构材料为Q370qE。

上下弦杆均为箱形截面。上弦内高1216 mm，内宽1140 mm，板厚

24～44 mm；下弦内高 1450 mm，内宽 1140 mm，板厚 32～50 mm。下弦杆顶板向桁内侧加宽 700 mm 与工形横梁上翼缘板焊接。腹杆主要采用 H 形截面，部分采用箱形截面杆件。H 形翼板高 760 mm，腹板宽 1138 mm，板厚 20～44 mm，根据不同的受力区段选用不同的杆件截面。

主桁采用焊接杆件，整体节点。节点以外以高强螺栓拼接，上下弦杆四面等强对拼。H 形腹杆采用插入式连接，箱形腹杆采用四面与主桁节点对拼的连接形式。主桁拼接采用 M30 高强螺栓。

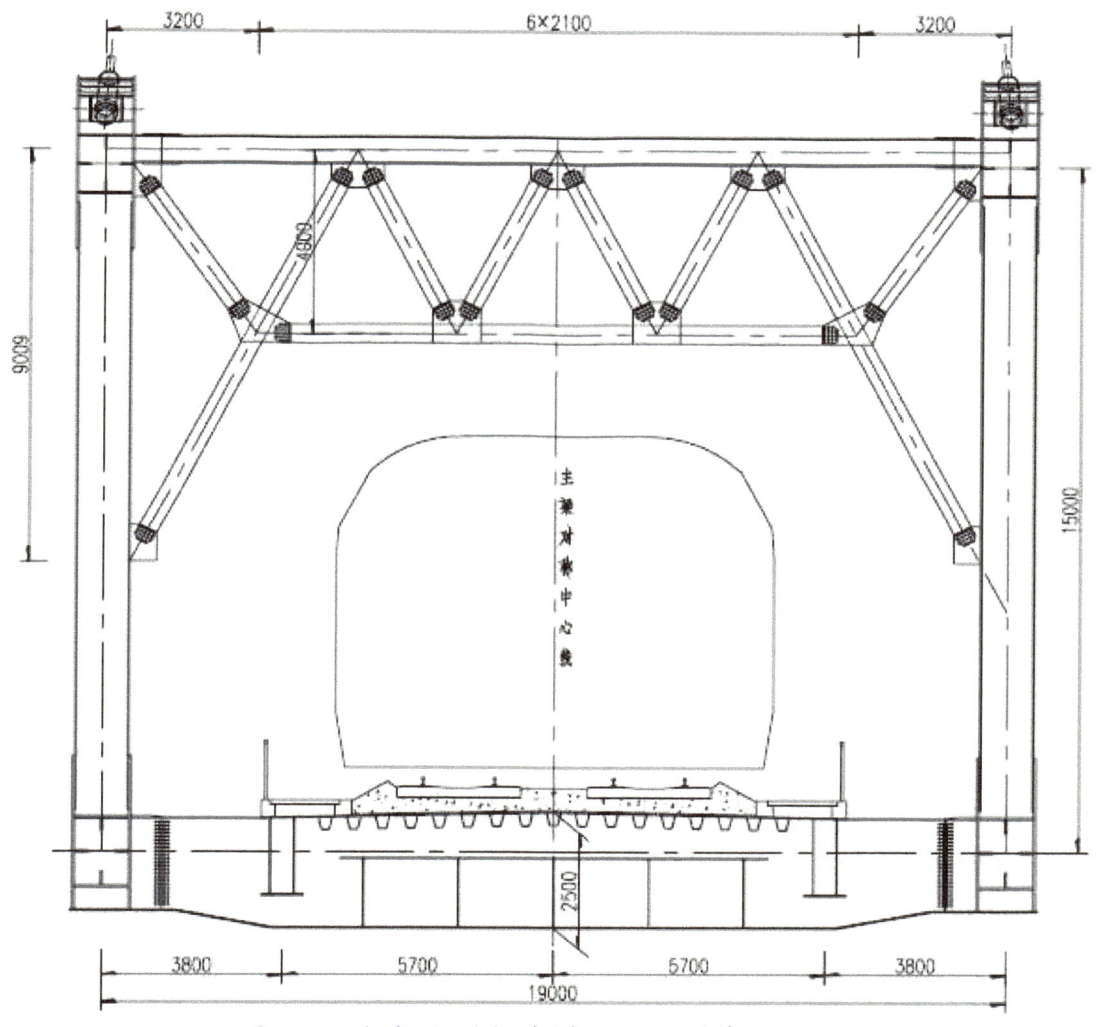

图 1-2　钢桁主梁标准横断面图（单位：mm）

主桁锚点由主桁上弦节点的两侧节点板向上延伸，在 2 节点板之间焊接钢锚箱的拉板，斜拉索力通过厚 24～40 mm 的锚箱主体板件两端将拉力传递给主桁节点。

桥面系由双倒 T 纵梁、主横梁、次横梁、水平 K 撑、钢桥面板及 U 形肋组成。钢桥面板采用纵横肋加强的正交异性板结构，板厚 16 mm，设双向2%的排水坡。钢桥面板全桥纵、横向连续,纵向搭接于双倒T纵梁腹板,横向分段焊接;桥面板下焊接厚8 mm的U形纵向加劲肋,U形加劲肋高260 mm,间距600 mm;纵桥向每隔12 m设置一道倒T形主横梁,主横梁跨中高2.5 m,翼板宽900 mm,厚36 mm,腹板厚28 mm,与下弦杆的伸出肢焊接;主横梁节间每隔3.0 m设置一道次横梁,次横梁跨中高1.8 m,翼板宽700 mm,厚24 mm,腹板厚16 mm,与双倒T纵梁腹板焊接。

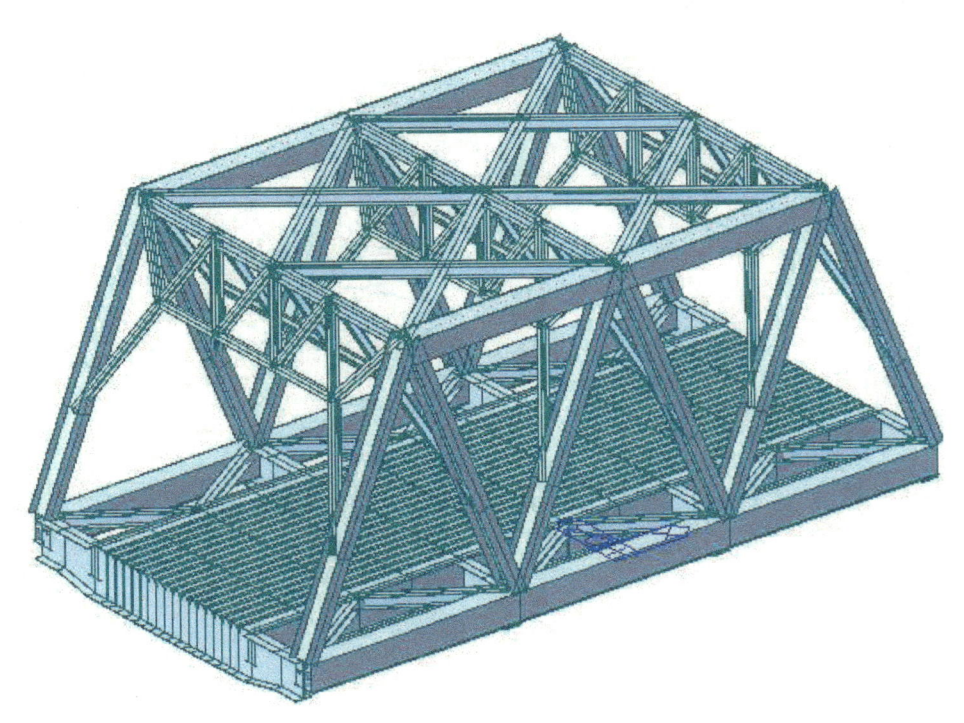

图1-3 钢桁主梁节段模型

钢桥面板分块制造和安装,每节间的桥面板横桥向作为一块,两边的桥面板接头与双倒T纵梁的腹板焊接,一块桥面板的重量约11 t。

各杆件工厂制造时均为焊接连接。工地安装时,除桥面板为熔透焊接外,其余的纵横向连接均采用M24高强螺栓。

上弦杆平面设菱形上平纵联。在节点处设置横向工形截面撑杆,撑杆高500 mm,由28 mm×640 mm的翼板和14 mm厚腹板组成。每节间设双交叉形斜杆,工形截面,高500 mm,板厚16 mm。

斜腹杆平面设置横向联结系,由斜杆、撑杆共同组成,形成横桥向框架结构。横联的各杆件均为工形截面杆。

3.2 混合梁斜拉桥

3.2.1 桥式布置及平纵断面

本桥两岸均为边滩和陆地，地势平缓，在不妨碍主跨通航的前提条件下，混凝土主梁伸入中跨，将钢—混结合段设置于中跨。边跨及中跨的混凝土主梁采用支架逐孔现浇施工，主跨钢箱主梁整体吊装。

主跨 468 m 跨越甬江，两岸连接墩及第一孔跨度均和下游 64.8 m 处在建宁波绕城公路桥对应布置，并预留宽 30 m、28 m 的规划沿江大道。基于以上思路，主桥孔跨布置为（53 + 48 + 56 + 62 + 468 + 62 + 56 + 48 + 53）m，主桥全长 909.1 m。

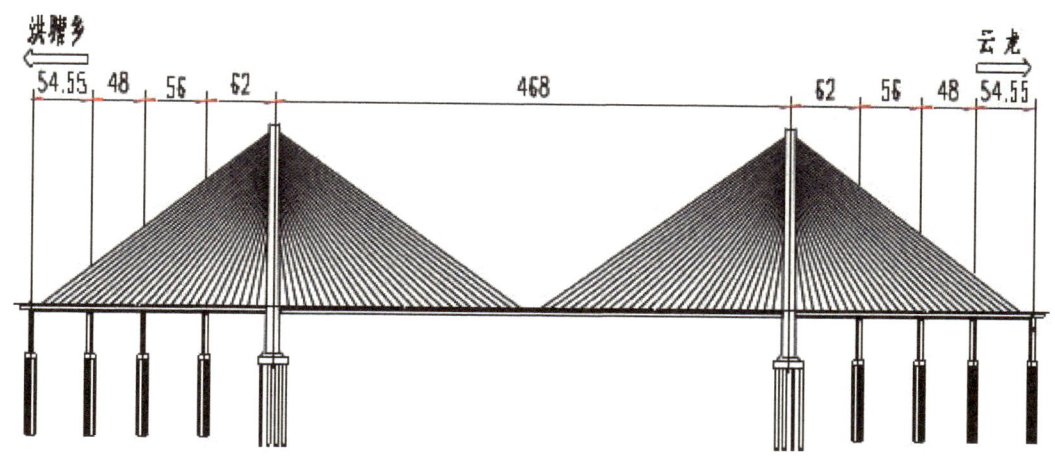

图 1-4 混合梁斜拉桥方案总体布置图（单位：m）

主桥范围内平面线形为直线，立面位于 ±1‰ 纵坡上，变坡点设置于主桥中心里程处，既可以降低引桥墩高，减少引桥工程量，又可方便边跨混凝土梁的支架施工。

3.2.2 主梁结构设计

边跨主梁采用单箱三室混凝土箱梁，两边腹板为斜腹板，中跨钢箱梁采用单箱五室截面。钢箱主梁与混凝土主梁的连接位置（钢-混结合段）设置在主跨侧离索塔中心 47.5 m 处。

（1）中跨钢箱梁

中跨钢箱梁采用带风嘴的单箱五室截面，中间三室与混凝土主梁三室相对应，两侧单室为钢锚箱，兼作风嘴。节段标准长 8 m 和 9 m，刚度过渡段长 7.45 m，中跨合龙段长 4.9 m。9 m 节段每隔 3 m 设置一道实腹横隔板，8 m 节段横隔板间距 2 m 和 3 m。全桥共计 43 个钢箱梁节段，最大节段重 127 t。钢箱梁截面全宽 21 m（含风嘴），中心线高度 5.0 m。

钢箱梁为正交异性板结构，由顶板、上斜顶板、下斜底板、底板及竖腹板围封而成。根据受力和刚度过渡要求，钢箱梁在不同区段采用了不同的板厚，刚度过渡段板材厚度最大。顶板厚度 16～28 mm，上斜底板、下斜底板及底板厚度 14～28 mm。钢箱梁设 2 道中纵腹板和 2 道边纵腹板，中纵腹板厚度 14～30 mm，边纵腹板厚度 30 mm；箱内顶、底板纵向设 U 形加劲肋，U 形肋的厚度根据顶、底板厚度不同在 8～10 mm 变化，顶板 U 形肋横向间距 600 mm，底板及下斜底板 U 形肋横向间距 800 mm。钢箱梁过渡段在 U 形肋上设置顶、底板变高 T 形加劲肋，端部承压板焊接，有利于压应力分散，使刚度平顺过渡。

钢箱梁工地连接采用顶底板焊接、桥面板 U 形肋高强度螺栓连接。

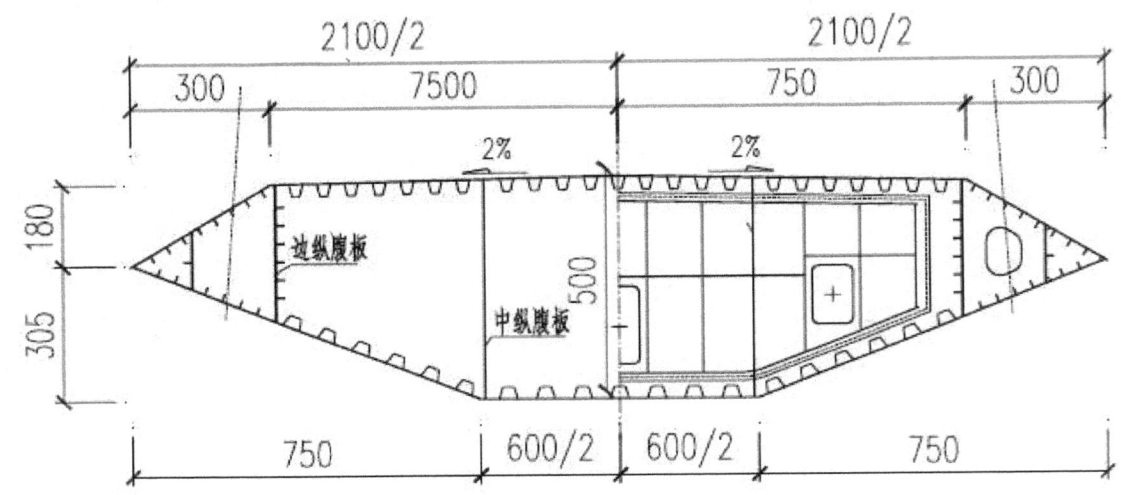

图 1-5　1/2 钢箱主梁标准横断面　1/2 钢箱主梁横隔板（单位：cm）

（2）中跨混凝土梁

中跨混凝土梁与中跨钢箱梁采用相同的外形，单箱三室截面，两边腹板为直腹板，斜拉索采用箱外锚固形式，截面全宽 21 m，中心处梁高 5.0 m。箱梁顶、底板厚度均为 40 cm，斜腹板厚 25 cm，直腹板厚 50 cm，均于横隔板及钢混结合段附近局部加厚。

中跨混凝土梁每 8 m 布置一道厚 35 cm 横隔板，与斜拉索位置对应设置。索塔处设置厚 250 cm 横隔板一道。所有横隔板均设过人孔。

钢混接头采用阶梯式填充混凝土后承压板，将钢箱梁端部的顶板、底板和腹板做成双壁板，使填充的混凝土与紧邻的混凝土箱梁段的顶板、底板和腹板通过 PBL 剪力板、纵向预应力索和普通钢筋等连接。与混凝土梁接触的承压板采用 60 mm 厚钢板，从混凝土梁中穿过的预应力钢筋锚固其上，保证接头部位因正负弯矩作用而不会出现裂缝。伸入混凝土梁的钢梁构件和承压端横隔板上布置大量剪力钉。腹板设置成阶梯承压，结合段钢格室倾斜布置与 T 形加劲肋顺接，以便使截面刚度平顺过渡。

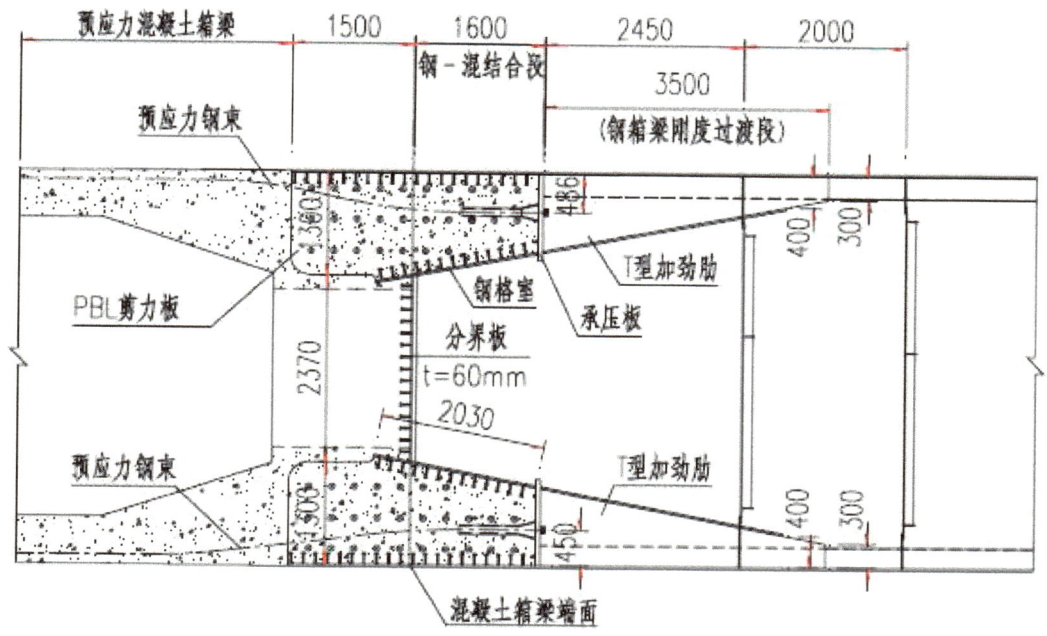

图 1-6　钢混结合段构造图（单位：cm）

（3）边跨混凝土梁

因边跨跨度较小，只需满足双线铁路集装箱通行净宽要求，故将中跨混凝土梁截面切除两侧各 1.7 m 风嘴，即为边跨混凝土梁截面。

边跨混凝土梁宽 17.6 m，截面其他尺寸与中跨混凝土梁相同。连接墩顶箱梁设置宽 250 cm 横隔板一道，其他辅助墩顶箱梁均设置宽 200 cm 横隔板一道。所有横隔板均设过人孔。边跨及中跨混凝土梁采用支架逐孔浇筑的施工方法，共分 5 次浇筑完成。

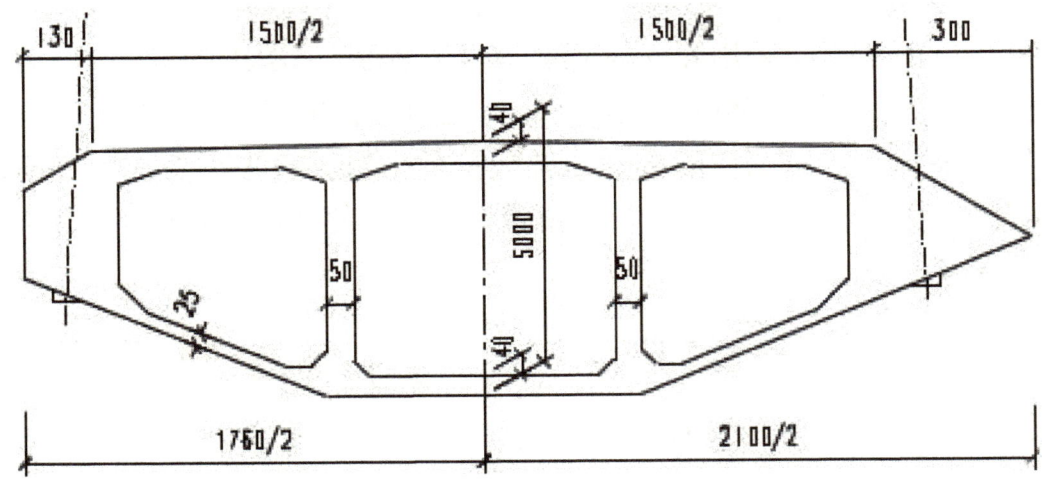

图 1-7 1/2 边跨混凝土主梁横截面 1/2 中跨混凝土主梁横截面（单位：cm）

3.3 方案比选及推荐

3.3.1 钢桁梁斜拉桥方案的优缺点

（1）优点

铁路大跨度斜拉桥的常用桥式，设计、制造及架设均有成熟工艺和丰富经验。

（2）缺点

①相对于钢箱梁，桁梁杆件制造精度要求较高，尤其桥面板制造时在顺桥向需要较高精度，制造难度大；

②桥面板焊接时，在多向约束的条件下容易产生残余应力；

③杆件受力大，设计困难；

④工程造价较高，工期较长；

⑤外观与下游公路桥协调性较差。

3.3.2 混合梁斜拉桥方案的优缺点

（1）优点

①结构新颖，受力合理；

②桥面行车条件好；

③经济性好，工期短。

（2）缺点

①结合段构造细节稍显复杂。

第一章 铁路大跨度钢箱混合梁斜拉桥设计

两方案综合比较见下表：

表1-1 主桥方案比较表

项 目		混合梁斜拉桥方案	钢桁梁斜拉桥方案
竖向挠跨比		1/903	1/947
梁端转角（rad）		0.302‰	0.300‰
行车条件		安全	安全
车桥响应	脱轨系数 Q/P	单线0.60；双线0.63，均≤0.8	单线0.59；双线0.61，均≤0.8
	轮重减载率 $\Delta P/P$	单线0.56；双线0.55，均≤0.6	单线0.55；双线0.55，均≤0.6
	货车平稳性指标	单线竖向3.91，横向3.96；双线竖向3.98，横向3.93，介入3.5~4.0，良好	单线竖向3.88，横向3.96；双线竖向3.92，横向3.89，介入3.5~4.0，良好
设 计		结构新颖，结合段构造细节需研究	有成熟的设计经验
制 造		制造精度要求较低，有成熟的制造工艺	桁梁杆件制造精度要求较高
安 装		顶底板焊接、桥面板U形肋栓接，线形易于调整	整体桥面现场焊接工作量大
养护维修		构件简洁，表面数量少，便于维修养护	杆件数量及表面数量大，养护维修不易
与下游公路桥的协调性		梁高较矮，协调性相对较好	梁高较高，协调性稍差
施工工期		混凝土主梁、索塔和钢箱梁加工可同期完成，整体焊接，工期短，约需30个月	需同时拼装4个节段，散件多，拼装工期长，约需34个月
主要工程数量	索 塔	C50混凝土27 394 m³，钢锚箱钢材1439 t	C50混凝土29 314 m³，钢锚箱钢材1510 t
	主 梁	混凝土主梁C60砼16 532 m³，钢箱主梁钢材6165 t	钢材22 549 t
	斜拉索	2540 t	2366 t
	下部结构	21 056 m³，墩身C50砼8402 m³。	20 518 m³，墩身C50砼7172 m³。
建筑工程费		4.685亿元	6.308亿元

综合评述：技术难度及可行性方面，两方案虽具有一定难度但均切实可行。混合梁斜拉桥方案在工程造价、工期以及景观协调性方面具有一定优势，因此，推荐采用混合梁斜拉桥方案。

4 混合梁斜拉桥设计研究

4.1 结构体系特点

混合梁斜拉桥边跨部分或全部采用预应力混凝土结构作为锚固跨，可以充分利用混凝土梁自重和刚度大的特点，增强边跨对中跨的锚固作用，从而减少主跨梁体的变形和内力，同时解决边跨锚固墩产生过大负反力的问题。

边跨混凝土主梁可采用支架逐孔现浇，在不妨碍主跨通航的前提条件下，混凝土主梁可尽可能伸入主跨，将钢－混结合段设置于中跨。而主跨部分采用钢箱梁，不但可充分发挥钢结构材质均匀、跨越能力大、安装快捷方便、工期短的优点，而且边跨混凝土、索塔及钢箱主梁加工可平行施工，对缩短工期，降低工程造价的效果明显。混合梁斜拉桥具有以下特点：

①减少边跨背索疲劳应力幅度，提高斜拉索使用性能；
②增加全桥刚度，减少跨中挠度；
③减少塔根纵桥向弯矩，从而减小基础规模；
④充分利用混凝土刚度大的特点，减少边跨长度，节约投资；
⑤部分主梁采用预应力混凝土结构，工程造价比钢结构便宜，经济性优良；
⑥边跨混凝土主梁利用支架可与索塔同期施工，大大缩短工期。

4.2 混合梁斜拉桥成桥理想状态的研究

混合梁斜拉桥理想的恒载状态应该是索塔恒载弯矩接近于零或尽可能小，主梁恒载弯矩接近刚性支承连续梁的弯矩，并预留部分弯矩以抵消活载弯矩的影响。

本桥边跨及部分中跨为混凝土梁，剩余中跨为钢箱主梁，边、中跨的重量不平衡。当斜拉索索力同时满足边、中跨主梁的重量时，必将边、中跨的不平衡重量传至索塔，使索塔出现非常大的恒载弯矩。

若当斜拉索索力将中跨的重量传至索塔，边跨索力水平分量与之适应，可使索塔获得较理想的恒载弯矩，但是，边跨混凝土主梁在多余部分重量作用下产生非常大的恒载弯矩，这时，可通过减小边跨混凝土梁的跨径，使之满足结构受力。本混合梁斜拉桥即按此思路达到成桥理想状态，主要通过主动调整中跨斜拉索力平衡中跨梁重，边跨斜拉索力之水平分力与之适应，使中跨钢箱梁上下缘弯矩和索塔左右侧弯矩尽可能平衡，边跨主要体现为预应力混凝土梁连续梁的受力特点，通过调整体内预应力使之满足结构受力要求。

4.3 合理边跨跨度和钢-混结合点位置研究

边跨混凝土梁的作用之一是平衡主跨的重量，因此，应研究合理的主跨与边跨比例关系、选择合理的混凝土梁与钢梁的连接位置，最大限度地发挥混凝土的作用，使之既能满足受力要求，又能达到经济合理且利于施工的目的。

4.3.1 合理边跨跨度研究

要达到混合梁斜拉桥的成桥理想状态，从技术方面而言，边跨主梁的最小跨度宜满足以下2个技术条件：

①采取压重措施时，在自重包括二期恒载作用下，满足边跨不出现负反力；中跨满布活载时，边跨支座处于临界状态，即将出现负反力；

②不采取压重措施时，边跨与中跨梁重的差值能平衡中跨满布活载的重量，即边跨任何时候均不出现负反力。

从景观方面来说，边跨跨度还需考虑与周边景观的协调。

因而从技术方面而言，边跨跨度大于168 m即可，但考虑到下游64.8 m处宁波绕城高速公路斜拉桥孔跨布置为（54＋168＋468＋168＋54）m，为避免两座桥斜拉索的凌乱感觉，建议本桥边跨亦采用220 m，与下游公路桥的连接墩、索塔中心对齐布置。

需要指出的是，以上边跨跨度仅是供参考的跨度范围概念，而不是具体值。当边跨略重于中跨时，边跨斜拉索索力仍可保持与中跨索力平衡，以保证索塔恒载弯矩尽可能小，边跨超出的重量可由辅助墩平衡；当边跨略轻于中跨时，可采用边跨压重或设置拉力墩的方法平衡中跨。

4.3.2 钢-混结合点位置研究

混凝土主梁的布置主要有2种形式：一种是边跨部分采用混凝土梁，钢梁和混凝土梁的接头设在边跨内的某个辅助墩附近，如主跨1018 m的香港昂船洲大桥和日本主跨890 m的多多罗大桥。另一种是边跨全部采用混凝土梁，钢混接头设在索塔向跨中方向的某个位置，如法国诺曼底大桥钢混接头设置在向主跨跨中方向距索塔116 m处；日本生口大桥钢混接头设置在向主跨跨中方向距索塔 2.65 m 处；我国舟山连岛工程桃夭门大桥钢混接头设置在向主跨跨中方向距索塔 1.67 m 处。

《公路斜拉桥设计细则》（JTG/TD65-01—2007）规定"连续点伸入主跨时不少于 20 m，伸入边跨时不宜小于 40 m"。

混合梁斜拉桥的混凝土梁不管采用哪种布置方式，其目的是为了保证主梁和索塔处于较理想的恒载状态，接头位置要求做到能流畅地传递各种荷载效应（轴力、剪力、弯矩）及变形，具有良好的抗疲劳性和耐久性，外形上钢箱梁和混凝土梁的过渡比较一致。

①接头位置处的变形和内力都比较小

一般来说主塔中心处的主梁受风力产生的横向弯矩和活载产生的纵向弯矩均较大，因此连接部位宜选择在离主塔中心一定距离，但偏离主塔中心过大也会给施工带来难度。从施工角度考虑，预应力混凝土梁伸入主跨以 20～50 m 为宜，仍可沿用边跨的施工架设方法。

②和锚固跨（边跨）跨度的匹配

③施工方便，质量容易保证

为考察钢-混结合段布置位置对结构技术经济性的影响，初步拟定按以下三个方案比较计算。

方案一：钢箱梁伸入边跨 42 m

方案二：混凝土梁伸入主跨 32 m

方案三：混凝土梁伸入主跨 47.5 m（以不侵入航道为限）

在保证主跨钢箱梁、边跨混凝土梁应力和索塔弯矩均匀合理的前提下，重点比较结构的竖向刚度和活载引起的塔顶水平位移。计算结果见表 5-5。

由计算结果可知，混凝土梁伸入主跨 47.5 m 方案，混凝土主梁可采用支架现浇，中跨伸臂混凝土主梁可较好地平衡边跨部分梁重，一定程度上增加斜拉索力，加大了斜拉索规格，对提高结构体系竖向刚度、降低工程造价有显著的影响，也能充分发挥混凝土主梁承压能力强、稳定性好的优点，因此，建议采用混凝土主梁伸入主跨 47.5 m 方案。

表 1-2 不同钢－混结合点设置方案比较表

方 案	方案一 钢箱梁伸入边跨 42m	方案二 混凝土梁伸入主跨 32m	方案三 混凝土梁伸入主跨 47.5m
中跨跨中静活载挠度 /m	−0.566	−0.541	−0.518
中跨跨中挠跨比	1/827	1/865	1/903
塔顶活载最大水平位移 /m （中跨方向，绝对值）	0.229	0.218	0.202
主梁混凝土数量 /m³	11645	15642	16532
主梁钢箱梁数量 /t	9108	6666	6165

4.4 斜拉索间距比选

斜拉桥采用密索布置，对每根斜拉索力的承受要求相应降低，能为主梁提供更多的弹性支撑，具有塔、梁弯矩小，结构竖向刚度大，抗风抗震性能好，张拉更换方便的特点，尤其适宜于铁路斜拉桥。重点比较了以下两种斜拉索距方案。

方案一：（53＋54＋50＋62＋468＋62＋50＋54＋53）m 混合梁斜拉桥方案，边跨索间距 8 m、10 m，中跨索距 10 m，全桥共 92 对索。

方案二：（53＋48＋56＋62＋468＋62＋56＋48＋53）m 混合梁斜拉桥方案，边跨索间距 8 m，中跨索距 8 m、9 m，全桥共 104 对索。

方案二的边跨跨径根据索间距适当调整。在主梁、索塔结构受力状况基本一致的条件下，考察索间距改变对结构竖向刚度、塔顶水平位移的影响，计算结果列表如下：

表 1-3　斜拉索间距比较表

方　案	方案一 边跨索距 8 m、10 m，中跨索距 10 m	方案二 边跨索距 8 m，中跨索距 8 m、9 m
跨径组成 /m	53＋54＋50＋62＋468＋62＋50＋54＋53	53＋48＋56＋62＋468＋62＋56＋48＋53
主＋附作用下中跨跨中最大弯矩 /kN·m	－123 000	－112 000
主＋附作用下钢箱梁最大正应力 /MPa	178	130.2
中跨中活载挠度 /m	0.561	0.519
挠跨比	1/834	1/903
主＋附作用下索塔底弯矩 /kN·m	1 090 000/－873 000	1 110 000/－782 000
塔顶活载水平位移 /m	0.219（中跨侧，绝对值）	0.202（中跨侧，绝对值）
斜拉索最大规格	PES（C）7-313	PES（C）7-265
斜拉索对数	92	104
斜拉索用量 /t	2240	2540
工　期	工期略短	多 4 个梁段，工期稍长

由上表可知，方案二斜拉索间距较密，较多的弹性支撑提高了结构的整体竖向刚度，使主梁、斜拉索受力更加均匀合理。计算表明，若进一步减小斜拉索的间距，仍可一定程度上提高结构的整体刚度，但提高幅度十分有限。方案二的缺点是斜拉索虽规格相对较小，但对数多，用量大，梁段相对较多，施工工期稍长。综合比选方案二为推荐方案。

4.5 关于塔形及索塔尺寸比选

4.5.1 关于索塔形状

索塔是斜拉桥的主要受力杆件，斜拉桥上部结构荷载主要通过索塔传递至基础。不同的塔形有着不同的受力特点，对主桥刚度亦有不同的影响。此外，塔形的选择还与桥址抗风、抗震等建桥条件有关，并应与周边环境（建筑物）协调一致。

常用的塔形有单柱、双柱、H形、A形、倒Y形及钻石形塔等，其中单柱及双柱形塔柱由于自身稳定性较弱，H形塔柱因平面索面不能提高主梁的横向刚度和抗扭刚度，均不是最佳选择。

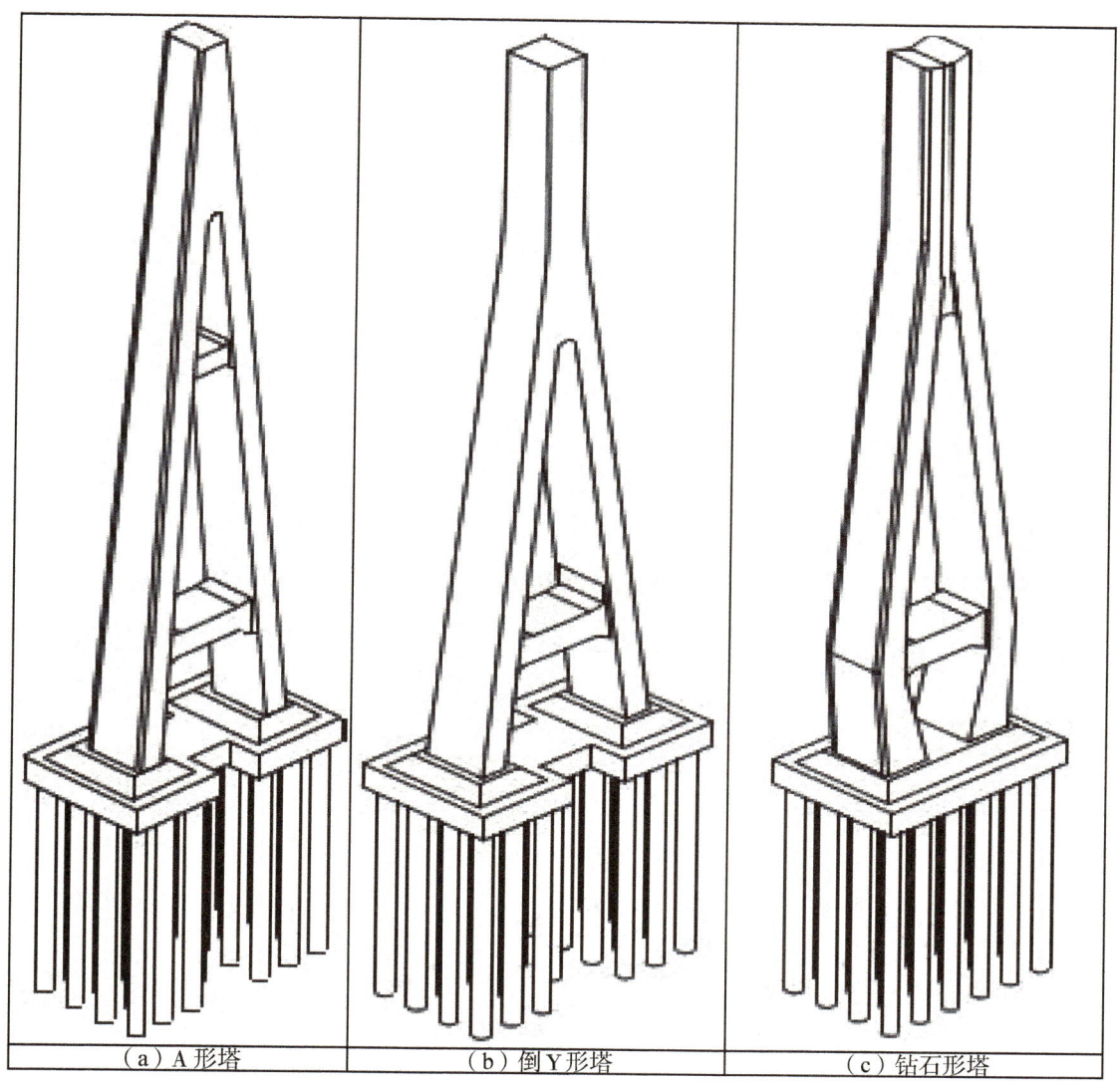

| （a）A形塔 | （b）倒Y形塔 | （c）钻石形塔 |

图 1-8 3 种索塔三维示意

表 1-4　塔形比较表

塔形	A 形	倒 Y 形	钻石形
优点	塔柱受力较好： 塔柱顺直，力线明确； 横向刚大： 两塔柱横向向下叉开； 抗风稳定性好： 空间索面可使主梁获得较高扭转自振频率； 外观：挺拔美观	塔柱受力较好： 塔柱顺直，力线明确； 横向刚大： 两塔柱横向向下叉开； 抗风稳定性好： 空间索面可使主梁获得较高扭转自振频率； 外观：挺拔、轻盈	抗风稳定性好： 空间索面可使主梁获得较高扭转自振频率； 主塔基础规模小； 下塔柱内收，减小基础规模； 经济性好； 外观：挺拔美观
缺点	基础规模大，施工复杂，与下游公路桥塔形不协调	力线传递有转折，构造复杂，基础规模大	力线传递有转折，对上下塔柱尺寸比例要求较高
适用性	下塔柱较高，尺寸不受限制的分离式基础。	尺寸不受限制的分离式基础	基础尺寸受限

从结构受力角度，3 种塔形均能满足受力要求，A 形塔柱略优；从施工角度，3 种塔形施工难度基本相同；从工程量角度，A 形、倒 Y 形塔柱基础工程量稍大，钻石形塔较省；从景观角度，钻石形索塔下塔柱内缩与下游公路桥塔形基本一致，整体景观更加协调。

4.5.2　桥面以上塔高

理论上，桥面以上索塔越高，斜拉索倾角越大，其竖向分力对主梁的支承作用就越大，对提高结构整体竖向刚度越有利。但索塔过高，斜拉索在横向的水平倾角就越大，对结构的横向刚度不利，即横向刚度要求塔高小一些，而且塔高会增加工程用量，给施工带来困难。因此，合理的索塔高度须对 2 个方向的刚度统筹兼顾、综合考虑。公路斜拉桥高跨比一般取 1/7 ~ 1/4，受刚度限制，铁路桥高跨比略大，如天兴洲长江大桥高跨比 1/3.353（轨顶以上塔高），宁安城际安庆长江大桥高跨比 1/3.671（轨顶以上塔高）、渝利线韩家沱长江大桥高跨比 1/3.608（轨顶以上塔高）。

本桥分别比较桥面以上塔高 140 m、145 m 两种塔高方案，塔高与主跨比分别为 1/3.343、1/3.228。

表 1-5 塔高比较表

方 案	方案一：桥面以上塔高 140 m	方案二：桥面以上塔高 145 m
主＋附作用下中跨跨中最大弯矩 /kN·m	−112 000	−103 000
主＋附作用下钢箱梁最大正应力 /MPa	130.2	131.0
中跨中活载挠度 /m	0.518	0.504
挠跨比	1/903	1/928
主＋附作用下索塔底弯矩 /kN·m	1 187 917/ −715 199	1 240 000/ −759 000
塔顶活载水平位移 /m	0.202（中跨侧，绝对值）	0.205（中跨侧，绝对值）
斜拉索最大规格	PES（C）7-265	PES（C）7-265
斜拉索用量 /t	2540	2590
索塔 C50 混凝土 /m³	27 394	28 094

由上表可知，索塔高度越小，斜拉索倾角越小，其竖向分力对主梁的支承作用就越弱，结构整体竖向刚度相应减小。优点是索塔混凝土及斜拉索工程量相应减少，施工工期最短，即经济性能最优。

4.5.3 顺桥向塔宽选择

在满足强度、刚度和稳定性的基础上，本桥以孔跨（53 ＋ 48 ＋ 56 ＋ 62 ＋ 468 ＋ 62 ＋ 56 ＋ 48 ＋ 53）m 混合梁斜拉桥、桥面以上塔高 140 m 作为比选条件，分别计算比较索塔顺桥向塔宽 8 m、9 m、10 m 三个方案，重点考察其对结构整体竖向刚度的影响。

表 1-6 塔宽比较表

方　案	纵桥向塔顶宽 8 m	纵桥向塔顶宽 9 m	纵桥向塔顶宽 10 m
中跨跨中静活载挠度 / cm	53.9	51.8	50.6
中跨跨中挠跨比	1/868	1/903	1/924
塔顶活载水平位移 / m	0.206（中跨侧，绝对值）	0.202（中跨侧，绝对值）	0.197（中跨侧，绝对值）
索塔 C50 混凝土 / m³	25 294	27 394	29 494

由上表可知，加大桥塔纵向宽度对提高结构的整体竖向刚度有利，但加大到一定程度后效果并不明显，例如桥塔纵向宽度由 9 m 加大到 10 m，整体竖向刚度提高有限。为进一步说明桥塔纵向宽度对竖向刚度的影响，取索塔水平刚度无限大，即限制塔顶顺桥向位移，此时中跨中静活载挠度为 35.6 cm，挠跨比 1/1315。因此，在满足结构刚度、索塔强度及稳定的前提下，索塔顺桥向塔宽综合选取经济技术指标较好方案即可，本桥推荐 9 m 塔宽方案。

5 设计荷载

5.1 荷载取值

5.1.1 设计荷载类型

根据《铁路桥涵设计基本规范》(TB10002.1—2005) 第 4.1.1 条规定，结合本桥实际情况，设计中应充分考虑下表 1-7 所列荷载，就其可能的最不利组合情况进行计算。

表 1-7 设计荷载类型

编 号	荷载分类		荷载名称	备 注
1	主 力	恒 载	结构构件及附属设备自重	
2			预加力	
3			混凝土收缩和徐变的影响	
4			土压力	
5			基础变位的影响	
6		活 载	列车竖向静活载	
7			列车竖向动力作用	
8			长钢轨纵向水平力（伸缩力和挠曲力）	
9			横向摇摆力	
10			活载土压力	
11			人行道人行荷载	
12	附加力		制动力或牵引力	
13			风力	
14			温度变化的作用	
15			支座摩阻力	
16	特殊荷载		列车脱轨荷载	
17			汽车撞击力	
18			施工临时荷载	
19			地震力	
20			长钢轨断轨力	

5.1.2 永久荷载

（1）结构重力

结构重力包括结构构件及附属设备自重，根据《铁路桥涵设计基本规范》(TB10002.1—2005) 第 4.2.1 条规定计算，特殊材料的密度通过试验或根据材料供应商提供的数据确定。

桥面二期恒载按实际重量考虑，本设计取值如下：钢箱梁 126.1 kN/m，中跨混凝土箱梁 130.6 kN/m，边跨混凝土箱梁 129.5 kN/m。

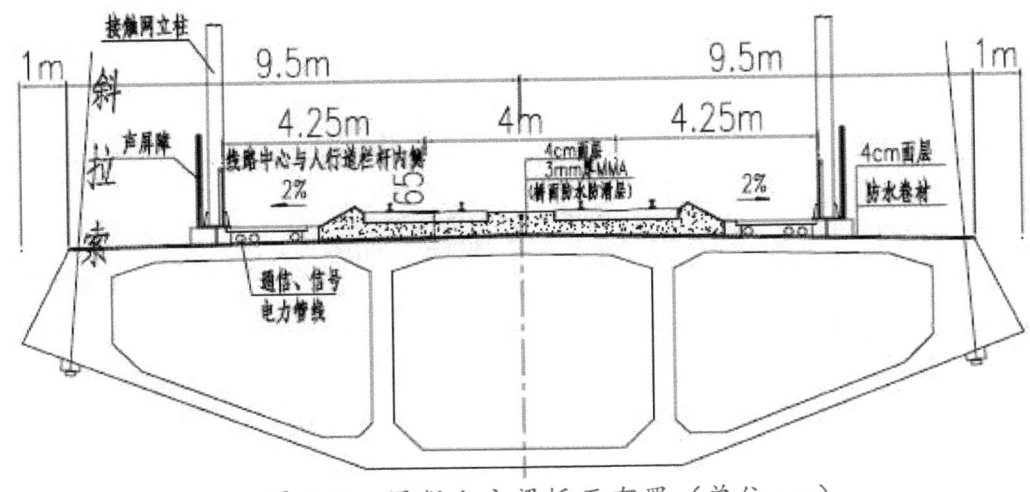

图 1-9 混凝土主梁桥面布置（单位：m）

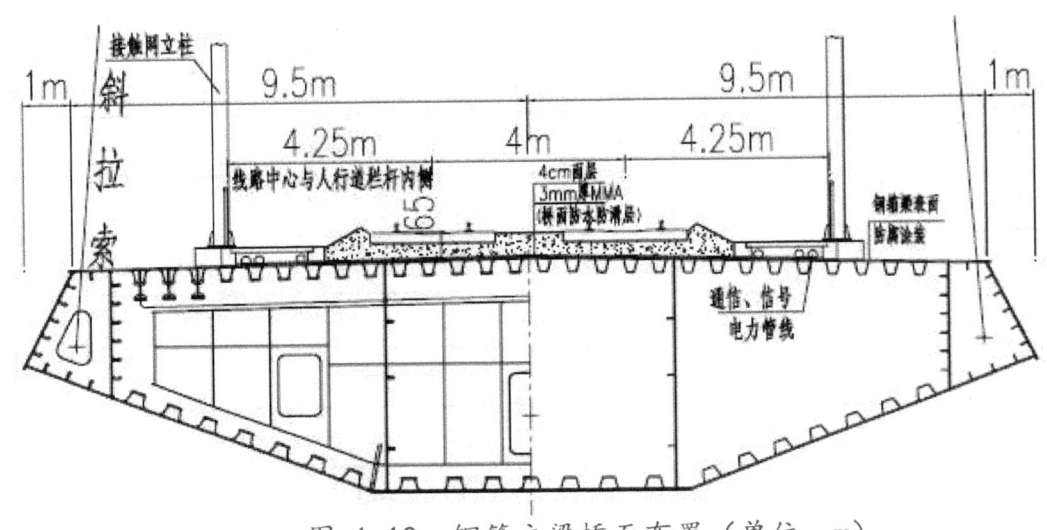

图 1-10 钢箱主梁桥面布置（单位：m）

（2）预加力

根据《铁路桥涵钢筋混凝土和预应力混凝土结构设计规范》（TB10002.3—2005）"6 预应力混凝土结构"的规定计算。

（3）土的重力及土侧压力

根据《铁路桥涵设计基本规范》（TB10002.1—2005）第 4.2.2 条规定计算。

（4）混凝土收缩、徐变影响力

根据《铁路桥涵钢筋混凝土和预应力混凝土结构设计规范》（TB10002.3—2005）有关章节规定计算，或按其他可靠方法进行计算。

(5)基础变位影响力

索塔基础不均匀沉降按 5 cm 考虑，其他连接墩和辅助墩按 2 cm 沉降考虑。

(6)施工误差

索塔按垂直度偏差 1/3000 考虑。

5.1.3 列车活载

(1)活载

设计活载采用铁路标准活载即"中–活载"，验算活载采用特种活载，并对架桥机活载加以检算。

(2)列车竖向动力作用

钢筋混凝土结构，按 $1+\mu = 1+\alpha\left(\dfrac{6}{30+L}\right)$ 取值；钢箱梁结构，按 $1+\mu = 1+\left(\dfrac{28}{40+L}\right)$ 取值。局部计算：L 值取相应杆件影响线加载长度。钢梁局部计算的汽车冲击系数参考日本《道路桥示方书·同解说Ⅱ钢桥篇》（日本道路协会，平成八年 12 月）的第 6.2 条有关规定。

(3)人群荷载

主桥两侧设置的检修道为检修人员通道，结构整体分析时不计其人群荷载作用。主桥钢箱梁检修道验算时，人群荷载按 3.5 kN/m² 分布力或 3.0 kN 的集中力，取其不利者，有特殊需要时另行考虑。

(4)横向摇摆力

取集中荷载 100 kN 作用于最不利位置，水平方向垂直线路中心线作用于钢轨顶面。

(5)长钢轨力

主桥两端设置温度调节器，不计。

5.1.4 附加力

(1)列车制动力或牵引力

制动力和牵引力按一线列车竖向静活载的 10% 计算，当与列车竖向动力作用同时计算时，制动力或牵引力按列车竖向静活载的 7% 计算。

制动力和牵引力的作用点，按照《铁路桥涵设计基本规范》（TB10002.1—2005）第 4.3.7 条规定计算。

(2)温度变化的作用

①材料的线膨胀系数（1/℃）按照《铁路桥涵设计基本规范》（TB10002.1—2005）第4.4.4条规定取用。

②体系温差

按照《铁路桥涵设计基本规范》（TB10002.1—2005）第4.4.4条规定，根据当地气候条件，合龙温度取17℃，混凝土升降温±20℃，钢箱梁升降温±35℃。

③截面温差

混凝土主梁按顶板＋5℃考虑；钢箱梁沿截面高度变化的截面温差按BS5400第二篇5.4条相关规定取用；斜拉索温差按±10℃、索塔温差按±5℃考虑。

（3）支座摩阻力水平摩阻力采用相邻两孔梁制动力（或牵引力）一半，或全桥制动力（或牵引力）按墩塔刚度分配，二者之中取大者。此时全桥制动力计算加载长度取到发线长度850m，并不得大于作用于支座上的竖向力N乘以支座的摩擦系数μ，球型钢支座的摩擦系数μ取0.05。

特殊支座的摩擦系数参考供应商根据可靠试验提供的数据确定。

5.1.5 特殊荷载

（1）地震力

参见"抗震设计"。

（2）施工荷载

根据不同的施工验算工况在相关章节中规定。

5.2 荷载组合

荷载组合原则上应根据《铁路桥涵设计基本规范》（TB10002.1—2005）第4.1.2条、第4.1.3条进行，确定不同的提高系数和安全系数。

地震荷载的组合原则上根据《铁路工程抗震设计规范》（GB50111—2006）（2009年版）进行，并应根据不同的校核目标和验算状态确定相关参数。

6 主要材料

6.1 混凝土

混凝土的技术指标按《铁路桥涵钢筋混凝土及预应力混凝土结构设计规范》（TB10002.3—2005）的规定采用，并符合《铁路混凝土结构耐久性设计暂行规定》(铁建设〔2005〕157号、铁建设函〔2007〕140号)规定。

(1)混凝土箱梁:C60高性能混凝土(钢-混结合段为C60微膨胀混凝土)

(2)塔:C50混凝土

(3)助墩及连接墩:C40混凝土

(4)承台:P1号~P5号墩(塔)承台采用C40混凝土,P6号~P10号墩(塔)承台采用C45混凝土。

(5)桩基础:C45混凝土相关等级混凝土的主要力学性能指标摘录于表1-8。

表1-8 混凝土的主要力学性能指标

力学性能	等 级			
	C40	C45	C50	C60
轴心抗压极限强度 f_c /MPa	27.0	30.0	33.5	40.0
轴心抗压极限强度 f_{ct} /MPa	2.7	2.9	3.1	3.5
弹性模量 E_c /MPa	3.4e4	3.45e4	3.55e4	3.65e4
泊松比 γ_c	0.2	0.2	0.2	0.2
中心受压容许应力 σ_c	10.8	12.0	13.4	16.0
弯曲及偏心受压容许应力 σ_b /MPa	13.5	15.0	16.8	20.0
有箍筋及斜筋的主拉应力 σ_{tp-1} /MPa	2.43	2.61	2.79	3.15
无箍筋及斜筋的主拉应力 σ_{tp-2} /MPa	0.9	0.97	1.03	1.17
全由混凝土承受的主拉应力 σ_{tp-3} /MPa	0.45	0.48	0.52	0.58
纯剪应力 τ_c /MPa	1.35	1.45	1.55	1.75

6.2 钢材

（1）主材

钢箱梁、钢锚箱采用 Q345qD，斜拉索预埋导管采用 Q235qD，其技术指标符合《桥梁用结构钢》（GB/T714—2008）中相关规定。对于板厚 ≥ 28 mm 的 Q345qD，要求为抗层状撕裂 Z 向板（Z25 性能），断面收缩率 $\varphi \geq 25\%$，碳含量 ≤ 0.17%，磷含量 ≤ 0.01%，硫含量 ≤ 0.007%，碳当量 ≤ 0.42%。

（2）连接杆件及辅材

采用 Q345C 和 Q235C，其技术指标分别符合《低合金高强度结构钢》（GB1591）和《碳素结构钢》（GB700）。

（3）普通钢筋

采用 HPB235 和未经高压穿水处理过的 HRB335，符合《钢筋混凝土用钢第 1 部分：热轧光圆钢筋》（GB1499.1）和《钢筋混凝土用钢第 2 部分：热轧带肋钢筋》（GB1499.2）的规定。

（4）剪力钉

采用圆柱头焊钉，其材料为 ML15，技术标准应符合《电弧螺柱焊用圆柱头焊钉》（GB/T10433—2002）的规定。

（5）高强螺栓

性能等级为 10.9S，技术标准应满足《钢结构用扭剪型高强度螺栓连接副》（GB/T3632—1995）的规定。螺栓的规格为 M22 及 M24，预拉力设计值分别为 200 kN、240 kN，超拧值不超过设计值的 10%。

6.3 斜拉索

斜拉索采用符合《斜拉桥热挤聚乙烯高强钢丝拉索技术条件》（GB/T18365—2001）、《桥梁缆索用热镀锌钢丝》（GBT17101—2008）要求，公称直径 $\phi 7$ mm，抗拉标准强度 1670 MPa、弹性模量 $E \geq 2.0 \times 10^5$ MPa 的 Ⅱ 级松弛镀锌平行钢丝拉索。

6.4 主梁体内预应力索

主梁纵、横向均采用符合 GB5224 标准，公称直径 $\phi^s 15.2$ mm，抗拉强度标准值 $f_{pk} = 1860$ MPa、$E = 1.95 \times 10^5$ MPa 的低松弛预应力钢绞线；竖向采用抗拉强度标准值 $f_{pk} = 930$ MPa、$E = 2.0 \times 10^5$ MPa、直

径 Φ32 mm 高强精轧螺纹钢筋，满足《预应力混凝土用螺纹钢筋》（GB/T20065—2006）。

6.5 钢结构焊接材料

焊接材料采用与母材相匹配的焊丝、焊剂和手工焊条，CO_2 气体纯度不小于99.5%，各材料均应符合现行国家标准。

6.6 其他

（1）支座

主桥采用半漂浮体系，即主梁在塔、墩上设置单向滑动的CKPZ-Q球型抗震钢支座（纵向位移量 ±300 ～ ±400 mm），要求在海洋大气腐蚀环境下使用寿命达到100年，便于更换，具有密封防尘装置。索塔与梁底间设置液压阻尼器，主梁横向与索塔之间设置抗风支座。

（2）梁端伸缩缝

主梁两端各设置1道伸缩缝，最大伸缩量为 ±400 mm。

7 主桥平纵断面设计

7.1 基本原则

（1）桥梁的孔跨布置应充分满足通航、防洪要求，与航道的交叉角度合理。

（2）桥轴线总体走向应顺直、合理，同时为两岸引桥布置创造良好的顺接条件。

（3）应充分考虑水下地形、水文、地质、桥式结构及施工等特点和要求，保证结构安全、可靠，施工方便。

（4）应充分考虑与两岸防洪大堤、被交道路等重要设施的关系，保持合理的距离和交叉关系，满足规定要求。本桥分别跨越甬江两岸规划沿江大道和防洪大堤通道，桥下净空要求不小于5 m。

（5）充分重视景观设计。本桥下游紧邻宁波绕城公路东段甬江大桥，因此，本桥平、纵面设计要充分考虑桥梁的整体景观协调效果，平纵线形及其配合应力求连续、均衡、顺适、流畅，尽可能在最大视角范围内反映大桥的整体景观效果和主桥结构的宏伟、壮观气势；

（6）平纵断面总体设计应综合考虑两端设站的影响。

本桥小里程方向约6 km处布置有沈家站，正线轨面设计高程17.31 m，大里程方向约 12 km 处布置有邱隘站,正线轨面设计高程 5.31 m。为满足通航净空要求,主桥要求的梁底高程不低于 34.13 m,与两车站轨面设计高程相差较大,因此宜选择良好的线路纵坡方案。

7.2 主桥平纵断面设计

(1)根据线路平面走向,主桥有条件位于直线上,能与引桥平顺连接。

(2)纵断面要求布置的孔跨和墩位,在满足结构受力的基础上,能较好地适应通航、防洪、堤防安全、交通规划以及线路纵坡的要求。本桥通航净宽为 200 m,净高为 30.86 m,设计最高通航水位为 +3.27 m,要求通航范围内梁底高程不得低于 34.13 m。跨越堤顶防洪通道的净高要求不小于 5 m(不控制)。根据规划要求,两岸边跨分别预留 30 m 和 28 m 规划道路通道。

7.3 孔跨布置

孔跨布置为(53 + 50 + 50 + 66 + 468 + 66 + 50 + 50 + 53)m,主桥平面位于直线上,立面位于 ±1‰纵坡上,变坡点设置于主桥中心里程处。边跨 53 m 跨与下游公路桥连接墩、辅助墩中心对齐,66 m 跨为规划沿江大道预留通道。

8 主桥结构设计

8.1 总体布置

主桥结构采用(53 + 50 + 50 + 66 + 468 + 66 + 50 + 50 + 53)m 钢箱混合梁斜拉桥,半漂浮体系,全梁长 909 m(含梁缝)。

8.2 结构体系

结构体系采用半漂浮体系,即 P1 号～P4 号、P7 号～P10 号墩处设竖向约束、纵向活动;P5 号塔、P6 号塔与主梁间设竖向约束和横向约束,纵向设置阻尼限位器。

索塔与主梁之间设置横向抗风支座、竖向支座及纵向带限位功能的粘滞阻尼器($F = CV\alpha$),粘滞阻尼器对脉动风、制动力(牵引力)和地震引起的纵向动荷载具有阻尼耗能作用,而对温度和列车引起的纵向缓慢位移无约束作用。当由静风、温度和列车引起的塔梁相对纵向静力位移在阻尼器设计行程以内时,不约束主梁运动;超出行程范围时,对主梁运动产生固定作用，相当于固接体系。主梁与过渡墩及辅助墩之间设置纵向滑动支座，并限制横向荷载作用下（风荷载和地震等）墩、梁之间的相对运动。

8.3 结构构造

8.3.1 主梁

主梁由混凝土箱梁和钢箱梁2部分组成，钢－混结合面位于主梁中跨侧距索塔24.5 m处。

（1）混凝土箱梁

混凝土箱梁采用单箱三室等高截面，截面全宽21 m，中心处梁高5.0 m。根据受力要求，分标准横截面和加厚横截面两种截面，紧邻索塔边跨侧第1对索与中跨侧第2对索之间为加厚截面区域，其他为标准截面区域。

混凝土箱梁每8 m～9 m布置1道厚35 cm斜拉索横梁，与斜拉索位置对应设置。索塔、连接墩顶及辅助墩顶箱梁各设置1道横隔梁。

混凝土箱梁采用三向预应力体系。

（2）钢箱梁

中跨钢箱梁采用带风嘴的单箱五室截面，截面外轮廓尺寸与混凝土箱梁相同。中间三室与混凝土主梁三室相对应，两侧单室为钢锚箱，兼作风嘴。

钢箱梁为正交异性板结构，由顶板、上斜顶板、下斜底板、底板及竖腹板围封而成。根据受力和刚度过渡要求，钢箱梁在不同区段采用了不同的板厚。钢箱梁设2道中纵腹板和2道边纵腹板，中纵腹板厚度20～30 mm，边纵腹板厚度30 mm；箱内顶、底板纵向设U形加劲肋，U形肋的厚度根据顶、底板厚度不同在8～10 mm变化，顶板U形肋横向间距600 mm，底板及下斜底板U形肋横向间距800 mm。钢箱梁过渡段在U形肋上设置顶、底板变高T形加劲肋。

钢箱梁节段标准长8 m和9 m，中跨合龙段长4.9 m。9 m节段每隔3 m设置一道实腹横隔板，8 m节段横隔板间距2 m和3 m。

钢箱梁工地连接采用顶、底、腹板间均需对接全焊透，除桥面板U形加劲肋采用高强度螺栓连接，其余加劲肋均采用嵌补段连接。

（3）结合段

钢-砼结合段长7.35 m，刚度过渡段长5.0 m。钢-砼接头采用阶梯式填充混凝土后承压板，通过将钢箱梁端部的顶板、底板和腹板做成双壁板，使填充的混凝土与紧邻的混凝土箱梁的顶板、底板和腹板通过PBL剪力板、纵向预应力索、横向预应力索及普通钢筋等连接。

8.3.2 索塔

采用钻石形索塔，桥面以上索塔采用倒Y形，桥面以下塔柱内缩为钻石形。塔底以上索塔全高为177.91 m，桥面以上塔高141.5 m，桥面以下塔高36.41 m，桥面以上塔的高跨比为1/3.307。索塔纵向宽度由塔顶9 m线性加宽至塔底12.53 m。

上塔柱斜拉索锚固区横桥向宽度为9 m，采用单箱双室截面。中塔柱为两分离式倾斜塔柱，单箱单室截面。下塔柱亦为两分离倾斜塔柱，单箱单室截面。

中塔柱和下塔柱在塔梁交接处设下横梁，横梁宽10 m，高6 m。

索塔下横梁为全预应力混凝土结构，配置19-ϕ^s15.2 mm预应力钢绞线，锚固于索塔外侧壁上。索塔锚固区配置纵、横向高强精轧螺纹钢筋，"#"字形布置。

索塔锚固采用内置式钢锚箱。

8.3.3 斜拉索

斜拉索采用抗拉标准强度1670 MPa镀锌平行钢丝拉索，空间双索面体系，扇形布置，全桥共100对斜拉索。斜拉索梁上间距8～9 m，塔上索距1.85～5.76 m。斜拉索最长266.5 m，最大规格为PES(C)7-223，单根最大重量（不计锚具）约18 t。根据索力的不同，规格分别为PES(C)7-223、PES(C)7-211、PES(C)7-199、PES(C)7-187、PES(C)7-163、PES(C)7-151，共6种。

8.3.4 助墩及连接墩

辅助墩及连接墩均采用矩形墩，截面纵向×横向尺寸为4.8 m×9.0 m。桥墩截面四周自上而下设置30 cm×30 cm倒角，侧面自上而下设420 cm宽、30 cm深的嵌槽。

8.3.5 承台及桩基础

两索塔承台顺桥向×横桥向×厚度为 27 m×38.9 m×6 m，塔座为高 3 m 的楔形体，上截面尺寸顺桥向×横桥向为 15 m×28.9 m，下截面尺寸顺桥向×横桥向为 18.6 m×33.3 m。

索塔桩基础均采用 24 根 φ3 m 钻孔灌注桩，顺桥 4 排，横桥向 6 排，纵向桩中心距 7.2 m，横向桩中心距 6.7 m，桩长 132～132.5 m。

辅助墩、连接墩承台尺寸顺桥向×横桥向×厚度为 10.6 m×14.6 m×3.5 m，桩基础均采用 12 根 φ1.5 m 钻孔桩，顺桥 3 排，横桥向 4 排，桩中心距 4 m，桩长 85.5～100.5 m。

基础采用钻孔灌注桩群桩加实体承台形式。

8.4 主要施工步骤

混凝土箱梁采用逐段支架现浇，每侧混凝土箱梁划分为 5 个现浇段，3 批浇筑完成；钢箱梁采用节段吊装施工。主要施工步骤如下：

（1）下部结构施工，墩身及塔柱施工。

（2）插打主梁第 1 混凝土现浇段钢管桩基础，架设支架并预压，绑扎主梁第 1 混凝土现浇段预应力钢筋及普通钢筋，浇筑混凝土，张拉本阶段预应力筋。继续施工塔柱。

（3）插打主梁第 2 混凝土现浇段钢管桩基础，架设支架并预压，拆除主梁第 1 混凝土现浇段支架，绑扎主梁第 2 混凝土现浇段预应力钢筋及普通钢筋，采用逐孔现浇的施工方法浇筑该段混凝土，张拉本阶段预应力筋。继续施工塔柱。

（4）插打主梁第 2 混凝土现浇段钢管桩基础，搭设支架并预压，拆除主梁第 2 混凝土现浇段支架，绑扎主梁第 3 混凝土现浇段预应力钢筋及普通钢筋，采用逐孔现浇的施工方法浇筑该段混凝土，张拉本阶段预应力筋。同步完成塔柱施工。

（5）保留过渡段前端点临时支墩，拆除主梁第 3 混凝土现浇段其他支架，安装并按设计索力张拉第 1～2 对斜拉索；两侧栈桥及钢箱梁过渡段支架施工。吊装过渡段钢结构，安装并按设计索力张拉第 3 对斜拉索，调整结构线形。

（6）拆除中跨临时支墩及支架。北岸通过水上码头和栈桥运输钢箱梁节段，南岸通过水上船舶运输钢箱梁，利用桥面吊机依次起吊并安装

第1段钢梁节段，按设计索力张拉斜拉索，调整线形。

（7）重复以上施工步骤，安装剩余钢箱梁，并按设计索力张拉相应斜拉索，直至合龙段。

（8）中跨钢箱梁合龙。结构体系转换。按设计顺序调整斜拉索力。

（9）桥面工程及附属工程施工，静动载试验及交付运营。

9 主桥结构计算分析

9.1 总体计算分析

设计中采用考虑各种非线性因素的三维空间程序，按施工流程逐阶段对全桥结构建立有限元模型进行详细的计算分析，深入研究塔、梁、索、基础的受力特点，验算其安全度。计算分别采用TDVR M2006、Midas Civil 2006 7.41版、桥梁博士V3.2版及BSAS 4.22版等。

9.1.1 荷载组合

一般荷载取值见"设计荷载"，地震荷载效应计算见"抗震设计"，风荷载效应计算见"抗风设计"。

根据《铁路桥涵设计基本规范》（TB10002.1—2005）的规定，主要考虑以下荷载组合：

表1-9 荷载组合一览表

受力阶段	荷载组合	荷载组合说明和设置依据
裸塔施工阶段	恒载＋横风（5年重现期）	不与温度荷载组合
	恒载＋纵风（5年重现期）	不考虑主梁和斜拉索纵风
	恒载＋纵风（6级风）＋纵向温度荷载	温度组合1和温度组合2
	恒载＋横风（6级风）＋横向温度荷载	温度组合3和温度组合4
最大单悬臂施工阶段	恒载＋施工荷载（如吊机重等）＋横风（5年重现期）引起的不平衡升举力	①风荷载仅考虑不平衡升举力；②升举力根据《甬江桥初步设计抗风研究报告》的升力系数并计入静阵风系数；③边跨升举力取中跨升举力的0.5倍；④鉴于甬江桥的施工特点（单悬臂），不考虑块件坠落。
	恒载＋施工荷载（如吊机重等）＋横风（5年重现期）对称加载	横风暂仅计阻力分力
	恒载＋施工荷载（如吊机重等）＋横风（5年重现期）不对称加载	横风暂仅计阻力分力

续上表

受力阶段	荷载组合	荷载组合说明和设置依据
最大单悬臂施工阶段	恒载+施工荷载（如吊机重等）+纵风（5年重现期）	不考虑主梁和斜拉索纵风
	恒载+施工荷载（如吊机重等）+横风（6级风）对称加载+横向温度荷载	温度组合3和温度组合4
	恒载+施工荷载（如吊机重等）+横风（6级风）不对称加载+横向温度荷载	温度组合3和温度组合4
	恒载+施工荷载（如吊机重等）+纵风（6级风）+纵向温度荷载	温度组合1和温度组合2
成桥运营阶段	主力1：恒载，即结构自重+二恒+预加力+收缩徐变+基础变位	
	主力2：主力1+活载	活载包括：列车竖向活载（含动力作用）+横向摇摆力
	主+纵附1：主力1+纵向风载（100重现期）	不与温度荷载组合
	主+纵附2：主力2+纵向运营风载+温度组合I(I=1,2)	制动力不与温度荷载、风荷载组合
	主+纵附3：主力2+制动力（牵引力）	
	主+横附1：主力1+横向风载（100重现期）	不与温度荷载组合
	主+横附2：主力2+横向运营风载+温度组合I(I=3,4)	
	换索荷载组合：恒载+列车活载（含动力作用）+换索工况	换索时，单线限速通行
	主力1：恒载，即结构自重+二恒+预加力+收缩徐变+基础变位	
	主力2：主力1+活载	活载包括：列车竖向活载（含动力作用）+横向摇摆力
	主+纵附1：主力1+纵向风载（100重现期）	不与温度荷载组合
	主+纵附2：主力2+纵向运营风载+温度组合I(I=1,2)	制动力不与温度荷载、风荷载组合

续上表

受力阶段	荷载组合	荷载组合说明和设置依据
成桥运营阶段	主＋纵附3：主力2＋制动力（牵引力）	
	主＋横附1：主力1＋横向风载（100重现期）	不与温度荷载组合
	主＋横附2：主力2＋横向运营风载＋温度组合I（I＝3,4）	
	换索荷载组合：恒载＋列车活载（含动力作用）＋换索工况	换索时，单线限速通行

9.1.2 计算模式及内容

采用空间杆系计算程序按实际结构进行离散，根据架设过程形成各阶段的计算图式，并充分考虑各种非线性因素的影响，详细分析结构各阶段的内力和位移变化情况，索塔、桥墩、主梁和斜拉索均用空间梁单元模拟。

（1）计算图式

以理论竖曲线为基准建立三维有限元模型，并根据架设过程形成各阶段的计算图式，分析结构各阶段的内力和位移变化情况。

①施工阶段主梁与塔临时固接，与过渡墩、辅助墩均为纵向活动、竖向和横向约束，与临时墩只竖向、横向约束。

②成桥后计算边界条件详见"主桥结构设计"。

③塔底与承台固接，群桩基础采用等效柔度矩阵模拟。

（2）计算内容

①施工阶段计算：根据结构形成过程计算各施工阶段梁、塔、索及支承点的内力及位移，尤其对主要控制阶段（裸塔、中跨最大单悬臂、中跨合龙、二期恒载）进行深入的分析。

②安装控制计算：计算内容包括施工不平衡荷载、静风荷载等，计算最大单悬臂工况。

③使用阶段计算：使用阶段计算在安装计算最后形成的成桥状态基础上进行，包括恒载、列车、温度及风荷载作用等。

9.1.3 主梁有效宽度计算

考虑剪力滞后因素的影响，主梁翼缘挠曲应力存在不均匀现象，设计中常常采用有效宽度的方法进行适当修正。

混凝土箱梁按《高速铁路设计规范（试行）》（TB10621—2009）"附录 D 箱梁有效宽度折减系数"规定选取。钢箱梁目前尚无直接用于斜拉桥有效宽度计算方法的规定，参考国内外规范和设计经验，可按以下两种方式进行计算和比较。

（1）根据日本道路协会《道路桥示方书·同解说》7.3.4 条规定计算，此为简化计算方法；

（2）建立节段有限元模型，根据下式精确计算有效宽度：

$$b_e = \int_0^b (\sigma \cdot ds)/\sigma_{\max} \tag{1-1}$$

9.1.4 设计目标

主动调整斜拉索索力，使结构成桥状态达到以下目标：

（1）跨中钢箱梁预留部分负弯矩，以平衡活载正弯矩的影响，使其在主力＋附加力作用下上下缘弯矩尽可能平衡；边跨主要体现为预应力混凝土梁连续梁的受力特点，使其弯矩小且分布均匀。

（2）索塔考虑了活载效应后，在恒载状态下，预先往岸侧预偏活载的挠度。

（3）斜拉索张力不出现压力，且尽可能分布均匀。

9.2 主梁

9.2.1 混凝土主梁

（1）纵向计算

由总体计算分析而得，主梁的应力、强度、刚度、裂缝均应满足《铁路桥涵钢筋混凝土和预应力混凝土结构设计规范》（TB10002.3—2005）的相关规定，并留有适当的安全储备。

（2）横向计算

①计算模式

采用平面杆系模型进行横向分析，取不同区域单位长度的主梁，简化为三孔框架，分别建立有索区、无索区平面模型，按弹性支承、固定支承包络计算。计算荷载包括恒载、活载及温度荷载，温度荷载分日照和寒潮两种不同模式考虑。

无索区简化成多支点的框架结构，竖向支承位置为腹板与底板中心线相交处。有索区按弹性支承于斜拉索和刚性支承于斜拉索的简支结构包络考虑，分别检算不同斜拉索区域。

弹性支承的柔度系数按锚点作用集中荷载 P，主梁下挠 δ 计算。

$$\delta = \frac{Pb}{EA\sin^2\alpha\cos\alpha} + \frac{Pb^3}{3EI}\tan\alpha \tag{1-1}$$

式中 δ —— 主梁下挠量；

P —— 作用在拉索锚点处的荷载；

b —— 梁上拉索锚固点到塔的距离；

E —— 弹性模量；

A —— 拉索的面积；

α —— 拉索的倾斜角度；

I —— 索塔及背索的换算截面惯性矩。

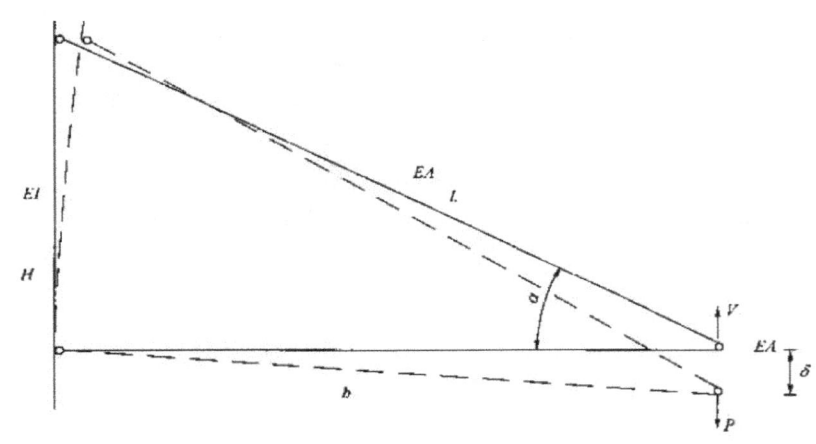

图 1-11 斜拉索弹性支承下的主梁挠度计算模式

②荷载

a. 结构重力：包括箱形截面自身重量，桥面铺装、栏杆等二期恒载；

b. 横向预应力；

c. 列车活载：中－活载及特种活载；

d. 横向摇摆力；

e. 列车风力；

f. 混凝土收缩徐变：按规范取用；

g. 温度变化的作用：均匀温度荷载取整体升降温 ±15℃，非线形温度荷载分日照和寒潮两种模式；

h. 特殊荷载：列车脱轨荷载。（不控制设计）

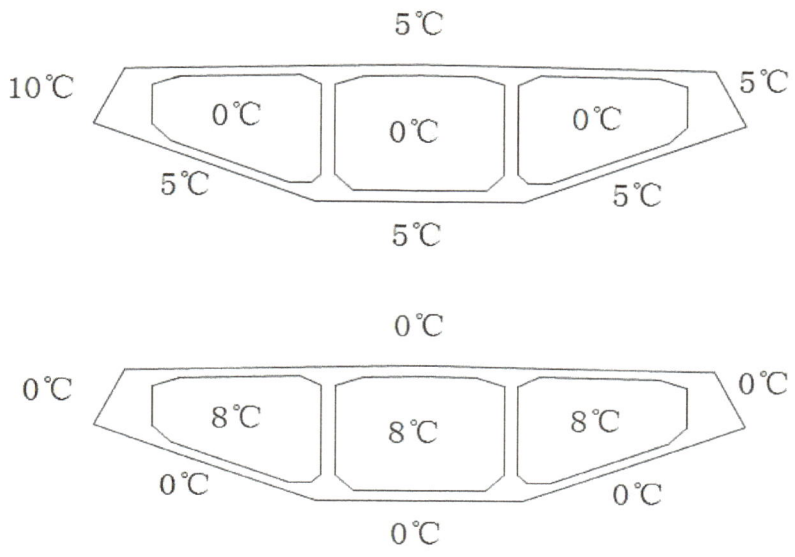

图 1-12　混凝土箱梁温差模式（左为日照、右为寒潮）

（3）锚下局部受力分析

根据《铁路桥涵钢筋混凝土和预应力混凝土结构设计规范》（TB10002.3—2005）关于局部承压的规定进行验算。由于锚具采用喇叭管与垫板联成整体一次铸成，刚度大，按刚性垫板计算，承压面积为垫板的外轮廓面积减去喇叭管尾端的内孔径面积。

9.2.2　钢箱主梁

（1）计算体系

钢箱梁结构计算应建立整体或节段三维模型，按照如下三个作用体系进行：

①第一体系

第一体系是箱梁作为斜拉桥的组成部分参与全桥共同受力，承受荷载作用。该体系的箱梁作用力包括竖向荷载、横向荷载和温度荷载作用的弯矩、剪力和扭矩，由总体分析而得。

②第二体系

第二体系是由纵向加劲肋、横向加劲肋和桥面板共同组成，承受桥面上的恒载和列车活载作用。

③第三体系

把桥面板作为支承在纵向加劲肋和横向加劲肋上的连续各向同性板，直接承受列车活载作用。

（2）主要验算内容

①主体结构的应力验算

箱梁主体结构的强度验算考虑竖向荷载、横向荷载和温度荷载的分别作用及组合作用下，相关体系中可能出现的弯矩作用正应力、剪力作用剪应力、扭矩作用剪应力和畸变应力，以及不同体系的应力组合与叠加。疲劳应力考虑总体作用体系和正交异性板桥面体系的应力叠加，计算方法根据《铁路桥梁钢结构设计规范》（TB10002.2—2005）进行。

②U形加劲肋验算

参照英国BS5400和《Eurocode 3：Design of Steel Structures》part 1.1 的section 5.3.5有关规定，验算在主力组合下U形加劲肋的尺寸。

③横纵隔板验算

参照日本《道路桥示方书·同解说》及英国BS5400第9.10与9.11有关规定，验算横隔板及其加劲肋的屈服和屈曲效应。

④局部构造受力验算

对钢箱梁关键构件部位（如斜拉索锚固区），建立有限元模型进行详细分析。

⑤各类焊缝的强度验算

根据《铁路桥梁钢结构设计规范》（TB10002.2—2005）规定，对焊缝进行强度验算。

⑥疲劳荷载作用验算

根据《铁路桥梁钢结构设计规范》（TB10002.2—2005）及《铁路工程建设标准局部修订条文汇编》（2009年4月第1版）规定，进行疲劳验算。

9.3 索塔

9.3.1 计算图式及规定

计算分平面计算与空间计算。平面计算采用杆系理论，基础按等刚度原则进行模拟。空间计算基础仍按等刚度原则进行模拟，并按实际情况建立索塔与主梁的空间模型，分析各主要施工阶段及使用阶段索塔受力。

施工阶段和使用阶段采用容许应力法计算结构的应力，并进行强度、稳定及裂缝的验算。索塔锚固区、钢锚箱混凝土底座和中上塔柱连接段内设置 $\phi 32$ 高强精轧螺纹钢筋；索塔横梁设置 $\phi^s 15.2$ 低松弛钢绞线。预应力计算参数见下表。

表1-10 索塔用预应力计算参数

主要计算参数	索塔用钢绞线	索塔用预应力粗钢筋
张拉控制应力 /MPa	1302	837
钢筋松弛率	0.025	0.05
孔道摩阻系数	0.35	0.2
孔道偏差系数	0.003	0.0015
锚具变形及钢束回缩值 /mm	6	2

注：1. 表中张拉控制应力未考虑锚圈口摩阻损失部分；
　　2. 预应力粗钢筋张拉控制应力，对应屈服强度 $f_{ck}=930$ MPa。

9.3.2 荷载组合

（1）荷载组合

一般荷载取值见"设计荷载"，风荷载效应计算见"抗风设计"，地震荷载效应计算见"抗震设计"。索塔结构计算主要分为三个阶段：裸塔阶段、最大单悬臂施工阶段和使用阶段。在各阶段均应进行纵桥向、横桥向及纵横耦合计算。在计算荷载选择时，除了满足相关规范外，还应对可能出现的不利受力情况进行分析，主要按9种不利荷载组合分别计算。考虑的荷载组合见表1-11。

（2）容许应力提高系数

各种荷载组合的混凝土容许应力的提高系数按《铁路桥涵钢筋混凝土和预应力混凝土结构设计规范》（TB10002.3—2005）条文 5.2.1 表格 5.2.1 的附注办理。

表 1-11 索塔计算荷载组合一览表

受力阶段	编号	荷载组合
裸塔施工阶段	1	恒载＋横风（5年重现期）
	2	恒载＋纵风（5年重现期）
最大单悬臂施工阶段	3	恒载＋施工荷载（如吊机重等）＋横风（5年重现期）引起的不平衡升举力
	4	恒载＋施工荷载（如吊机重等）＋横风（5年重现期）对称加载
	5	恒载＋施工荷载（如吊机重等）＋横风（5年重现期）不对称加载
	6	恒载＋施工荷载（如吊机重等）＋纵风（5年重现期）
成桥运营阶段	7	恒载＋风荷载（100重现期）
	8	恒载＋列车活载（含动力作用）＋温度＋运营荷载
	9	恒载＋地震力

注：1. 组合3仅对索塔在纵桥向进行静力验算。
2. 风荷载包括静风荷载和动风荷载。

9.3.3 平面计算

（1）顺桥向计算

根据结构形成过程采用平面杆系程序，按各种荷载状况组合内力，计算索塔施工和使用各阶段内力、应力和变形。

（2）横桥向计算

按平面框架分析，根据顺桥向计算得到的索力，按各种荷载状况组合内力，计算索塔施工和使用各阶段内力、应力和变形。

（3）纵横向耦合计算

按顺桥向和横桥向可能同时出现的荷载组合，进行角点最大最小应力耦合叠加计算。

（4）索塔强度验算塔柱强度须满足规范要求。

（5）应力控制水平

详见本章"9.6.1 混凝土主梁强度及应力"小节。

（6）裂缝控制水平塔柱各截面在各种荷载组合下均受压，不会出现裂缝，无需进行裂缝验算。

9.3.4 空间计算

采用空间有限元程序建立模型，对索塔各主要施工阶段和使用阶段进行静力计算和静力稳定分析，计算中考虑大位移及施工误差的影响。索塔弹性屈曲稳定（一类稳定）安全系数≥4.0。

9.3.5 局部应力计算

采用空间有限元程序建立节段模型，对索塔关键构件和部位进行局部应力分析计算。

9.3.6 索塔锚固区计算

对于锚固区钢和混凝土的组合结构，结构分析按照各自的最不利条件考虑。钢锚箱分析时，认为不考虑混凝土共同作用时可以承担全部斜拉索的水平力；索塔分析时，根据混凝土裂缝开展情况对索塔刚度进行折减，计入混凝土收缩影响，不计徐变影响。

如果索塔设置预应力，目的是为了消除混凝土塔壁的裂缝，那么不考虑其对索塔承载力的帮助。

结构分析考虑以下几种工况：

（1）斜拉索索力全部由钢锚箱承担，校核锚箱应力及变形；

（2）锚箱与混凝土索塔共同参与受力，按照对混凝土索塔的最不利材料特性、约束条件及荷载，校核混凝土应力、变形及开裂；

（3）如考虑设置部分预应力，则按照不同荷载条件，分别校核钢锚箱与混凝土。

9.4 斜拉索

（1）运营阶段，主要荷载组合状况下，斜拉索容许拉应力为极限强度的40%，安全系数＞2.5；施工阶段，斜拉索容许拉应力为极限强度的56%，安全系数＞1.8。

（2）在强度计算规定的列车活载作用下，斜拉索应力幅值＜200 MPa，疲劳应力幅＜130 MPa。

（3）特殊计算工况设计允许斜拉索正常替换和任何一根或相邻两根斜拉索突然失效，具体规定如下：

①斜拉索正常替换

正常换索过程中，通过单线限速通行（被替换斜拉索侧线路限行），确保处于工作状态的斜拉索的容许拉应力值控制在设计值的125%内。

②一根拉索突然断裂的动力效应

此时列车正常通行，不减小设计列车荷载，其他拉索应力允许值可提高到设计值的133%。

③相邻两根拉索突然断裂的动力效应计算

此时列车正常通行，不减小列车荷载，其他拉索应力允许值可提高到设计值的154%。

9.5 静力稳定性分析

甬江桥塔高、跨大，设计风速高，施工过程及运营阶段的结构稳定性直接影响工程的安全，应根据不同的施工阶段和不同的工况状态，详细计算结构的整体稳定和局部稳定。参考《公路斜拉桥设计细则》（JTG/TD65-01—2007），静力稳定性分析主要进行弹性屈曲稳定（一类稳定）和弹塑性稳定（二类稳定）2类计算。对于斜拉桥稳定分析，2类稳定均须计入斜拉索垂度等几何非线性因素影响。

（1）弹性屈曲分析

弹性屈曲分析，即一类稳定，参考《公路斜拉桥设计细则》（JTG/TD65-01—2007）要求，弹性屈曲的结构稳定安全系数应不小于4。

（2）非线性弹塑性屈曲分析

非线性弹塑性屈曲分析，即极限承载力分析，是指在恒载及不断增大的工作荷载作用下，计及结构初始缺陷、结构几何及材料非线性进行全过程分析，获得结构完全崩溃时对应的最大工作荷载（即极限承载力）。

①计算原则

a.计入施工加载过程中位移和应力的叠加效应；

b.考虑结构变形、斜拉索垂度和构件轴力的几何非线性影响；

c.考虑单根构件极限承载能力的影响；

d.考虑塔柱施工沿桥横向和纵向的倾斜误差等初始缺陷；

e.钢箱梁和混凝土的材料非线性分别按理想弹塑性模式和分段线性

化的折线模式处理。

②判别准则

斜拉桥结构达到失稳的判据为：考虑上述因素后的包含几何刚度矩阵在内的结构整体刚度矩阵 $[KT]$ 不正定，即

$$\det|[KT]| \leq 0 \tag{1-3}$$

式中算子 $\det|\ |\leq 0$ 表示矩阵 $[KT]$ 对应的行列式之值。

结构稳定安全系数 K 定义为

$$K = P_{cr}/PT \tag{1-4}$$

式中 PT——施工阶段的结构自重，作为加载的荷载基数；

P_{cr}——结构的极限承载力，即荷载增量加载过程中达到式 (1–3) 时所对应的结构承载力；

K——结构达到极限承载力时关于 PT 的加载倍数。

③结构稳定安全度评价方法

非线性弹塑性屈曲分析反映丧失承载能力的概念，稳定与最终的极限承载能力是统一的。因此，桥梁的结构稳定安全系数与强度安全系数也是一致的。

参考《公路斜拉桥设计细则》（JTG/TD65-01 — 2007）和国内建设的实际情况，斜拉桥的二类稳定问题，即计入几何非线性、材料非线性和初始缺陷（如施工误差）等影响的弹塑性强度稳定的安全系数，混凝土主梁应不小于 2.5，钢主梁应不小于 1.75。

（3）局部稳定分析甬江桥为大跨铁路混合梁斜拉桥，除须进行整体分析外，还应对钢箱梁和索塔钢锚箱进行局部稳定应力分析，如钢箱梁横隔板及其加劲肋、纵隔板及其加劲肋、索塔钢锚箱支承板和侧拉板等受压板件，均应建立有限元模型进行详细的屈曲稳定应力分析。

9.6 强度、应力及变形控制指标

9.6.1 混凝土主梁强度及应力

（1）强度安全系数

①截面抗弯强度安全系数

主力 $K \geq 2.2$；主＋附 $K \geq 1.98$

②截面抗弯强度安全系数

主力 $K \geq 2.2$；主+附 $K \geq 1.98$

③截面抗裂安全系数 $K_f \geq 1.2$

（2）施工阶段主梁控制参数

①在预加应力的过程中，预应力钢筋锚下的控制应力

钢绞线：$\sigma_{con} = \sigma_{p1} + \sigma_L \leq 0.75 f_{pk} = 1395$ MPa

螺纹筋：$\sigma_{con} = \sigma_{p1} + \sigma_L \leq 0.90 f_{pk} = 837$ MPa

（σ_{p1}——有效预应力；σ_L——全部预应力损失）

②在传力锚固阶段，预应力钢筋的应力

$\sigma_p = \sigma_{con} - (\sigma_{L1} + \sigma_{L2} + \sigma_{L4}) \leq 0.65 f_{pk} = 1209$ MPa

③在传力锚固阶段，计入构件自重作用后，砼的正应力

压应力：$\sigma_c \leq 0.75 f_c' = 0.75 \times 0.8 \times 40 = 24$ MPa

拉应力：$\sigma_{ct} \leq 0.7 f_{ct}' = 0.7 \times 0.8 \times 3.5 = 1.96$ MPa

（3）运营阶段主梁控制参数

①主力工况下主梁正截面砼

压应力：$1.0 \text{ MPa} \leq \sigma_c \leq 0.5 f_c = 20$ MPa；拉应力：不得产生拉应力，最小压应力 > 1.0 MPa

②主+附工况下主梁正截面砼压应力 $\sigma_c \leq 0.55 f_c = 22$ MPa；拉应力 $\sigma_{ct} \leq 0.7 f_{ct} = 2.45$ MPa

③运营荷载作用下斜截面砼主压应力 $\sigma_{cp} \leq 0.6 f_c = 24.0$ MPa；主拉应力 $\sigma_{tp} \leq 0.7 f_{ct} = 2.45$ MPa

④运营荷载作用下砼最大剪应力 $\tau_c \leq 0.17 f_c = 6.8$ MPa

⑤运营荷载作用下预应力索最大应力 $\sigma_p \leq 0.6 f_{pk} = 1116$ MPa

（4）成桥状态上下缘正应力值之差 ≤ 5.0 MPa

9.6.2 钢箱主梁应力

第一体系作用下，控制截面法向正应力 ≤ 150 MPa，和第二体系、第三体系叠加，考虑板厚应力折减及焊接影响，适当控制法向正应力值。

疲劳荷载作用下，钢箱主梁的疲劳应力要求小于第 15 类各连接形式的疲劳容许应力幅。

钢锚箱局部应力分析，要求局部应力集中值不大于屈服强度外，其他部分应力值不得大于基本容许应力 210 MPa。

9.6.3 斜拉索

要求最小强度安全系数不小于 2.8，活载应力幅 ≤ 130 MPa。

9.6.4 结构稳定

第一类失稳系数不小于 4.0～5.0，第二类失稳系数不小于 2.5。

9.6.5 变形控制

（1）梁体竖向挠度

列车竖向静活载作用下，中跨挠度值不大于 $L/750$，边跨挠度值不大于 $L/900$；

（2）梁体横向挠度

在列车摇摆力、风力及温度力影响下，要求梁体水平挠度不大于 $L/4000$。

（3）梁端转角

静活载作用下，梁端竖向转角 $\theta \leq 2‰$ rad，相邻两孔梁之间 $\theta_1 + \theta_2 \leq 4‰$ rad。

9.7 耐久性设计

主体结构执行规范要求，按照 100 年使用年限设计，在制造、安装和运营过程中，应具有规定的强度、刚度、稳定性和耐久性。

9.7.1 混凝土结构

施工过程中，要求严格执行《铁路混凝土结构耐久性设计暂行规定》（铁建设〔2005〕157 号、铁建设函〔2007〕140 号），设计中控制混凝土的最大应力和最大裂缝宽度，构造上确保钢筋最小保护层厚度，延性上保证合理的配筋率，混凝土的骨料选择和配合比满足有关规定。并要求加强日常的检查维修。

9.7.2 钢结构

钢结构的防腐采用重涂装体系，设计防腐年限大于 25 年，力争达到 30 年。钢箱梁及主塔内钢锚箱内外表面采用相同的涂装方案，并在钢箱主梁和索塔内设置抽湿机。

10 抗震设计

10.1 抗震设计基本原则

（1）桥位区地震基本烈度Ⅶ度。应根据地震安全性评价的结果和所能承受的最大风险水平，合理确定抗震设防标准。

（2）应进行基于性能的抗震设计，使主要承重结构（塔、墩）在受到不同地震概率水准作用下的性能达到一组预期的性能目标。

（3）采用两水平的抗震设计方法，其流程图见图1-13所示。

（4）应对桥梁的结构体系进行研究和优化，选择合理的结构体系，以满足对结构的抗震性能要求。

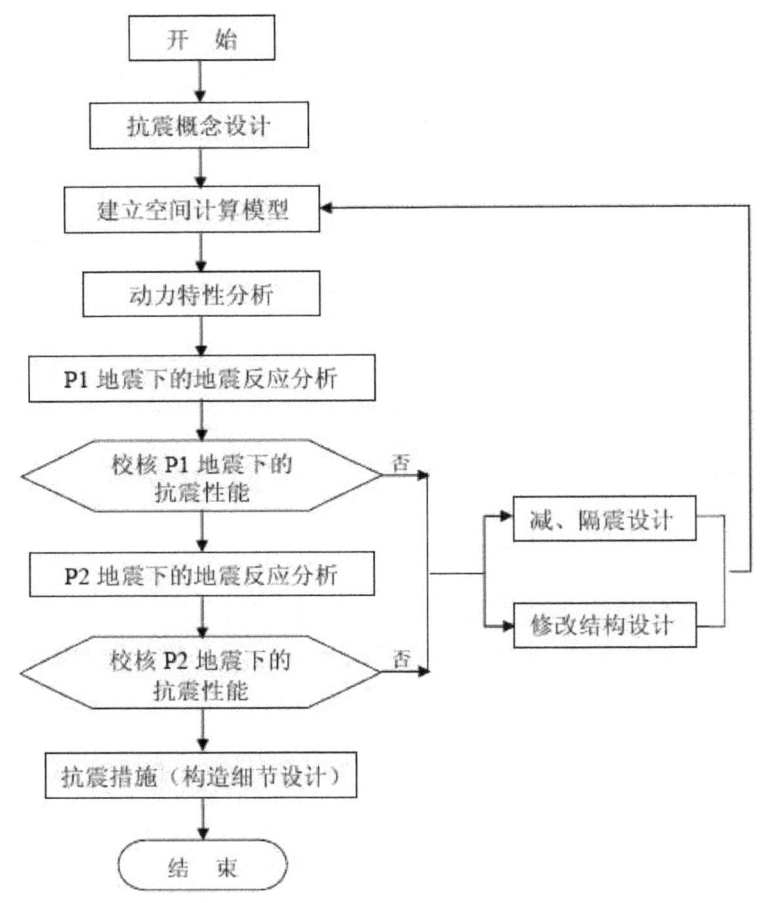

图1-13 两水平抗震设计方法流程图

（5）桥梁结构宜采用对称的结构形式，上、下部结构之间宜采用合理的连接构造，必要时可设置阻尼约束装置。

（6）应重视减隔振技术的应用。

（7）主要承重结构（塔、墩）宜选择有利于提高结构延性变形能力的结构型式及材料，避免发生脆性破坏，控制断面应适当多配置箍筋。

10.2 地震作用

（1）设计采用的地震动参数（地震加速度时程和反应谱）应根据工程场地的地震安全性评价报告结果确定。

（2）采用的地震加速度时程和反应谱曲线的频谱含量应包括结构基本周期在内的长周期成分，每组时程曲线应不少于6条。

（3）应分别考虑纵桥向和横桥向的地震与竖向地震作用的组合效应进行效应计算。

10.3 地震反应分析

（1）地震反应分析应采用反应谱法和时程分析法2种方法进行计算，并相互校核。采用时程分析结果进行抗震验算，但时程分析结果应不小于反应谱分析结果的80%。

（2）进行地震反应分析时，所采用的计算模型必须能真实地模拟桥梁结构的刚度和质量分布情况，以及边界连接条件。计算模型应满足以下要求：

①应建立空间计算模型，相邻跨的影响根据墩、梁之间的连接条件适当考虑。

②塔、墩可采用空间梁单元模拟；桥面系可选用单梁式模型，用空间梁单元模拟；斜拉索可采用空间桁架单元模拟。

③应考虑几何非线性的影响，可近似处理为只考虑恒载作用下的几何刚度和斜拉索的弹性模量修正。

④进行反应谱分析时，支承连接条件可采用主从关系近似模拟。进行时程反应分析时，支承连接条件应采用非线性连接单元真实模拟。

⑤应合理考虑桩基础的影响，并恰当考虑桩–土相互作用的影响。

（3）反应谱分析应满足以下要求

①必须计算足够多的振型；

②斜拉桥的振型组合可采用CQC法（完全二次组合法），梁桥的振型组合可采用SRSS法（平方和开方），方向组合可采用SRSS法。

（4）时程分析应满足以下要求：

①对于每一个设防地震水准，都应选用不小于6组地震加速度时程进行分析，并取各组反应的平均值进行验算。

②滑动支座应考虑其滞回耗能的影响。

③如桥梁墩柱屈服进入塑性工作状态,则应正确模拟塑性铰滞回耗能的影响。

④如采用阻尼器或减隔振支座,则应正确模拟阻尼器或减隔振支座的非线性特性。

(5) 结构阻尼比不宜大于5%,进行时程分析时,可采用瑞利阻尼。

(6) 应分析冲刷线变化对结构地震反应的影响。

(7) 主桥应考虑地震作用的空间变化特性。

10.4 抗震验算

(1) 地震荷载效应和其他荷载效应的组合按现行《铁路工程抗震设计规范》(GB50111—2006)执行的相关条文进行。

(2) 主要承重构件(塔、墩)的应力校核和极限承载能力校核按现行的铁路桥涵设计规范的相关条文进行。

(3) 支座的检算内容应包括上拔力检算、固定支座的水平抗力检算、滑动支座的允许位移量检算。

(4) 对于已屈服的桥梁墩柱,应校核潜在塑性铰区的塑性转动能力。

①桥梁墩柱的屈服与否应根据截面的名义抗弯强度判定,即考虑轴力的影响、采用材料的标准强度、按截面实际配筋计算出来的截面抗弯强度;

②墩柱潜在塑性铰区域的塑性转动能力按下式计算:

$$\theta_p \leq \theta_\mu \quad (1-5)$$

式中 θ_p——P2 地震作用下,潜在塑性铰区域的塑性转角;

θ_μ——塑性铰区域的最大容许转角。

③墩柱潜在塑性铰区域的最大容许转角应可按下式计算:

$$\varphi_p = \varphi_\mu - \varphi_y \quad (1-6)$$

$$\theta_\mu = L_p \varphi_p / K \quad (1-7)$$

式中 φ_y——屈服曲率,可定义为截面最外层纵筋发生屈服时的截面曲率;

φ_μ——截面极限曲率;

K—— 安全系数，建议取 2.0；

L_p—— 等效的塑性铰长度，可取下式计算的小值：

$$L_P = 0.08H + 0.022 f_y d_s \geq 0.044 f_y d_s \qquad (1\text{-}8)$$

$$L_P = \frac{2}{3}b \qquad (1\text{-}9)$$

式中 H—— 悬臂墩的高度或塑性铰截面到反弯点的距离 (cm)；

b—— 截面高度 (cm)；

f_y—— 纵向钢筋的标准强度 (MPa)；

d_s—— 纵向钢筋的直径 (cm)。

④截面的极限曲率 φ_u 应通过截面的弯矩 – 曲率关系分析确定，定义为被箍筋约束的核心混凝土达到极限压应变 ε_{cu} 时对应的截面曲率，约束混凝土的极限压应变 ε_{cu} 可按下式计算：

$$\varepsilon_{c\mu} = 0.004 + \frac{1.4 \rho_s \cdot f_{yh} \cdot \varepsilon_{su}^R}{f_{cc}'} \qquad (1\text{-}10)$$

式中 ρ_s—— 约束钢筋的体积含筋率，矩形箍筋 $\rho_s = \rho_x + \rho_y$

f_{yh}—— 箍筋的标准强度；

f_{cc}'—— 约束混凝土的峰值应力，见图 1-14；

ε_{su}—— 箍筋在最大拉应力时的应变，$\varepsilon_{su}^R = 0.99$。

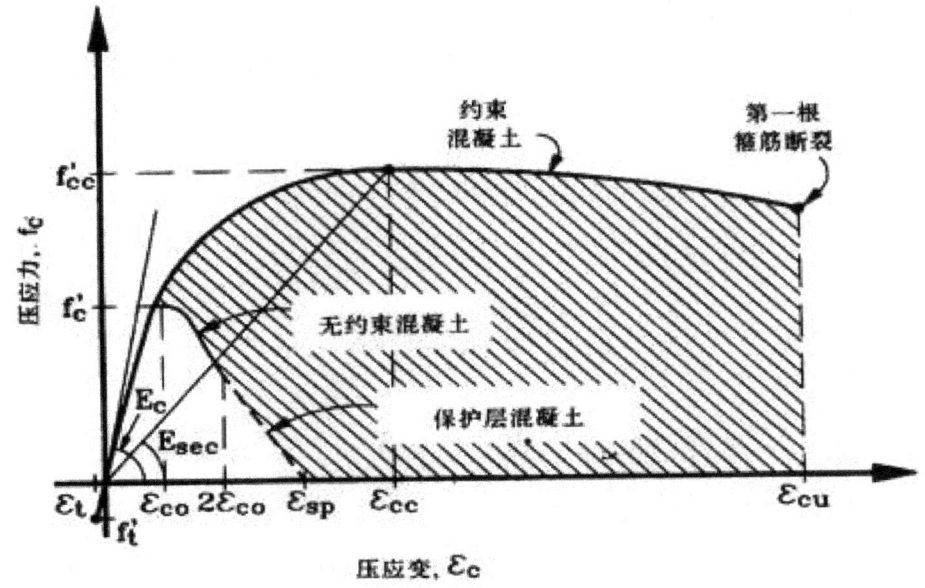

图 1-14 普通约束混凝土的应力-应变曲线

（5）墩柱的验算剪力取值：

①处于弹性工作状态的墩柱，直接取弹性反应剪力进行验算；

②处于弹塑性工作状态的墩柱，其验算剪力应按能力设计方法计算，即进行非线性弹塑性地震反应分析时，墩底潜在塑性截面的名义抗弯强度要乘以超强系数，可取 1.1。

（6）墩柱的抗剪强度可按下列公式验算：

$$V_{c0} \leqslant \varphi V_n \tag{1-11}$$

式中 V_{c0}——墩柱可能承受的最大地震剪力；

φ——抗剪强度折减系数，$\varphi = 0.85$；

V_n——墩柱的名义抗剪强度。

钢筋混凝土墩柱的名义抗剪强度由混凝土提供的抗剪强度 V_c 和横向钢筋提供的抗剪强度 V_s 组成，即：

$$V_n = V_c + V_s \tag{1-12}$$

计算混凝土提供的剪切强度 V_c 时，应考虑弯曲变形和轴向荷载的影响，按下式计算：

$$V_c = v_c A_e \quad (1\text{-}13)$$

式中 A_e—— 有效剪切面积，$A_e=0.8A_g$，

A_g—— 立柱横截面的毛面积；

v_c—— 名义剪应力。

塑性铰区域内 $v_c=2c_1c_2\sqrt{f_c'}\leq 0.33\sqrt{f_c'}$(MPa) （1-14）

塑性铰区域外 $v_c=0.5c_2\sqrt{f_c'}\leq 0.33\sqrt{f_c'}$(MPa) （1-15）

上式中，f_c'为混凝土圆柱体抗压强度（0.85R，R 为标号），c_1、c_2 按下式计算：

$$0.025 \leq c_1 = \frac{\rho_s f_{yh}}{12.5} + 0.305 - 0.083\mu_d \leq 0.25 \quad (1\text{-}16)$$

$$c_2 = 1 + \frac{P_c}{13.8 A_g} \leq 1.5 \quad (1\text{-}17)$$

式中 ρ_s——箍筋或螺旋钢筋的配箍率；

f_{yh}——箍筋的屈服应力；

P_c——立柱受到的轴压力；

μ_d——立柱的位移延性，取沿顺桥向和横桥向位移延性的大值。

c_1、c_2 系数与立柱位移延性系数和轴压力的关系见下图。

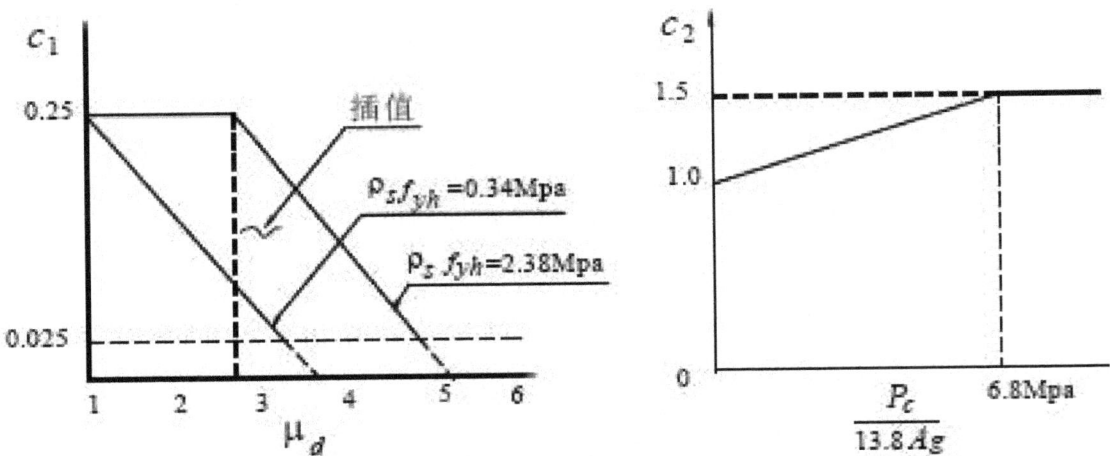

图 1-15 系数 c_1、c_2 与立柱位移延性系数和轴压力的关系

螺旋箍筋提供的抗剪强度为：

$$V_s = \pi/2 \times A_v f_{yh} D'/s \leq 0.67 \times \sqrt{f_c'} A_e \qquad (1-18)$$

矩形箍筋提供的抗剪强度为：

$$V_s = A_v f_{yh} d/s \leq 0.67 \times \sqrt{f_c'} A_e \qquad (1-19)$$

式中 $A_v A_e$ —— 同一截面上箍筋的总面积；

s —— 箍筋的间距；

f_{yh} —— 箍筋的抗拉设计强度；

d —— 沿计算方向立柱的宽度；

D' —— 螺旋钢筋或圆形箍筋的直径。

（7）桩基础的验算地震力取值：

①处于弹性工作状态的墩柱的基础，直接取基础的弹性反应作为验算地震力；

②处于弹塑性工作状态的墩柱的基础，其验算地震力应采用按能力设计方法计算，即进行非线性弹塑性地震反应分析时，墩底潜在塑性截面的名义抗弯强度要乘以超强系数，可取 1.1。

（8）桩基础的承载能力验算可按现行《铁路桥涵地基与基础设计规范》（TB10002.5—2005）进行。结构构造与抗震措施：

①主桥的塔、梁之间宜采用阻尼或弹性约束装置。

② 加强塔柱的横向联系，横梁应加强配筋或增设预应力筋。

③ 梁端伸缩缝的选用宜考虑地震作用下的梁端位移。

④ 应结合抗震设计考虑墩顶的支承宽度，并考虑相应抗震措施。应优先推荐采用减振型支座。

⑤ 应重视桥梁墩柱中箍筋的配置，以尽量提高结构的延性。

11 抗风设计

11.1 总则

本章规定主要适用于甬江特大桥主桥的抗风设计。辅桥和引桥的抗风设计可根据本章规定的基本风速，参照本章规定或按照《公路桥梁抗风设计规范》（JTG/TD60-01—2004）、《铁路桥涵设计基本规范》（TB10002.1—2005）的规定进行。

11.2 风速计算

11.2.1 基本风速

甬江大桥桥位处的基本风速 v_{10} 按 100 年重现期的风速选取，为 31.3 m/s。

11.2.2 设计基准风速

（1）根据基本风速和《公路桥梁抗风设计规范》的有关规定，桥梁设计基准风速为

$$v_d = v_{10}\left(\frac{z}{10}\right)^{0.16} \tag{1-20}$$

式中 v_d——构件基准高度 z 处的风速（m/s）；

甬江特大桥桥址处水面或地面以上不同高度各重现期的风速值，按照《公路桥梁抗风设计规范》3.3 条文表 3.3.1 确定。

（2）桥梁各构件基准高度 Z 按《公路桥梁抗风设计规范》3.2.3 条文表 3.2.3 确定。

11.2.3 施工阶段的风速取值

甬江特大桥施工阶段的风速按 5 年重现期的风速选取风速重现期系数 $\eta = 0.78$，从而施工阶段 10 m 基准高度基本风速的 $v_{10sg} = 0.78 \times 31.3 = 24.414$ m/s。

11.3 风荷载计算

11.3.1 一般规定

（1）本章适用于桥梁横桥向和顺桥向的顺风向风荷载计算。

（2）大跨柔性桥梁的主梁和桥塔的设计风荷载应由设计基准风速下的静阵风荷载和因抖振所产生的结构惯性动力风荷载叠加而成。

（3）横桥向风作用下大跨桥梁的竖向力和扭转力矩一般应通过必要的风洞试验和详细的抖振分析得到。

（4）风荷载参与永久荷载和其他可变荷载的组合应按《铁路桥涵设计基本规范》（TB10002.1—2005）的规定执行。

（5）当风荷载参与列车荷载组合时，桥面处设计风速 v_{sd} = 0.6 × 39.3 = 23.58 m/s。

（6）行车时，列车受风面积按 3 m 高中跨长的长方带计算，其作用点在轨顶 2 m 高度处。

11.3.2 静阵风风速和静阵风荷载

（1）静阵风风速按下式计算：

$$v_g = G_v v_d \tag{1-21}$$

式中 G_v —— 静阵风系数，可按《公路桥梁抗风设计规范》4.2.1 条文表 4.2.1 取值。

成桥状态下构件基准高度处的静阵风系数按水平加载长度为其主桥全长选取。对桥塔自立阶段，静阵风系数按水平加载长度小于 20 m 选取。对悬臂施工中的桥梁，静阵风系数按水平加载长度为该施工状态已拼装主梁的全长选取。

（2）除主梁外，作用在桥梁各构件单位长度上的风荷载可根据各构件不同基准高度上的静阵风荷载可按下式计算：

$$F_H = \frac{1}{2} \rho v_g^2 C_H A_n \tag{1-22}$$

式中 C_H——桥梁各构件的阻力系数；

ρ——空气密度，一般取 $\rho = 1.225 \text{kg/m}^3$；

A_n——桥梁各构件顺风向投影面积（m²），对斜拉索取其直径乘以其投影高度。

11.3.3 主梁上的风荷载

（1）在横桥向风作用下，主梁上的风荷载一般应按图 1-16 所示的坐标系计算横向力、竖向力和扭转力矩。

横向力可按下式计算：

$$P_H = \frac{1}{2}\rho v_g^2 C_H + P_d \quad (1\text{-}23)$$

式中 P_H——横向力（N/m）；

H——主梁的投影高度（m）；

C_H——主梁的阻力系数，主梁的空气静力系数宜通过风洞试验得到；

P_d——因抖振所产生的结构惯性动力风荷载，应通过必要的风洞试验和抖振分析得到风致振动所产生的结构惯性动力风荷载。

竖向和扭转力矩的作用宜根据风洞试验和详细的抖振响应分析得到。

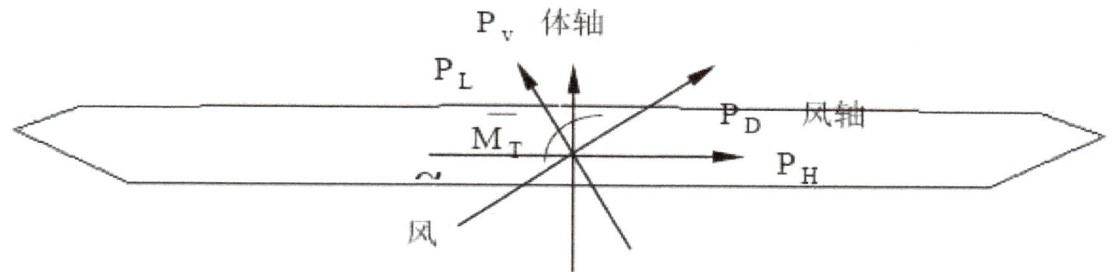

图 1-16　风轴与体轴坐标系及其气动力的方向

（2）甬江桥其顺桥向单位长度上的风荷载可按风和主梁上下表面之间产生的摩擦力计算，参照《公路桥梁抗风设计规范》4.3.7 条文办理。

11.3.4 桥梁墩、塔、斜拉索风荷载

（1）作用在桥墩、桥塔以及斜拉索上的风荷载应按式 1-22 计算。

（2）桥墩或桥塔的阻力系数 C_H 可通过风洞试验和数值风洞模拟得到，且不考虑任何遮挡效应。

（3）斜拉桥斜拉索的阻力系数 C_H 在考虑与活载组合时，可取为

1.0；在设计基准风速下可取 0.8；顺桥向风作用下，斜拉索的阻力系数考虑拉索倾斜角的影响，$C_H = 0.8 \times \sin2(\alpha)$。

（4）设计计算中也考虑了斜风对结构的影响。

（5）作用于桥墩和桥塔上的风荷载可按其 0.65 倍高度处的风速值取值。

11.3.5 施工阶段的风荷载计算

在悬臂施工中，应对其最大双悬臂和单悬臂状态进行详细的风荷载分析，还应通过风洞试验测定其风荷载。

11.4 抗风稳定性验算

11.4.1 静力稳定性验算

（1）应通过数值分析和必要的风洞试验核算斜拉桥在风荷载作用下的横向屈曲和扭转发散稳定性。

（2）横向屈曲临界风速的必须满足以下准则：

$$v_g \geqslant 2v_d = 78.6 \text{ m/s} \tag{1-24}$$

式中 V_d——桥面高度处的设计基准风速（m/s）。

（3）静力扭转发散临界风速可按下式计算：

$$v_{td} = K_{td} \cdot f_t \cdot B \tag{1-25}$$

$$K_{td} = \sqrt{\frac{\pi}{2}\mu\left(\frac{r}{b}\right)^2 \cdot \frac{1}{C'_M}} \tag{1-26}$$

式中 C_M——当风攻角 $\alpha = 0$ 时，主梁扭转力矩系数 C_M 的斜率，宜通过风洞试验或数值模拟技术得到。详见《公路桥梁抗风设计规范》6.1.4 条文。

（4）静力扭转发散的临界风速应满足下述《公路桥梁抗风设计规范》

6.1.5 条文规定：

$$v_{td} \geq 2v_d = 78.6 \text{ m/s} \qquad (1\text{–}27)$$

11.4.2 驰振稳定性验算

（1）斜拉桥自立状态下的索桥塔和斜拉桥的斜拉索有可能发生驰振。钢梁及长细比较大的构件有可能发生驰振。

（2）驰振临界风速 v_{cg} 必须满足以下准则：

$$v_{cg} \geq 1.2v_d = 47.16 \text{ m/s} \qquad (1\text{–}28)$$

11.4.3 颤振稳定性验算

（1）桥梁的颤振检验风速按下式确定：

$$[v_{cr}] = K \cdot \mu_f \cdot v_d = 60.51 \text{ m/s} \qquad (1\text{–}29)$$

式中 $[v_{cr}]$——颤振检验风速（m/s）；

v_d——设计基准风速，取 39.3 m/s；

μ_f——考虑风速脉动影响及水平相关特性的无量纲修正系数，根据不同的地表粗糙类别，取 1.283；

K——考虑风洞试验误差及设计、施工中不确定因素的综合安全系数，取 K=1.2。

（2）在风攻角 $-3° \leq \alpha \leq 3°$ 范围内，颤振临界风速必须满足以下准则：

$$v_{cr} \geq [v_{cr}] \qquad (1\text{–}30)$$

式中 v_{cr}——桥梁颤振临界风速（m/s）。

11.5 风致限幅振动

11.5.1 抖振

抖振响应分析应考虑脉动风的空间相关和动力特征，以及结构的振动特性等因素。抖振响应可以通过随机抖振响应分析或风洞试验得到。抖振分析应包括所有可能被紊流激发的振型。

11.5.2 涡激振动

（1）斜拉桥的斜拉索可能发生涡激振动和风雨激振，斜拉索应采取必要的措施以减低其振动。

（2）对斜拉桥的主梁和桥塔宜通过风洞试验进行涡激振动测试，斜拉桥的主梁和桥塔应避免发生涡激振动。

11.6 风洞试验

（1）桥梁的模型风洞试验应在能模拟大气边界层的低速风洞中进行，模拟的大气边界层宜能反映桥址处的平均风速剖面和紊流强度剖面以及与模型同样缩尺比的紊流尺度。

（2）桥梁的模型必须准确地模拟桥梁结构构件的外部轮廓，模型的频率和阻尼比须能模拟实际桥梁结构几个主要模态频率和阻尼比。

（3）桥梁风洞试验应考虑紊流和风攻角的影响，所考虑的紊流以及风攻角应该同桥址处的风环境相适宜。

11.7 斜拉索振动与减振

主要针对振动类型：斜拉索的涡激振动、风雨激振、参数振动和内部线性共振。

减振方案：斜拉索的减振措施应采用综合的减振方案，即索端阻尼器、气动措施并用的方案。

11.7.1 减振设计参数取值

（1）斜拉索允许横向振幅

斜拉索振动应抑制在允许振幅值之下，确定斜拉索振动的允许振幅值要考虑 3 方面因素，即满足斜拉索的二次弯曲强度、疲劳强度和使用者的视觉安全感。建议将斜拉索振动允许振幅值限制在索长的 ±1/1700 之内。

（2）全桥及斜拉索阻尼取值

全桥结构阻尼（对数衰减率）取0.02；斜拉索结构阻尼（对数衰减率）取0.002或参考相当跨度斜拉桥的同类实索实测阻尼值取值。

（3）采取减振措施的斜拉索目标阻尼值

采取减振措施后，针对涡激振动，要求斜拉索阻尼（对数衰减率）达0.015以上；针对风雨激振，要求斜拉索阻尼（对数衰减率）达0.030以上。

（4）减振安全系数考虑到风雨振动机理尚不完全清楚、涡激振动的激振力也难以量化等因素，减振安全系数取1.5～2.0，即上述（3）的目标阻尼分别为0.023～0.030和0.045～0.060；同时讨论安全系数1.0时斜拉索的减振方案，以供综合考虑景观等因素时比选。

11.7.2 减振措施

（1）气动措施风雨激振的减振以气动措施为主，同时考虑索端阻尼器等其他措施的贡献。在通过风洞试验确认减振效果的同时，还应注意采用气动措施后不能过度加大拉索的阻力系数，要求小于0.8。考虑到超长斜拉索的自振频率很低，斜拉索风洞试验还应对低风速下斜拉索的振动特性予以一定的关注。

（2）阻尼器措施

①涡激振动的减振主要通过阻尼器措施。索端阻尼器安装位置应尽量远离锚固端，以增加阻尼效果。

②尽管在斜拉索的两端同时安装阻尼器具有更好的减振效果，但由于塔端检查、维修及更换特别困难，建议只在梁端安装。梁端阻尼器参数针对低阶振型进行优化，最好通过实索减振试验验证不同阻尼器及其连接件的效果和耐久性。

③阻尼器产生的斜拉索附加阻尼计算公式：当阻尼器参数优化设计时，附加阻尼 = $\pi xc/L$，（xc：阻尼器安装位置，L：索长）。但考虑到实际阻尼器非线性特性、斜拉索锚固端边界条件、阻尼器连接刚架等不利因素的影响，应对附加阻尼进行折减，取$0.5\pi xc/L$，或根据相关试验确定；同时，应考虑阻尼器非线性特性的影响。

④梁端阻尼器可根据安装高度的不同选用内置式（安装在套筒口内）或外置式。

⑤应根据不同的减振安全系数，设计几种比较方案。若采用减振安全系数较低的方案，则应考虑预留高安全系数方案的外置式阻尼器的连接构造，以便成桥后根据实桥斜拉索的振动情况灵活采取相应的措施。

11.7.3 施工阶段的斜拉索减振

应考虑施工阶段斜拉索减振的临时措施以保障结构施工的安全性。

12 车桥及风车桥动力响应分析

12.1 基本目标

通过甬江桥的车桥及风车桥动力响应分析，需达到以下基本目标：

（1）综合考虑各种因素并建立精细分析模型，准确计算桥梁自振特性。

（2）通过正常情况下车桥系统耦合振动计算与分析，确保甬江桥在正常行车情况下（无风或微风、无地震等正常情况）桥梁的竖、横向刚度等指标能够满足列车运行安全性与乘客乘坐舒适性的要求。

（3）提出甬江桥列车安全行车的警报风速与封闭风速，或提出在各级风速作用下甬江桥列车通过时的运营管制车速。

12.2 桥梁的空间自振特性计算与分析

利用先进的桥梁结构动力学分析方法，考虑桥墩刚度、地基刚度和塔梁约束模式等各种因素对桥梁自振特性的影响，对主桥结构进行精细建模和精确空间自振特性计算。

自振特性计算应采用多套有限元软件进行计算、比较与校核，确保自振特性及之后车桥系统空间振动动力响应的计算结果的准确性。

12.3 正常行车条件下车桥系统空间振动动力响应计算

正常行车条件下（无强风及地震等异常条件），考虑桥梁在恒载作用下的竖曲线影响，对甬江桥运用桥梁结构动力学与车辆动力学的研究方法，将车-桥作为联合动力体系，建立车辆-桥梁的空间耦合振动分析模型，计算当多种车型通过桥梁时的车桥系统空间动力响应，计算最高速度按桥梁设计速度外延20%考虑，具体计算工况如下：

（1）DF4牵引C62货车（简称C62货车）分别以50、60、70、80 km/h分别以单线或双线行车方式通过桥梁，采用美国5级轨道不平顺谱进行计算。

（2）SS3 牵引 C80 货车（简称 C80 货车）分别以 80、90、110、120 km/h 分别以单线或双线行车方式通过桥梁，采用美国 5 级轨道不平顺谱进行计算。

（3）SS8 牵引准高速客车（简称 SS8 客车）分别以 80、100、120、140、160、180、200 km/h 分别以单线或双线行车方式通过桥梁，采用郑武线实测轨道不平顺进行计算。

12.4 正常行车条件下车桥系统空间振动动力响应及列车走行性分析与评价

基于正常行车条件下车桥系统空间振动动力响应，分析得到桥梁系统和车辆系统的动力学响应指标，对桥梁动力性能和列车走行性进行全面评价，评价指标主要包括：

（1）动车和拖车的脱轨系数；

（2）轮重减载率；

（3）横向轮轨力；

（4）车体横、竖向加速度；

（5）车体横、竖向舒适度指标；

（6）桥梁的冲击系数；

（7）桥梁跨中横、竖向动位移，桥梁跨中横、竖向加速度，墩顶横向振幅，墩顶横向加速度等结构响应。

12.5 强风作用下列车走行性分析研究

对于大跨度铁路桥梁，应对其在桥面某一量级脉动风作用（有车风压）下的列车 – 桥梁系统的动力响应进行分析，以保证列车过桥时具有足够的安全度和一定的舒适性。甬江桥作为大跨度箱形主梁铁路斜拉桥，必须建立考虑车辆、桥梁与风荷载三者共同作用下的动力分析理论与计算模型，进行计算与分析，为结构的合理设计提供参数，同时确定主桥列车行车的警报风速与封闭风速，主要研究：

（1）研究并建立考虑车辆、桥梁与风荷载三者共同作用的动力分析理论与计算模型；

（2）考虑风的紊流特性，由自然风场的随机模拟理论，考虑大跨度桥梁沿桥长的空间相关性，随机产生脉动风样本；

（3）收集有关风洞试验结果，选取合适的在有车和无车情况下结构的气动参数（包括桥梁与列车），将脉动风样本作用于车桥系统进行分析。

（4）计算甬江桥在风荷载与列车荷载共同作用下的动力响应计算结果，并与不考虑风荷载影响时的相应计算结果进行比较研究。

（5）提出甬江桥的列车安全行车的警报风速与封闭风速，或提出在各级风速作用下该桥列车通过时的运营管制车速。

13 桥面系及附属结构设计

13.1 桥面铺装

桥面铺装是桥面系的重要组成部分，其好坏直接影响到行车的安全性、舒适性和桥梁的耐久性。目前用作正交异性钢桥面铺装的材料包括浇注式沥青混凝土、SMA、环氧沥青混凝土等。初步设计批复意见要求进一步研究优化钢梁桥面构造设计及防腐设计。

根据桥位处的使用条件、钢箱梁的具体构造、铺装防水层或黏结层设计、铺装施工质量控制，以及耐腐蚀性、耐久性、易维护性等，道碴槽区域采用 3 mm 厚桥面防水防滑层铺装，即 0.2 mm 底漆＋1.8 mm 厚甲基丙烯酸甲脂树脂＋1 mm 厚表面防滑层（树脂及细颗粒），后期根据试验研究结果进一步优化。其他钢箱梁区域采用重防腐涂装，其他混凝土梁区域采用防水卷材与聚丙纤维网组合防水。

13.2 伸缩缝

在斜拉桥主梁两端均设置伸缩缝，两缝之间连续桥梁长度 909 m。伸缩缝的变形量计算应考虑以下因素，并进行适当组合：

（1）主梁体系温度影响产生的位移量。
（2）活载作用下的制动、冲击产生的位移量。
（3）地震作用下的位移量。

纵向风荷载下的位移量。另外，伸缩缝的选型和安装还应考虑与邻近跨的连接平顺以及可更换性。

13.3 支座

（1）支座选型

应考虑以下因素：

①单向或双向支座的设置是否满足上、下部结构体系受力要求，搭配

是否合理；

②支座所能提供的竖向承载力和特殊荷载作用下的水平力是否满足设计要求；

③活动支座所能提供的位移量是否达到设计要求；

④支座垫石的设计是否满足构造和自身受力要求；

⑤是否满足支座的可维护性、可更换性要求。

总之，支座类型选择应兼顾受力性能、耐久性、经济性等综合指标，建议优先采用减振型球形钢支座，使用前进行试验和技术鉴定。

（2）支座布置

主梁在索塔处设竖向支座，可以纵向滑动。在两塔柱内侧设置横向抗风支座，限制主梁在横风和地震作用下的位移。

主梁在连接墩和辅助墩处设置竖向支座，可以纵向滑动；但要能够抵抗横风和满足地震引起的横向作用力，确保墩梁不发生横向相对位移。

（3）位移量

根据需要，确定是否采用适应大位移变化的支座，并在设计中提出相应要求。

（4）特殊要求

有特殊要求的支座应进行专门设计，使用前必须进行试验和技术鉴定。

13.4 阻尼限位装置

装置的设计参数研究结合地震、脉动风、船撞动力反应和汽车制动等冲击荷载激励下发生的动力响应进行，并须进行有关试验以检验其使用性能。

一个塔梁连接处安装4个阻尼限位装置，全桥共8个。纵桥向安装在索塔的两侧，装置一端通过球铰连接在索塔横梁上，另一端通过球铰连接在混凝土箱梁纵横隔板交接处的底板下，球铰设计应满足主梁横桥向的挠度需要；横桥向布置两排装置，对应混凝土箱梁纵腹板位置。

阻尼器的服务寿命要求达到50年，要保证在正常使用、合理检修和监测的情况下，达到装置的服务寿命，且在各种大风、地震、车辆振动中起到良好的减振耗能或刚性限位作用。阻尼器的制造执行AASHTOLRFD规范（2002试行版）关于减振装置的规定，并结合本桥阻尼器及连接件的使用要求，参照美国公路新技术测评中心（HITEC）1998年编制的《隔振和耗能装置的试验指导》技术报告，对粘滞阻尼器进行出厂检验和相关项目的质量预检试验，以确保阻尼器满足抗动风荷载下的疲劳和抗运营荷载（温度和活载）下的磨损性能要求。

13.5 栏杆、接触网立柱、灯柱、隔声屏障

栏杆、接触网立柱、灯柱、隔声屏障等设计应从安全、适用、经济、美观等原则出发，尽可能减小对大桥主体结构产生的附加重量。

13.6 钢箱梁检查车

为便于成桥后对主梁的维修检查，并用于施工阶段环缝焊接的工作平台，需在梁底设置检查车。检查车设计除应满足其自身受力和刚度要求外，同时应考虑其与主梁连接行走系统在构造布置的安全性和合理性。由于检查车轨道位置会影响结构的抗风稳定性，须通过风洞试验加以验证。

13.7 电力工程

主桥设置航空障碍灯、助航标志灯、全桥道路照明，梁内照明、夜景照明及动力维修设备。

13.7.1 供电电源

全桥采用两端供电，在大桥两端分别设 10/0.4 kV 箱式变电站供大桥照明及动力用电。

大桥两端 10/0.4 kV 箱式变电站分别由地方 10 kV 共用线接引一路 10 kV 电源。

桥上各类照明、航标灯及动力维修设备等供电电源由设于桥头的 10/0.4 kV 箱式变电站低压侧接引。

13.7.2 供电负荷及负荷等级

一级负荷：航空障碍灯，助航标志灯。
二级负荷：全桥道路照明，梁内照明。
三级负荷：夜景照明及动力维修设备。

13.7.3 供电原则

一级负荷供电原则：大桥两端负荷由大桥各端箱式变电站低压母线分别接引一路低压电源引至各照明配电箱，末端切换后引至负荷，以实现不间断供电。

二级负荷供电原则：大桥两端负荷由大桥各端箱式变电站接引一路低压电源引至低压配电箱，再由低压配电箱引出供电。

三级负荷供电原则：大桥两端负荷由大桥各端箱式变电站接引一路低压电源引至低压配电箱，再由低压配电箱引出供电，允许切除。

由于钢结构各部位所处环境条件、工作条件和维修难易程度各不相同，防腐的功能要求、类型和寿命也不尽相同。设计时将根据各部位的使用环境和具体要求，采取相应可靠的防腐措施，设计寿命要求达到30年。

13.8 排水系统

为防止桥面积水，宜结合桥址处实际暴雨流量进行桥面纵横向排水设计，合理设置排水管。

13.9 通行、检修系统

索塔在桥面处、塔底、塔顶及横隔板处均宜设有人孔，使检修人员可以进入到索塔内部，并通过电梯或爬梯到达塔柱内部的各个角落。每个索塔的上、下游塔柱及锚索区塔柱的上、下游两侧宜分别设电梯及人行爬梯。

主桥混凝土箱梁（钢箱梁）的横隔板处均应设置人孔，使检修人员可以进入到结构内部。主桥连接墩、辅助墩将分别设置检修平台，方便维护。

第二章

铁路大跨度钢箱混合梁斜拉桥关键施工技术研究

1 项目研究背景

1.1 混合梁斜拉桥的国内外发展现状

1.1.1 混合梁斜拉桥的国外发展现状

近年来，混合梁桥的工程实例不断增加。混合梁在斜拉桥中的应用更为显著，钢箱混合梁斜拉桥主跨采用钢梁，而边跨混凝土梁则起到了很好的锚固作用。钢混结合段根据具体情况，既可设在边跨侧，也可设在主跨侧。它的突出优点是增加了边跨的重量和刚度，减小主跨梁体的内力和变形，降低甚至消除边跨端支点的负反力，从而加大了斜拉桥的跨越能力。该桥型自20世纪70年代在原西德问世后，先后受到欧洲、日本等国家的青睐。90年代开始逐渐得到我国桥梁技术人员的关注和应用。

1972年，德意志联邦共和国首次将钢－混混合梁应用于斜拉桥，建成了跨度为87.04＋146.4 m的库尔特－舒马赫（Kurt-Schumacher）桥，该桥为独塔斜拉桥，钢混结合段设在索塔处，连接方法为剪力钉加预应力粗钢筋。德意志联邦共和国对库尔特－舒马赫桥的断面形状、塔的材料等进行改进后，其跨度不断加大。1979年又建成了主跨达368 m的弗来埃桥，其结合段仍旧设在索塔断面处。该桥的建成对欧洲其他国家产生了一定的影响。法国则将钢－混混合梁技术推向极致，于1995年建成主跨达856 m的诺曼底（Normandy）桥，并通过钢－混混合梁的应用而一举成为世界上第一个建造主跨接近千米级斜拉桥的国家。

在亚洲，日本以大阪大和桥（主跨83 m）为起点，陆续建成数座钢－混混合梁斜拉桥。1985年建成秩父桥、十胜中央桥；1991年建成的生口桥，主跨一跃为490 m；1999年建成的多多罗大桥主跨达890 m。

1.1.2 混合梁斜拉桥的国内发展现状

国内首座钢－混混合梁斜拉桥是1997年建成通车的上海徐浦大桥，其主跨为590 m。虽然我国在钢－混混合梁斜拉桥建设方面起步较晚，但发展很快。1997年香港汲水门大桥建成，该桥为公铁两用斜拉桥，主跨也达到430 m。1999年汕头礐石大桥建成通车，该桥主跨518 m。武汉白沙洲长江大桥的主跨为 618 m，于 2000 年建成，一举成为当时国内同类型桥梁中之最。2001 年建成的舟山桃夭门大桥，主跨 580 m。2009 年香港昂船洲桥正式通车，主跨达 1018 m，超过了日本多多罗大桥，在当时堪称世界同类型斜拉桥之最。

混合梁斜拉桥以其独特的构造与技术特点显示出其强大的生命力，在国外得到广泛的应用，国内公路建设系统近年也建成了不少大跨度混合梁斜拉桥，如鄂东长江大桥，其跨度达到 926 m。但在铁路建设系统中，由于列车荷载较同跨度的公路斜拉桥大几倍甚至十几倍，据不完全统计（如表 2-1），国内外铁路斜拉桥绝大多数采用了钢桁梁斜拉桥，尚无大跨度（400 m 以上）钢箱混合梁斜拉桥。

表 2-1 国内外已建成铁路斜拉桥（不完全统计）

桥 名	桥式结构	主跨 /m	附 注
丹麦厄勒海峡大桥	钢桁梁斜拉桥	490	建成 双线铁路＋四车道高速公路
武汉天兴洲长江大桥	钢桁梁斜拉桥	504	建成 四线铁路＋六车道高速公路
宁安铁路安庆长江大桥	钢桁梁斜拉桥	580	建成 四线铁路
武黄城际黄冈长江大桥	钢桁梁斜拉桥	567	建成 四线铁路＋四车道高速公路
渝利铁路韩家沱长江大桥	钢桁梁斜拉桥	432	建成 双线铁路
贵广铁路思贤窖特大桥主桥	钢桁梁斜拉桥（双主桁宽桁）	230	建成 四线铁路
贵广南广铁路穗盐路大桥	钢箱混合梁斜拉桥	2×175	独塔双主跨弯斜拉桥，建成 四线铁路

1.2 混合梁斜拉桥的特点及优势

钢材具有良好的抗拉性能，混凝土具有很好的抗压能力，二者的结合可以发挥各自的优点，大大提高结构的力学性能。钢箱混合梁斜拉桥，是指斜拉桥的加劲梁沿桥纵向，由钢箱梁为主，辅以混凝土箱梁，两种不同材料截面组成同一斜拉桥加劲梁。中跨部分梁体为钢箱梁，边跨或伸入主跨一部分的梁体为混凝土箱梁。一般而言，当斜拉桥的主跨与边跨的正常比例受到限制时，若采用钢斜拉桥，在活荷载作用下，边跨的支点可能会出现负反力，若边跨采用预应力混凝土梁，则可以有效地控制主跨钢箱梁的变形，即提高斜拉桥的刚度。由此可知，混合梁斜拉桥可较好地解决主跨与边跨间比例不协调的矛盾。有资料表明：钢斜拉桥的最大合理跨径在 700 m 以内，混凝土斜拉桥的最大合理跨径在 500 m 以内，当跨径超过 800 m 时，一般认为钢斜拉桥挠曲变形很大且不经济，而一般混凝土斜拉桥由于自重过大难以架设，也就是说，钢斜拉桥和混凝土斜拉桥由于自身的局限性难以满足大跨度的要求，混合型斜拉桥集两者优点于一体，满足了大跨度的要求。

1.3 混合梁斜拉桥的研究意义

对于钢-混混合梁斜拉桥，其具有的独特结构为钢混结合段。钢梁与混凝土梁的结合段是结构特性与材料特性突变处，容易形成结构薄弱点。目前，人们对这种结构的受力特点了解较少，多数研究理论均建立在传统的钢混叠合梁的基础上，并不能直接适用于混合梁结构。因此有必要对钢混结合段的受力状态进行研究，分析钢-混混合梁的整体受力性能，为设计提供依据，为施工提出指导，同时对该类桥型结构的理论发展做出一定的贡献。对铁路钢-混混合梁斜拉桥而言，结合段由于刚度不同而导致的轨面弯折是一个不容忽视的问题，其所造成的不平顺和折角对桥梁的受力特性、车辆的平稳性、行车安全性会产生不利影响。因此，如何优化设计与施工方法，解决上述问题是一项复杂而有意义的研究工作。积极开展混合梁斜拉桥研究具有重要的现实意义，研究工作应包括以下几个方面：

（1）钢梁与混凝土梁的结合段是结构特性和材料特性突变处，容易形成结构的弱点。处理不当容易出现问题，因此，有进一步深入研究的必要。

（2）结合段是混合梁斜拉桥设计中的关键结构部位，钢与混凝土结合主要依靠剪力键和张拉预应力钢筋来传力，其受力和力的分布、传力机理需进一步进行理论分析，如条件允许，应通过模型试验来研究其受力、传力机理。

（3）结合段刚度的匹配至关重要，结合段的结合形式、结合段的长度、混凝土的填充量等都会影响结合段的刚度，国内的研究资料较少，需进行大量的研究工作。

（4）边跨混凝土梁的作用之一是为了平衡主跨的重量，应研究合理的主跨与边跨比例关系、选择合理的混凝土梁与钢梁的连接位置及边跨受力分析，最大限度地发挥混凝土的作用，使之既能满足受力要求，又能达到经济合理且利于施工的目的。

（5）结合段在恒载、活载共同作用下的使用性能须结合实际桥梁工程进行观测。

可以预期21世纪中，组合结构作为一种极富创新空间的结构形式将会得到更大的发展。我们期待着混合梁斜拉桥在世界范围内更大规模地建设，期待着混合梁斜拉桥在大跨度斜拉桥中所占比例越来越大，应用范围也越来越广。

本研究课题以宁波铁路枢纽北环线甬江特大桥为依托，主要对铁路大跨度钢箱混合梁斜拉桥施工关键技术进行研究。甬江特大桥是我国首次将钢-混结合梁运用于铁路斜拉桥上，是我国铁路桥梁史上的里程碑。在该桥施工过程中存在复杂地质条件下超长大直径钻孔桩施工、超高索塔及整体式钢锚箱施工、铁路大跨度斜拉桥钢箱混合主梁施工、铁路大跨度钢箱混合梁斜拉桥施工控制技术等多项技术难点。通过对这些方面进行深入研究与探讨，能够填补国内外在此研究领域的空白，对以后类似桥梁的设计与施工具有一定的指导意义。

2. 工程概况

2.1 概述

宁波铁路枢纽工程项目是原铁道部、宁波市实行部市合作，加快宁波铁路建设的重大举措，是国家综合铁路网规划和原铁道部"十一五"规划重要建设项目之一。项目建成后，宁波铁路枢纽将由尽头式枢纽发展成为通过式环形铁路格局，枢纽内铁路通道将实现客货分线运行，使枢纽能力由"限制型"发展为"适应型"，这对完善宁波铁路枢纽路网布局、提高铁路运输能力、畅通沿海铁路通道、改善城市居民生活环境、增强宁波港集疏运能力、形成与公交等交通方式衔接的综合铁路枢纽、更好地促进宁波及沿海地区又好又快发展具有重要意义。宁波铁路枢纽工程平面布置如图2-1所示。

图 2-1 宁波铁路枢纽工程平面布置示意图

甬江特大桥是宁波铁路枢纽北环线上重点控制性工程,是国内首座大跨度铁路钢箱混合梁斜拉桥,是我国铁路桥梁史上又一座里程碑。大桥于宁波绕城高速公路桥位上游 64.8 m 处跨越甬江,全长 909.1 m,半漂浮体系,主跨以 468 m 钢-混混合梁跨越甬江,边跨为单箱三室预应力混凝土箱梁,南北岸各设 4 个辅助墩,混凝土主梁伸入中跨 24.5 m 处为混合梁钢-混分界面,中跨 419 m 为钢箱梁。塔高 177.91 m,铁路斜拉桥首次应用内置式整体钢锚箱。甬江特大桥整体三维图如图 2-2 所示,本桥孔跨布置为(53+50+50+66+468+66+50+50+53)m。

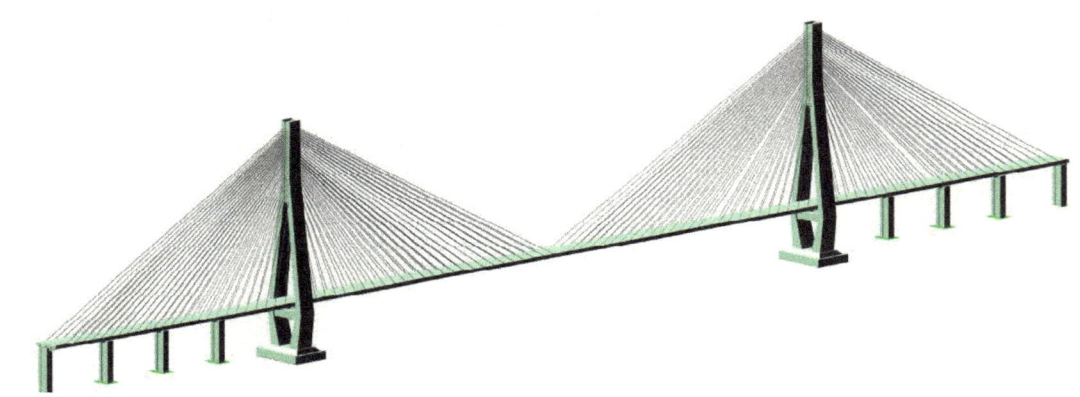

图 2-2 甬江特大桥三维图

(1)本桥结构体系具有以下特点:

①边跨混凝土主梁自重和刚度较大,增强了对主跨的锚固作用,减小了主跨梁体内力和变形,使结构具有较强的跨越能力和良好的行车刚度条件。

②采用整体混凝土和钢箱桥面,结构整体稳定性好,横向刚度大。

③边跨混凝土梁良好的压重作用,消除了边跨支座负反力,避免采用拉力支座或者配重。

④密重的混凝土边跨提供的稳固支撑降低了活载引起的主跨弯矩和斜拉索索力变幅,显著减小铁路钢桥的疲劳影响。

⑤混凝土边跨提高了结构整体竖向刚度;混凝土梁伸入主跨使钢箱梁长度缩短,有利于节约投资成本;边中跨主梁和索塔可平行施工,有利于工期控制。

(2)主要技术标准

①线路标准

铁路等级:Ⅰ级;

正线数目:双线;

设计行车速度:货车最高运行速度120 km/h;

线间距:4.0 m。

②设计荷载

双线,中-活载。

③建筑限界

满足开行双层集装箱列车运输要求。

④线路平纵断面

主桥位于±1‰纵坡上,关于主跨中心对称,平面位于直线上。

⑤通航标准

通航净高不小于30.86 m,净宽不小于200 m,设计最高通航水位3.27 m(黄海高程)。

2.2 工程特点及难点

2.2.1 地质特点

桥址处地质结构复杂,穿过淤泥质黏土、粉质黏土、粉砂、粉土、细沙、泥质粉砂岩、玄武玢岩、流纹斑岩,各种地层交替变化,为主墩桩基础施工带来了极大的施工风险。

2.2.2 气候水文特点

宁波濒海，属亚热带季风性湿润气候，夏季受副热带高压、台风和西南气流影响，多异常天气。索塔高 177.91 m，施工周期 13 个月，高空作业受风影响较大；主桥钢箱梁悬拼施工从 4 月至 8 月，8 月份中跨合龙段施工受台风影响较大。

甬江河槽宽约 180 m，水深 8.0 m 以上，河道与线路夹角 83°，规划为Ⅲ级通航标准，见图 1-5。北岸岸边滩涂宽约 180 m，受潮位影响不能通航。若采用传统的水运、吊装钢箱梁的方法，南北两岸均要搭设栈桥和临时码头，成本投入巨大。

2.2.3 桥址环境特点

大桥紧邻绕城高速清水浦大桥，净间距仅为 28 m，施工空间严重受限，尤其索塔塔吊高空作业受限。南北岸主墩承台紧邻甬江大堤，北岸钢混结合段斜跨甬江大堤，南岸钢混结合段上跨沿江路及热力管道，钢混结合段支架设计布局受制因素多，结合段钢箱梁吊装场地条件十分受限。

2.2.4 结构特点

（1）桩基础：采用 24 根 Φ3.0 m 钻孔灌注桩，桩长 132.5 m，单根桩混凝土量达 933 m^3。桩基钢筋笼长 134.7 m，自重 110 t。摩擦桩成孔周期 15 天左右，端承摩擦桩成孔周期 30 天左右，采用泥浆护壁成孔工艺塌孔风险大；另外大直径钢筋笼安装周期为 80 小时，也增大了塌孔风险。钻机重达 200 t，钢筋笼重 110 t，在软弱地层施工要求足够基础承载力。孔深 139.5 m，水下混凝土灌注周期约 14 小时，混凝土灌注质量控制难度大。

（2）承台：尺寸为 38.9 m×27 m，高 6 m，混凝土方量为 6300 m^3，强度等级 C40。承台分两次浇筑完成，单次浇筑高度 3 m，浇筑施工间隔为 18 天。承台施工时间为 7 月~8 月，气温高，在施工过程中控制大体积混凝土水化热是需要解决的难题。

（3）索塔：采用钻石形+倒 Y 形，塔高 177.91 m，整体采用 C50 混凝土，下、中塔柱采用普通钢筋混凝土结构，上塔柱为预应力混凝土结构。斜拉索锚固区为单箱双室钢锚箱-混凝土组合结构。超高索塔施工设备选型、塔身不良应力控制、塔身线形控制、钢锚箱吊装和定位是超高索塔施工面临解决的难题。

（4）混凝土箱梁：混凝土箱梁采用单箱三室等高截面，截面全宽21 m，中心处梁高5.0 m，采用C60高性能混凝土。混凝土箱梁采用逐段支架现浇，每侧分为5个现浇段，3批浇筑完成。混凝土主梁梁底距离地面高度为33 m，最大块段重5980 t，截面形式为倾斜底板结构，传统的满堂支架不能满足施工需要，支架体系设计及施工难度大；混凝土梁高5 m，钢筋安装和混凝土施工难度大；另外，通长预应力钢绞线长250.8 m，穿束难度极大，穿束时间影响主线工期。

（5）钢混结合段：钢混结合段总长14.05 m，其中钢箱结构长12.35 m、宽21 m，钢－混结合面位于主梁中跨侧距塔中心24.5 m处，钢箱隔室内浇筑C60补偿收缩混凝土。钢混结合段钢梁重达384.1 t，梁顶距地面高达38 m，整体一次吊装困难。另外，钢混结合段作为首节钢箱梁的匹配段，其定位精度要求高。钢混结合段钢筋、剪力键及预应力管道密集，交叉施工干扰大。钢格室空间狭小，混凝土振捣困难，混凝土密实度控制难度大。

（6）钢箱梁：中跨钢箱梁采用带风嘴的单箱五室截面，截面外形轮廓尺寸与混凝土箱梁相同。中间三室与混凝土主梁三室相对应，两侧单室内置斜拉索钢锚箱，兼作风嘴。根据受力和刚度过渡要求，钢箱梁在不同区段采用了不同的板厚，共分6个区，7个梁段类型（钢混结合段除外）。钢箱梁标准节段长9 m，全桥共计44个钢箱梁标准节段，最大节段重约181.2 t。中跨合龙段长4.9 m，重约82.3 t。钢箱梁加工精度、钢箱梁提运架、节段匹配安装、钢箱梁线形控制、合龙段配切合龙等是钢箱梁施工的难点。

（7）斜拉索：采用抗拉标准强度1670MPa镀锌平行钢丝斜拉索，共有6种类型，单根索最长267 m，最重18 t，空间双索面体系，扇形布置，全桥共100对斜拉索。采用双螺旋线PE、内外阻尼器来抵抗风雨振。索塔端牵引设备、张拉空间问题以及压力环传感器设置影响是本桥斜拉索施工需要解决的问题。另外，北岸索塔施工滞后，采用索塔、钢梁同步施工方法来保证两岸对称施工，斜拉索施工受交叉作业影响较大。

（8）成桥线形：成桥状态跨中钢箱梁适当上拱、索塔向岸侧偏移，较好地平衡了活载，有别于常规的"塔直梁平"成桥状态。这种成桥线形设计导致初张索力较小，仅110 t左右，此时的斜拉索没有完全张开，垂度较大，对施工过程中索力控制极为不利；另外支座的预偏量较大，索导管定位困难，而且施工过程中索导管易与斜拉索密贴从而影响斜拉索张拉。

2.3 科研立项

该项目是中国铁路总公司、中国中铁股份有限公司、中国中铁四局集团有限公司（简称中铁四局）科技研发立项的重点项目。中铁四局成立了专家组，坚持产学研结合的技术路线，与西南交通大学、合肥工业大学等科研院所合作；坚持自主创新研究新技术、研制新设备。该项目大量采用了新结构、新材料、新技术、新设备，充分体现我国铁路桥梁的建造水平。

2.4 研究过程

2010年5月，"铁路大跨度钢箱混合梁斜拉桥关键施工技术研究"课题组召开项目实施讨论会。确定在宁波铁路枢纽新建北环线工程甬江主桥开展课题实施，制订了本科研项目的开展计划，明确了参与研制人员的分工。

2013年6月中铁四局与中国铁路总公司签订了"铁路大跨度钢箱混合梁斜拉桥关键施工技术"的中国铁路总公司科技研究开发计划课题合同（合同编号为2003G001-D）。

2010年9月至2012年6月完成南北两岸共计48根超长大直径钻孔灌注桩施工。

2013年11月至2014年1月采用"模块化组拼和PBL剪力键分段交叉预安装技术"完成钢混结合段施工。

2012年8月至2014年6月完成南北两岸超高钻石形索塔施工。

2014年4月至2014年8月，课题组根据对铁路大跨度钢箱混合梁斜拉桥关键施工技术的研究结果，将"梁上运梁旋转悬拼钢箱梁"技术在甬江主桥南北两岸进行了推广应用，采用该技术施工了45节钢箱梁。

2014年8月6日全桥合龙，基本实现了既定的目标，成桥线形与设计吻合，外观优美，为央视等多家媒体报道。

3 主要研究内容

针对宁波铁路枢纽工程项目地质、环境和气象水文特点，结合铁路钢箱混合梁斜拉桥结构特性，主要开展以下几方面的研究内容。

3.1 复杂地质条件下超长大直径钻孔桩施工成套关键技术研究

（1）长大直径钻孔灌注桩钻孔及灌注技术研究

为了解决软弱层易塌孔、坚硬岩层钻进时间长造成塌孔风险、超长桩垂直度控制难度大等难题，针对主桥3m直径、132.5m长的钻孔灌注桩，结合桥址处"流塑状淤泥质黏土、斜坡岩面、弱风化流纹斑岩层"等复杂地质条件，研究了流纹斑岩层地质条件下超长大直径钻孔灌注桩钻孔及灌注技术，主要研究内容包括：

①长大直径钻孔桩钢护筒的加工、运输及施沉；
②长大直径钻孔桩施工场地的处理及合理布局；
③长大直径钻孔桩钻机及配套设备的选型；
④PHP泥浆的配置；
⑤长大直径钻孔桩水下混凝土灌注。

（2）长大直径钢筋笼快速制作与安装技术研究

为了解决大直径超长钢筋笼易变形、直螺纹套筒连接精度不易控制、钢筋笼安装不易定位等难题，研究了长大直径钢筋笼快速制作与安装技术。主要研究内容包括：

①分段快速制作钢筋笼；
②长大直径钢筋笼的安装定位技术。

（3）长大直径钻孔灌注桩桩端循环后压浆技术

为了解决铁路斜拉桥主塔基础的沉降问题，提高基底的承载力，甬江特大桥在国内铁路斜拉桥超长大直径钻孔桩施工中首次采用了桩端循环后压浆技术，对桩端循环后压浆技术进行了研究，主要研究内容包括：

①桩端后压浆循环回路设计；
②桩端后压浆关键技术。

3.2 铁路斜拉桥超高钻石形索塔施工方法及关键施工技术研究

由于本桥索塔具有截面形式多、塔身和下横梁交界处构造复杂、下塔柱外倾、中塔柱内倾等特点，深入研究了以下几方面的内容：

（1）全自动液压爬模系统设计及关键技术研究

索塔采用了国内先进的全自动液压爬模施工工艺，全自动液压爬模集模板支架、操作平台为一体，利用自身配备的液压系统，以浇筑完成的塔柱主体结构为依托，随索塔施工节段逐段爬升，是索塔核心施工设备。针对钻石形索塔外形多折线、变箱室等特点，结合工程情况对液压爬模进行优化设计，使其能适应本工程施工需求。主要研究内容包括：

①全自动液压爬模施工工艺；

②钻石形索塔转折爬模；

③索塔中塔柱内外爬模同步施工技术；

④中塔交会爬模错节施工技术。

（2）铁路斜拉桥超高钻石形索塔配套设备选型及施工方法研究

合理的施工设备选型是超高索塔施工的关键，结合甬江特大桥钻石形索塔特点，合理配置吊装设备、混凝土输送设备及电梯设备，经济、高效完成索塔施工。根据钻石形索塔的特点，在塔柱与下横梁的施工中采用塔梁异步施工方法，基于有限元模型施工阶段的理论分析，通过主动拉、撑杆技术的运用，控制关键施工点的施工质量，有效保证了成塔线形及内力状态满足设计要求。主要研究内容包括：

①超高索塔施工配套设备选型；

②塔柱与下横梁异步施工及主动拉、撑杆技术；

③中塔合龙段无落地支架合龙技术。

（3）内置整体式钢锚箱精加工及精确安装技术

甬江特大桥在国内铁路斜拉桥中首次采用了内置整体式钢锚箱作为斜拉索塔端锚固结构，参考国内外钢锚箱先进的加工及安装控制理念，本桥钢锚箱采用工厂数控加工并实现轮次预拼装，保证了钢锚箱高精度出厂；在现场安装控制中，首次提出了一种钢锚箱三向式定位装置精确控制、定位首节钢锚箱，并运用三维空间测控技术，保证了钢锚箱整体的安装精度。主要研究内容包括：

①钢锚箱的精加工；

②首次钢锚箱的精确定位；

③钢锚箱的吊装定位测控。

3.3 钢混结合段施工方法及关键施工技术研究

铁路混合梁斜拉桥钢混结合段具有体积大、结构复杂、格室多、重量大、PBL 剪力键交错布置、内部空间狭小等特点，传统钢混结合段整体吊装施工方法难以满足周边环境复杂条件下施工需求。因此，对钢混结合段施工的方法展开研究，主要研究内容包括：

①结合段定位控制；
②结合段内部 PBL 剪力键安装；
③结合段内补偿收缩混凝土研制与施工控制。

3.4 铁路斜拉桥钢箱主梁施工方法、设备研制及关键施工技术研究

甬江特大桥主桥桥址位置属滨海平原，地形平坦开阔。主跨跨越甬江河段河道顺直处，主河槽位于线路大里程侧，传统跨河钢箱梁悬臂拼装多采用水上码头和临时栈桥运输钢箱梁节段，配合桥面吊机起吊安装的方法架设钢箱梁，该方法技术条件成熟，但钢栈桥、水上码头、运输船舶等临时设施投入量大，施工周期长，施工易受环境影响、通航等条件限制。为满足混合梁斜拉桥钢箱梁拼装施工需要，加快钢箱梁悬臂拼装施工周期，减小施工成本，降低施工风险，深入研究"混合梁斜拉桥钢箱梁悬臂拼装施工"成套施工技术。主要研究内容包括：

①钢箱梁施工关键设备研制；
②钢箱梁的加工组拼；
③钢箱梁的提升运输与拼装；
④斜拉索挂索与张拉。

3.5 铁路大跨度钢箱混合梁斜拉桥施工控制技术研究

斜拉桥属于高次超静定结构，其所采用的施工方法和安装程序与成桥后的主梁线形及结构恒载内力息息相关。但由于施工误差、环境误差、测量误差等不可避免，如不加以控制，必然导致实际结构与理想结构状态间的偏差，甚至危及施工及运营过程中的结构安全。为了确保甬江特大桥主桥安全、优质和高效地建成，即保证主梁在施工中安全而顺利地合龙，并在成桥后桥梁的线形符合设计要求，结构恒载受力状态接近设计期望值，则必须对桥梁施工过程的结构行为进行严格的监测和控制。主要研究内容包括：

①结构几何变位监控技术；

②结构应力-应变监控技术；

③斜拉索索力监控技术。

4 主要技术成果及创新点

4.1 主要技术成果

4.1.1 复杂地质条件下超长大直径钻孔桩关键施工技术

针对大直径超长钻孔桩钢筋笼节段多、自重大、接头多、易变形等特点，研究了一种"自由吊挂定位方法"及配套施工设备，解决了大直径超长钢筋笼易变形、直螺纹套筒连接精度不易控制、钢筋笼安装不易定位等难题，每孔钢筋笼安装时间由原来的85小时减至36小时，大大减少了成本投入，提高了工效，减小了塌孔风险。

钻孔桩采用ZJD4000型全液压钻机，气举反循环回旋钻进成孔，通过不同的地层采用不同性能的泥浆及钻进参数，滚刀钻、刮刀钻、扶正器、配重的运用，泥浆净化器对泥浆有效的净化，成功解决复杂地质条件下超长大直径钻孔桩成孔、垂直度控制等技术难题。

通过预埋在桩身的注浆管与声测管形成多组独立式"U"形循环回路，利用高压泵压力作用，经预留注浆装置向桩端地层均匀地注入能固化的水泥浆液。在浆液性状、地层特性和注浆参数等不同条件下，压力浆液对桩端土层、桩底沉渣及桩端附近的桩周岩土层起到渗透、填充、置换、劈裂、压密及固结或者多形式组合等不同作用，改变其物理、化学、力学性能，固化桩底沉渣，从而提高桩基承载力及减小桩基沉降量。

课题组研发的《大直径超长钢筋笼快速制作与安装施工工法》（AHGF01-12）获得安徽省省级工法。发明型专利《大直径超长钻孔桩钢筋笼自由吊挂定位系统》和实用新型专利《大直径钢护筒步进式导向架》已获得授权。QC成果《大直径超长钢筋笼自由吊挂定位系统》获得"2012年全国工程建设优秀质量管理小组一等奖"。

4.1.2 铁路斜拉桥超高索塔施工方法及关键施工技术

针对钻石形索塔外形多折线、变箱室等特点，设计了一种ZPM-100全自动液压爬模，其上架体可调角度悬臂拆装结构设计，能适应各种外形的塔柱及倾斜度。塔身起步段采用翻模施工；塔身和下横梁采用异步施工技术，下塔柱采用液压爬模施工，下横梁采用支架现浇施工；中塔柱单箱单室渐变截面施工中运用了内外爬模同步施工技术；中塔交会合龙段采用牛腿＋拱架现浇施工；上塔柱采用外爬模、内钢模和钢锚箱施工。

基于索塔有限元模型，对索塔施工过程及行为控制进行研究；运用主动拉、撑杆技术，进行优化设计，有效控制索塔应力状态，并有效约束塔身位移；分析塔柱变形，修正钢锚箱安装标高，提高安装精度，保证索塔及斜拉索设计受力状态。

论文《甬江左线特大桥索塔施工过程模拟分析》在中文 EI 期刊《桥梁建设》上发表，论文《超高钻石形索塔"拉杆–撑杆"优化设计方法研究》在中文核心期刊《铁道标准设计》上发表。发明型专利《三维组合式斜拉桥梁体索导管精确定位装置及定位方法》和《一种基座钢锚箱三向式定位装置》已在网上公示，实用新型专利《三维组合式斜拉桥梁体索导管精确定位装置》已经获得授权。

4.1.3 钢混结合段施工新方法及关键施工技术

铁路混合梁斜拉桥钢混结合段具有体积大、结构复杂、格室多、重量大、PBL 剪力键交错布置、内部空间狭小等特点，传统钢混结合段整体吊装施工方法难以满足周边环境复杂条件下施工需求。结合现场实际情况，提出了一种模块组拼法施工钢混结合段的新方法，解决了大吨位钢混结合段组拼、吊装、定位等方面的难题。

设计的"桩–柱–梁式支架体系"具有承载能力高、跨越能力大、抗冲击性强、适用范围广、施工速度快、投入成本小等特点。自主设计了一种"滑移–浇筑一体式三角胎架"，有效地解决了钢混结合段横向滑移稳定性不足、混凝土浇筑过程中钢格室易变形的难题。自平衡移梁滑道的设计实现了钢混结合段横向整体、同步滑移。滑道两侧增加导向限位措施，解决了钢混结合段横向滑移过程中扭曲、精度不易控制的难题。

课题组研发的《铁路大跨度混合梁斜拉桥钢混结合段施工工法》已通过局鉴定，正在申报安徽省级工法。发明型专利《新型的钢混结合段钢箱梁模块及其组拼方法》和《桥梁钢–混结合段钢箱梁滑移定位方法》已在网上公示。实用新型专利《倾斜角度自动调整抗剪装置》已获得授权。

4.1.4 铁路斜拉桥钢箱主梁施工新方法、设备研制及关键施工技术

课题组创造性地研究了一种"梁上运梁旋转悬拼钢箱梁"的新方法，

并自主设计了钢箱梁施工核心设备：GGB-200 型提梁门架、WBC-200 型可调型轮轨式梁面运梁车和 HMF-200 型液压式多功能悬拼桥面吊机，总结了铁路大跨度钢箱混合梁斜拉桥钢箱梁悬拼施工关键技术，解决了大吨位钢箱梁高空提梁、梁上运梁和高空旋转悬拼等技术难题，大大缩减了临时结构投入，消除了航运架梁的限制，拼装周期平均可达 6 天 / 节。

论文《Comparison of Several Methods for Optimal Sensor Placement in Structural Health Monitoring》发表在 EI 检索杂志《Advanced Materials Research》。《铁路大跨度混合梁斜拉桥钢箱梁悬拼施工工法》正在申报。发明型专利包括《HMF-200 型液压式多功能悬拼提梁机及钢箱梁拼装方法》和实用新型专利有《可调型轮轨式梁上运梁车》已经在网上公示。

4.2 创新点

（1）发现了以往传统钢筋笼吊装方法的不适应性，提出了一种大直径超长钢筋笼自由吊挂定位方法，设计了自由吊挂定位系统，有效解决了大直径超长钢筋笼节段多、自重大、接头多、易变形带来的技术难题，可为类似工程提供理论参考和设计依据。

（2）基于索塔施工过程有限元分析，结合钻石形＋倒 Y 形索塔结构特点，首次在铁路斜拉桥中应用塔身与下横梁异步施工技术；深入研究了塔身与下横梁异步施工和整体式钢锚箱施工的关键技术。另外，内置整体式钢锚箱首次成功应用于铁路斜拉桥，研发了一套能精确、高效定位钢锚箱安装精度的三向式定位装置。

（3）为解决传统钢混结合段整体吊装施工方法在场地受限的复杂环境下的局限性问题，提出了一种模块组拼施工钢混结合段方法。"桩－柱－梁式支架体系"的设计为钢混结合段处的承载力和变形控制提供了有力保障；自平衡滑移系统的设计为钢混结合段模块同步滑移和粗定位提供有利条件；"滑移－浇筑一体式胎架"为钢混结合段模块匹配拼接和定位精度提供了基础。基于 BIM 技术的施工过程模拟，为错综复杂的 PBL 剪力键、预应力钢筋安装及混凝土浇筑顺序提供了可靠参考。

（4）创造性地提出了一种"梁上运梁旋转悬拼钢箱梁"的新方法，打破了传统航运悬拼施工方法的思维方式。自主设计的钢箱梁施工核心设备包括 GGB-200 型提梁门架、WBC-200 型可调型轮轨式梁面运梁车和 HMF-200 型液压式多功能悬拼桥面吊机，解决了大吨位钢箱梁高空提梁、梁上运梁和高空旋转悬拼等技术难题，可为类似工程提供参考。

5 社会经济效益及推广前景

（1）深入研究"大直径超长钻孔桩钢筋笼快速制作与安装"施工技术，创造性设计一种钢筋笼自由吊挂系统，解决了大直径超长钢筋笼易变形、直螺纹套筒连接精度不易控制、钢筋笼安装不易定位等难题，而且缩减了20%钢筋笼制作与安装的时间，每孔钢筋笼安装时间由原来的85小时减至36小时；深入研究了流纹斑岩层地质条件下超长大直径钻孔灌注桩成孔、灌注及桩端循环后压浆技术，解决了"流塑状淤泥质黏土、斜坡岩面、弱风化流纹斑岩层"复杂地质条件下软弱层易塌孔、坚硬岩层钻进时间长造成塌孔风险、超长桩垂直度控制难度大等难题。

复杂地质条件下超长大直径钻孔桩施工成套关键技术具有安全、节省、快捷等特点，对提高我国铁路和公路桥梁桩基础的施工技术水平具有较大的推动和促进作用。同时，所进行创新性的设计研发、应用研究实现了施工集约化、快速化，经济社会效益显著。另外，钢筋笼自由吊挂方法可以为类似工程提供参考，具有广阔的应用前景。

（2）索塔塔身和下横梁交界处构造复杂，变截面多，液压爬模需要多次拆装，施工效率缓慢，因此，首次应用塔梁异步施工技术于铁路斜拉桥，通过索塔施工过程数值模拟分析，采用塔身和下横梁异步施工技术，下横梁和塔身压应力比塔身和下横梁同步施工仅小0.1MPa，均能满足设计要求，但塔身与下横梁异步施工较同步缩减了施工周期两个月，也大大减小了爬模拆装次数和机械设备投入，该方法在铁路桥梁中的成功应用，实现了良好的经济社会效益，在铁路桥梁索塔施工中具有推广应用价值。

（3）在作业条件受限情况下，整体吊装钢混结合段风险大、费用高，通过方案比选，从经济成本和安全性角度出发，首次提出一种钢混结合段模块组拼施工方法，钢混结合段加工与支架体系平行施工，缩减了施工关键线路时间，钢混结合段共7个模块，吊装及组拼完成仅耗时7天。不仅解决了技术难题而且降低了施工成本和安全风险，取得了良好的经济社会效益。而且，该方法可以为铁路或公路桥梁在地处环境较为复杂的情况下提供有益的参考，具有良好的推广价值。

（4）由于甬江主桥周边环境复杂、水运受限、栈桥码头一次性投入较大，若采用设计水上吊装钢箱梁的方案，仅河道占用配合费就达 3000 万，另外栈桥码头建设将达近 1000 万。课题组重新设计构思了 3 种方案，通过技术可行性、安全风险及施工成本等方面进行了比选，最终创造性地提出一种梁上运梁－旋转悬拼钢箱梁的施工方法，钢箱梁施工平均周期 6 天／节，大大地缩减了施工工期和施工成本，取得了良好的经济社会效益。另外，该方法开辟了铁路斜拉桥钢箱梁施工方法的先河，具有广阔的应用推广前景。

6 论文发表情况

[1] SUN XM，YAN ZC，ZHU DY. Comparison of several methods for optimal sensor placement in structural health monitoring[J].Advanced Materials Research，2011，250-253: 3254-3257

[2] SUN XM，YAN ZC，ZHU DY；CHEN H. Asymmetric Construction Technology of Partially Cable-stayed Bridge with Single Tower and Single Cable Plane[J].Advanced Materials Research，2011，255-260：881-885.

[3] 孙小猛，徐登云，赵飞，等.甬江左线特大桥索塔施工过程模拟分析[J].桥梁建设，2014，44（4）：131-135.

[4] 孙小猛，徐登云.基于多目标优化的大体积混凝土层台冷却水管布置研究[J].铁道标准设计，2014，58（5）：74-77.

[5] 徐登云，孙小猛，张细敏.超高钻石形索塔"拉杆－撑杆"优化设计方法研究[J].铁道标准设计，2015（4）.

[6] 黄爱民，徐登云，孙小猛.多跨现浇梁"桩－柱－梁式支架法"施工过程计算与分析[J].铁道标准设计，2014（10）.

[7] 任世朋，孙小猛，闫明赛，等.铁路混合梁斜拉桥－钢混结合段施工关键技术[J].施工技术，2014（12）.

[8] 李鹏程，陈平.360度旋转式大型悬臂提梁机的设计及应用[J].安徽建筑，2014（3）.

[9] 李鹏程，胡晓东.甬江特大桥钢混结合段钢箱梁模块吊拼滑移技术[J].安徽建筑，2014（4）.

[10] 胡晓东，陈平.混合梁斜拉桥钢混结合段施工技术[J].城市建设理论研究，2014（36）.

[11] 任世朋，孙小猛，朱元元，等.铁路混合梁钢混结合段钢箱梁

关键施工技术 [J]. 铁道标准设计，2015（6）.

[12] 黄爱民. 甬江左线特大桥钻孔灌注桩桩端循环后压浆技术 [J]. 建筑工程技术与设计，2014（20）.

7 工法与专利情况

7.1 工法情况

截至目前，已获得企业级工法6项，其中3项获得省级工法，见表2-2。

表2-2 工法获得与申报情况表

序 号	工法名称	工法级别	计划申报
1	大直径超长钻孔桩钢筋笼快速制作与安装施工工法	省级工法	
2	复杂地质条件下超长大直径钻孔桩成桩施工工法	企业级工法	
3	超高钻石形变箱室索塔全自动液压爬模施工工法	企业级工法	部级
4	斜拉桥索塔塔梁异步施工工法	企业级工法	部级
5	斜拉桥钢混结合段模块化施工工法	省级工法	国家级
6	大跨度混合梁斜拉桥钢箱梁旋转悬拼施工工法	省级工法	国家级

7.2 专利情况

截至目前，已经申报专利16项，获得授权6项，受理10项，见表2-3。

表 2-3 专利授权受理情况表

序号	专利名称	类型	授权号／申请号
1	大直径超长钻孔桩钢筋笼自由吊挂定位系统	发明	ZL201210183782.8
2	大直径钢护筒步进式导向架	实用新型	ZL201220159411.1
3	三维组合式斜拉桥梁体索导管精确定位装置	实用新型	ZL201320110945.X
4	一种基座钢锚箱三向式定位装置	实用新型	ZL201320351923.2
5	可调型轮轨式梁上运梁车	实用新型	ZL201320688303.8
6	用于斜拉桥的展索盘	实用新型	ZL201420407063.4
7	三维组合式斜拉桥梁体索导管精确定位装置及定位方法	发明	201310077928.5
8	HMF-200型液压式多功能悬拼提梁机及钢箱梁拼装方法	发明	201310369990.1
9	一种基座钢锚箱三向式定位装置	发明	201310243566.2
10	一种桥梁钢－混结合段钢箱梁滑移定位方法	发明	201310673106.3
11	新型的钢混结合段钢箱梁模块及其组拼方法	发明	201310592766.9
12	一种用于钢混结合段的钢箱梁内PBL剪力键的安装方法	发明	201410484866.4
13	用于斜拉桥的展索盘	发明	201410350021.6
14	随动式梁面斜拉索牵索入孔导向装置及施工方法	发明	201410375681.X
15	应用于钢混混合梁斜拉桥钢箱梁架设方法	发明	201410411081.4
16	适配可调偏心吊具	发明	201420589080.4

第三章

复杂地质条件下超长大直径钻孔桩施工成套关键技术研究

1 技术发展现状与桥址地质特点

近年来,随着我国工程建设的飞速发展,大直径超长钻孔桩施工技术在铁路和公路桥梁基础施工中得到广泛应用,相应的钢筋笼直径和长度也向大口径和超长方向发展。钢筋笼制造与安装工艺的关键技术包括:钢筋笼成形胎模设计制造、钢筋笼骨架节段划分、钢筋笼吊点与吊具设计、钢筋笼起吊设备及钢筋笼定位系统设计等。大直径超长钻孔桩钢筋笼具有节段多、自重大、接头多、变形大等结构特点,制造和安装工艺要求较高,而传统的钢筋接头焊接、钢筋笼一次吊装、钢筋笼定位、钢筋十字内撑以及龙门吊单钩起吊等钢筋笼制造、安装工艺,难以满足日益发展的大直径超长钻孔桩施工的需要。

甬江特大桥桥址处地质结构复杂,桩基础需穿过淤泥质黏土、粉质黏土、粉砂、粉土、细沙、泥质粉砂岩、玄武玢岩、流纹斑岩的地层,且各种地层交替变化。地面以下45 m均为流塑状淤泥质黏土,钻孔桩施工时极易产生塌孔、缩径现象,成孔难度大;主墩部分钻孔桩深入弱风化流纹斑岩28 m,钻进缓慢,成孔时间长,塌孔风险大;P5主塔1~12号桩基础基岩为流纹斑岩,13~24号桩基础基岩为泥质粉砂岩,横向和纵向分布不均匀斜坡岩面,部分桩处于岩层分隔带上,钻机钻进稳定性和成孔垂直度控制难度较大。主桥桥址流塑状淤泥质黏土、斜坡岩面、弱风化流纹斑岩层等复杂地质条件,为主墩桩基础施工带来了极大的施工风险和挑战。

在研究国内外长、大钻孔桩施工技术优缺点的基础上,针对我国目前大直径超长钻孔桩施工现状,结合桥址处"流塑状淤泥质黏土、斜坡岩面、弱风化流纹斑岩层"等复杂地质条件,对本桥3 m直径、132.5 m长的钻孔灌注桩钢筋笼快速制作与安装施工技术、流纹斑岩层地质条件下超成孔灌注技术以及桩端循环后压浆技术等进行研究。

1.1 工程概况

甬江左线特大桥主塔基础采用3m大直径钻孔灌注桩,桩长132.5 m,桩基钢筋笼长134.7 m。钢筋笼采用Φ28 mm主筋,上部47 m为双层三筋布置，下部 87.7 m 为单层双筋布置，主筋间距 14.11 cm，为减少接头数量，该钢筋笼单节采用长度为 12 m 的主筋制作，从上至下共分 11 个节段，总重 110 t。主筋采用直螺纹套筒连接，前 7 节钢筋笼接头为 126 个/节，后 4 节为 189 个/节。钢筋笼配筋图见图 3-1。钢筋笼主要工程数量表见表 3-1。

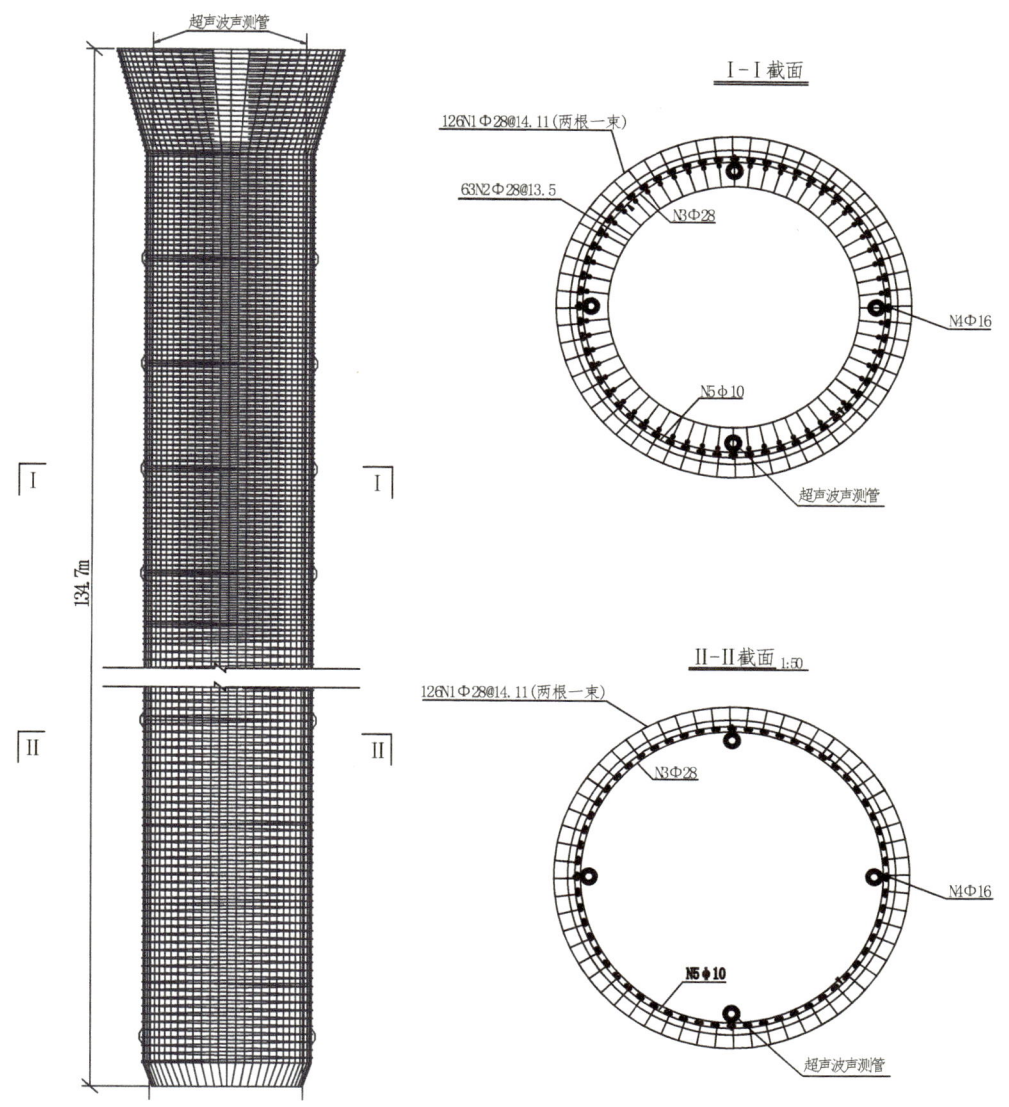

图 3-1 钢筋笼配筋图

表 3-1 主墩钻孔桩钢筋笼工程数量

墩 号	钢筋笼长度/m	钢筋笼重量/t	钢筋笼节数节	数量/个	总重量/t
P5	134.7	110	11	24	2640
P6	134.2	109.7	11	24	2632.8

索塔基础采用24根Φ3.0 m钻孔灌注桩，桩顶标高 −4.5 m，桩底标高 −137 m，桩长132.5 m，顺桥向4排，横桥向6排，纵向桩中心距7.2 m，横向桩中心距6.7 m，孔深139.5 m，单根桩混凝土量达933 m³。桥址处地质结构复杂，表层为第四系杂填土（Q_4^{ml}）、第四系全新统海积（Q_4^m）黏性土和淤泥质黏性土，其下为第四系上更新统冲海积（Q_3^{al+ml}）黏性土和冲洪积（Q_3^{al+pl}）砂类土，下伏基岩为白垩系下统馆头组（K1g）泥质粉砂岩、燕山晚期火山岩玄武玢岩（γ）及燕山晚期前火山岩（λπγ4）流纹斑岩。桩基础地址剖面图如下图3-2所示。

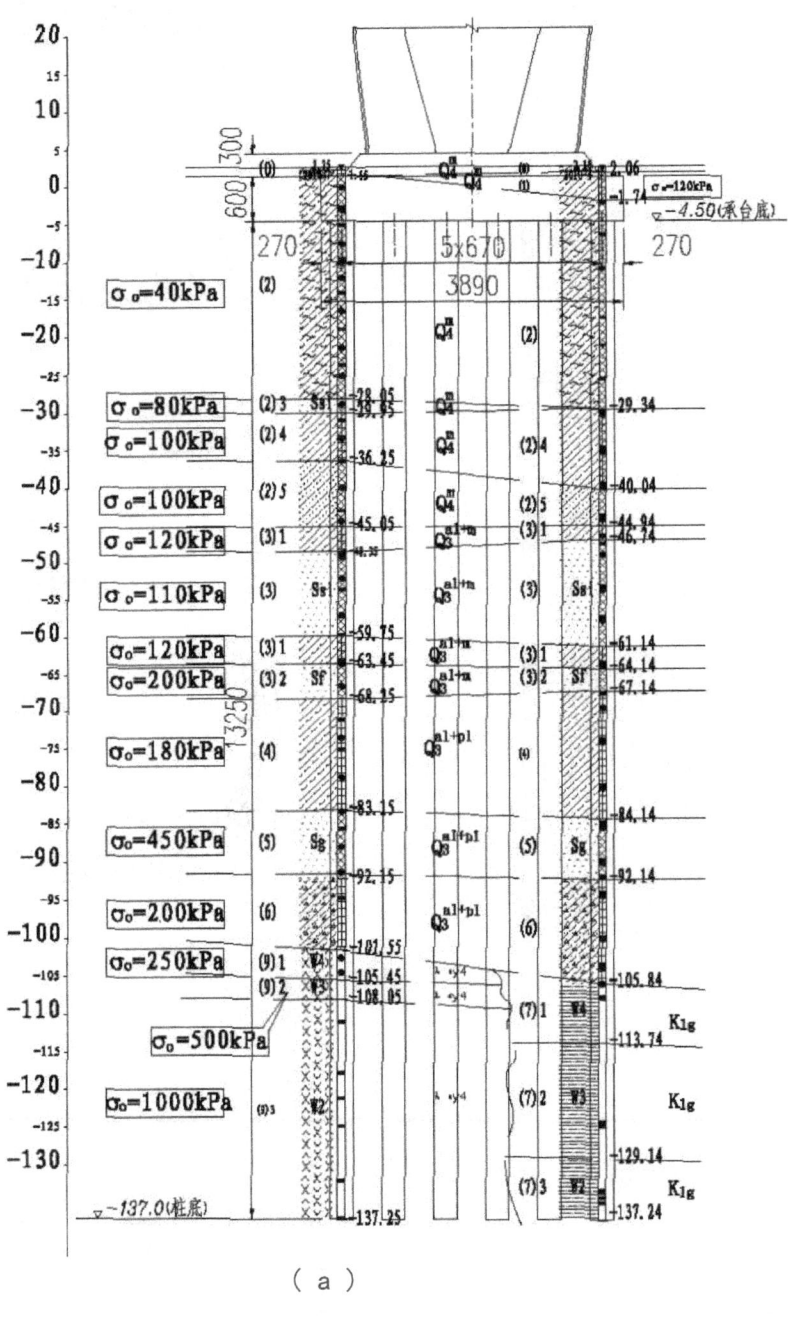

（a）

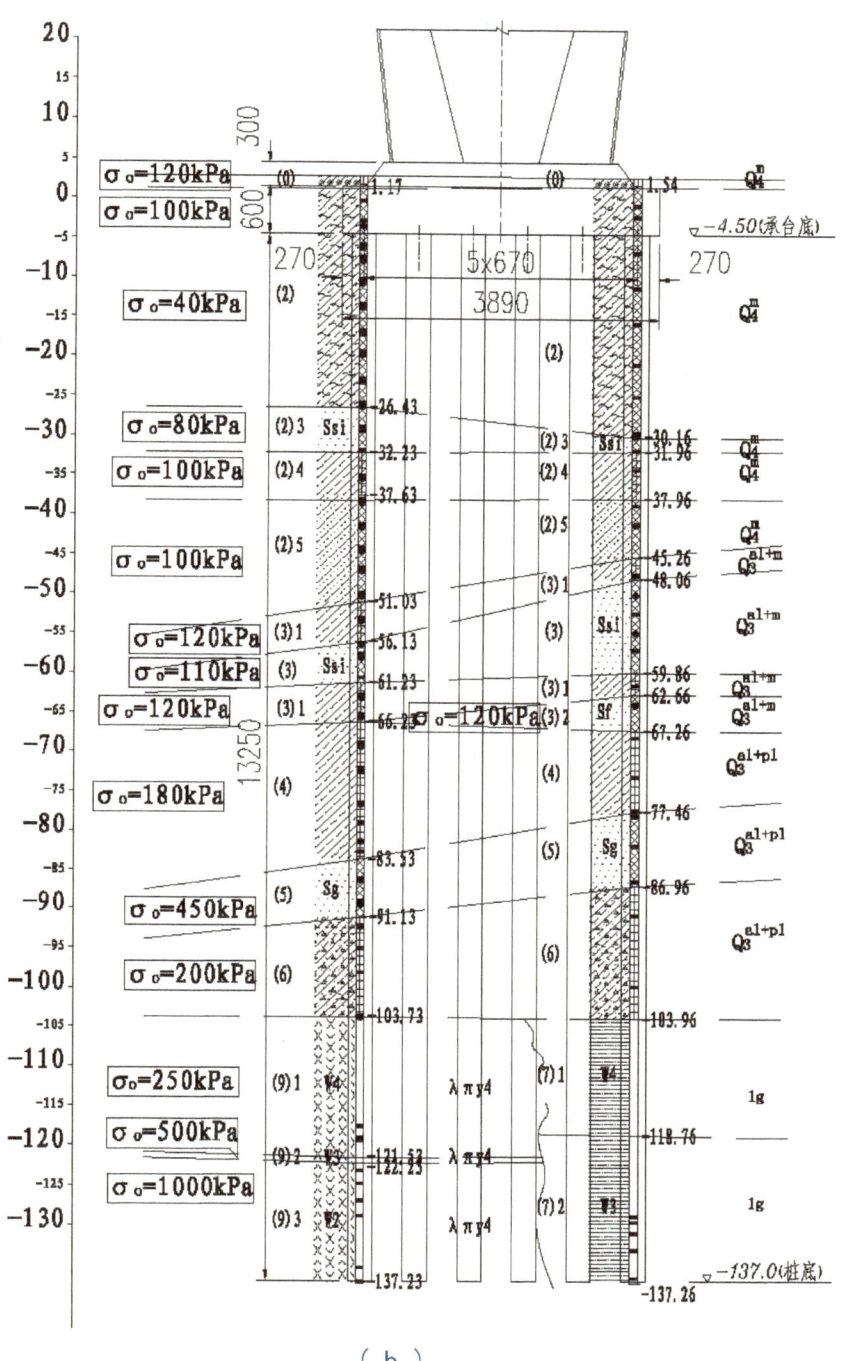

(b)

图 3-2 主桥索塔桩基础地质剖面图

1.2 施工技术难点

1.2.1 长大直径钻孔桩钻孔及灌注施工技术难点

(1) 钢护筒施工：钢护筒直径 3.2 m，单桩钢护筒长 36.8 m，分段加工精度控制要求高，大直径钢护筒运输易发生变形，施沉深度大、阻力大，软弱地层中垂直度控制难度大。

（2）地质条件复杂：地面以下30m均为流塑状淤泥质黏土，极易产生塌孔、缩径现象。地质结构复杂，穿过淤泥质黏土、粉质黏土、粉砂、粉土、细沙、泥质粉砂岩、玄武玢岩、流纹斑岩，各种地层交替变化，部分桩穿过弱流纹斑岩28m，成孔难度大。P5主塔1～12号桩基础基岩为流纹斑岩，13～24号桩基础基岩为泥质粉砂岩，横向和纵向分布不均匀斜坡岩面，部分桩处于岩层分隔带上，钻机钻进稳定性和成孔垂直度控制难度较大。

（3）水下混凝土灌注：首批混凝土灌注需24m^3，单根桩混凝土量达933m^3，在合理的时间内完成混凝土灌注并保证成桩质量难度大。

1.2.2 长大直径钻孔桩钢筋笼施工技术难点

（1）场地布置：钢筋笼加工现场条件、自重及变形等因素影响，划分节段较多，从上至下共11个节段，钢筋笼加工场地需要合理规划才能满足施工需求。

（2）钢筋笼吊装控制：大直径钢筋笼加工、存放及吊装时易变形，易造成钢筋笼安装时直螺纹套筒对接精度差，对接缝隙大；钢筋笼吊装时必须选择合适的吊点位置，吊点应局部加固，以防变形、脱落；龙门吊采用传统单钩吊装钢筋笼效率较低，不能满足快速施工的需求。

（3）钢筋笼拼接：钢筋笼对接时受主筋间距限制，扭矩扳手在同一方向旋拧直螺纹套筒操作空间小，制约了钢筋笼对接时间。钢筋笼主筋间距较小，采用传统的分配梁打梢、导链打梢和插板式打梢均不能满足快速施工需要。

（4）钢筋笼吊挂平台：钢筋笼自重大，场地地质条件较差，对钢筋笼定位支撑平台刚度及基础承载力要求高。

1.2.3 长大直径钻孔桩桩端后压浆技术难点

（1）超长大直径钻孔灌注桩由于其施工特点，不可避免会产生沉渣，桩端沉渣易使索塔基础在荷载作用下发生不均匀沉降，影响桩端承载力，从而极大地降低了桩基整体承载性能。

（2）大直径钻孔桩成孔过程中，孔壁的松弛变形导致侧阻力降低的效应随桩径增大而增大，桩端阻力则随直径增大而减小。

2 长大直径钻孔灌注桩成孔及灌注技术

2.1 钢护筒施工

2.1.1 钢护筒长度确定

为有效防止钻孔桩在成孔过程中发生塌孔，对桥址进行补充勘探，确定钢护筒顶面标高＋3.0 m，底标高为－33.8 m，钢护筒总长度 36.8 m，以穿透流塑状淤泥质黏土层为宜。根据施工起吊设备、施沉设备及施工场地综合考虑，钢护筒分节加工，顶节取 9.8 m，重 18 t，其他节段标准长度为 9 m。

2.1.2 钢护筒材质、内径及壁厚

钢护筒采用 Q235 钢板卷制，内径较桩径大 20 cm，为 Φ3.2 m，壁厚 22 mm。

为了减小钢护筒施沉过程中的阻力及防止钢护筒底口变形，钢护筒底口设置刃脚，并在底口以上 50 cm 范围内护筒外侧加焊 22 mm 厚钢板进行局部加强。

为了减小在振动过程中振动锤夹钳部位钢护筒的变形，在每节钢护筒顶端加焊一圈 50 cm、高壁厚为 22 mm 的圆弧加强钢板。

2.1.3 钢护筒加工及运输

钢护筒采用 2.4 m 标准宽度钢板卷制焊接而成，加工作业在工厂完成，焊接成底节、中间节与顶节。考虑存放、运输和吊装过程时间较长，保证钢护筒在运输和吊装过程中不变形，在每节钢护筒两端内部各加设一道十字交叉的角钢（∠100*6 等边）作为内支撑，钢护筒吊装竖直后定位后，拆除内支撑。运输采用平板长车，并设置半圆形胎座，以减少运输过程中钢护筒的变形。

（a）

(b)

图 3-3 钢护筒加工图

(a)

(b)

图 3-4 钢护筒运输及加固图

2.1.4 钢护筒施沉

选择 APE400B 双联动振动锤作为钢护筒施沉设备。参数表见表 3-2 所示。

表 3-2 APE400B 型振动锤参数表

项 目	单 位	型 号
		APE400B
电机功率	kw	738
偏心力矩	N·m	1500
激振力	kN	3203
频率	r/min	1400
空载振幅	mm	32
最大上拔力	kN	2224
总重量	t	16.5
可夹幅度	mm	900～4500

（1）钢护筒起吊

钢护筒运至现场，在孔口利用 100t 履带吊和 50t 履带吊同时起吊，履带吊钩住钢护筒顶口，30t 吊车钩住钢护筒底口，同时操作竖起钢护筒。将钢护筒竖起后，松下 50t 吊车，通过履带吊将钢护筒摆放到位进行对接，详见图 3-5 钢护筒安装步骤示意图。

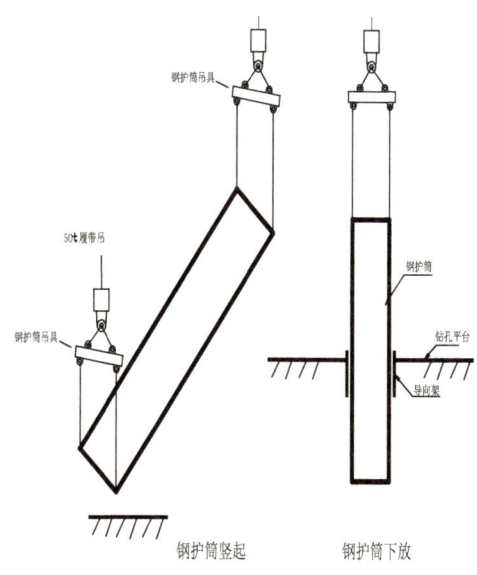

图 2-3 钢护筒吊装示意图

（2）垂直度控制

① 考虑运输问题，钢护筒全部在施工平台上焊接成施沉长度。首节钢护筒的准确沉放是保证钢护筒整体平面位置和垂直度的关键，用100t履带吊吊装沉放，用全站仪沿相互垂直的两个方向观测，确保沉放的垂直度符合要求。施沉时采用100t履带吊配合APE400B型双台联动振动锤施沉。在钢护筒沉至距离平台高约1.0m时进行钢护筒对接。在钢护筒施沉过程中，用全站仪沿相互垂直的两个方向全过程观测，随偏随纠。钢护筒下沉控制示意见下图3-6所示。

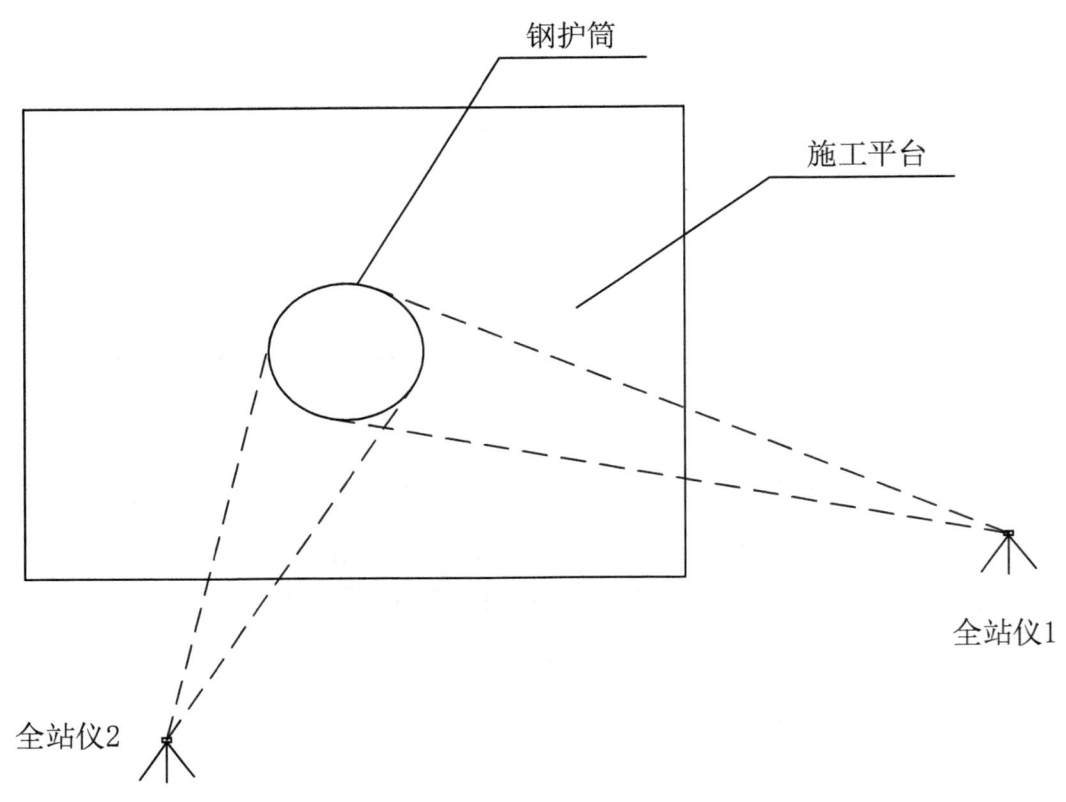

图3-6 钢护筒下沉控制示意图

② 为进一步保证垂直度，钢护筒下沉采用双层定位导向架定位。定位导向架共分上下两层，分别由焊接在4根Φ450×8mm钢管上的I36a型钢框架组成，钢管之间通过槽钢形成整体。具体布置见图3-7定位导向架布置图。

图 3-7 定位导向架图

导向架优点：

a. 导向架四角设置 4 根固定绳，通过倒链固定在配重块上，增加导向架的稳定性。

b. 导向架四周设置 8 个 0.6 m×0.9 m×1.2 m 的混凝土配重块，增加导向架自重，提高导向架稳定性。

c. 导向架上下 2 层共设置 8 个导向轮，减少钢护筒施沉时的摩擦力。

d. 导向架导向轮为可活动装置，在钢护筒施沉时，通过配套千斤顶进行钢护筒调整，保证钢护筒的垂直度。

定位导向架及钢护筒施沉施工见下图 3-8，3-9 所示。

图 3-8 定位导向架导向轮图图

图 3-9　钢护筒施沉图

（3）钢护筒连接

首节钢护筒施沉到位后，沿钢护筒顶圆周均布焊接 12 块厚度为 δ = 20 mm，长宽为 50 cm × 20 cm 的钢板，预留 25 cm 于护筒顶外与铅垂线成 3° 夹角，作为第 2 节钢护筒吊放、连接的限位钢板。待全站仪两个方向测量后，进行两节钢护筒之间的环向接缝焊接。接缝焊接完毕后，将限位钢板扳为铅垂状与首节护筒密贴并牢固焊接，使限位板变为接缝加强钢板。钢护筒连接如下图 3-10 所示。

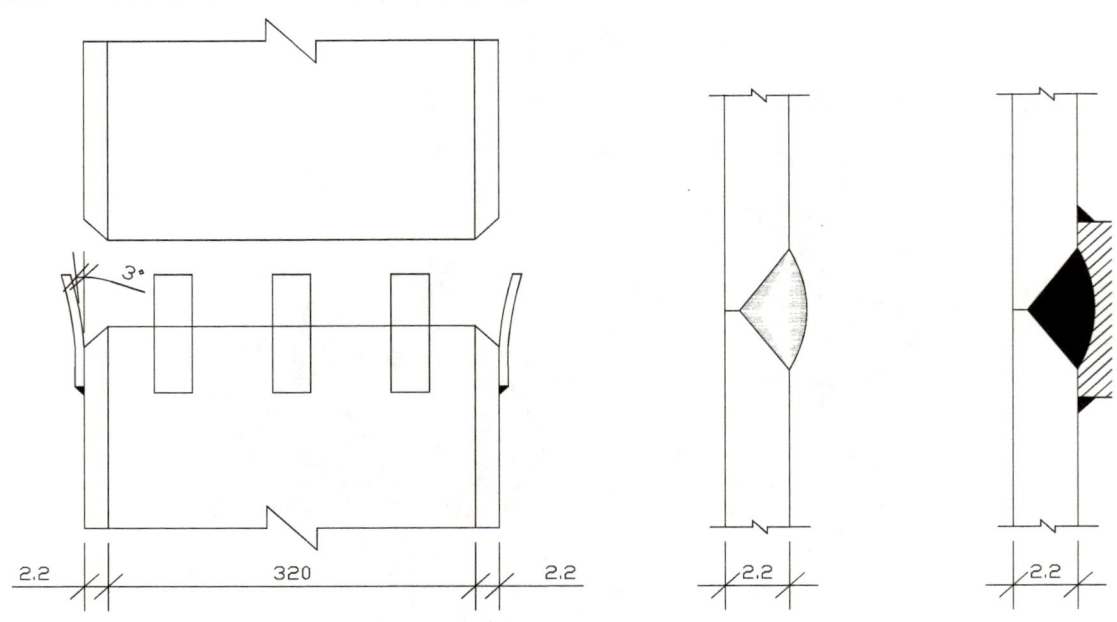

图 3-10　钢护筒连接示意图（单位：cm）

2.2 钻孔施工

2.2.1 钻机设备

（1）钻机选型

针对主桥钻孔桩直径大，钻孔超深，软弱地层厚度大、混凝土灌注强度高的工程特点，选定 ZJD4000 及 KTY4000 两种型号全液压动力头钻机用于索塔钻孔桩施工。

钻机配置两种钻头，一种是四翼双环刮刀钻头，适合于松散土层中钻进；另一种钻头是滚刀钻头，适合于基岩中钻进。钻杆为气举与泵吸反循环两用钻杆，气举反循环施工时，钻具均设有两个空气混合室，并配备 1 台 20 m³/min 的空压机和风包。

钻机技术参数见下表 3-3 所示，ZJD4000 型全液压钻机见下图 3-11 所示。

表 3-3 钻机技术参数

钻机型号	钻孔最大直径	钻孔最深深度	最大提升力	机架导向架倾角	动力头倾角	动力头转速及扭矩			
	m	m	t	°	°	r/m	t·m	r/m	t·m
ZJD4000	Φ4.0	150	220	25	45	0~6	35	0~16	15

图 3-11 ZJD4000 型全液压钻机图

（2）钻头选择

钻孔需穿越的地层主要有：淤泥质亚黏土、黏土、粉质黏土、砂层、砾砂层、粉砂质泥层、强风化流纹岩层等。根据地质情况，钻孔选择了两种钻头：一种是四翼双环刮刀钻头，用于在黏土、砂、砾砂等地层中钻进；另一种是滚刀钻头，用于在粉砂质泥岩、流纹岩中钻进。钻杆为气举与泵吸反循环两用钻杆。采用气举反循环时，钻具设有两个空气混合室。如图 3-12 所示。

（a）

（a）

图 3-12　钻头照片

（3）其他钻孔设备选择

每台钻机配备 ZX-250 型泥浆净化装置 1 台、50m³ 的泥浆池 2 个、空压机设备 1 套，并配 3PS 泥浆泵 2～3 台，以保证钻孔施工连续进行。

性能参数见表3-4。泥浆分离器和空压机如图3-13,3-14。

表3-4 泥浆净化装置性能表

型 号	处理能力 /(m³/h)	除砂效率 /%	重 量 /kg	分离粒度等级 /mm	总功率 /kw	外形尺寸 /m³
ZX-250型	250	>90	3700	>0.074	48	3.45×2.25×2.8

图 3-13 泥浆分离器图

图 3-14 空压机图

2.2.2 基础处理

钻孔施工场地地质条件差,地面以下40 m左右范围基本为淤泥质黏土,其承载力低,场地硬化强度要求主要是钻机重量带来的局部压力。ZJD4000型钻机自重450 kN,滚刀钻头自重150 kN,配重及钻杆重量可达1320 kN左右。在深厚软土上钻孔,要防止钻机不均匀沉降、钻机对护筒的挤压,场地硬化采用100 cm塘渣+25 cm C30混凝土,每台钻机打设4根长24 m、外径400 mm预应力管桩,预应力管桩顶端铺设2根HW 414×405×18×28型钢作为ZJD4000型钻机分配梁。

2.2.3 泥浆制作

采用PHP泥浆作为钻孔施工用浆,PHP泥浆又称聚丙烯酰胺不分散低固相泥浆,是通过在采用膨润土作为原料的基浆中加入PHP胶体制成。

(1) PHP泥浆的主要材料

PHP泥浆主要材料为膨润土、聚丙烯酰胺(PAM)、纯碱(Na_2CO_3)和羟甲基纤维素(CMC)。

①膨润土。膨润土是泥浆胶体质的主要来源,具有泥皮薄、稳定好、造浆率高的特点。

②纯碱(Na_2CO_3)。Na_2CO_3的主要作用是增大泥浆的pH值,纯碱的添加可将泥浆的PH值提高到10以上,有利于添加PHP泥浆时泥浆黏度的提高,此外,添加纯碱可以将附带黏土颗粒进行分散,并增加泥浆表面负电荷,以吸附正电荷的钻屑,使泥浆悬浮钻屑效能更好。

③羟甲基纤维素(CMC)。羟甲基纤维素能提高泥浆的黏度,具有使土壁表面形成化学膜泥皮和降低失水量的功能,它常作为膨润土基浆的改性剂。

④聚丙烯酰胺(PAM)。聚丙烯酰胺的作用是使泥浆具有触变性,保持不分散、低固相、高黏度的优质特点。

(2) PHP泥浆的制备

PHP泥浆配合比,泥浆配合比见表3-5所示。

表 3-5 泥浆配合比（单位：kg）

成 分	淡水	膨润土	纯 碱	CMC	PHP
配合比	1000	62～70	3～5	0.04～0.08	0.4～0.6

（3）钻进过程泥浆的控制

各种地层钻进过程中泥浆控制指标见表3-6。

表 3-6 钻进过程中泥浆控制指标

地 层	相对密度	黏 度	含砂率/%	胶体率/%	泥皮厚度/(mm/30min)	pH
淤泥质黏土	1.2～1.23	22～24	3～4	≥95	≤3	8～9
黏 土	1.15～1.2	18～22	3～4	≥95	≤3	8～9
粉 砂	1.2～1.3	24～28	2～6	≥95	≤3	8～9
圆 砾	1.15～1.3	22～24	2～4	≥95	≤3	8～9
卵 石	1.15～1.25	22～24	2～4	≥95	≤3	8～9
泥质粉砂岩	1.2～1.25	18～22	<2	≥95	≤3	8～9
玄武玢岩	1.2～1.25	18～22	<2	≥95	≤3	8～9

2.2.4 钻进成孔

（1）气举反循环

气举反循环是压缩空气进入钻杆，在钻杆内腔形成气泡和泥浆钻渣的混合物，其密度小于钻杆外的泥浆，在孔内液柱和大气压的作用，孔壁与钻杆间的泥浆流向孔底，将钻头切削下来的钻渣带进钻杆内腔，和压缩空气形成轻质的气泡，再经过钻杆排至泥浆分离器，排除钻渣后的泥浆流向孔内，形成反循环。反循环工作示意见图3-15所示。

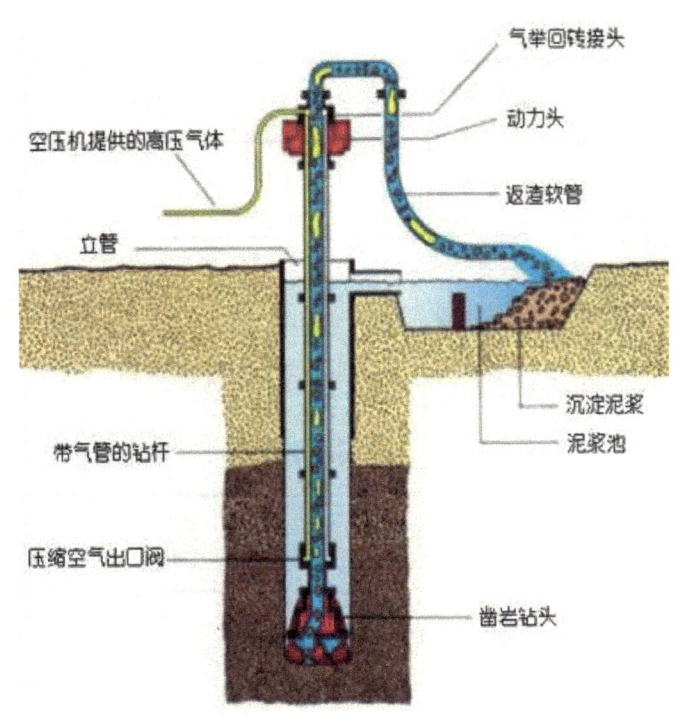

图 3-15　反循环钻机工作图

（2）钻进参数

钻进过程中应保持钻头减压钻进，排渣中断时，应将钻头提起，待有钻渣排出时再慢慢放下钻头，停钻时应先提钻头，然后停风。钻机钻压可按以下公式计算：

$$T=9.8(P_0-P) \qquad (3-1)$$

式中 T—— 钻机钻压值（t）；

P_0—— 当前全提钻具时压力表值（MPa）；

P—— 当前钻进时，钻进压力表值（MPa）。

孔底承受的钻压不得超过钻具重力和（扣除浮力）的 80%，以保证成孔垂直度。

①在护筒内，钻机的转数控制在 6 转以下，进尺速率保持在 0.8 ～ 1.2 m/h。

②在淤泥质土层中，采用低挡慢速、大泵量、稠泥浆钻进，以免发生先扩孔后缩孔现象。

③在黏土中，中等钻速、大流量、衡泥浆钻进。

④在粉砂土及淤泥质土中，轻压、慢速、大流量、稠泥浆钻进，以免孔壁不稳定，发生局部扩孔或塌孔。

⑤在细沙、砾石中，低压、快速、优质泥浆钻进，以利护壁和浮渣。

⑥在进入基岩界面后，滚刀钻为平整型设计，基岩界面存在不同程度的坡度，轻压、慢速钻进，滚刀钻全界面进入岩层后再正常钻进。

（3）钻头选择

①刮刀钻

双腰带四翼形式，通水性能好，可防止钻头糊钻、包泥而扩大，提高孔径精度；钻头腰带宽 30cm，腰带间距离 130cm，使钻头不易挤到土层中，起到导正作用，提高钻孔垂直度，见图 3-16 所示。

②滚刀钻

在钻进过程中，滚刀在围绕钻头旋转中心进行公转的同时，滚刀刀壳还要围绕自身刀轴自转，要使滚刀在施工过程中磨损小、寿命长，除了滚刀材料本身要有良好的耐磨性外，还要在滚刀钻头的设计制造时尽可能减少滚刀的滑移，使每把滚刀都在纯滚动的状态下工作，才能实现其最高的耐磨性，使滚刀的使用寿命最大化，见图 3-17 所示。

地质情况比较复杂，基岩强度高，采用焊齿滚刀钻头，不同的安装角度布置不同尺寸和锤角的滚刀，使之接近纯滚动，减少滑动现象，提高钻进效率，并且在粉质黏土和粉土层中也可钻进，避免多次重复更换钻头，提高施工效率。

图 3-16　滚刀钻

图 3-17　刮刀钻

(4) 钻具

①配重杆

对于高阻抗地层，依据地层阻力施加适当的配重，增大钻压比，能使各项工艺参数协同作用，发挥出最佳效应，实现钻进效率较大幅度提升。同时，在钻头上部安装 1 根配重钻具，在配重钻具上安装配重，提高钻具自重，利用自重使钻杆成铅垂状态，保证钻孔垂直度。

②扶正器

在孔深 45 m 和 120 m 位置设置扶正器钻具，减少钻具的自由变形长度，使钻具在重力作用下始终垂直向下，保证钻孔垂直度。见图 3-18 所示。

图 3-18　扶正器

(5) 泥浆分离净化器

泥浆分离净化器由 1 台旋筛机、1 台 ZX-250 净化器和 1 个泥浆箱组成。

钻渣的排除首先经过旋筛机（放在顶面）进行预筛，将比较大的颗粒和泥块等排除，然后泥浆经泥浆净化器使直径在 0.074 mm 以上的土颗粒筛分到溜渣槽内，处理后的泥浆通过回流管流入孔内，钻渣输送到弃土场。经分离后的泥浆含砂率小于 2%。泥浆分离器见下图 3-19 所示。

图 3-19　泥浆分离器

2.2.5 清孔

采用气举反循环换浆进行清孔。

（1）一次清孔

钻孔深度达到设计要求时，利用钻机自身泥浆循环系统进行清孔。清孔时将钻具提起约 30 cm，钻头不停转动，泥浆循环不断进行，将附着于护筒壁的泥浆清洗干净，并将孔底钻渣及泥砂等沉淀物清除。

一次清孔泥浆性能要求：因钢筋笼孔口对接时间较长（共 1575 个接头，约 70 小时），必须保持孔壁的稳定性及孔内沉渣厚度。下放钢筋笼前泥浆须保持如下性能：比重 1.15～1.20 g/cm^3，黏度 18～22 s，含砂率不大于 1%，pH 值 8～10，胶体率 98%，同时保持孔内水头高度。

（2）灌注混凝土前的二次清孔。

由于钢筋笼的连接时间较长，钻孔较深，孔内沉渣会很厚，采用气举反循环清孔。第二次清孔利用导管内安装风管以增大风速，通过反循环高速气流将孔底沉渣托举而出完成二次清孔。

二次清孔泥浆性能要求：比重 1.13～1.15 g/cm^3，黏度 18～22 s，含砂率不大于 1%，pH 值 8～10，胶体率 98%。

2.2.6 检孔

一次清孔结束后，利用 JL-IUDS(B) 智能超声成孔质量检测仪器检测成孔质量。JL-IUDS(B) 智能超声成孔质量检测仪是根据超声原理检测成孔质量的专用设备，检测结果孔深、孔径、孔形、垂直度均满足规范和设计要求。检孔效果剖面图如下图 3-20 所示。

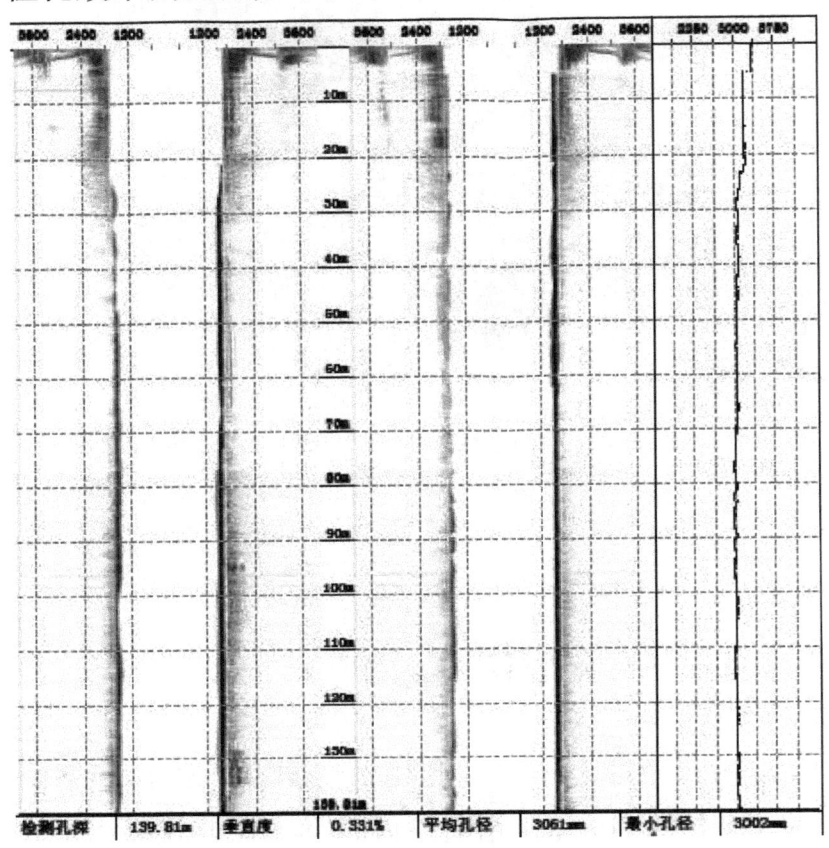

图 3-20　检孔效果剖面图

2.2.7 混凝土灌注

（1）首灌混凝土数量的计算

首批灌注混凝土的数量应满足导管首次埋深（≥1.0 m）和填充导管底部的需要，所需混凝土数量计算按下式：

$$V \geq \frac{\pi D^2}{4}(H_1+H_2)+\frac{\pi d^2}{4}h_1 \tag{3-2}$$

式中　V——灌注首批混凝土所需数量（m^3）；

　　　D——桩孔直径（m）；

H_1——桩孔至导管底端间距,一般为 0.4 m;

H_2——导管初次埋置深度(m);

d——导管内径(m);

h_1——桩孔内混凝土达到埋置深度 H_2 时,导管内混凝土柱平衡导管外(或泥浆)压力所需的高度(m),即 $h_1 = \dfrac{H_w \gamma_w}{\gamma_c}$;

H_w——灌注首批混凝土面到桩孔内泥浆面的距离;

γ_w——泥浆容重;

γ_c——混凝土容重。

由于钻孔桩底标高 −136.5 m,护筒顶标高 + 3.0 m,桩孔直径 D = 3.0 m,灌注导管内径 d = 0.40 m,桩孔至导管底端间距 H_1 取 0.5 m,导管初次埋置深度 H_2 取 1.5 m,$h_1 = \dfrac{H_w \gamma_w}{\gamma_c} = \dfrac{137.5 \times 12}{24} = 68.75$(m)。将这些已知数据代入上式计算该试验桩首灌所需混凝土数量如下:

$$V = \frac{3.14 \times 3.0^2}{4}(0.5+1.5) + \frac{3.14 \times 0.40^2}{4} \times 68.75 = 22.8 \ (\text{m}^3)$$

(2)混凝土储料斗

混凝土灌注采用两个储料斗进行,分别为 24 m³ 大料斗和 4 m³ 小料斗。

大储料斗漏斗由上部方形罐体及下部棱台形底部组成。棱台形出料口边长为 500 mm,高度 1200 mm;方形罐体边长为 3000 mm,高度为 2500 mm。料斗面板采用 10 mm 厚钢板,上部方形罐体和下部棱台形出料口均使用 [12 加强。出料口位置设置一个直径与出料口匹配的出料控制装置,采用 10 mm 厚钢板制作。在大储料斗顶口设置 4 个吊点用于吊装。

大料斗支架制作成框架式结构,底面支撑杆件及斜撑均采用 [25 对口槽钢制作。支撑杆件呈对称布置,与储料斗连接处焊接牢固。大小料斗见图 3-21 所示。

图 3-21　大、小料斗图

（3）混凝土灌注前清孔标准

单根桩混凝土方量大，灌注时间长，设计方量为 933 m³，灌注时间约 12 小时，为保证灌注过程的顺利和灌注质量，混凝土灌注前泥浆性能控制尤其重要。经总结，混凝土灌注前泥浆参数：比重 1.13～1.15 g/cm³，黏度 18～22s，含砂小于 1%。

（4）混凝土灌注施工组织

每根桩混凝土方量 933 m³，12 小时灌注完成，混凝土灌注采用 2 台混凝土泵车，将 24 m³ 混凝土直接输送至大料斗内，大料斗内混凝土注满后，开动大料斗闸阀，混凝土顺大料斗溜槽进入孔口小料斗内，首批混凝土灌注时小料斗安装球胆隔水塞，大料斗内混凝土不间断流入小料斗，保证导管首次埋置深度 1.5 m。

（5）实施效果

采用 ZJD4000 型全液压钻机，气举反循环钻进成孔，通过扶正器、钻头、配重杆、泥浆分离器等设备，钻进过程中的泥浆控制，解决了超长超大直径钻孔基岩强度大、垂直度控制难问题，节省了施工时间，提高了成孔质量。单根桩施工工期比计划减少 5 天。见表 3-7。

孔深、孔径、孔形均满足设计及规范要求，垂直度均在 0.5% 以内，沉渣厚度均小于 5 cm。

表 3-7 钻孔桩施工工序时间表（24 小时作业）

序 号	名 称	有效工日（天）	说 明
1	造浆，钻机就位、调试	1	准备工作
2	钻进成孔	15	包含提钻、检孔
3	钢筋笼下放	3	钢筋笼短线法加工、制作
4	导管下放、清孔	0.5	
5	混凝灌注	0.5	
	合计	20	

3 长大直径钻孔桩钢筋笼快速制作与安装关键技术

3.1 技术原理

采用短线法在定位胎具上分段制作钢筋笼。制作节段焊接组装前，预先使用直螺纹套筒将制作节的主筋与前一节段主筋匹配连接，调整顺直，然后焊接固定于加劲箍上。为增强骨架的整体刚度，加劲箍采用型钢卷制。

钢筋笼吊装时利用履带吊把钢筋笼吊至 170t 双钩龙门吊下方，采用单主梁、双天车龙门吊吊装钢筋笼，利用龙门吊双钩进行钢筋笼安装作业的同时，也可进行钢筋笼吊起作业，通过"十"字形吊具进行多吊点吊装。在吊装下放钢筋笼的总重量大于单台天车额定起重量后，改用双天车抬吊吊具。顶节钢筋笼利用钢筋吊杆和吊挂打梢环配合挂钩进行吊挂式定位；其余各节进行定位时，利用钢板挂钩吊挂在设计的支撑平台上。直螺纹套筒连接时采用扭矩扳手进行旋拧，钢筋笼主筋与加劲箍处焊接圆形等强度混凝土保护块。钢筋笼吊装过程示意图见图 3-22。

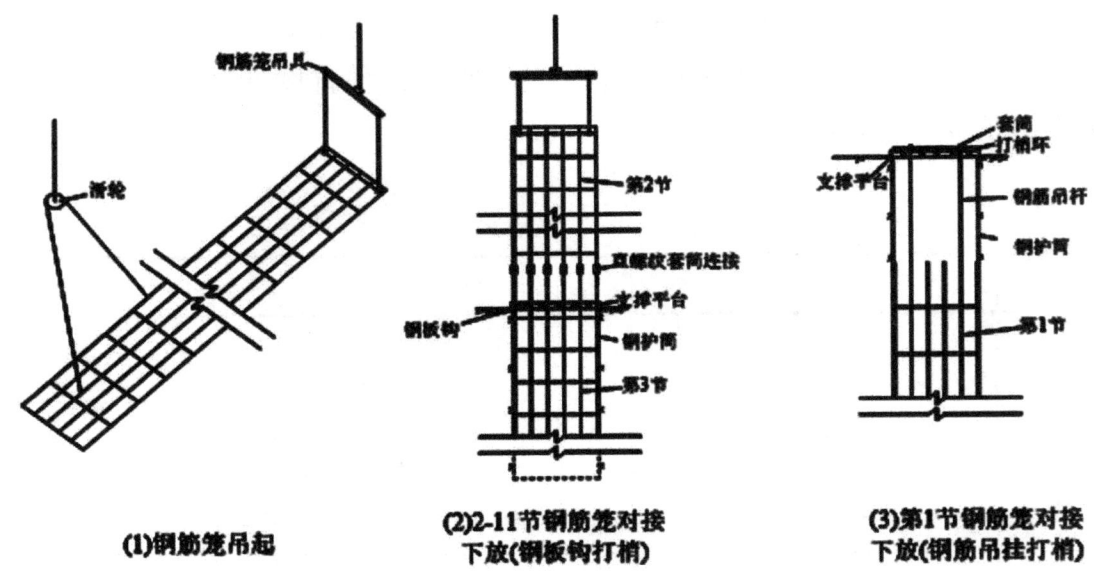

图 3-22 钢筋笼吊装过程

3.2 钢筋笼制作关键技术

3.2.1 钢筋笼加工场地布置

钢筋笼制作场地一般选在运输和安装比较方便的场所，结合现场条件，为了钢筋笼吊运和安装方便，钢筋笼场地选在钻孔桩施工现场内，场地采用混凝土硬化，四周设置排水沟。钢筋笼加工场地布置见平面布置图 3-23 所示。

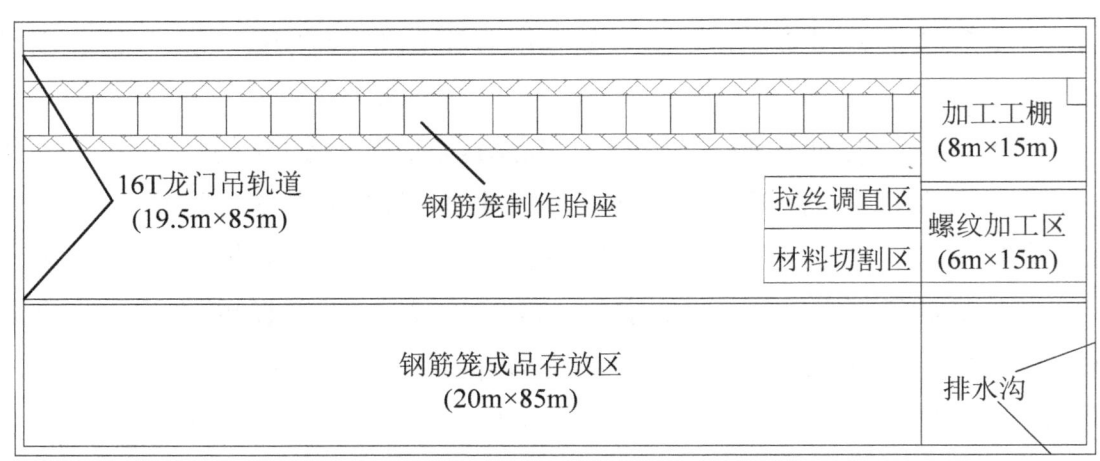

图 3-23 钢筋笼加工场地布置图

钢筋笼加工场地主要由钢筋笼制作区、存放区、加工工棚、螺纹加工区、材料切割区等组成，制作区内安装 1 台 16t 龙门吊，钢筋笼制作胎座布置在龙门吊轨道内，钢筋笼加工场地见图 3-24 所示。

3-24 钢筋笼加工场地

3.2.2 胎座设计与制造

为了保证钢筋笼制作精度，设计一种胎座式加工模具，钢筋笼胎座设计断面图见图 3-25。胎座支撑横梁间距为 2 m，型钢均采用 [10 槽钢；为了便于钢筋笼制作成形后从胎座上提吊运输，定位钢板采用小半弧型，厚度 2 cm。胎座整体宽 3.2 m，高 0.8 m，通长 75 m。钢筋笼胎座如图 3-26 所示。

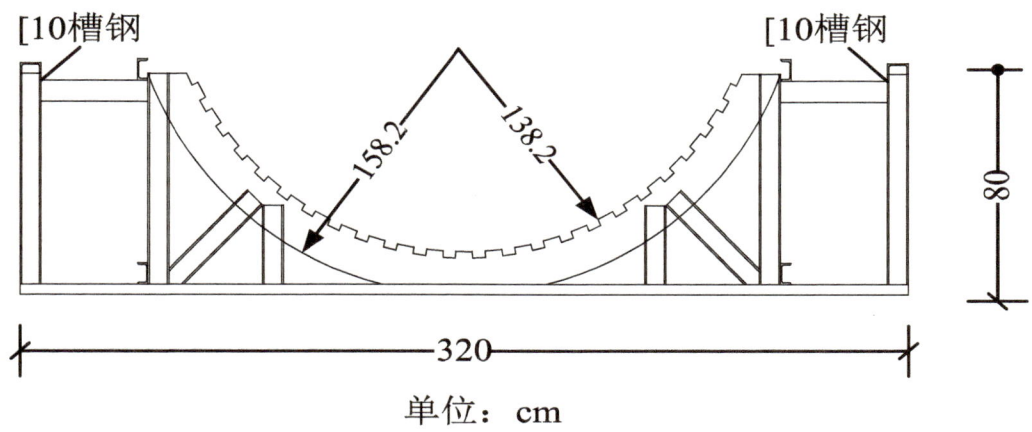

图 3-25 胎座设计断面图（cm）

图 3-26 钢筋笼胎座图

3.2.3 钢筋笼制作及存放变形计算

钢筋笼设计中,其箍圈仅考虑竖直状态下满足构造要求即可。但实际加工时,钢筋笼需要平放,支点位于箍圈处,即支点每 2m 一个,因此,对该工况建立模型进行分析,见图 3-27。

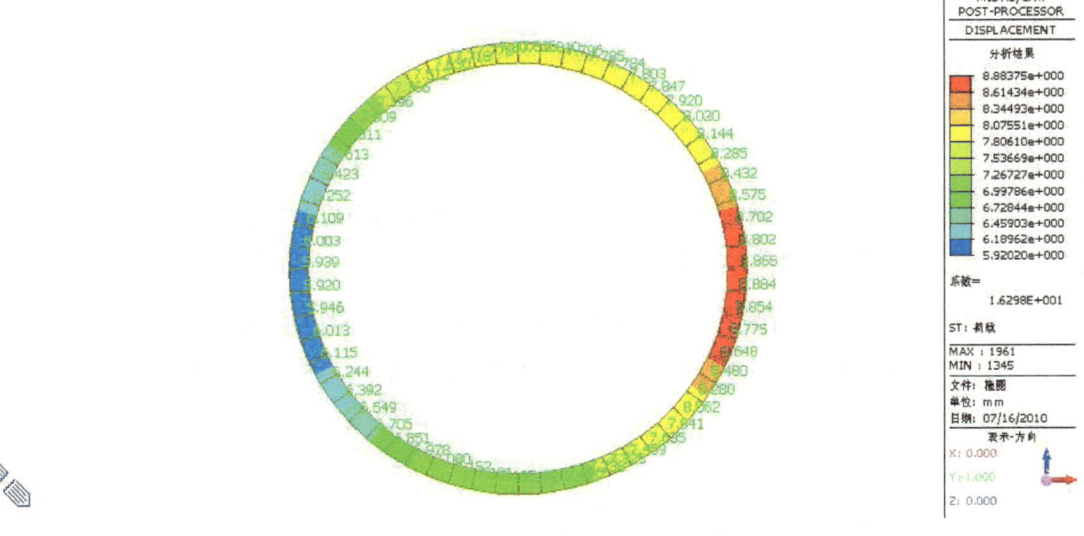

3-27 钢筋笼制作时变形计算

由图 3-27 可以看出,采用 I12.6 工字钢作为加劲箍的钢筋笼顶端最大变形为 8.8mm,满足施工要求。

钢筋笼存放时,支点位置与加工时比较有所减少。由于存放时间长,容易产生不可恢复的变形,因此对该工况进行计算,以确定支点位置。钢筋笼存放时计算模型和变形计算分别见图 3-28 和图 3-29。

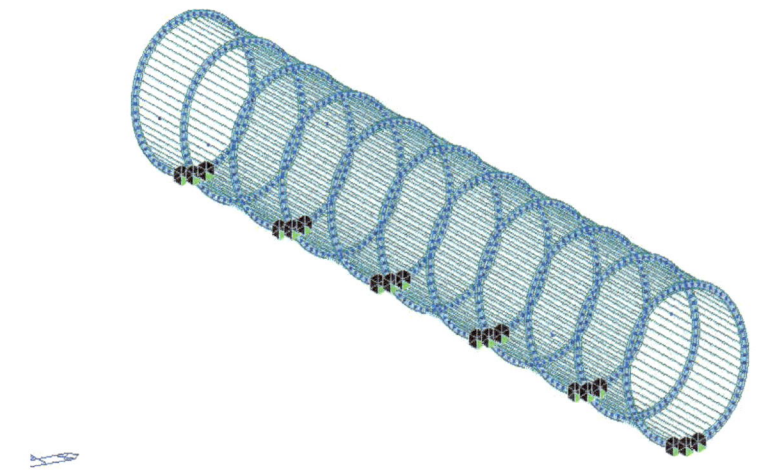

图 3-28　钢筋笼存放计算模型

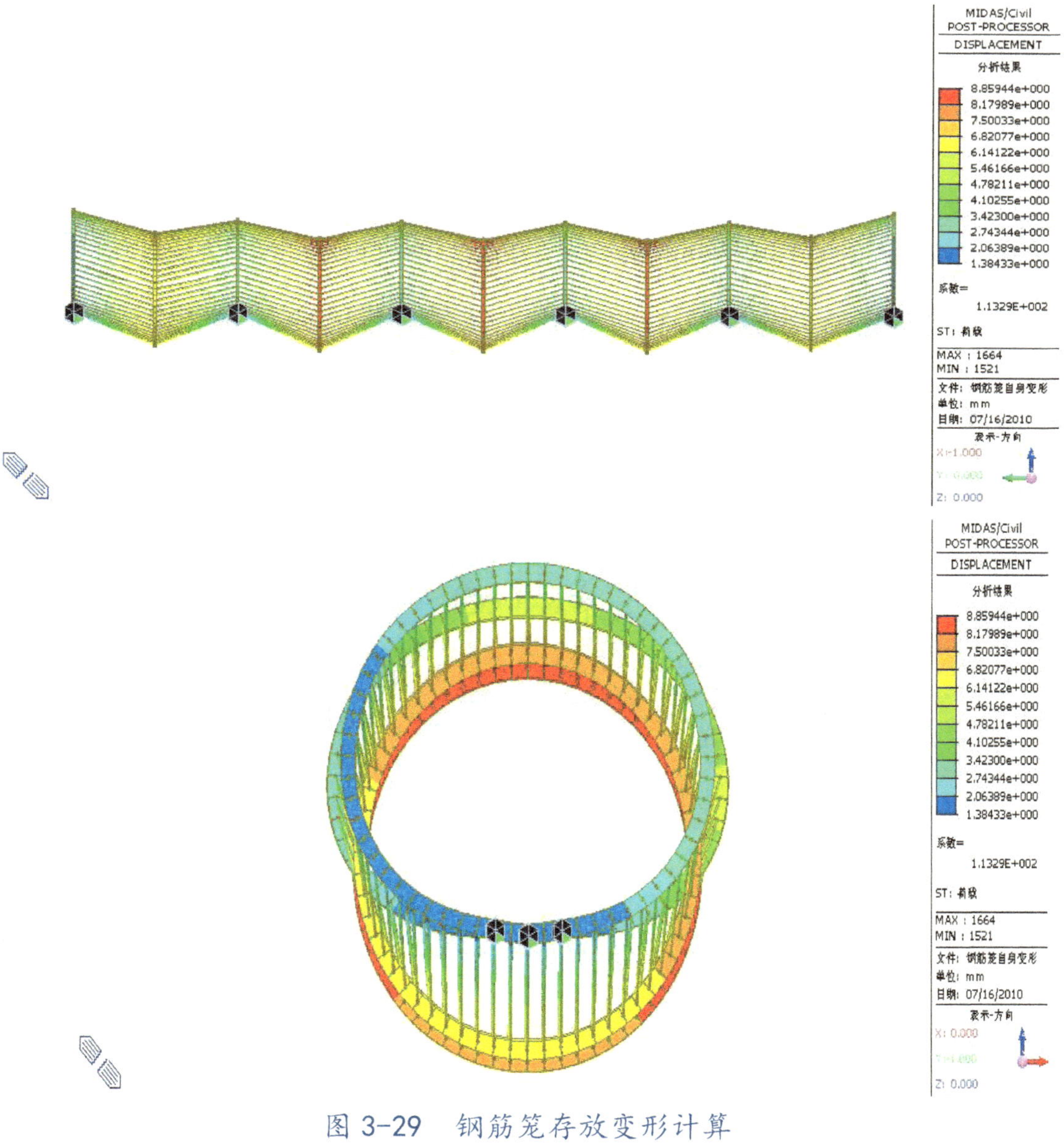

图 3-29　钢筋笼存放变形计算

由图 3-29 可以看出，钢筋笼存放时最大变形为 8.9 mm，满足施工需求。

3.2.4 钢筋笼制作

钢筋笼采用短线法加工，各分节同步制作。施工操作步骤如下：

（1）将主筋铺设在胎座的凹口处，接头采用直螺纹套筒匹配连接。分节处主筋用喷漆做上记号，以方便钢筋笼对接。

（2）加劲箍采用 I12.6 工字钢卷制成形，每隔 2 m 利用定位器与主筋焊接。同一截面主筋与加劲箍焊接根数为 100%，主筋与箍筋焊接根数不少于 50%。

（3）卸下所有直螺纹套筒，用 16 t 龙门吊将第 1~5 节钢筋笼吊至存放区，将第 6 节钢筋笼吊至胎座顶部。

（4）以第 6 节钢筋笼为首节以同样的方法制作第 7~11 节钢筋笼。

（5）钢筋笼加工完毕之后，利用龙门吊和履带吊配合将钢筋笼吊运至存放区。钢筋笼每道加劲箍下面垫上枕木以防止钢筋笼变形。

钢筋笼现场制作加工如下图 3-30 所示。

图 3-30 钢筋笼现场加工图

3.3 钢筋笼吊装关键技术

3.3.1 吊点设计及变形计算

钢筋笼吊点采用 $\delta = 25$ mm 尺寸为 60 cm×35 cm 的钢板，中心偏下预留直径 10 cm 圆孔作为吊装孔，吊装孔顶部于加劲箍底平齐。每节钢筋笼设置4个吊点，每侧各2个，同一侧吊点沿加劲箍方向距离127 cm。钢板与相应的4根主筋满焊。

钢筋两处四点起吊，可简化为双悬臂两跨连续梁计算，最合理吊点位置是使吊点处负弯矩与跨中正弯矩绝对值相等。计算模型见图3-31。

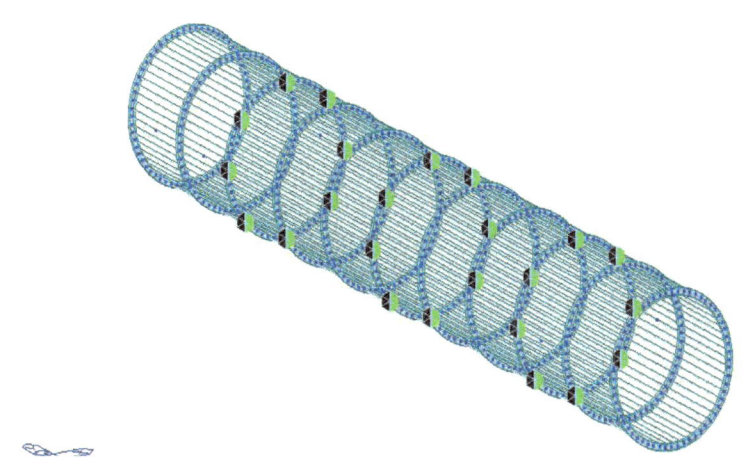

图3-31 钢筋笼起吊计算模型

经过计算并结合钢筋笼实际结构设计情况，吊点设置在距钢筋笼两端4 m，两吊点间距6 m位置时钢筋笼起吊时变形最小。钢筋笼起吊变形计算见图3-32。

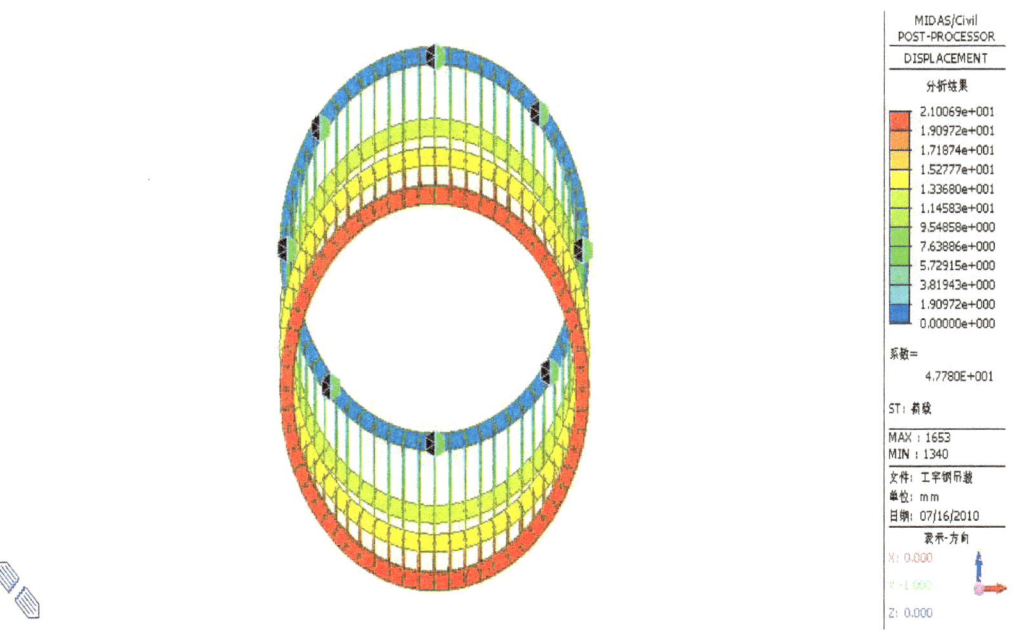

图3-32 钢筋笼起吊变形计算

由图3-32可以看出，钢筋笼起吊最大变形为21 mm，满足施工需求。

3.3.2 吊具设计

为了方便钢筋笼多吊点吊装，设计了一种"十"字形吊具，见图 3-33。

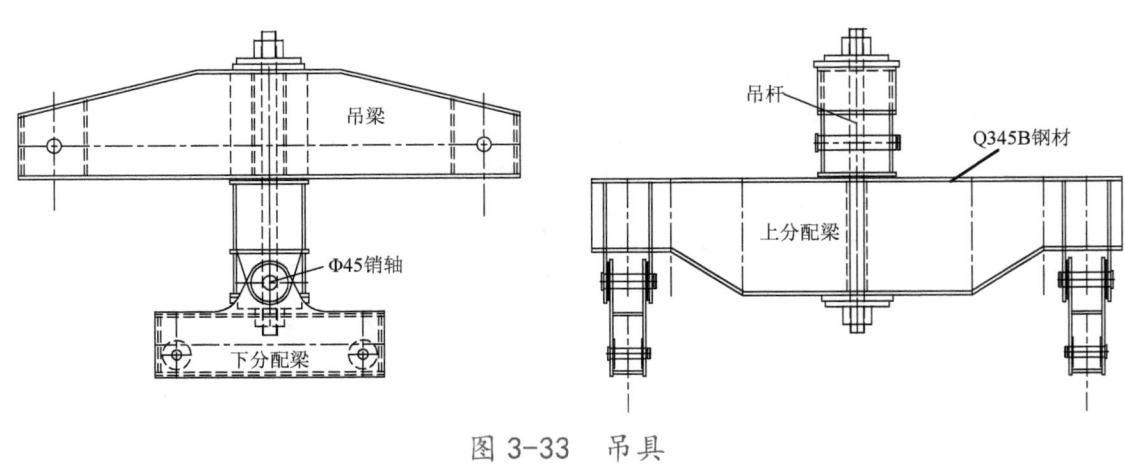

图 3-33 吊具

设计的"十"字形吊具主要由吊梁、上分配梁、下分配梁、销轴组成，钢筋笼通过销轴可在空间中自由转动，有利于钢筋笼安装时定位。通过下分配梁处多吊点，尽可能减少钢筋笼起吊时的自身变形。

3.3.3 支撑平台设计与制造

钢筋笼自重大，场地地质条件较差，钢筋笼在下放定位时孔口承重较大，设计一种支撑平台增大受力面积，解决软弱地基条件下钢筋笼自重大对地基承载力需求的不利影响。

支撑平台尺寸为 6 m×3.79 m×0.4 m，铺设在钻孔桩孔口上。支撑平台骨架采用 2I40 工字钢制作。中间为 Φ3.2 m 钢板圆环，高度 0.4 m，采用 3 cm 厚钢板制作。钢板圆环四周设置 2 cm 厚的加劲板，焊接在工字钢骨架上。支撑平台上铺防滑钢格网，便于施工作业。工字钢上下翼缘焊接 Φ25 mm 钢筋加固，横向间距 30 cm，纵向间距 60 cm。为了保证钢筒与工字钢接触面积，钢筒与工字钢之间弦切 5 cm。支撑平台设计平面图和制作分别见图 3-34 所示。

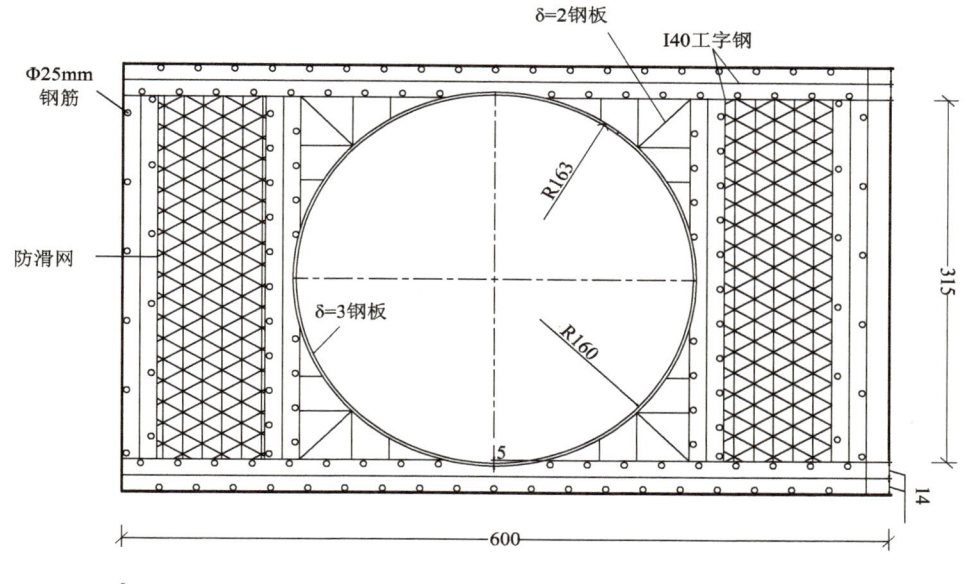

图 3-34 支撑平台设计平面图（单位：cm）

3.3.4 龙门吊双钩作业

由龙门吊和履带吊配合慢慢将钢筋笼吊起，由龙门吊吊送至钻孔桩孔口，对位下放。为了提高安装效率，在第 5~11 节钢筋笼采用双钩吊装作业，即龙门吊一号吊钩安装钢筋笼，二号吊钩与履带吊配合起吊钢筋笼，其过程见示意图 3-35，3-36。

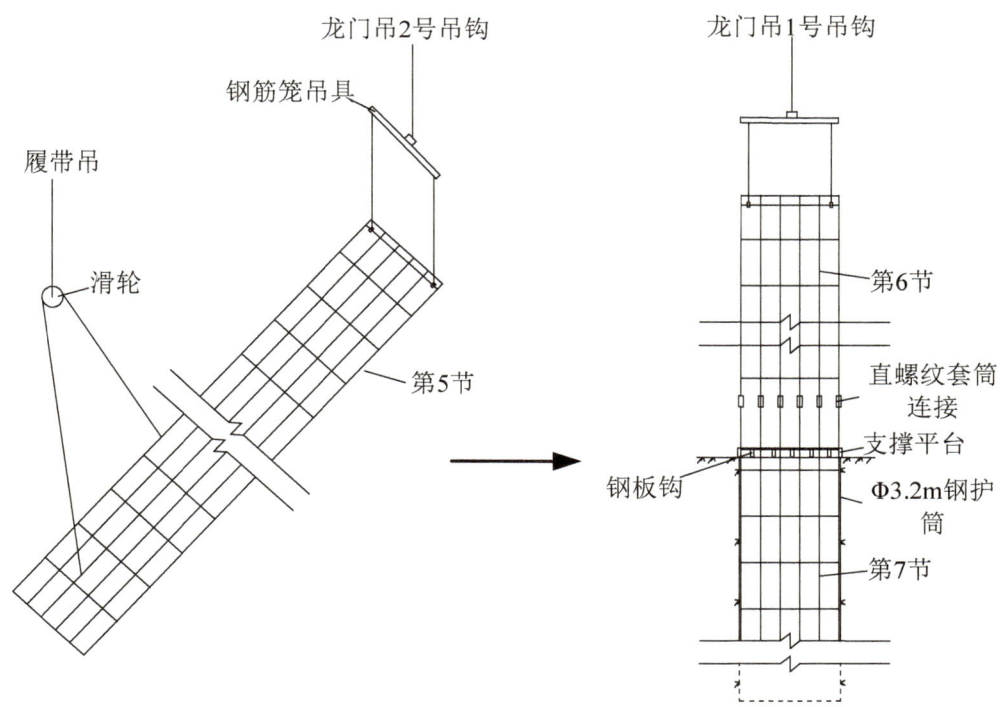

图 3-35 龙门吊双钩作业示意图

图 3-36 龙门吊双钩作业

3.3.5 钢筋笼双筋直螺纹套筒错位对拧

一般钢筋笼主筋接头套丝均是一个方向，套筒在上接头顺时针旋拧，见图 3-37 所示。

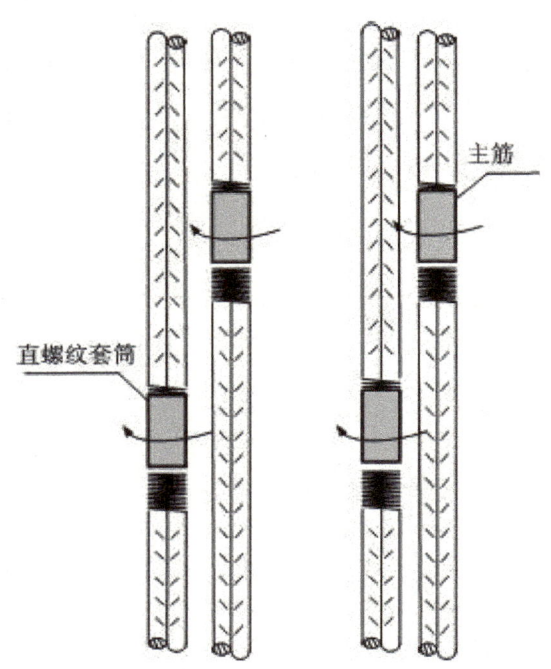

图 3-37 一般直螺纹套筒旋拧示意图

由于钢筋笼主筋间距小，相邻主筋净间距仅有 8 cm，钢筋笼对接时旋拧扳手在主筋之间的操作空间受限，严重制约了钢筋笼对接施工时间。因此，为了解决该施工难题，采用双筋直螺纹套筒错位对拧法，见图 3-38 所示。

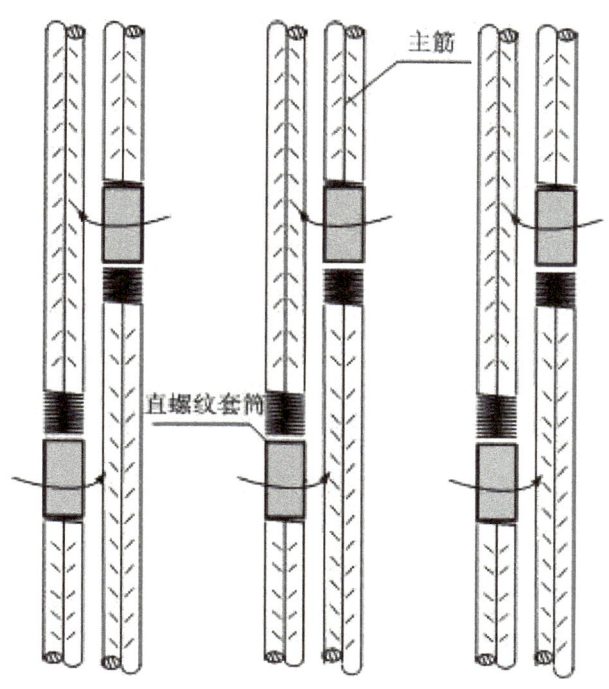

图 3-38 双筋直螺纹套筒错位对拧法示意图

3.3.6 钢筋笼吊挂定位

钢筋笼定位是钢筋笼吊装施工中的难点。常见的钢筋笼定位方法有：分配梁打梢法、导链打梢法、插板打梢法。分配梁打梢法即直接将分配梁从钢筋笼加强筋下面主筋穿过整个钢筋笼，使得钢筋笼重量通过加强筋传递给分配梁，进而通过分配梁传递给受力平台。这种方法受钢筋笼主筋间距、钢筋笼直径和重量的限制，适用于口径小、自重小的钢筋笼施工。

所谓导链打梢法即在孔位四周设置一临时支架，在支架上设置一定数量的导链，通过千斤顶将钢筋笼的重量传递给导链，再传递给临时支架。这种方法基本不受钢筋间距、钢筋笼直径和重量的限制，但是必须在孔位四周设置相应的支架作为吊点，占用空间较大，拆装复杂，不利于钢筋笼起吊和对接。另外，导链为柔性结构，人工操作无法保证每个导链受力均匀和同步，较容易发生断裂。

插板打梢法即在孔位上设置一环形打梢环，打梢环四周设置打梢槽孔，在钢筋笼下放到位时，利用打梢钢板插打在钢筋笼加劲筋上。钢筋笼的重量通过打梢钢板传递给打梢环，进而通过打梢环传递给施工平台。这种方法组拼方便，实用性强。但是钢板打梢法的打梢槽孔固定，钢板插打时受钢筋间距和对位精度的限制，人工操作不便。

根据大直径超长钢筋笼口径大、重量大、主筋间距小等结构特点，研究了一种自由吊挂定位方法。利用钢板挂钩吊挂在设计的支撑平台上对第 2～11 节钢筋笼进行定位，利用钢筋吊杆和打梢环对顶节钢筋笼定位。第 2～11 节钢筋笼定位时，通过钢板挂钩把钢筋笼的重量传递到支撑平台上，钢板挂钩位置可自由调整。顶节钢筋笼定位通过钢筋吊杆把钢筋笼重量传递至打梢环上，进而通过钢板挂钩和打梢环传递至支撑平台上。这种方法不受钢筋间距、钢筋笼重量和直径的限制，操作方便，占用空间小，定位牢靠。

通过扭矩扳手对直螺纹套筒施拧来对接钢筋笼，钢筋笼下放时采用自由吊挂定位的方式。套筒安装完毕后绑扎箍筋，随后钢筋笼开始下放。单节钢筋笼下放到位后用钢板挂钩一端挂在钻孔平台的钢板圆环边上，另一端挂在钢筋笼加劲箍上，钢板挂钩位置可自由调整，见图 3-39。

图 3-39　钢板钩吊挂定位

顶节钢筋笼就位后，安装吊挂打梢环，利用 8 根 Φ32 mm 钢筋作为吊杆，一端采用双面焊满焊于钢筋笼主筋上，另一端均匀吊挂在打梢环上，最终将吊挂打梢环通过 8 个钢板挂钩挂在支撑平台上，见图 3-40 和图 3-41。

图 3-40 打梢环吊挂安装　　图 3-41 钢筋吊杆吊挂定位

4 长大直径钻孔桩桩端循环后压浆技术

近年来，后压浆技术广泛应用于大型桥梁的长大直径钻孔灌注桩施工中。甬江左线特大桥为国内最大跨度铁路斜拉桥，为解决主塔基础的承载力和沉降问题，国内铁路斜拉桥首次采用桩端循环后压浆施工技术。

4.1 桩端循环后压浆原理

桩端循环后压浆技术指在钻孔桩施工完毕，桩身检测合格后，通过预埋在桩身的注浆管形成循环回路，利用压力作用，经预留注浆装置向桩端地层均匀地注入能固化的水泥浆液。在浆液性状、地层特性和注浆参数等不同条件下，压力浆液对桩端土层、桩底沉渣及桩端附近的桩周岩土层起到渗透、填充、置换、劈裂、压密及固结或者多形式组合等不同作用，改变其物理化学力学性能，固化桩底沉渣，从而提高桩基承载力及减小桩基沉降量。

4.2 桩端循环后压浆系统设计

桩端循环后压浆系统由 3 部分组成。

（1）桩内系统：将压浆管分别绑扎于钢筋内侧，随钢筋笼下放，压浆装置于桩端持力层中。

（2）加压系统：桩身混凝土浇注 24～48 小时后，连接压浆管和注浆泵，用清水液把压浆装置上的单向阀进行开塞，再通过注浆泵把配置浆液压入桩端土层内。

（3）制浆系统：浆液是发挥注浆作用的主体，本次压浆采用水泥为主剂，辅以各种外加剂，以达到改性的目的。桩端循环后压浆系统见下图 3-42 所示。

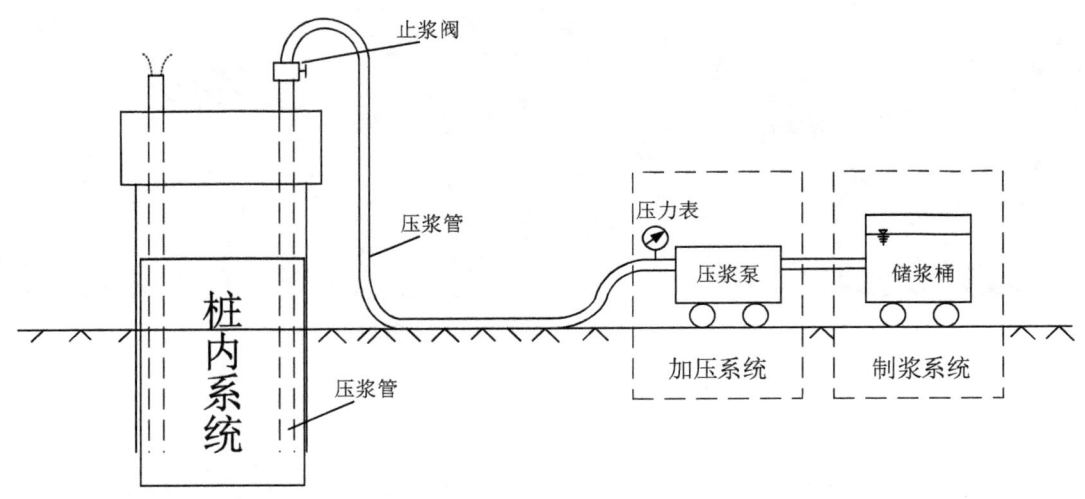

图 3-42　桩端循环后压浆系统

4.3 桩端循环后压浆工艺流程

桩端循环后压浆工艺流程，见图 3-43。

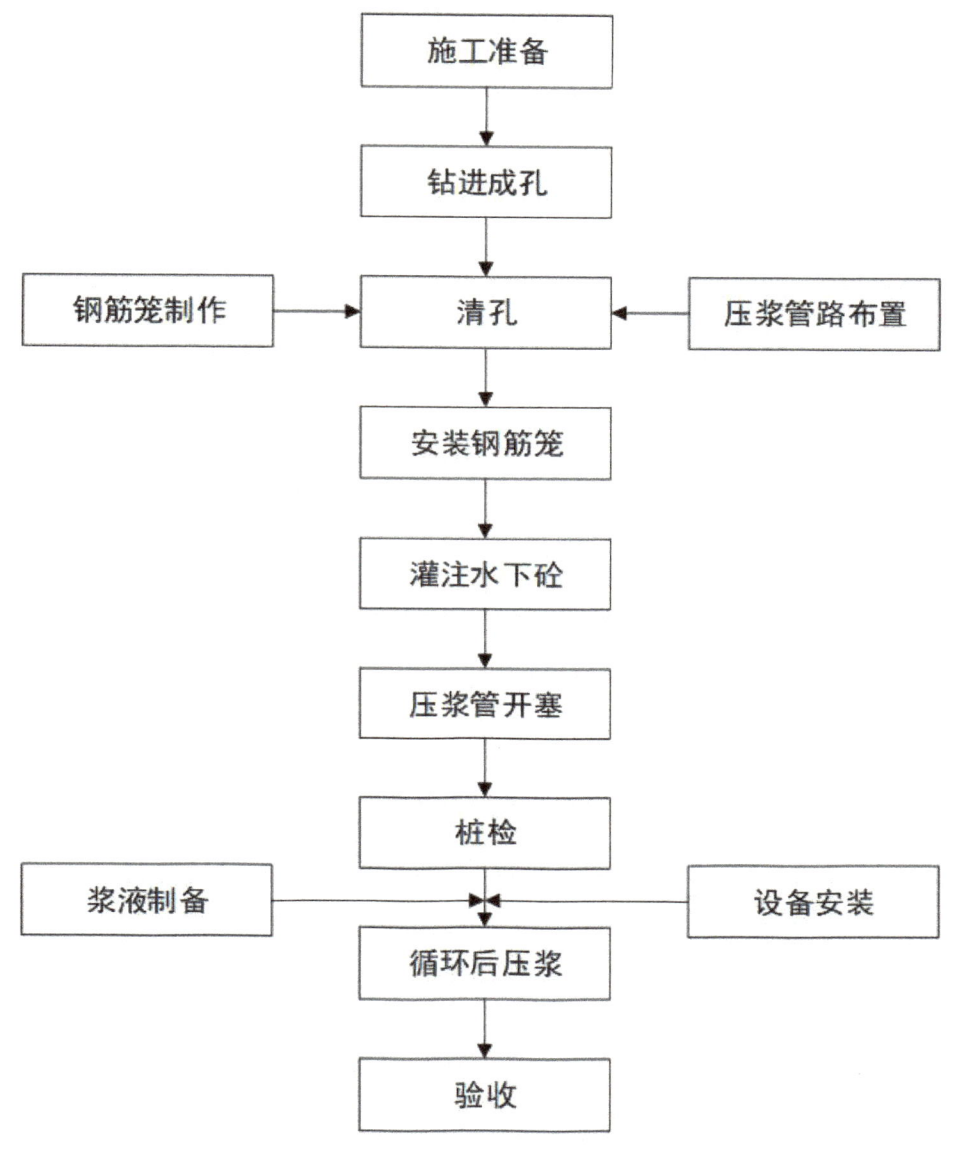

图 3-43 工艺流程图

4.4 桩端循环后压浆关键技术

4.4.1 压浆管路布置

采用四回路循环压浆工艺，声测管兼作压浆管，1 根声测管、1 根 Φ25 镀锌管和孔底压浆装置构成一个回路，压浆管道由孔底压浆装置和同径钢管组成。孔底压浆装置密封要可靠，既要保证不发生渗漏，又要保证能在混凝土浇注终凝后,在 2～5 Mpa 泵压下顺利冲开。压浆管路平面布置图和立面布置图分别见图 3-44,图 3-45。

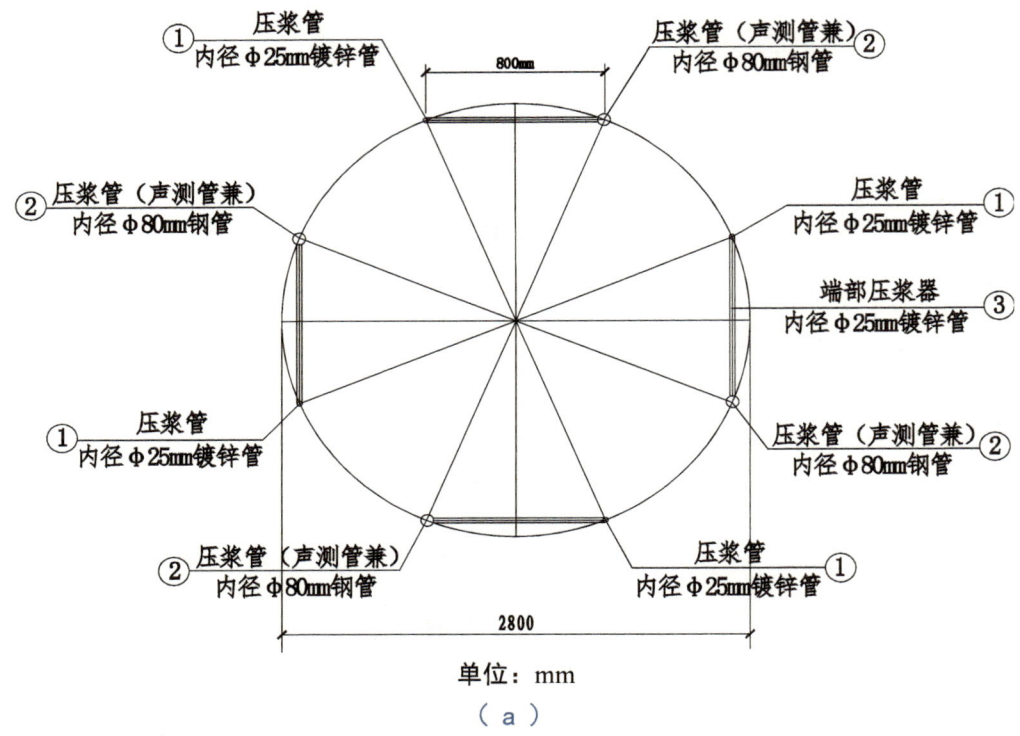

(a)

(b)

图 3-44 压浆管路平面布置图

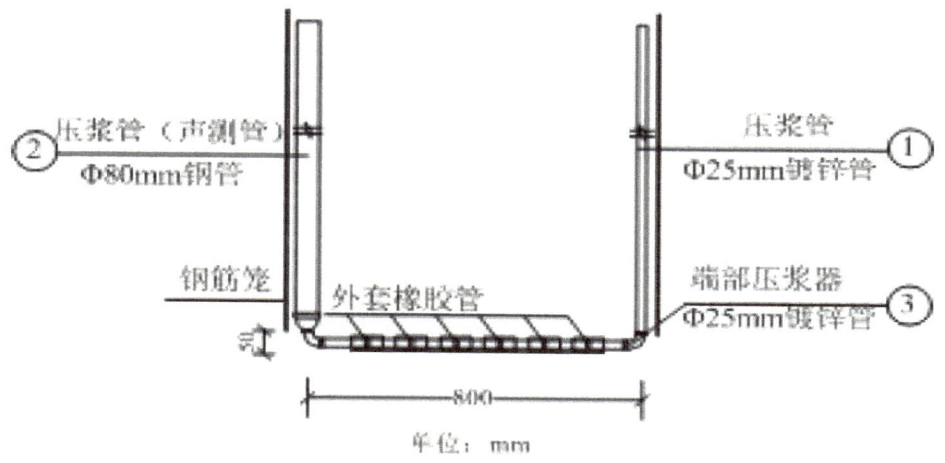

(a)

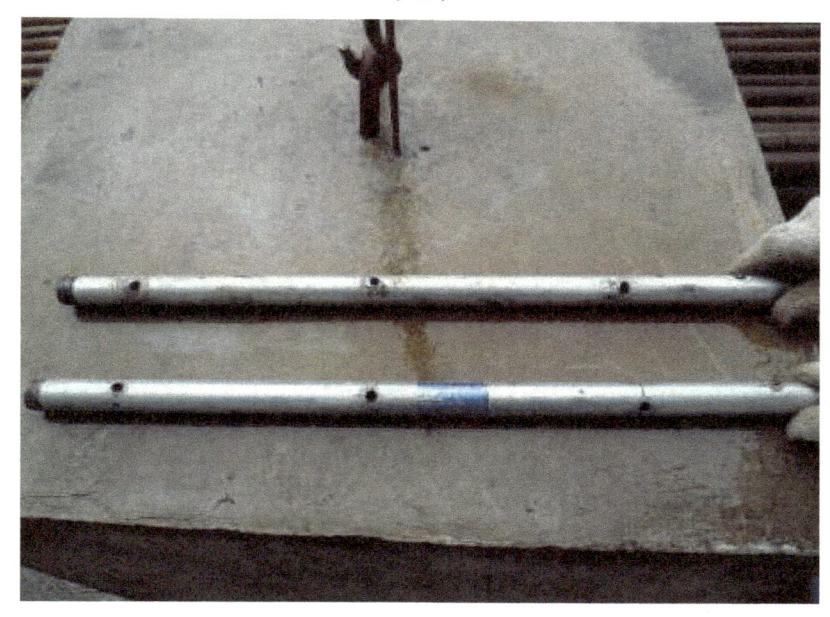

(b)

图 3-45　压浆管路立面布置图

压浆管分别绑扎于钢筋笼内侧。压浆管随钢筋笼下放，钢管接头采用接箍并逐根焊牢，以保证接头牢靠。在下放过程中应注入清水，以检验管路的密封性。若出现漏水应将其提出，重新连接补焊，确保管路的密封性。

4.4.2　开塞及管路清洗

压浆管于安装前应进行清洗，以清除管内杂物。压浆装置开塞应在桩混凝土浇筑完成后 24～48 小时，由压浆泵用清水将单向阀冲开，确保管路系统畅通。

在压浆工作开展前，必须每天打开管路系统2次（间隔8～12小时），开泵注水循环10～15分钟，促使水化热消散和防止压浆管堵塞。

4.4.3 浆液制备

压浆水泥采用P.O.42.5R无结块的双检水泥。水泥浆性能要求：初凝时间3～4小时；稠度17～18 s；7 d强度≥10 MPa；外加剂为U型膨胀剂。每立方米水泥浆理论配合比：水泥1226 kg，水玻璃123 kg，（HY-UEA）膨胀剂61 kg，水539 kg。

严格控制浆液配比，搅拌时间不少于2分钟，浆液进入储浆桶时必须用16目纱网进行2次过滤，防止杂物堵塞压浆孔及管路。

4.4.4 循环压浆控制

循环压浆总体控制原则：实行压浆量与压力双控，以压浆量（水泥用量）控制为主。压浆流量不宜超过75 L/min，单桩压浆量为2.5～3 d立方米（d为桩径）。

压浆次序与压浆量分配：①压浆分3个循环，每一循环的压浆管采用均匀间隔跳压。②压浆量分配：a.第一循环，40%；b.第二循环，40%；c.第三循环20%。

压浆时间及压力控制：①第一循环，每根压浆管压完后，间隔时间不小于2.5小时，不超过3小时进行第二循环；第二循环，每根压浆管压完后，间隔时间不小于3小时，不超过6小时进行第三循环。②第一、二循环主要考虑压浆量；第三循环以控制压力为主；若压力达到5～10 Mpa，并持荷5分钟，注浆量达到80%，以满足要求。

5 小结

（1）采用短线法制作钢筋笼。设计制造了一种胎座式钢筋笼加工模具，多节段同步加工制作，能够较好地控制钢筋笼轴线偏差，保证主筋对接精度。钢筋接头采用直螺纹套筒连接方式。采用直螺纹套筒连接技术具有施工便捷、节能降耗、连接质量稳定可靠等优点。钢筋笼加工周期最快可达6天11节。

（2）利用设计的"十"字形吊具进行多吊点吊装，解决了吊装时钢筋笼易变形及钢筋笼下放时转动对中调整的难题。钢筋笼采用龙门吊双钩吊装施工方法，5～11节可以使用一个吊钩进行钢筋笼安装作业，另一个进行钢筋笼起吊作业，方便快捷，缩短了钢筋笼安装周期。

（3）钢筋笼对接时相邻主筋采用上下直螺纹套筒对拧法，有效地解决了主筋间距小带来直螺纹套筒施拧不便的难题，大大地提高了工效。利用钢板挂钩吊挂在设计的支撑平台上对第2～11节钢筋笼进行定位，利用钢筋吊杆和吊挂打梢环配合挂钩对顶节钢筋笼定位。这种采用自由吊挂定位的方式有效地解决了由于钢筋间距小插板不易定位的难题。

（4）钢筋笼定位时，吊挂打梢环放置于设计的支撑平台上，增大了受力面积，解决了软弱地基条件下钢筋笼自重大对地基承载力需求的不利影响。

（5）钢护筒在加工及运输中采用十字角钢支撑，APE400B双联动振动锤施沉，通过定位导向架的运用，钢护筒垂直度均控制在0.5%范围内，成功解决了钢护筒垂直度控制难技术难题。

（6）钻孔桩采用ZJD4000型全液压钻机，气举反循环回旋钻进成孔，通过不同的地层采用不同性能的泥浆及钻进参数，滚刀钻、刮刀钻、扶正器、配重的运用，成功解决复杂地质条件下超长大直径钻孔桩成孔、垂直度控制等技术难题。

（7）混凝土灌注采用2台混凝土泵车经大料斗（24m^3）水下灌注混凝土的方案，成功解决了下超长大直径钻孔桩首批混凝土灌注方量大、质量控制难、风险高等技术难题。

（8）为了消除桩端沉渣的影响，提高桩端承载力的安全储备，采用桩端循环多次压浆工艺，是提高后压浆效果的有效措施，能够有效解决基础的承载力和沉降问题。

第四章

铁路大跨度钢箱混合梁斜拉桥施工控制技术研究

斜拉桥是一种高次超静定柔性结构，非线性效应明显，其所采用的施工方法、施工顺序与成桥后的主梁线形及结构恒载内力息息相关。由于施工误差、环境误差、测量误差等不可避免，若不加以研究和控制，必然导致实际结构与理想结构存在偏差，甚至危及施工和后期运营过程中结构安全。

为了确保钢箱混合主梁在施工中安全而顺利地合龙，并在成桥后桥梁的线形符合设计要求，结构恒载受力状态接近设计期望值，则必须对桥梁施工过程的结构行为进行研究和控制。

施工控制与施工方案关系紧密，如所采用的混凝土箱梁的施工方法及立模标高，钢箱梁的施工方法、制造线形、拼装线形、材料性能、环境温度差、施工临时荷载，以及斜拉索的施工张拉索力等都直接影响桥梁的成桥线形与内力，而施工时的结构实际参数与设计参数理想取值间的差异是客观存在的，若对偏差不加以及时有效的调整，就会影响成桥线形和内力。为此，必须在施工过程中采集必要的数据，通过参数辨识后，对理论值进行修正计算，最后对混凝土主梁的立模标高、钢箱梁的拼装标高，以及斜拉索的施工张拉力等进行调整和控制，以符合设计要求。

1 工程简介

1.1 工程概况

甬江特大桥全长909.1m。索塔全高177.91m，索塔桥面以上呈倒Y形，桥面以下内缩为钻石形。主梁跨中419m采用钢箱主梁，边跨采用预应力混凝土箱梁作为锚固跨；钢箱梁采用带风嘴的单箱五室截面，混凝土箱梁采用单箱三室截面，钢箱梁和混凝土箱梁外轮廓尺寸相同，截面全宽21m，中心处梁高5.0m，梁顶面宽19m，底面宽6.6m。钢混结合段位于主跨侧距索塔中心24.5m处，长7.35m，采用阶梯状填充混凝土前后承压板式钢-混接头，连接钢箱梁和混凝土梁。斜拉索采用抗拉标准强度1670MPa镀锌平行钢丝拉索，空间双索面体系，扇形布置，全桥共100对斜拉索。斜拉索梁上间距8～9m，塔上索距1.85～5.76m。

甬江特大桥立面布置图如图4-1所示。

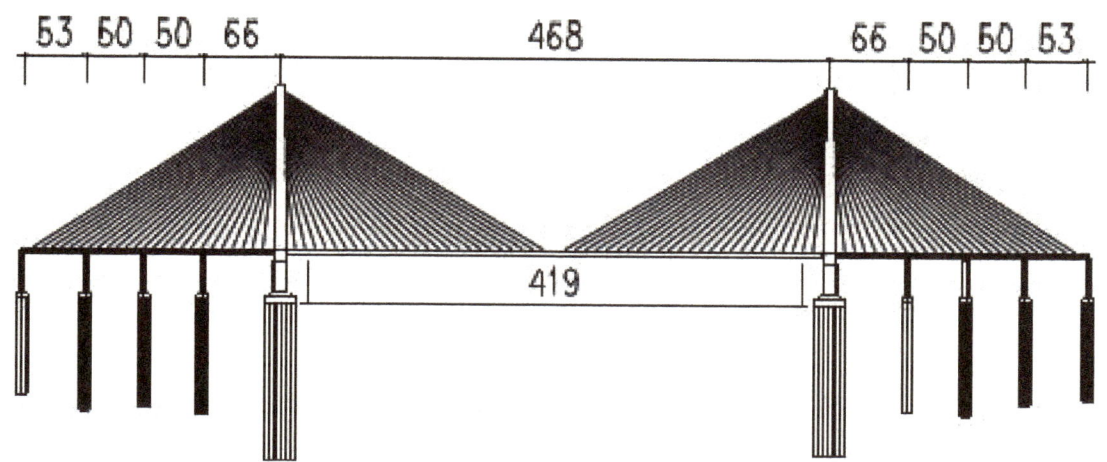

图 4-1 宁波铁路枢纽北环线甬江特大桥主桥立面图（单位：m）

1.2 桥梁施工方法概述

索塔采用全自动液压爬模分段施工，下、中塔柱施工中采用设置主动拉、撑杆控制线形及内力。下横梁采用落地支架法分两层浇筑，中塔柱合龙段采用高空牛腿支架法施工。上塔柱钢锚箱采用后场分段制作、批次预拼装、现场分节段吊装、安装的施工方法。

混凝土箱梁采用"桩-柱-梁式"支架法分段现浇，分底、腹板和顶板 2 次浇筑。落地支架采用钢管立柱＋贝雷桁架结构形式，采用插打预应力管桩、浇筑临时支墩作为基础。梁段划分、混凝土浇筑及预应力张拉顺序等严格按设计要求施工。

钢混结合段在后场整体加工，然后匹配分块，桥位处采用分块吊装、横向滑移、组拼焊接、整体定位、分区浇筑的施工方法。

钢箱梁采用在工厂精加工单元件、胎架上拼装和组焊板单元、轮次预拼装的加工方法。钢箱梁架设采用桥尾提升门架提梁，梁面运梁小车运梁，桥面吊机吊装、转体、悬拼、匹配焊接的拼装方法。

斜拉索采用工厂加工，分批次运抵现场，与钢箱梁节段对应安装。斜拉索采用梁端锚固、塔端张拉的方式，钢箱梁节段拼装时初张、全桥合龙后二张，采用逐级、同步、对称张拉的施工方法。

1.3 施工控制主要内容

结合本桥结构及施工方法的特点，并参考同类型桥梁施工控制方法，确定甬江特大桥施工控制以索塔、主梁的几何线形及斜拉索索力为基本控制对象。

（1）索塔

①索塔呈钻石形，下塔柱外斜、中塔柱内倾，施工时塔身会出现长悬臂、大角度状态，需通过合理设置主动拉、撑杆，使下、中塔柱根部截面应力处在合适的范围。

②索塔受基础沉降、混凝土收缩、徐变和弹性压缩等影响，必须对索塔竖向累计变形进行适时监测和计算分析，以准确控制首节钢锚箱安装标高。

③索塔设计成桥状态为向边跨侧略微倾斜，即斜拉索二张时，受岸侧索力大于江侧索力的影响，塔身会向边跨侧略微倾斜，则斜拉索张拉施工时，需对索塔适时偏位进行控制，使其成桥状态下满足设计要求。

（2）混凝土箱梁

①混凝土箱梁采用"桩－柱－梁式"支架法分段现浇，须根据实际施工过程并结合理论模拟分析对梁体和支架变形量进行计算，并据此针对关键位置节点设置预拱度。施工中，须通过支架预压准确得出支架的变形量（包括弹性变形和非弹性变形量），最后通过调整立模标高实现线形控制。

②桥梁设计为半漂浮体系，由于混凝土主梁自身会发生收缩徐变效应，且后期将受到预应力束和斜拉索沿主梁轴向力的弹性压缩效应，须对上支座板和斜拉索套管设置预偏量进行控制，使最终成桥状态的结构几何位置能够符合设计要求。

③预应力张拉、支架拆除、中跨钢箱梁拼装、斜拉索张拉及调整等施工过程中，也须对混凝土箱梁线形及关键截面应力进行控制。

（3）钢箱梁

①钢箱梁在分段吊装、拼装、焊接、桥面吊机走行，以及合龙体系转换等施工过程中，主要受张拉、焊接、温度、临时荷载等影响，其拼装过程中线形和关键截面应力控制。

②斜拉索二张过程中，钢箱梁线形和关键截面应力控制。

（4）斜拉索

①钢箱梁拼装过程中，斜拉索初张索力及调整值控制，二次伸长量预估。

②斜拉索二次张拉时，全桥索力控制。

综上，本桥施工控制重点：

①控制索塔施工线形、关键截面应力、钢锚箱几何位置；

②控制边跨各段混凝土箱梁立模标高、支座及索套管纵向预偏量，预估桥墩及主梁弹性压缩长度补偿量等控制参数；

③控制钢箱梁拼装、合龙施工中线形和关键截面应力；斜拉索初张索力及调整值，后期二次张拉时伸长量预估；

④成桥状态下斜拉索索力、主梁线形、索塔水平位移量。

2 施工控制目的及技术体系

2.1 施工控制目的

施工控制的目的就是根据实际的施工工序，结合现场获取的参数和数据，对桥跨结构进行实时误差分析和结构验算。对每一施工阶段，根据分析验算结果给出结构应力及变形等施工控制参数，分析并调整施工误差状态，建立预警体系对施工状态进行安全评价和控制。对施工过程的应力状态及变形情况进行过程控制，确保结构的受力和变形始终处于安全合理的范围内，成桥后的结构内力和线形符合设计要求。

2.2 施工控制技术体系

桥梁的施工监控、监测是与桥梁的设计、施工及监理密切关联的综合体系。桥梁的施工监控、监测过程是一个信息采集、信息分析处理和信息反馈的过程。通过实时测量体系和现场测试体系的建立和运行，可以采集到桥梁施工过程中的各类数据信息；借助桥梁施工监控、监测的计算分析体系，对采集的数据信息进行分析，尤其是对施工中各类结构响应数据（如变形、内力、应力）的分析，可以对施工误差作出评价，根据需要研究制定出精度控制和误差调整的具体措施；最后以施工控制指令的形式为桥梁的施工提供反馈信息。在施工控制计算和误差分析中，通过对施工容许误差度指标数据体系、施工反馈数据（尤其是应力监测数据）、施工控制目标值数据的分析，确立施工状态的应力预警体系。

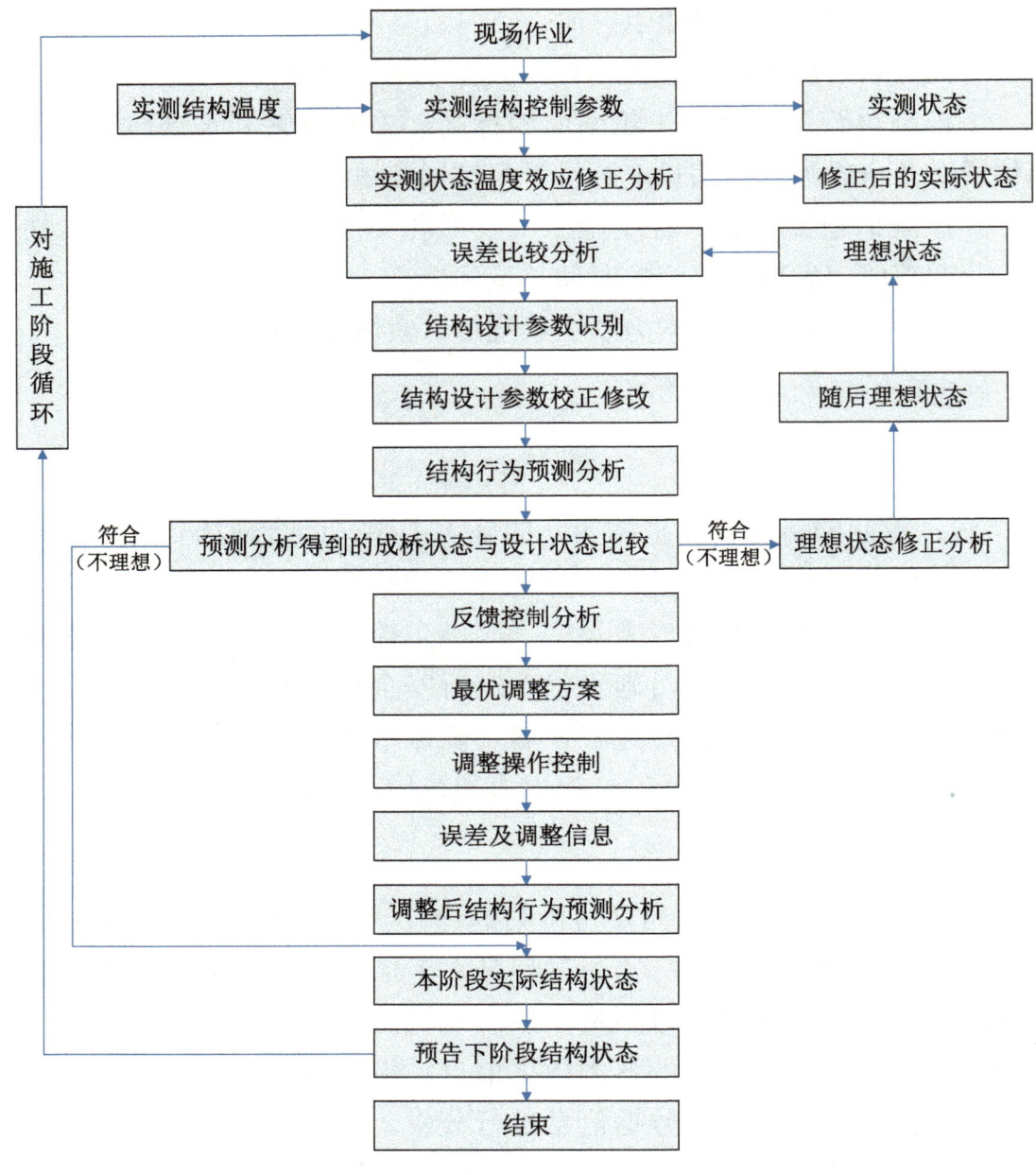

图 4-2 施工控制技术体系

3 施工控制方法

3.1 施工控制方法选择

在斜拉桥施工理论计算中，虽然可采用各种计算方法得到各施工阶段的控制参数，但是按照理论计算的参数指导实际施工时，结构的实际变形却未必能达到预期值，存在一定的偏差。对施工中存在的这种偏差进行控制的方法可归纳为 3 类：

（1）开环控制

对于较简单的斜拉桥，根据设计的结构恒载和活载计算结构的预拱度，根据该值进行施工，成桥后结构基本能达到设计所需要的线形和内力。在施工过程中的控制指标，如预拱度、块件重量、预应力等是单向确定的，并不需要根据结构的反应来改变。

（2）反馈控制

对于预应力混凝土斜拉桥，施工精度的保证相对较低，设计计算中所采用的各项参数与现场材料的参数存在一定的差异。因此，通过施工控制指标的实测数据进行计算，得到调整量来进行纠偏，这就是反馈控制的思想。

（3）自适应控制

在基于闭环反馈控制的基础上，再加上一个系统参数识别的过程，就是自适应控制。当监测结构的受力状态和变形与计算模型不符时，把误差输入到参数识别法中去调节计算模型的参数，使模型输出的参数与实测值一致。得到模型修正后的参数后，重新计算各施工阶段的理想状态，按照反馈控制法对结构进行控制。这样，经过几个工况的反复辨识逼近后，计算模型基本上与实际结构保持一致，在此基础上对施工状态能更好地控制。

具体做法是通过对施工过程中实测参数，进行结构主要基本设计参数的识别，辨别设计值与实际值产生偏差的主要原因，从而修改最初设计的"轨道"达到线形和索力双控的目标。

本桥施工控制以自适应控制方法为主，即对施工过程的线形和内力的实测值与预测值进行比较，对桥梁结构的主要参数进行识别，找出产生偏差的原因，从而对参数进行修正，达到控制的目的。这种方法通过施工过程的反馈信息不断更正用于施工控制的跟踪分析程序的参数，使计算分析程序适应实际施工过程，当计算分析程序能够较准确地反映实际施工过程后，以计算分析程序指导以后的施工过程。经过自适应过程，计算程序已经与实际施工过程比较吻合，因而可以达到线形与内力状态双控。

3.2 施工控制计算

施工控制计算是施工控制方法的实现途径。首先复核设计计算所确定的成桥状态和施工状态，即对施工过程进行实时仿真，按照施工和设计所确定的施工工序，以及设计所提供的基本参数，对施工过程进行正装计算，得到各施工状态以及成桥状态下的结构受力和变形等控制数据；然后通过对现场监测数据与理论计算进行分析，得到下一个施工阶段的指令。其主要内容包含以下2个方面：

（1）各施工状态下以及成桥状态下状态变量的理论数据：主梁标高、主塔偏位、索力以及控制截面应力应变；

（2）施工控制数据理论值：立模标高、钢箱梁无应力制造线形、钢箱梁安装线形、斜拉索的无应力长度以及安装索力等。

3.3 计算模型建立

根据施工控制方法和计算思路，采用Midas模型建立有限元模型如图4-3所示。模型共计1267个节点，1008个单元。

（1）结构参数主要包括结构几何参数（构件断面尺寸等）、截面特性参数（截面面积、抗弯惯性矩等）、时间相关参数（温度变化及收缩徐变效应等）、荷载参数（包括桥面吊机、预应力及斜拉索张拉力等）、材料特性参数（弹性模量、容重及热胀系数等）。结构参数按照设计提供结合现场实测选用。

（2）施工阶段依据设计要求结合实际方案划分。

（3）荷载考虑全桥结构自重外，考虑二期荷载、桥面吊机等临时荷载、钢束预应力以及斜拉索张拉力等；其中，预应力索摩阻系数为0.2，孔道偏差系数为0.0015，锚具回缩量为6mm。

（4）斜拉索用只受拉索单元模拟，采用Ernst方程修正拉索的垂度效应，索力按"体外力"施加。

（5）主梁、主塔及桥墩均按空间梁单元模拟。

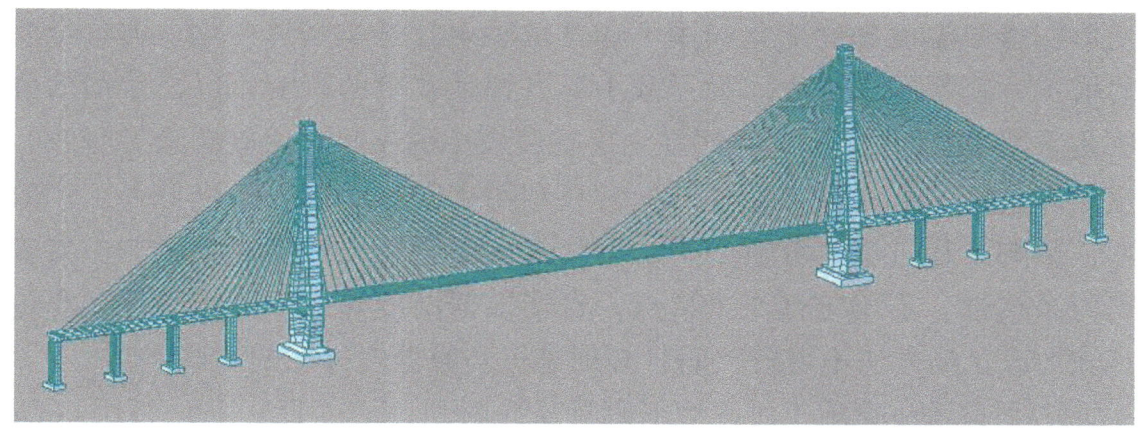

图 4-3 甬江特大桥全桥有限元模型

3.4 施工过程跟踪与调整计算

施工控制过程中应选择结构的某些参数作为计算控制参数。计算控制参数选择原则是所选择的参数在施工现场是经常变化的，并且其变化应能较敏感地反应出在施工过程中其对桥梁结构行为的影响，而且，这些参数应易于表示，易于度量，易于取得。主要计算控制参数：

（1）斜拉桥主梁的各控制截面在阶段施工前后位移值及位移增量；
（2）斜拉桥主梁和桥塔各控制截面在阶段施工前后应力值及应力增量；
（3）各施工阶段中斜拉索的索力及索力增量。

阶段施工完毕后，将计算控制参数结果与施工监测结果进行比较，若两者差别满足要求，则按原计划提出下阶段指令以进行下阶段的施工；若不满足要求，则根据最新的实测监控参数进行结构分析，提出调整方案，然后进行下一阶段施工。

4 施工控制技术研究

4.1 线形控制技术

4.1.1 索塔线形控制

（1）影响索塔线形因素

由于受日照、温度等环境因素影响，索塔温度场发生变化，索塔从而产生变形。温度场变化包括日温度变化和季节温度变化。季节性温差对索塔变形的影响比较简单，其变化是均匀的，比较容易掌控。但日照温度变化比较复杂，它对结构的变形影响也相当复杂，相对来讲也很难模拟，这种变形的存在将严重影响高索塔的施工控制。实践表明，索塔变形在塔肢温度梯度变化作用下非常敏感而且呈非线性变化，随着塔高的增加，变形越来越大。为了减小温度梯度效应的影响，以往常用的方法是采用规避的方法，即采用在温度梯度较小的夜间时段放样施工。然而，夜间高空施工存在诸多不便，同时只利用夜间施工也大大降低了工作效率，影响工程进度。分析表明，温度效应对索塔几何位置的影响主要表现为系统性、不确定性2个特点，直接根据温度梯度计算的变形大小进行施加改正的方法不可行，而且必须进行实时温度梯度的测试。

（2）索塔浇筑施工过程线形测量与控制

本方案建议采用设置"追踪棱镜"的方法进行实时改正或补偿温度效应的影响，其基本思路：在索塔施工节段顶端设置1～2个测量棱镜，通过在温差最小的时间（由当地施工时温度条件确定）测量棱镜的位置，从而获取到索塔的"中心位置"，同时借助于索塔温度场实测值可以修正至零点位置(x_0, y_0)。然后在任意时刻测量棱镜的位置(x_i, y_i)与零点位置之差$(\Delta x, \Delta y)$即为该对应时刻温度效应的影响，这时根据不同的需要可以将该影响修正到对应的数据（如施工放样或竣工测量数据）。

$$\Delta x = x_i - x_0$$
$$\Delta y = y_i - y_0$$
$$x_s = x_j + \Delta x$$
$$y_s = y_j + \Delta y$$

式中　　x_0, y_0——追踪棱镜零点位置；

x_i, y_i——追踪棱镜实测位置；

x_j, y_j——测点理论计算位置；

x_s, y_s——测点实际放样位置。

追踪棱镜的布设位置：测量所得追踪棱镜的位置必须能够代表要施工索塔节段的变形，因此，追踪棱镜应布设在索塔已完工节段的顶部，如图4-4所示。

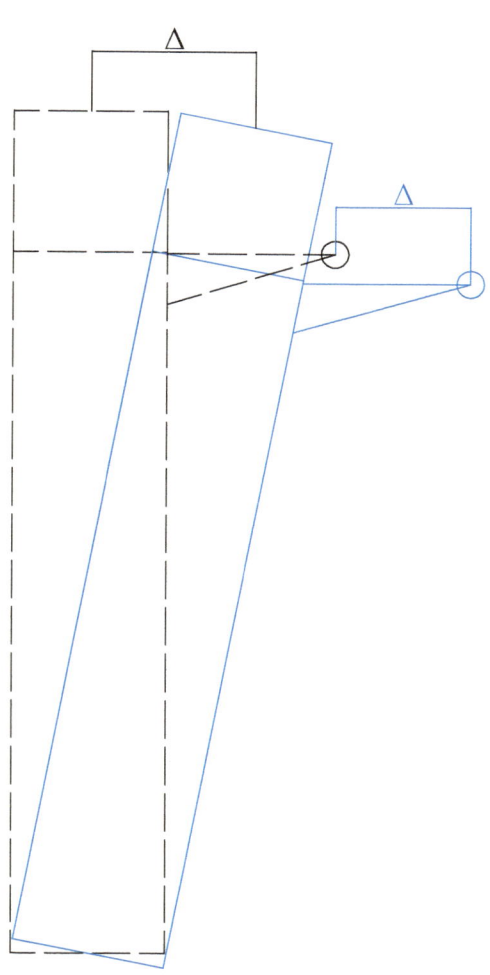

图 4-4　追踪棱镜的布设位置示意图

对追踪棱镜的测量工作内容和主要步骤总结如下：

①在黎明时刻（日出之前温度基本稳定、且无风压作用时）对追踪棱镜坐标进行测量，并做好相应的记录；

②以上测量确保是在温度梯度影响很小且无风压影响情况下测得，可以将此坐标近似认为是桥塔追踪棱镜的零点位置，代表桥塔在没有受到温度梯度和风压影响下的位置坐标；

③在节段模板放样前，对前 1 节段顶部追踪棱镜的位置再次进行测量，可快速地得出其偏移零点的位置，在本节段放样时即可对设计放样位置进行即时修正（将偏差零点的值叠加于设计坐标上）。

④节段竣工后测量本节段混凝土浇筑后的模板位置并同时测量追踪棱镜的坐标，如果追踪棱镜的位置和其零点位置有偏差，就对模板坐标 x 和 y 进行修正（将偏差零点的值扣除），从而得到测量点的实际中性坐标，

由此判断节段施工的线形误差。若实际线形误差偏大，则在下1节段混凝土立模定位时应给以适当纠正。

⑤移动追踪棱镜到最新竣工的节段顶部，按如上的测量控制方法进行下1节段的桥塔混凝土施工，直至桥塔全部完工。

（3）主塔线形控制精度要求

①主塔线形平面位置偏差要求：节段偏差 ±8mm、总体偏差 ±30mm；

②高程控制精度要求：塔顶高程精度 ±10mm、下横梁顶面高程精度 ±10mm。

（4）上部结构施工过程主塔变位测量与控制

以主塔施工修建时的测量数据为初始值，在后续主梁施工及斜拉索张拉等关键施工节段对索塔的偏位情况采用前方交会法进行测量，根据索塔的偏位情况及时调整施工，保证索塔的安全。主塔偏位测点布置在中塔柱（主塔第10节段）、上塔柱（主塔第21节段）和塔顶位置，见图4-5所示。具体棱镜制造见图4-6所示。

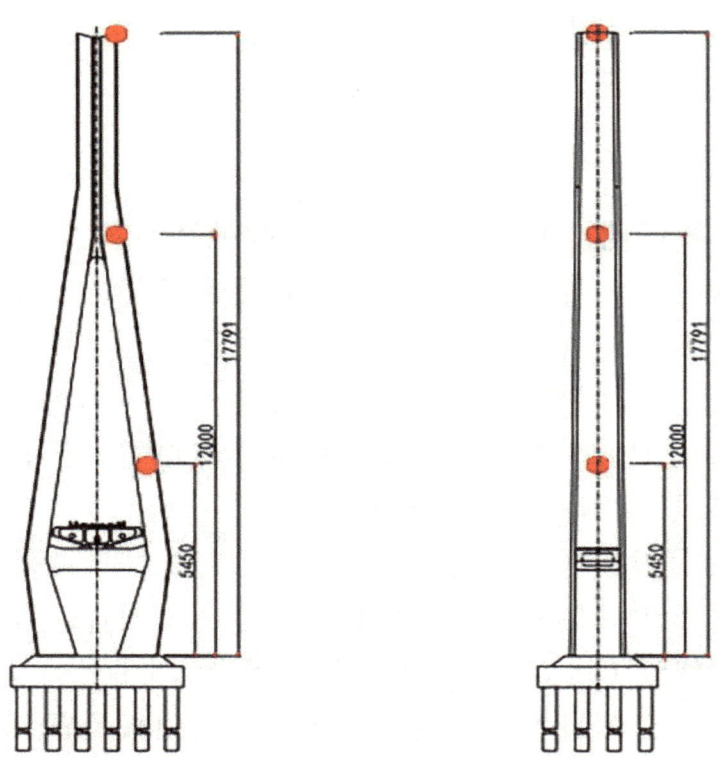

图4-5 主塔轴线偏位测点布置示意图（单位：cm）

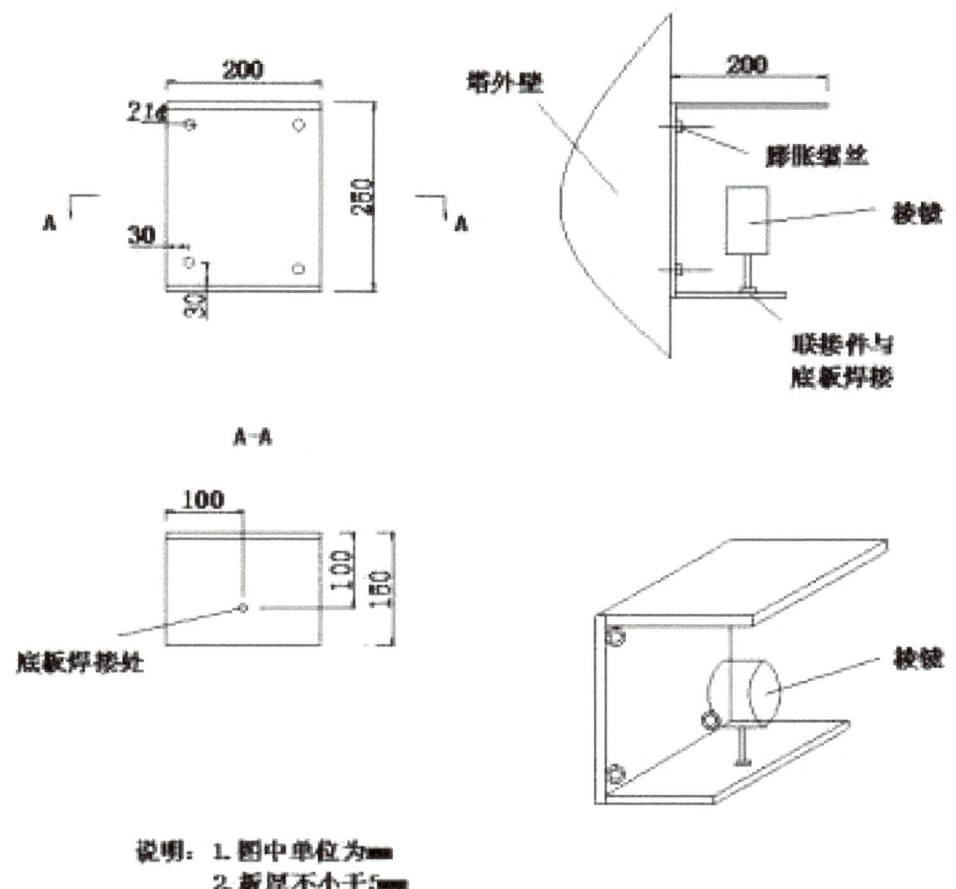

图 4-6 棱镜制造示意图（单位：cm）

4.1.2 混凝土箱梁线形控制

（1）支座预偏设置及梁端索套管预偏设置

因混凝土主梁从施工开始至最终成桥状态自身会发生收缩徐变效应，而本桥为斜拉桥型式还将受到斜拉索沿主梁轴向力的弹性压缩效应。

为了保证最终成桥状态的结构几何位置（或线形）能够符合设计要求，需结合实际施工过程并通过理论模拟分析预先对主梁各位置处的变形量进行计算，并据此针对关键位置节点设置预偏量（纵桥向预偏量）。

对本桥而言主要是指各墩墩顶球形支座上下盘之间的预偏量及各墩之间斜拉索预埋钢套筒的纵向预偏量值。

（2）混凝土主梁立模标高控制

为了保证最终成桥状态的结构几何位置（或线形）能够符合设计要求，需结合实际施工过程并通过理论模拟分析预先对主梁各位置处的变形量（竖向挠度）进行计算，并据此针对关键位置节点设置预拱度。

预拱度的设置通过对混凝土主梁的支架模板标高进行定位实现，除结构计算预拱度外，还需准确估计主梁支架的变形量（包括弹性变形和非弹性变形量）。就本桥型特点而言，因主梁刚度较大，理论计算的结构预拱度值均很小（量值在 8mm 以下），而支架的弹性变形和非弹性变形量成为控制主梁立模标高设置的主要因素。对支架变形量的准确估计主要从以下 2 个方面着手：

①模板定位前应对支架进行预压，压重按施工规范要求进行取值。预压前后对支架的总变形量进行精确测量，由此可确定弹性变形量的取值依据，同时非弹性变形也可得以基本消除。

②对支架进行有限元模拟计算，注意对支架所受的荷载进行准确分析，将理论计算得到的支架弹性变形量与实测值进行对比，达到相互印证，由此最终确定模板的实际定位标高值。

（3）线形测点布置位置及形式

主梁混凝土梁段的高程测点在梁段的钢筋绑扎阶段进行预埋。测点为 φ16 钢筋，牢固定位于顶板钢筋骨架上，测点钢筋顶面加工成半球形顶面，冠顶应高出混凝土顶面 2cm，具体如图 4-7 所示。混凝土浇筑及养护完成后对测点处混凝土顶面进行清整并用红油漆画圆及编号。测点构造可根据实际情况进行调整，如采用固定于混凝土顶面的矩形钢板等。

结合甬江特大桥的结构特点及施工控制要求，混凝土主梁立模标高测点设置在各跨的 8 分点及桥墩位置处，各立模标高测点布置见图 4-8 所示；混凝土主梁线形测点设置在各跨的 4 分点及桥墩位置处，各控制截面测点布置见图 4-9 所示。

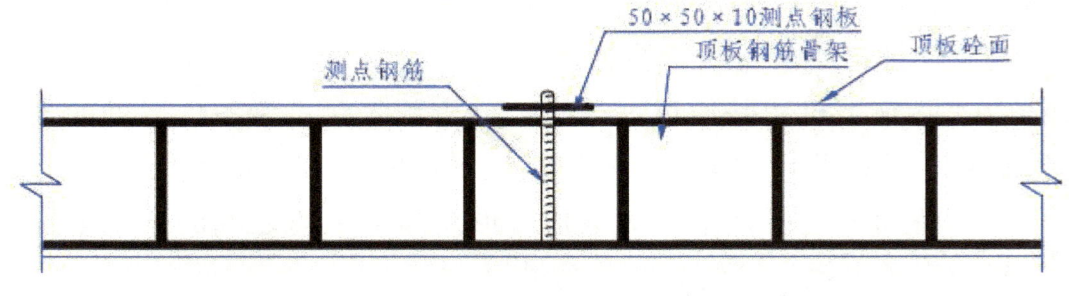

图 4-7 混凝土主梁线形测点布置示意图

注意事项：

①为保证变形测量数据的准确性，预埋钢筋头底端应与箱梁内模顶面密贴顶紧；

② 主梁变形观测均以钢筋头的高程数据为准，整个施工过程须对钢筋头测点进行专门保护；

③ 每个主塔处桥面设置若干标高测量基准点，宜采用不易受损的粗钢筋头设置，并须对其标高值进行定期校核（至少每月1次）。

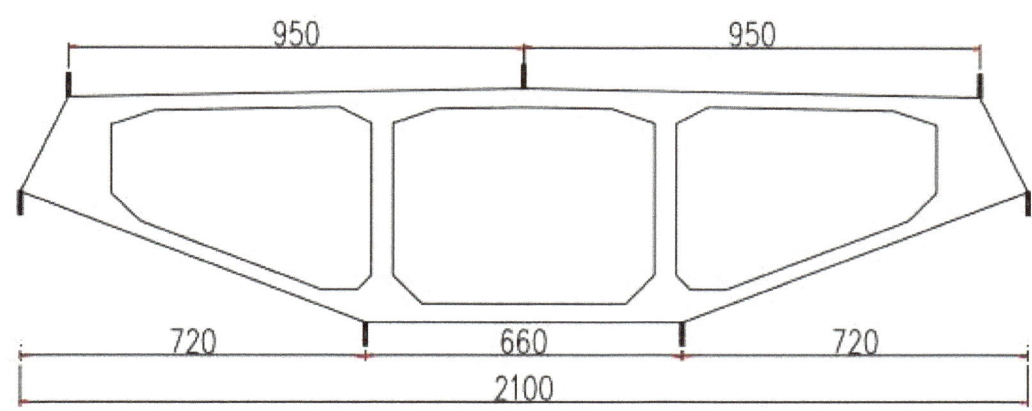

图 4-8　混凝土主梁立模标高测点布置示意图（单位：cm）

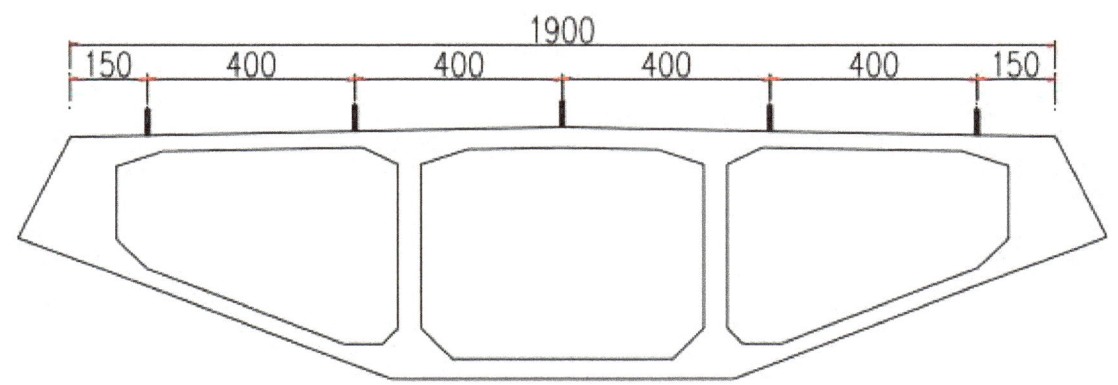

图 4-9　混凝土主梁截面标高测点布置示意图（单位：cm）

（4）线形测量节段及内容要求

混凝土主梁测量工作主要在立模后、梁段浇筑完成后、梁段张拉完成后和支架拆除后分别施测，测量结果填入相应表格中。

立模标高以箱梁底模板顶面（箱梁底面）标高为主，辅助测点的立模标高作为参考使用。立模标高的数值为施工控制理论计算值，施工单位使用时应叠加上混凝土构件立模时的温度变形，得出立模标高调整值。温度修正量为理论计算出的单位温度变化下的梁端竖向位移变化量，供施工单位立模时参考。必要时，通过提供轴线偏位，给出为修正轴线偏差而进行立模时轴线调整的控制目标值和容许误差度。

混凝土构件主要测量阶段如下：

①板定位时——测量当前节段端部断面关键控制点立模标高。

②浇筑混凝土前（钢筋绑扎完毕）——测量当前节段端部测点标高值及底板顶面处立模标高值。

③应力钢束张拉前（混凝土浇注养护完毕）——测量当前节段端部测点标高值及底板顶面处立模标高值。

④预应力钢束张拉后——测量当前节段端部测点标高值及底板顶面处立模标高值，测量回测梁段端部测点标高值。

⑤支架拆除后——测量当前节段端部测点标高值及底板顶面处立模标高值，测量回测梁段端部测点标高值。

（5）线形测量时间要求

各测量阶段的测量时间应根据主梁的施工进度完成情况，安排在晚上23时至第二天早上5时（称为同一个测量时段）之间进行，由监理根据当天的天气状况确定测量时间（选择一天中结构内温度场最均匀的时间）。标高测量与相应的应力和温度测试时间保持在同一测量时段内。

（6）线形测量精度要求

高程测量的精度要求为1mm。该精度不包括从水准基点引基点到主塔处梁段的测量基点产生的精度误差。为达到该测量精度，建议采用精密水准仪配因瓦尺进行测量，或采用2秒级全站仪进行测量。

4.1.3 钢箱梁线形控制

悬臂施工的斜拉桥主梁结构在设计和施工的不同阶段涉及不同的线形概念：

①成桥线形是桥梁修筑完成后所需达到的设计线形，也是目标线形；

②安装线形是主梁梁段在拼装过程中各新安装梁段自由端连接而成的线形。

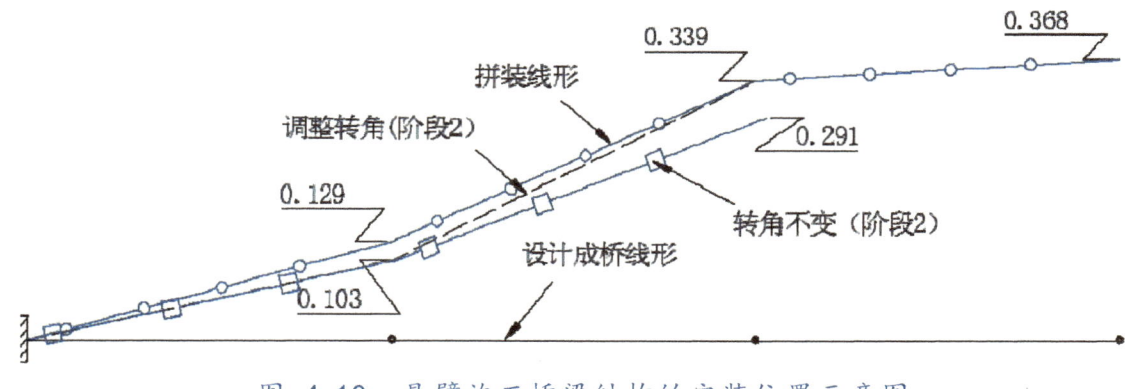

图 4-10 悬臂施工桥梁结构的安装位置示意图

从图 4-10 可以清楚地看到，安装 2 号梁段时，由于 1 号梁段已经承载并变形，2 号节点标高已经不等于其安装标高了。于是 2 号梁段安装时其左端（2 号节点）标（0.103）低于 2 号节点的安装标高（0.129），而右端则位于 3 号节点的安装标高上（0.339）。此时 2 号节点处 2 个梁段端面的拼装角度（制造线形角度）显然不同于安装线形中此处的角度。这也是为什么安装线形不能够作为制造线形的原因。如果用安装线形作为制造线形，在这个阶段就存在 2 种可能：如果保持 1、2 号梁段端面的拼装角度不变（图中的方块连线），那么将使得 3 号节点无法达到安装标高；如果保持 3 号节点达到安装高，那么必须调整 1、2 号梁段端面间的角度。

（1）主梁标准梁段安装控制

①钢箱梁安装控制的基本程序如下：

a. 收集制造商提供的相关数据；汇总实际安装无应力线形及制造无应力线形；检查整体线形，并确定修正后的理论值。

b. 在主梁节段安装开始之前，更新斜拉索无应力长度。需要采集如下数据：索塔的竣工线形，尤其是塔端锚固点的位置；钢箱梁制造无应力线形，尤其是塔端锚固点位置；更新后的荷载、自重和刚度。

c. 利用实测数据对仿真分析模型进行实时更新。

d. 在梁段施工前进行预安装分析，通过竖向线形平滑程度和绝对误差大小评估主梁的制造无应力线形。

梁段安装控制的具体方法是控制安装几何线形，线形由控制点的局部相对坐标描述。施工控制指令表格中的理论几何数据应包括各种误差修正后的理论值。所考虑的误差包括钢箱梁轴向压缩修正、钢箱梁制造误差修正、钢箱梁安装误差修正、其他构件安装误差修正、已成梁段累积变形误差修正、环境参数误差修正以及测量基点变位修正。线形定位的理念是通过控制梁段间的夹角来实现匹配工况的线形控制，定位测量在局部相对坐标系下进行，测量最后连续节段间的夹角并检查钢箱梁轴线的定位情况。

②钢箱梁梁段安装的基本步骤如下：

a. 梁段安装就位—匹配件固定—开始精匹配施工。

b. 进行焊接前相关几何形态、斜拉索索力、应力、焊缝宽度、环境参数测量。

c. 钢箱梁施工分部按照梁段焊接要求进行施工梁段的焊接工作，焊接完成后进行相关的探伤及焊缝宽度测量等工作。

d. 确认焊接完成无误后，桥面吊机释放新安装梁段；

e. 进行焊接完成测量，并上报测试结果；

f. 根据焊接后梁段匹配结果更新无应力线形；

g. 施工分部进行斜拉索挂索安装准备工作。

（2）钢箱梁几何线形测量内容与方法

主梁线形测量内容：梁段高程测量，中线偏位测量，主梁悬臂端倾角及节段间转角测量。

主梁高程测量——主要为了反映出各施工阶段完成后各梁段的标高情况，从而得到主梁的线形，并通过梁段标高变化量计算主梁的竖向挠度；

中线偏位测量——主要是反映各梁段实际与设计中线的偏差，避免在主梁安装过程中出现较大的梁段中线偏差，确保以后梁段的安装质量及最终的顺利合龙。

主梁高程测量可通过精密三角高程获得，主梁中线偏位可采用全站仪极坐标法测定坐标。

主梁的几何线形测量以局部测量和全局测量相结合进行。局部测量主要在梁段精匹配、斜拉索张拉阶段，在局部坐标系下测量与施工梁段相邻的几块梁段，获取已安装梁段和当前安装梁段之间的夹角和主梁定线情况；全局测量指在斜拉索张拉阶段对已架设完成的所有梁段进行线形通测，获取整个已安装主梁的线形。

局部测量采用多自由设站法进行，在悬臂端前4节钢箱梁节段上的某个位置架设全站仪，此时全站仪应架设在尽可能多看到悬臂端3个梁段控制点的位置，并以梁段轴线作为后视零方向，随意假设测站的自身坐标，测量梁段上的控制点，当测量一定量的点后换站，在第2个测站上同样以梁段轴线作为后视零方向，随意假设测站的自身坐标，并观测一定量的公共观测点，然后通过一定的数学公式进行两坐标系间的转换，得到同一坐标系下的坐标数据，确定3个梁段之间的相对关系。

全局测量中坐标系定义为 x—— 桥轴线方向，y—— 横桥向方向，z—— 标高值，其采用基于全站仪的三维极坐标法进行测量（极坐标法就是通过将仪器架设在已知坐标的稳定点上，利用已知点来定向，观测未知点的水平角、垂直角和斜距，通过这些观测量和已知点数据来求得未知点的三维坐标），需测量的控制点包括：悬臂端前5个节段上的控制点，此外其他梁段每隔5个梁段需取一个梁段以及索塔处梁段的控制点，如图4-11所示。测量的同时需监测风、温度和索塔变形。

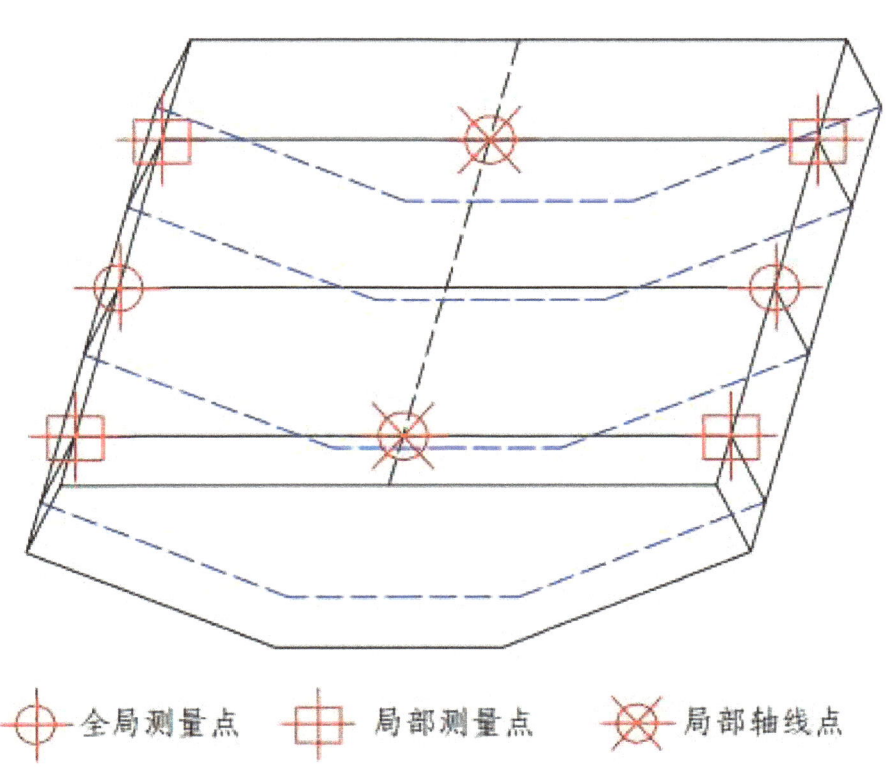

图 4-11 标准钢箱梁节段线形控制测点布置图

施工控制精度目标值：
①局部坐标系下安装定位测量
a. 上游和下游测量点标高的平均值的误差：±5mm；
b. 相邻节段相对误差：±5mm；
c. 上游和下游测量点的标高差：±5mm；

d. 主梁的轴线与已成的相邻梁段偏差：±5 mm。

②阶段完成全桥坐标系下竣工测量

a. 相邻节段相对误差：±10 mm；

b. 上游和下游测量点的标高差：±10 mm；

c. 主梁的轴线偏差：悬臂长 200 m 以内，轴线偏差 ±$L/2000$ mm；当 $L/2000$ 在 ±5 mm 之间时，轴线偏差取 5 mm；悬臂长 200～300 m 时，容许偏差为 ±（$3L/20000$ − 20）mm。

4.2 应力控制技术

在斜拉桥的施工过程中掌握其控制断面的应力状况是确保施工过程中结构的可靠度和安全性的重要保障。为此，根据甬江特大桥施工控制的工作内容，在桥跨结构的施工过程中将对主梁、主塔、主塔下横梁及支座处垫石截面进行应力测试工作，以监测在整个施工过程中关键截面的应力变化和应力分布情况，并形成一个较好的预警机制，从而保障施工期间桥梁的受力安全和质量。

根据仿真模型分析计算结果及结构受力特点，并结合以往同类桥跨结构的施工监控经验，确定桥跨结构各应力控制截面。

4.2.1 混凝土主梁

混凝土箱梁应力测试截面布置在每一跨的跨中截面和各墩的墩顶或桥塔横梁附近，2个边跨混凝土梁段各设置8个截面，全桥共布置16个测试截面，分别为 1-1～8-8 和 18-18～25-25 截面。混凝土主梁应力测试截面布置见图 4-12 所示。

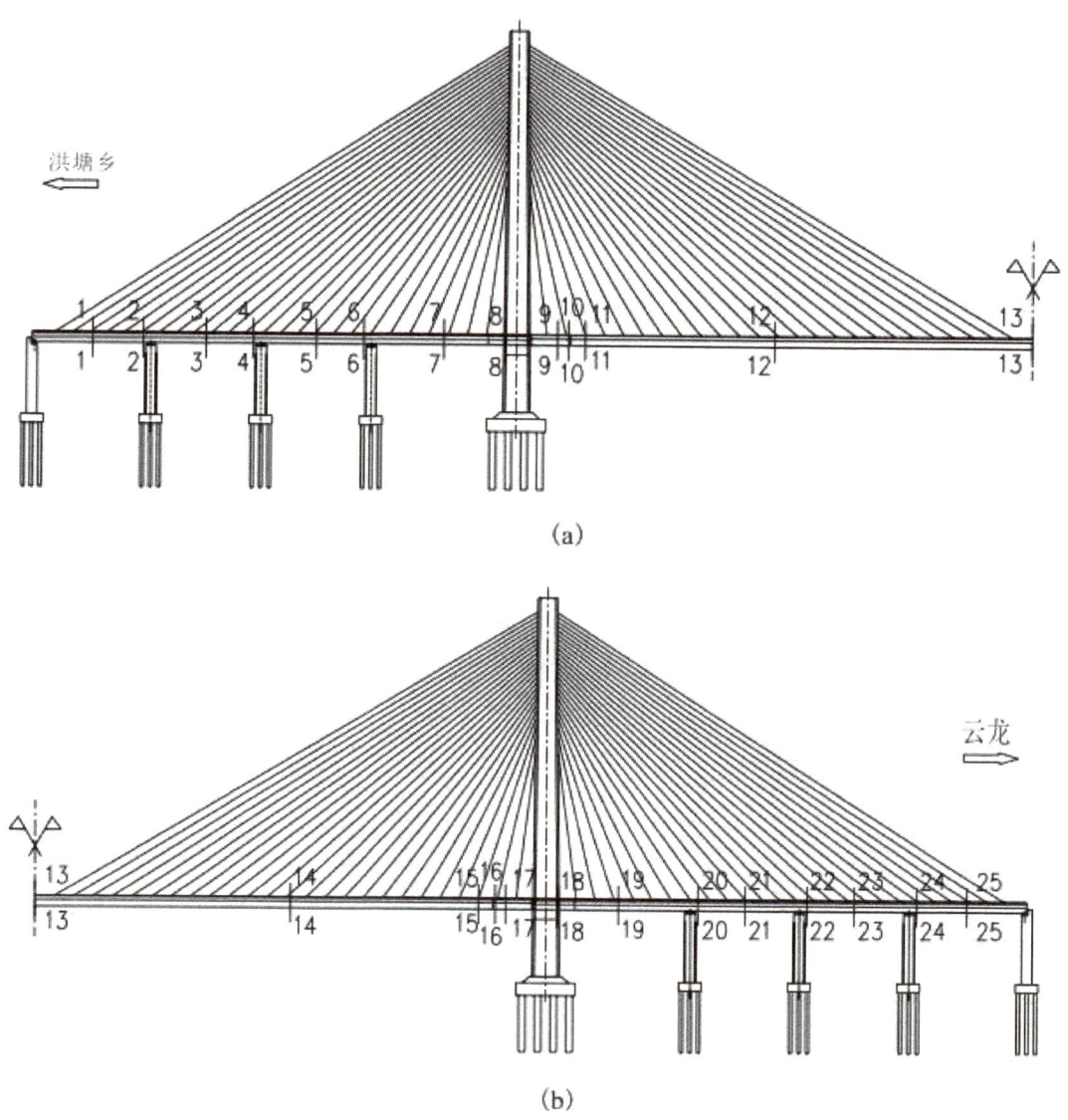

图 4-12 混凝土主梁应力监测截面布置示意图

混凝土主梁各测试截面拟埋设 8 个传感器，箱梁顶板拟埋设 4 个，底板拟埋设 4 个。混凝土主梁埋设传感器共计 128 个，现场埋设根据实际情况进行相应的调整。传感器采用细匝丝将其捆绑在底层相应位置的纵向钢筋上并保持其为水平方向，细匝丝捆绑位置应在应变计受力柄内侧 5mm 处。测试导线沿钢筋引出，测试导线与应变计应避开混凝土捣振力方向，以免捣振时应变计方向改变或将测试导线损坏。传感器布置见图 4-13。

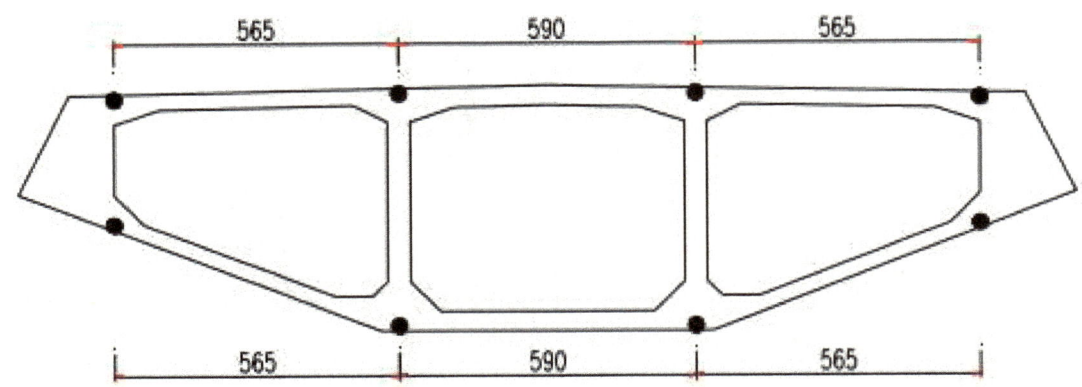

图 4-13 混凝土主梁应力监测截面传感器布置示意图（单位：cm）

4.2.2 钢箱主梁

钢箱主梁应力测试截面布置在中跨跨中和 $L/4$ 跨处，全桥共布置 3 个测试截面，分别为 12-12 ～ 14-14。

钢箱主梁各测试截面拟设置 10 个传感器，箱梁顶板拟设置 5 个，底板设置 5 个。钢箱主梁设置传感器个数共计 30 个，现场埋设根据实际情况进行相应的调整。传感器布置示意见图 4-14。

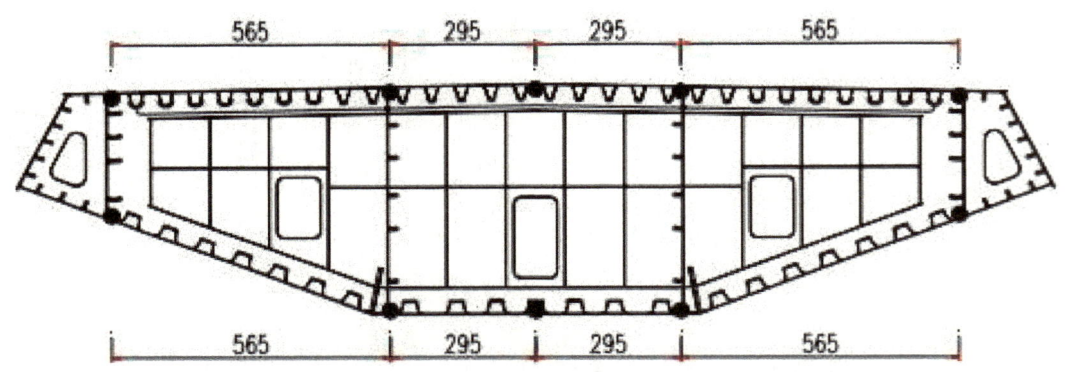

图 4-14 钢箱主梁应力监测截面传感器布置示意图（单位：cm）

4.2.3 索塔

索塔应力测试截面布置在索塔底部和下横梁位置处索塔截面，如图 4-15 所示，洪塘侧索塔塔底 6 m 附近每个塔柱埋设 6 支 45 m 传感器，洪塘侧和南岸索塔下横梁对应截面都要埋设传感器，每个塔柱埋设 4 支 20 m 传感器，全桥索塔共埋设 28 支传感器。现场埋设根据实际情况进行相应的调整。传感器布置见图 4-16，4-17。

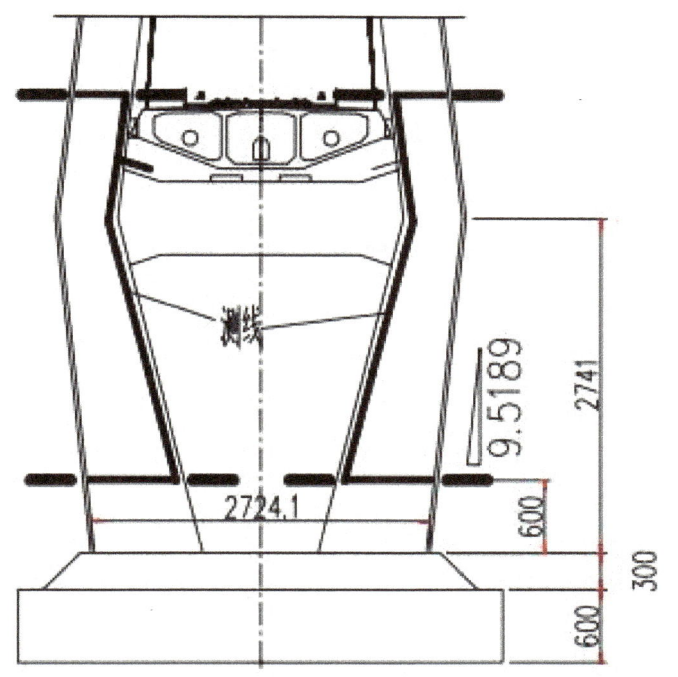

图 4-15 索塔应力监测截面传感器布置示意图（单位：cm）

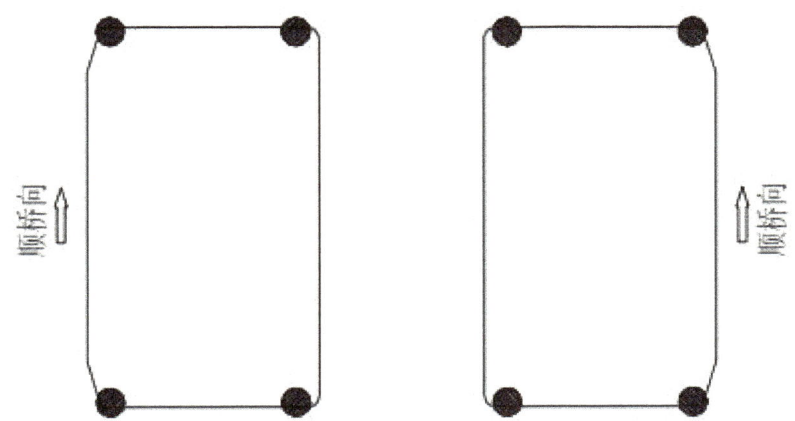

图 4-16 下横梁处索塔应力监测截面传感器布置示意图

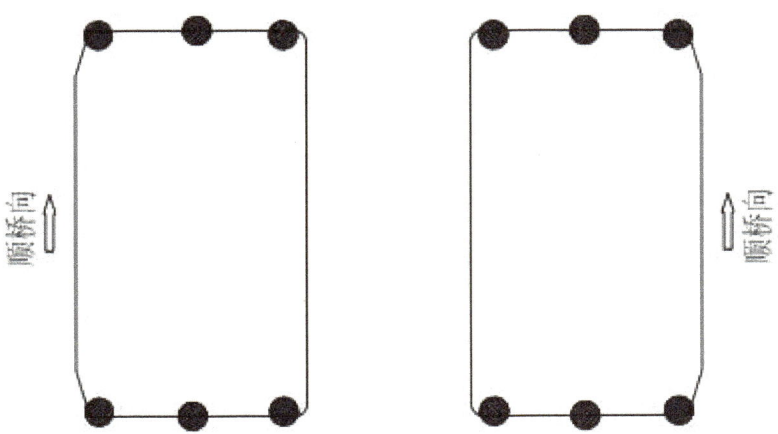

图 4-17 索塔底部应力监测截面传感器布置示意图

4.2.4 索塔下横梁

为明确索塔下横梁在施工过程中的受力状况,在其跨中位置布置应力测试截面,每个测试截面埋设 4 个传感器,全桥共计 8 个传感器。传感器布置示意见图 4-18。

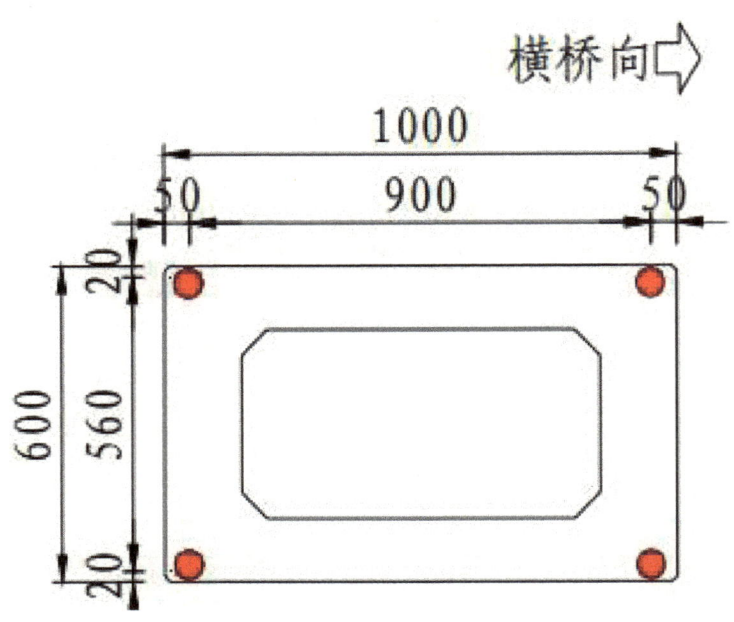

图 4-18 索塔下横梁应力监测截面传感器布置示意图(单位:cm)

4.3 斜拉索索力控制技术

斜拉索力是斜拉桥施工监控中重要的内容,直接关系到结构的成桥内力和线形目标的实现。斜拉索力的监控内容主要有斜拉索施工张拉时张拉力的控制,各斜拉索张拉前后各已施工斜拉索索力的测量以及成桥时各斜拉索索力的测量与控制。

4.3.1 索力监测方法

斜拉桥索力测试的准确与否直接关系到斜拉桥施工控制的顺利实施,在工程实际中,常用的索力测定方法有压力表测定法、压力传感器测定法及频率法。频率法测索力分 3 步进行:

(1)在环境激励下利用加速度传感器拾取斜拉索的随机振动信号,然后通过频域分析获取斜拉索的频谱图,据此识别出斜拉索的各阶振动固有频率;

(2)通过理论分析(解析法与有限元法)与现场标定,获取斜拉索索力与振动固有频率之间的对应关系；

（3）把实测频率代入上述关系中，得到实测索力。可见，频率法测索力是一种间接方法，频率法的精度取决于高灵敏度拾振技术及准确的索力、频率对应关系。频率法测试索力流程见图 4-19。

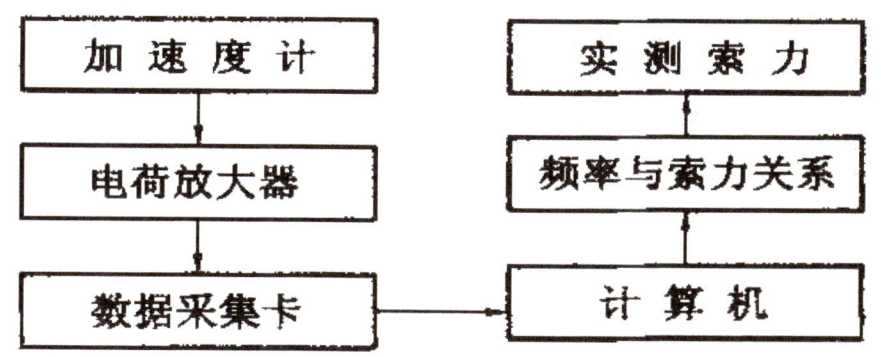

图 4-19 频率法测试索力流程

斜拉索施工张拉时张拉力的控制，主要用张拉斜拉索的千斤顶的油压表的数值进行控制，已有斜拉索力的测量采用频率法进行，对施工过程中出现的斜拉索力实测值与计算值的偏差应及时分析原因，采取必要的措施。

4.3.2 索力测点布置

选择甬江桥斜拉索 3 根索（初选中跨的 M3、M6 和 M9）采用压力传感器测定法作为对比，其余采用间接法——频率法进行。索力测点布置如图 4-20 所示。

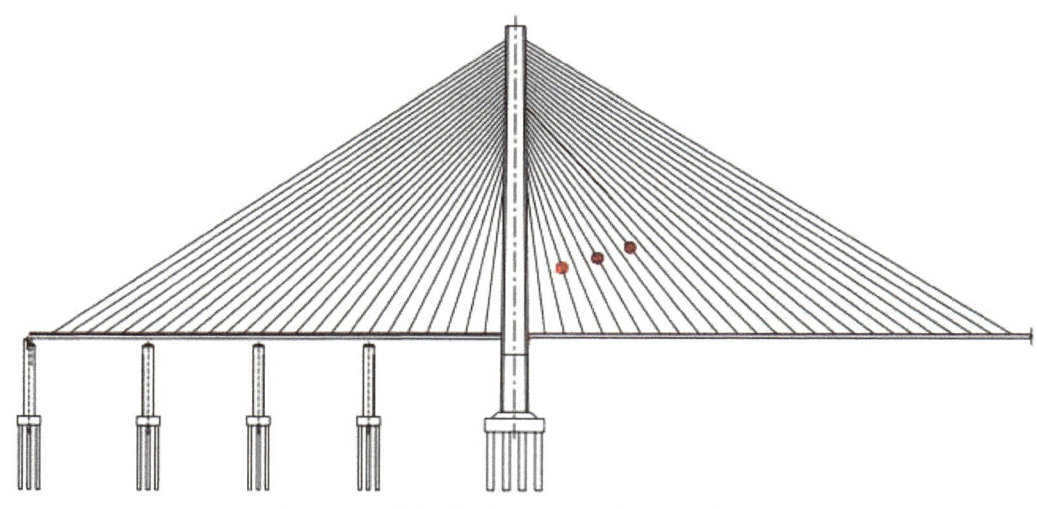

图 4-20 斜拉索索力测点布置示意图

4.3.3 斜拉索张拉及索力测试注意事项

（1）各施工阶段斜拉索索力应采用千斤顶油压测试和斜拉索基频索力测试2种方式独立进行测试，并相互校核，以保证索力测试的正确性。

（2）斜拉索基频索力测试时，应将斜拉索临时减振装置完全放松，避免其对斜拉索基频测试的影响。斜拉索基频测试完毕后，应再次将临时减振装置复位，以减小斜拉索的风致振动。

（3）斜拉索张拉控制时将斜拉索索力作为控制依据，控制组在斜拉索张拉控制工况的控制指令中提供斜拉索的索力。

（4）斜拉索挂索及张拉过程中，应采用牵引措施，避免对斜拉索外部PE的破坏。

（5）施工分部应保证张拉千斤顶的正常工作状态，并在张拉前对千斤顶进行标定。

（6）施工分部应备有一定数目的备用张拉千斤顶，以确保在施工现场张拉千斤顶出现问题的情况下能够及时更换，保证施工的正常进行。

4.4 温度控制

桥梁施工过程中，环境温度的变化及日照温度会影响到结构体系内的内力分布。结构的温度变化还影响到测量的结果，虽然控制节段测量的时间均安排在清晨日出前进行（一天温度较稳定的阶段），但仍然以消除跨季节的体系温度差及主梁的顶底板温差，因此，需进行温度观测，用于施工控制分析中的温度效应修正。

在施工控制实施中针对特征季节（夏季、冬季）和特征天气状况（晴天、阴雨天），选择代表性的时段进行构件温度场的测量，同时进行环境温度的连续观测，以掌握该条件下的主梁、索塔和斜拉索的温度分布规律，模拟各个构件的特征数据温度场，为施工控制计算中温度修正计算提供科学的特征数据，并为合龙时的时机选择提供参考。

对斜拉索温度的观测，拟采用温度枪进行。对主梁、桥塔的温度场观测，拟采用应力传感器自带测温功能，与应力同步进行测量。

4.5 试验控制

施工单位完成混凝土材性试验，包括混凝土弹性模量 E 和混凝土容重 γ 两项内容。在预应力混凝土梁桥梁的施工中，混凝土力学性能的变异性对施工计算的影响很大。如主梁混凝土的实际容重与设计取用值的差异将直接引起恒载计算的差异，混凝土弹性模量实际值与设计值的差异将引起主梁刚度计算的差异，而这些都会导致设计计算得到的主梁施工挠度与实际挠度之间出现偏差。混凝土的材料特性的离散性往往较大，在以往的施工监控、监测工作中，曾发现混凝土的弹性模量实测值较设计取值高出 15%，且混凝土的弹性模量随时间而增长，因此有必要对工地现场用于主梁的混凝土进行专门的弹性模量测试。试验时取几组试件做混凝土 7 天和 28 天的静弹性模量测试，用其统计平均值作为弹性模量施工控制计算的实测值。根据以往桥梁施工控制经验，混凝土的实际容重与设计值之间也存在一定的差异。混凝土的容重参数可直接使用施工单位工地试验室的测试资料。

5 施工控制成果

5.1 监控过程简介

（1）对理论设计值进行了复核、细化和调整，形成了施工控制文件。施工控制文件包括：

①各施工阶段索塔和梁段立模标高和立面线形；
②预拱度和偏移值的设置；
③索力张拉调整值。

（2）根据实际施工顺序和施工方法对以下内容做了相关的计算分析工作：

①塔梁异步施工；
②边跨临时墩拆除时机；
③100 t 吊机改为 140 t 吊机后，对施工和成桥线形和内力的影响；
④梁上运梁；
⑤合龙方式及合龙时机；
⑥先二次张拉，后上二期的施工顺序下，斜拉索二张力调整及施工过程线形。

（3）对结构线形、混凝土应力实施控制；在主梁合龙之前以控制标高、线形为主，兼顾应力；在主梁合龙后，则以控制应力为主。

（4）对斜拉索初拉及二张索力、钢梁拼装标高进行有效调整，杜绝误差的累积。

（5）采用有限元软件 Midas，对施工过程进行实时模拟和跟踪分析；减少调整次数，避免对施工产生过大干扰。

（6）主桥塔索、塔身、钢梁及混凝土梁应力，主动横撑应力及位移，支座反力。

5.2 成桥后钢梁线形

成桥状态，对钢梁线形进行了通测，以上下游风嘴为控制位置，并根据钢梁横坡推算轴线高程。由测量数据可得：线形误差 –0.026 m ~ 0.098 m，各钢梁块段标高误差满足设计要求。详见图 4-21。

设计允许高程误差为

$$\Delta g = \pm [25 + 0.5 \times (x - 25)]$$

式中 Δg —— 主梁线形允许误差（mm）；

x —— 距最近的索塔处支点距离（m）。

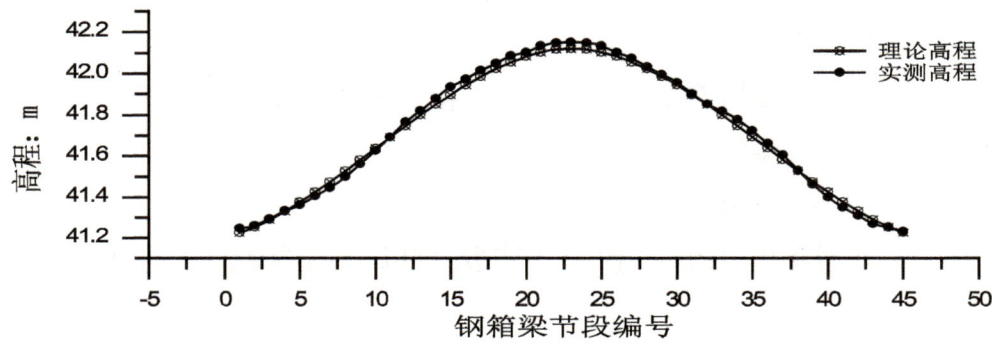

图 4-21　二张完成后钢梁线形（单位：m）

5.3 塔偏位监测成果

各工况下塔偏实测值与理论计算值间的误差为 –0.008 ~ 0.022 m，实测值与理论计算值较吻合。详见图 4-22，4-23。

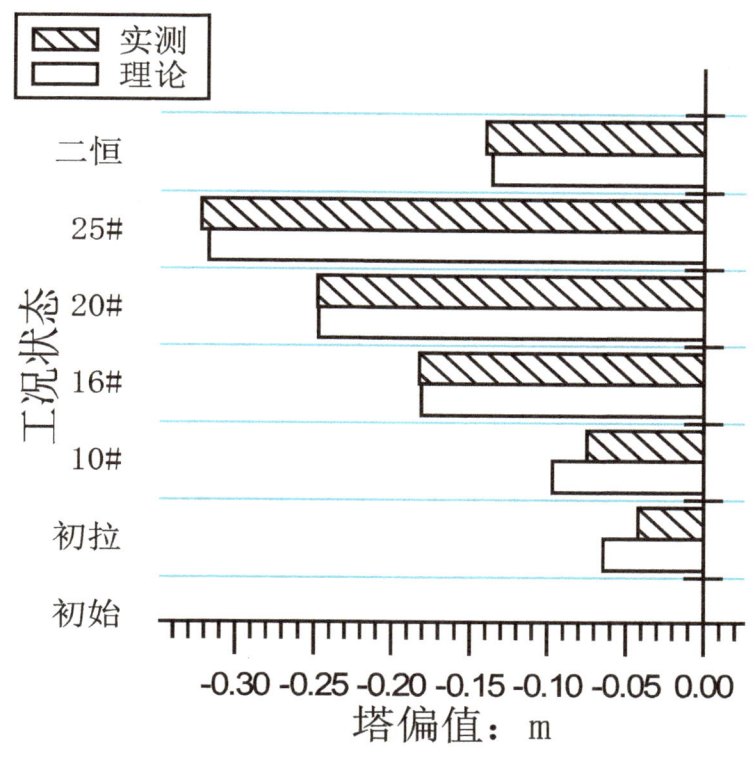

图 4-22 北岸塔偏（单位：m）

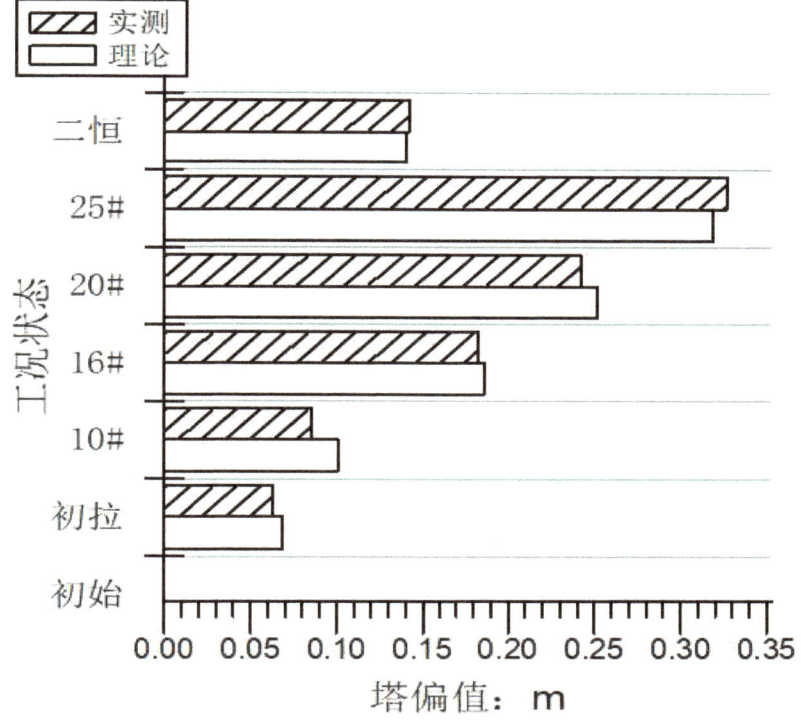

图 4-23 南岸塔偏（单位：m）

5.4 结构应力监测成果

5.4.1 箱梁应力监测成果

箱梁应力监测断面为P3（P8）～P4（P7）跨中、P4（P7）位置、P4（P7）～P5（P6）跨中、钢混结合段位置混凝土倒角（距离桥塔19.5 m）、钢混结合段（距离桥塔26.53 m）、1#钢梁根部（距离桥塔22.55 m）、10#钢梁根部（距离桥塔114.55 m）、中跨跨中（距离桥塔234.00 m）。通过对箱梁应力的监测，得到：混凝土实测应力与理论应力误差在 -1.15～2.39 MPa，钢材实测应力与理论应力误差在 -7.99～9.90 MPa之间，实测应力与理论应力较吻合。各断面成桥后的应力对比见表4-1，中跨跨中钢梁根部应力对比见图4-24。

表4-1 各断面成桥后的应力对比（单位：MPa）

断面位置	北岸						南岸					
	理论应力		实测应力		实测-理论		理论应力		实测应力		实测-理论	
	顶板	底板	顶板	底板	顶板	底板	顶板	底板	顶板	底板	顶板	底板
P3（P8）～P4（P7）跨中	-4.70	-8.79	-4.78	-8.10	-0.08	0.69	-4.69	-8.83	-3.89	-8.20	0.80	0.63
P4（P7）位置	-2.69	-3.77	-2.60	-3.36	0.08	0.41	-2.78	-3.50	-2.79	-2.94	-0.02	0.55
P4（P7）～P5（P6）跨中	-7.33	-6.88	-6.44	-5.94	0.89	0.94	-7.29	-7.17	-7.75	-6.41	-0.41	0.47
钢混结合段	-10.83	-4.88	-8.97	-4.82	1.86	0.06	-11.37	-4.66	-9.57	-4.17	1.26	0.71
1#钢梁根部	-50.90	-14.70	-45.83	-14.77	5.07	-0.07	-51.10	-14.40	-49.54	-14.18	1.56	0.22
10#钢梁根部	-23.62	-45.70	-19.60	-45.23	4.02	0.47	-23.67	-45.60	-25.42	-44.36	-1.75	1.24

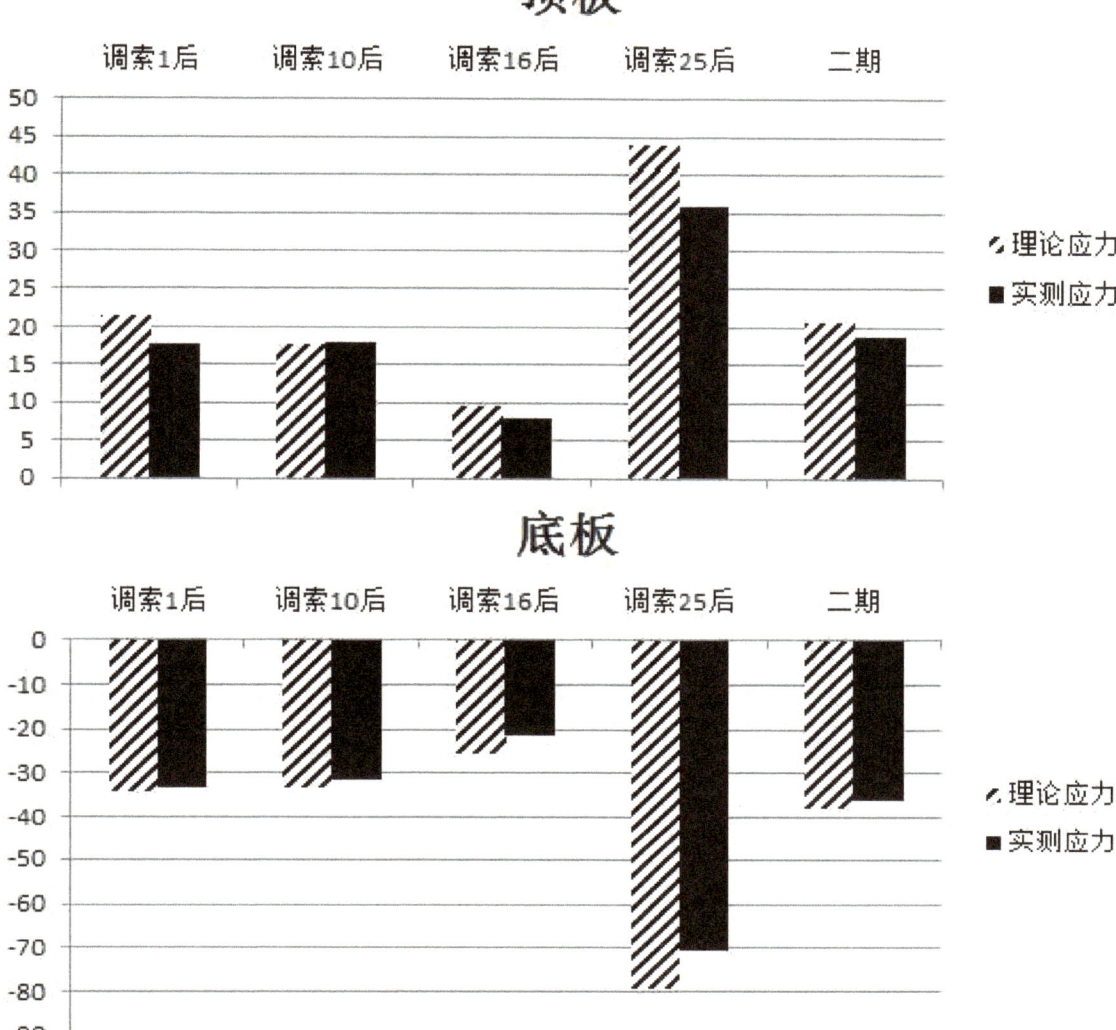

图 4-24 中跨跨中钢梁根部应力对比（单位：MPa）

5.4.2 桥塔应力监测成果

桥塔塔柱应力监测断面布置在下塔柱塔底和中塔柱塔底，下横梁应力监测截面布置在横向中部，桥塔应力实测值与理论计算值间的误差在 −1.5 MPa ~ 1.5 MPa，实测值与理论计算值较吻合。

所监测的主动横撑实测应力与理论计算值间误差在 −5.0 MPa ~ 5.0 MPa，实测值与理论计算值较吻合。详见表 4-2 ~ 4-5。

表 4-2　P5 桥塔下塔上游塔柱塔底应力对比（单位：MPa）

断面位置	内侧			外侧		
	实测应力	理论应力	差值	实测应力	理论应力	差值
下塔上游塔柱塔底	−3.34	−3.00	−0.34	−3.92	−3.28	−0.64
下塔下游塔柱塔底	−2.98	−3.00	0.02	−4.11	−3.28	−0.83
中塔上游塔柱塔底	−4.52	−3.59	−0.94	−2.43	−2.31	−0.12
中塔下游塔柱塔底	−4.36	−3.59	−0.78	−2.65	−2.31	−0.34

说明：1. 应力以拉为正，以压为负；以下应力数据均为此规则。
　　　2. 监测截面位于第 2 节段底部，初值为第 2 节段浇筑后。

表 4-3　P6 桥塔中塔上游塔柱塔底应力对比（单位：MPa）

断面位置	内侧			外侧		
	实测应力	理论应力	差值	实测应力	理论应力	差值
下塔上游塔柱塔底	−3.34	−3.00	−0.34	−3.92	−3.28	−0.64
下塔下游塔柱塔底	−2.98	−3.00	0.02	−4.11	−3.28	−0.83
中塔上游塔柱塔底	−4.54	−3.74	−0.80	−2.23	−1.75	−0.48
中塔下游塔柱塔底	−4.55	−3.81	−0.74	−2.34	−1.94	−0.40

说明：监测截面位于第 10 节段顶部，初值为第 11 节段浇筑后。

表 4-4　P5 桥塔下横梁应力对比（单位：MPa）

当前施工阶段	上缘			下缘		
	实测应力	理论应力	差值	实测应力	理论应力	差值
下横梁张拉预应力后	−5.91	−5.42	−0.49	−7.64	−7.01	−0.63

说明：监测截面位于下横梁跨中，初值为横梁全部浇筑后。

表 4-5　P6 桥塔下横梁应力对比（单位：MPa）

当前施工阶段	上缘			下缘		
	实测应力	理论应力	差值	实测应力	理论应力	差值
下横梁张拉预应力后	−6.38	−5.42	−0.96	−7.86	−7.01	−0.85

说明：监测截面位于下横梁跨中，初值为横梁全部浇筑后。

5.5 施工过程中斜拉索索力监测成果

成桥状态下,实测索力与理论计算值间误差绝大多数在 -5% ~ 5%,索力均匀,满足设计要求。详见图 4-25,4-26。

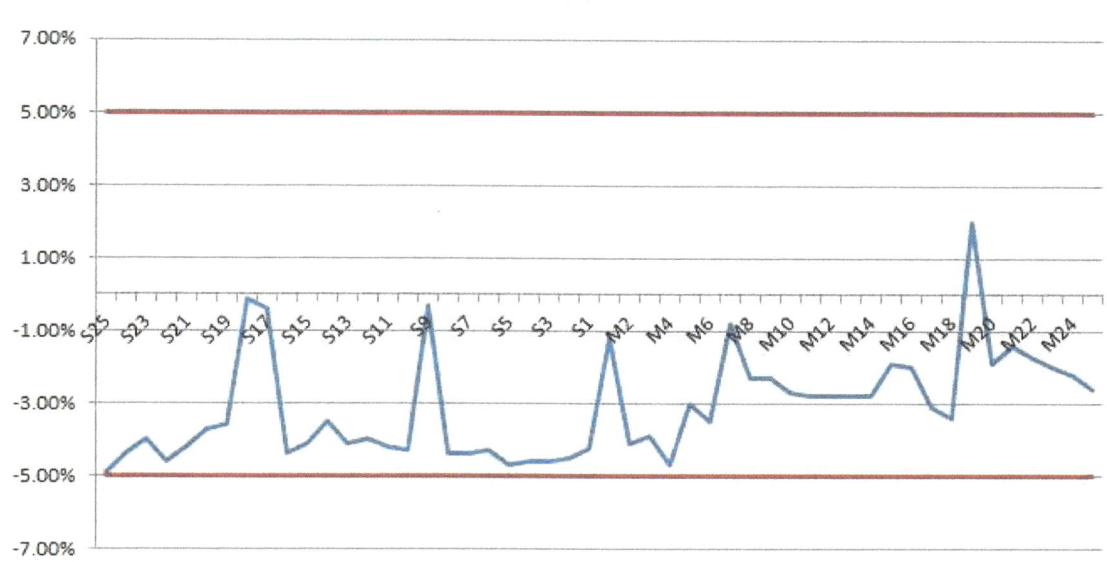

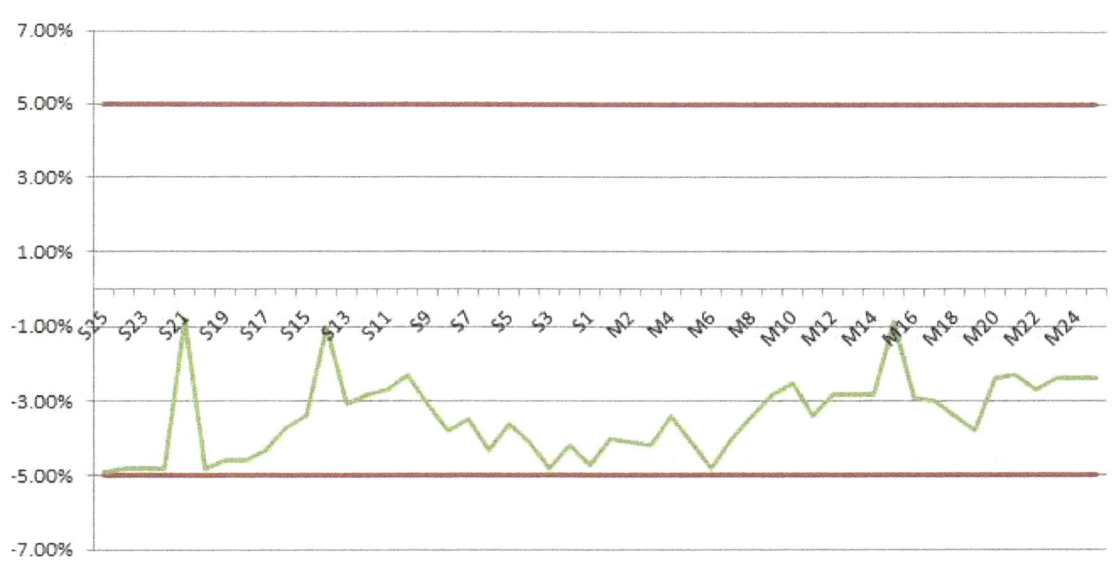

图 4-25 成桥后北岸索力误差

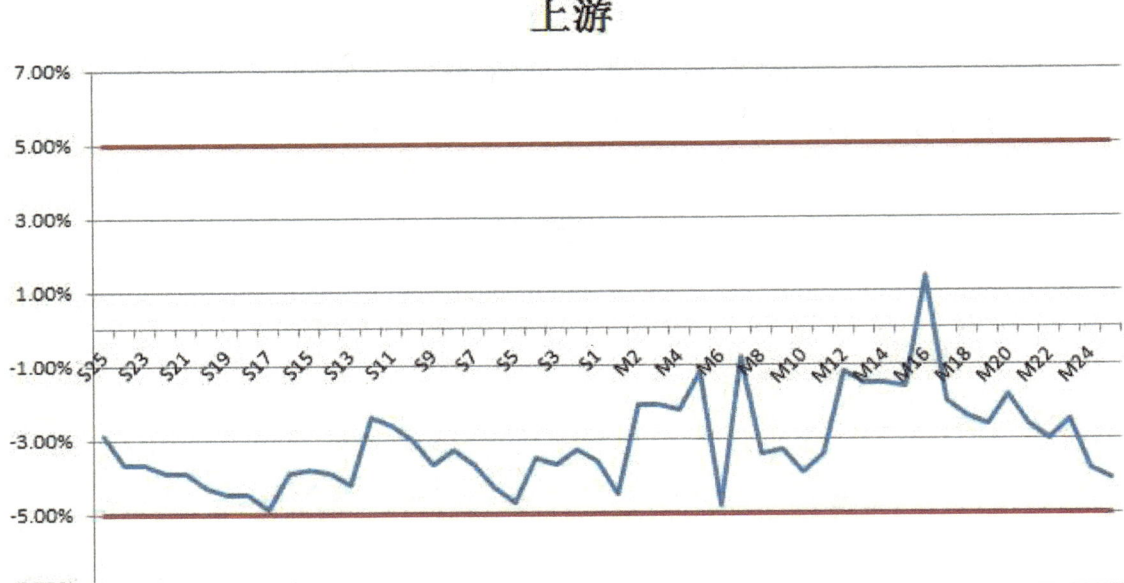

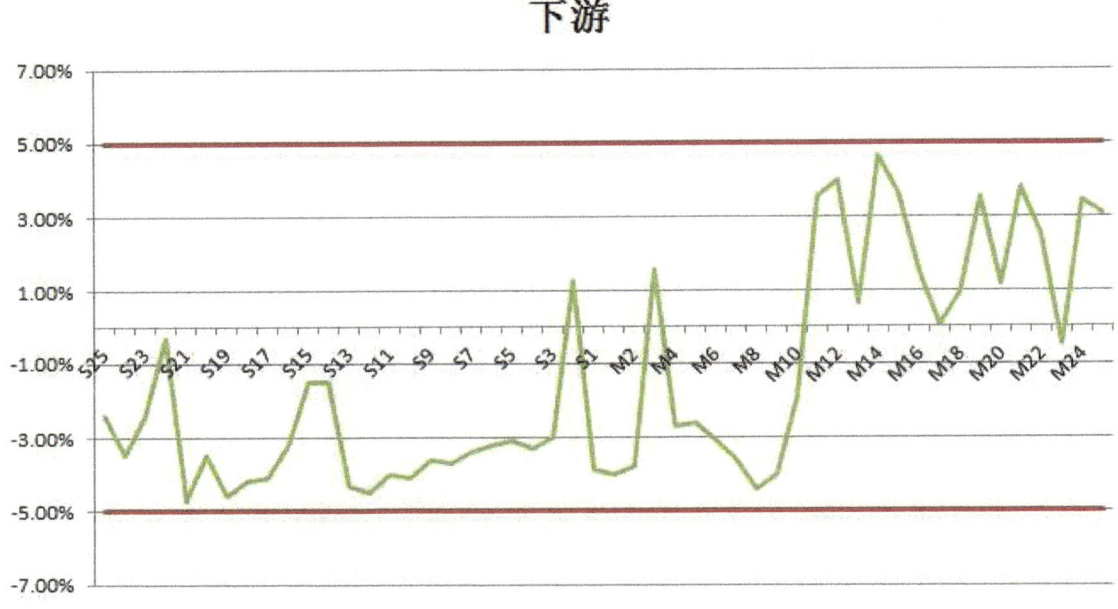

图 4-26 成桥后南岸索力误差

6 小结

整个施工过程中，主塔和主梁应力在安全范围内，成桥内力满足设计要求；二张完成后，施工完成后主梁线形平顺，高程误差满足设计要求；主塔偏位实测值与理论计算值较吻合，满足设计要求；二张完成后，斜拉索内力与理论计算值较吻合，误差在 ±5% 范围内。

第五章

超高索塔施工方法及关键施工技术研究

近年来，随着我国桥梁设计与施工技术的不断发展，桥梁跨度越来越大、索塔高度也越来越高，索塔的结构形式也日趋多样化，其中钻石形索塔由于兼具良好的力学性能和优美的结构造型，已越来越多的应用于大型斜拉桥结构设计中。钻石形索塔主要由塔柱及横梁2大部分组成，一般分为下塔柱、下横梁、中塔柱及上塔柱；下塔柱外斜、中塔柱内倾，均为双塔肢，中下塔柱相接处设置下横梁；中塔柱交会为合龙段，上塔柱设置斜拉索锚固结构。超高钻石形索塔施工关键技术包括全自动液压爬模优化设计与施工、主动横撑设计与施工、下横梁施工、中塔柱合龙段施工、上塔柱内置式钢锚箱安装与定位等。

在研究国内外桥梁索塔先进施工技术的基础上，以我国首座大跨度铁路钢混混合梁斜拉桥——甬江特大桥主桥钻石形索塔为工程背景，深入研究斜拉桥钻石形索塔施工关键技术。

1 工程简介

1.1 工程概况

甬江特大桥主桥索塔全高177.91m，桥面以上为倒Y形，桥面以下内缩为钻石形，索塔分为下塔柱、中塔柱及上塔柱，中塔柱交会处设置拱形上横梁，下塔柱与中塔柱相接处设置下横梁，索塔整体采用C50钢筋混凝土。上塔柱高64.41m，单箱双室结构，内置钢锚箱作为斜拉索锚固结构，四周布置井字形预应力精轧螺纹钢；中塔柱高86.09 m，为双肢分离式单箱单室截面，内倾坡度1：8.841；下塔柱高27.41m，采用双肢分离单箱单室变截面结构。下横梁采用等宽度变高截面，宽10m，高6~9.385 m，侧面腹板厚1.5 m，顶、底板厚1.2m，内部设2道厚度1.0 m的竖向隔墙，横梁内、外均设置倒角，共布置76束19-φ15.2mm低松弛预应力钢绞线。钢锚箱设置在上塔柱标高123.5~177.61m段，首节钢锚箱直接锚固在混凝土底座上，单塔双侧共计24对，节段之间采用高强螺栓连接；钢锚箱长6.2~7.32 m，宽1.9 m，高1.75~5.66 m，钢锚箱总拼装高度54.11m；单节段重量10~30t。索塔构造见图5-1，5-2。

第五章 超高索塔施工方法及关键施工技术研究

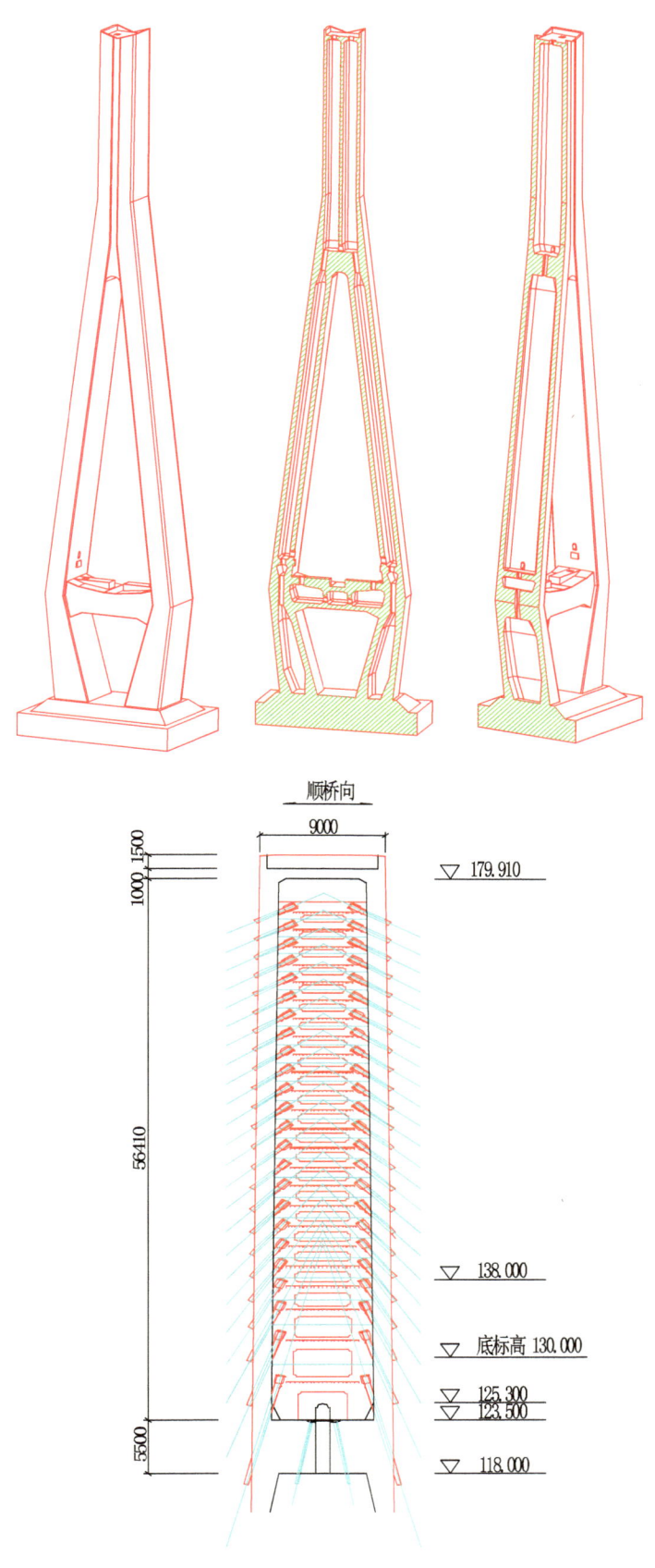

图 5-1 索塔整体构造图

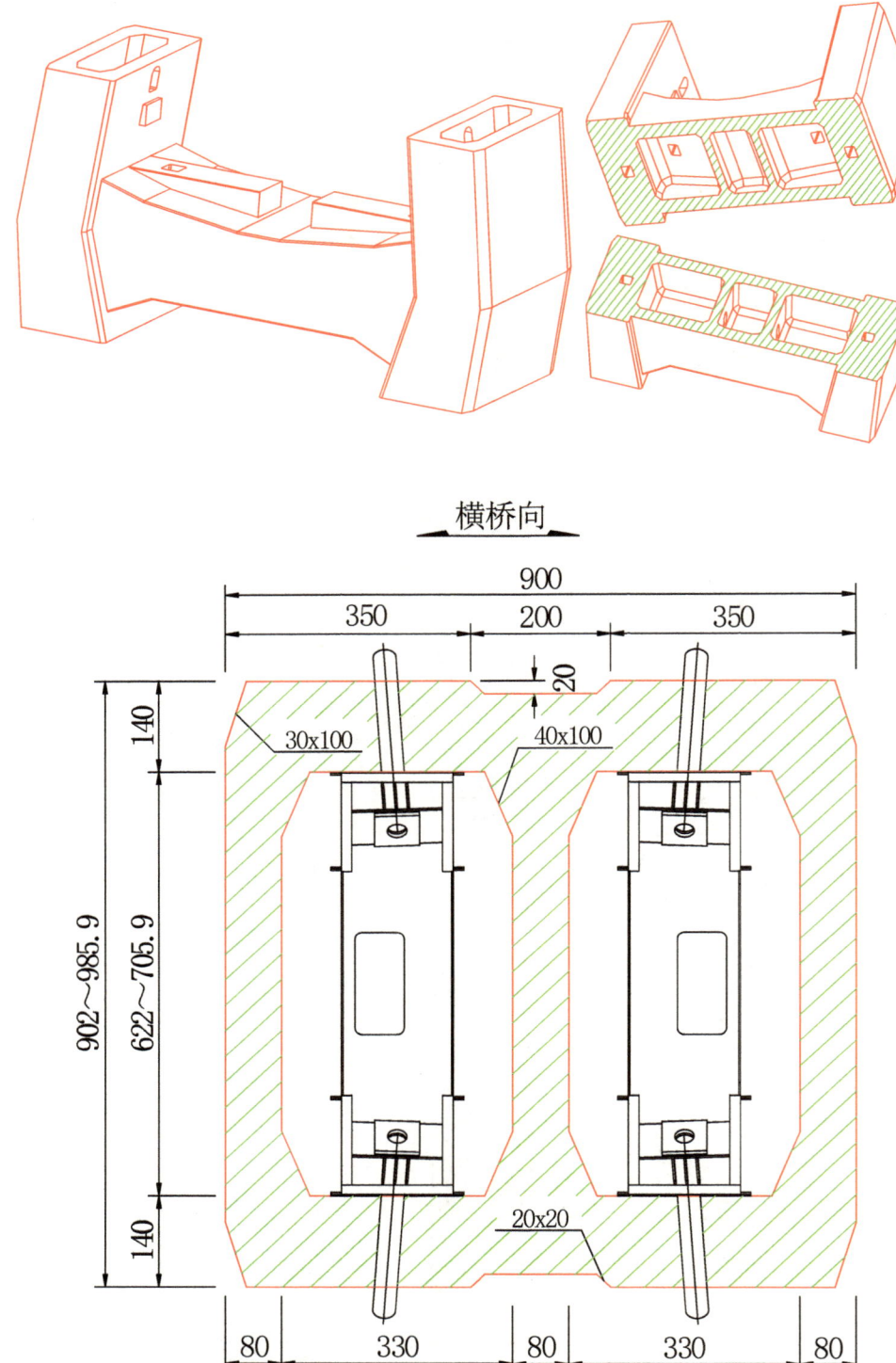

图 5-2 索塔下横梁及内置式钢锚箱布置图（单位：cm）

1.2 技术难点

超高钻石形索塔施工技术难点如下：

（1）本桥索塔高 177.91m，桥面以下为钻石形，桥面以上呈倒 Y 形，塔身箱室截面形式多，折线外形变坡点多。

（2）下横梁设置于中、下塔柱转折连接处，塔梁交界处构造及受力复杂，不论采用塔梁同步或塔梁异步的施工方法，索塔的线形及内力控制是施工控制的关键。

（3）中塔柱交会合龙段离地120 m，支架设计、施工及索套管精确定位等难度大。

（4）钢锚箱单体庞大，重10～30 t，累计24节段，总拼装高度54.11 m，钢锚箱超高空精确定位控制难度大。

2 索塔施工技术及研究内容

2.1 施工技术

（1）结合国内先进的液压爬模施工工艺及本桥索塔实际情况，针对性研制了一种能适应超高钻石形索塔的ZPM-100型全自动液压爬模系统，并对全自动液压爬模的施工工艺进行优化设计和运用。

（2）本桥南北岸索塔与下横梁采用了不同的施工方法，北岸索塔采用塔梁同步施工，而南岸索塔在国内铁路斜拉桥中首次运用了先塔柱、后横梁的塔梁异步施工。

（3）中塔柱合龙段采用无落地支架的型钢牛腿＋拱形支架施工，索套管采用辅助支架及三维空间模拟定位技术。

（4）设计制作了一种三向式定位装置精确定位首节钢锚箱，并运用先进的测量控制技术对钢锚箱安装精度进行控制。

2.2 主要研究内容

（1）全自动液压爬模施工技术：爬模系统的优化设计、塔身转折处爬模施工、中塔柱内外爬模同步施工工艺、中塔柱双肢交会错节施工工艺等。

（2）塔柱和下横梁同步及异步施工技术：索塔线形及内力控制、下横梁支架设计、钢筋套筒连接、混凝土温控、预应力深埋锚及真空压浆施工。

（3）中塔柱合龙段无落地支架施工技术：型钢牛腿及拱形支架设计与施工、索套管精确定位施工。

（4）钢锚箱精加工及精确安装技术：钢锚箱工厂精加工及轮次预拼

装，首节钢锚箱标高修正及三向式定位基座设计、钢锚箱高强螺栓连接、测量精度控制方法等。

3 索塔主要配套施工设备选型

索塔高度越来越高、结构形式越来越复杂，其施工难度也越来越大，对施工设备要求也越来越高。为确保工程安全优质，施工高效经济，其施工设备选择尤为重要，索塔主要配套施工设备有全自动液压爬模、塔式起重机、施工电梯、高压混凝土输送泵等。为保障施工安全、施工效率、节省施工投入，需对施工设备进行合理选择、优化和搭配。

3.1 塔柱施工设备选型及优化设计

钻石形索塔下塔柱外斜、中塔柱内倾、上塔柱垂直，双肢塔柱斜率大、外形折线多；索塔截面形式多样，有分离式单箱单室截面，也有单箱双室截面，截面渐变且有钢混组合结构；中塔柱双肢在超高空交会合龙，存在一次结构体系转换；施工中还要克服超高空作业、大风等不利因素影响。长期沿用的传统翻（滑）模等施工方法已经不能满足超高索塔施工需要，在引进吸收国内外索塔施工先进技术基础上，选用全自动液压爬模对索塔进行施工，并结合本桥索塔的特点、难点，对爬模工艺、模板进行优化设计，针对性研制了ZPM-100型全自动液压爬模系统，以适应超高钻石形索塔的施工。塔柱施工设备比选见表5-1。

表5-1 塔柱施工设备比选

方法名称	风险	难度	成本	优点	缺点
翻模法	★★★	★★★	★★★★★	工艺简单，前期投入较小。	需塔吊全程配合作业，整体成本大，高空作业风险巨大。
滑模法	★★★	★★★	★★★★		
全自动液压爬模	★	★★	★★★	自身提供动力，材料重复利用率高，工人劳动强度低，施工安全可控。	前期设计、研发一次投入较大，对作业工人专业性较高。

ZPM-100型全自动液压爬模主要有如下优点：

（1）模板面板及爬架平台能适用于不同形状的塔柱和倾斜度，当索塔截面形状改变时，只需对模板面板及平台做少量调整即可；爬模系统重复利用率高，有效降低施工成本。

（2）施工人员可以在每个方向的每层平台上独立地进行各种施工操作（如绑扎钢筋、安装模板、修饰塔身等），既节约了施工时间，也为高塔施工提供了足够的施工空间。

（3）采用木模板体系，结构自重小，利用爬架上设置的模板悬挂及纵、横向调节系统进行模板的闭合、调位及脱模，操作十分便捷、效率高；模板使用了竹胶板，能有效减少混凝土表面缺陷，获得较好的混凝土外观效果。

（4）爬架采用整体液压爬升，自主提供动力，无需额外设备投入，速度快，投入人力、物力少，工人劳动强度低。

（5）中塔柱内、外双爬模设计，内爬模系统与外爬模系统相互独立又共同作业，解决内模施工配模加固困难、施工操作不便的难题；

（6）采用全封闭式平台施工，在施工期间封闭了爬模与塔身之间的所有缝隙，从而避免了高空坠物的危险。每层施工平台上都设有安全护栏和安全网，为施工人员提供了较好的安全保障。

3.2 塔吊选型及布置

根据桥梁工程地理环境位置、工程结构特点和施工技术方案等确定塔吊主要参数，从而选择合适的塔吊型号。塔吊的主要参数有工作幅度、起重量、起重力矩和起升高度。塔吊工作幅度又称回转半径或工作半径，是塔吊选型时首先需要考虑的参数，塔吊最大工作幅度必须满足施工平面需要，塔吊工作幅度与塔吊布置位置有关，需结合施工技术方案进行考虑。塔吊起重量包括最大起重量和最大工作幅度时的起重量2个参数，起重量应包括起吊物、吊具、吊索等作用于塔吊起重钩上的全部重量。除考虑塔吊主要参数外，还综合考虑了以下几方面：

（1）桥址近海临江，每年夏秋季受台风影响，其最大风力可达12级，所以塔吊自身的抗风性能对施工安全起着重要作用，塔身及扶墙件均须考虑台风影响，且配备测风仪等设备；

（2）索塔高达177.91m，高空施工过程中，每个物件均需塔吊起吊，施工任务的繁重，则要求塔吊分工况采用不同倍率钢丝绳以提高利用率，并要求塔吊采用变频技术，确保塔吊工作平稳可靠；

（3）索塔采用全自动液压爬模法施工，液压爬模整体高度约16 m，节段劲性骨架和钢筋高度为6 m，吊装空间余量按5 m考虑，则塔吊自由高度必须达到33 m，塔吊需每隔12 m设置一道扶墙（与2节标准塔柱高度相当）。扶墙密度大，为加快附着安装进度，对附着杆进行了优化设计。将附着杆与附着框、索塔塔臂之间均采用铰接，同时将附着杆的一端加工成可伸缩调节的自由端，安装时可根据不同情况进行调节，且伸缩端亦可作为塔身垂直度的调节装置。扶墙件在塔身采用预埋高强锥形螺母，塔身混凝土拆模后将焊接好销轴组件通过高强螺栓锚固于索塔表面，此法装拆方便，不仅将高空焊接工作转移至地面进行，而且保证了钢结构的焊接质量，并且对塔身耐久性和外观质量影响减小到最小。

（4）另外，桥址施工区域为雷击多发区域，塔吊为全钢组件，则要求自身要有完善的防雷措施。

在下、中塔柱施工阶段，分离式双塔柱同时作业，塔吊主要吊运钢筋、模板、劲性骨架等小型构件，考虑最大吊重为爬模骨架，塔吊基础设置于主承台上，根据计算，索塔右塔柱选择28 m幅度处吊重5 t即可满足，选用一台QTZ6015型塔吊；而左塔柱由于距离下游清水浦大桥索塔最近处22 m，经调查研究，选用一台特制的ST5013型缩短臂塔吊，主臂长22 m，最大吊重3 t，能满足塔柱施工需要，自由旋转下，与清水浦大桥保持一定安全距离。

进入上塔柱施工阶段，综合考虑钢锚箱的吊重要求，最大吊重按15.1 t考虑，经过对国内外施工塔吊的调研，选取STT553-24 t型塔吊，塔吊技术性能参数见图5-3。

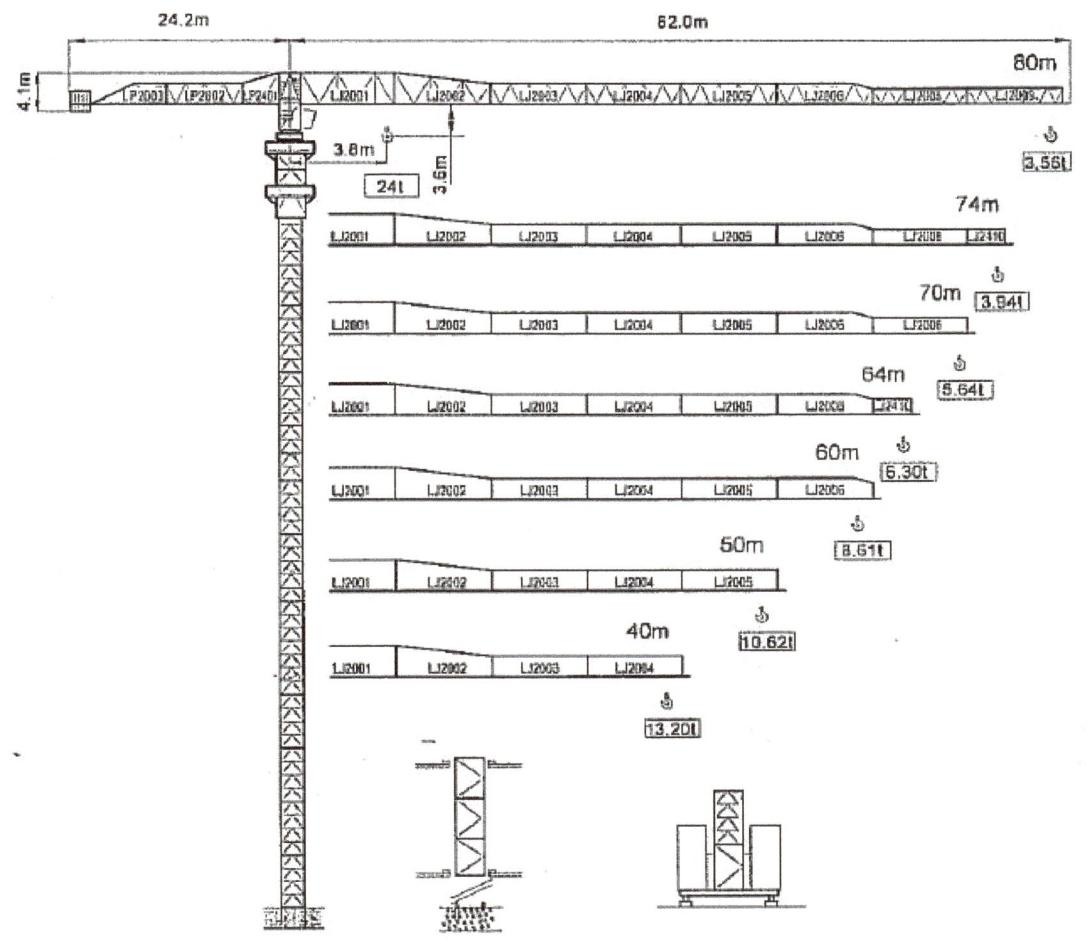

R	倍率	R(max)/m	C(max)/t	30	40	44	50	54	60	64	70	74	80
80	IV	15.48	24.00	10.84	7.48	6.57	5.49	4.91	4.18	3.77	3.25	2.94	**2.55**
	II	29.62	12.00	11.83	8.47	7.57	6.49	5.90	5.18	4.77	4.24	3.94	**3.55**
74	IV	15.48	24.00	10.83	7.47	6.57	5.49	4.90	4.17	3.76	3.24	**2.94**	
	II	29.60	12.00	11.82	8.46	7.56	6.48	5.90	5.17	4.76	4.24	**3.94**	
70	IV	19.16	24.00	14.17	9.96	8.82	7.46	6.73	5.81	5.30	**4.65**		
	II	36.91	12.00	12.00	10.95	9.81	8.46	7.73	6.81	6.30	**5.65**		
64	IV	19.16	24.00	14.17	9.95	8.82	7.46	6.73	5.81	**5.30**			
	II	36.91	12.00	12.00	10.95	9.81	8.46	7.72	6.81	**6.30**			
60	IV	23.19	24.00	17.83	12.67	11.28	9.62	8.73	7.61				
	II	44.91	12.00	12.00	12.00	12.00	10.62	9.73	**8.61**				
50	IV	23.19	24.00	17.82	12.67	11.28	**9.62**						
	II	44.91	12.00	12.00	12.00	12.00	**10.62**						
40	IV	23.97	24.00	18.53	**13.20**								
	II	40.00	12.00	12.00	**12.00**								

图 5-3　STT553-24t 型塔吊技术性能参数图

综合索塔高度、结构特点、外形尺寸、施工场地布置、起吊物组成、总体施工技术方案以及投入费用，本着保证塔吊安全性、实用性、高效性、可靠性的原则，确定以下组合方案：下、中塔柱施工时，选用的 QTZ6015 型塔吊布置在线路大里程右侧主承台上，ST5013 型塔吊布置在线路大里程左侧主承台上，两台塔吊随塔柱节段升高，并根据施工现场布置，覆盖钢筋、劲性骨架加工场地，节省后场起重设备；进入上塔柱钢锚箱安装阶段，拆除 QTZ6015 型与 ST5013 型塔吊，提前安装 STT553-24t 型塔吊作为起重设备，直至索塔封顶；塔吊基础提前预埋在索塔承台基础中，扶墙按综合设计预埋于塔身节段。各阶段塔吊布置形式如下图 5-4。

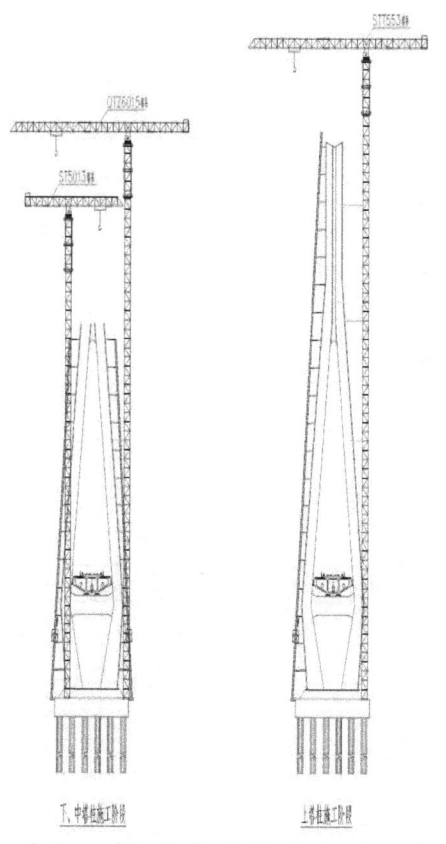

图 5-4　各施工阶段索塔塔吊布置示意图

3.3 施工电梯选型及布置

电梯是索塔施工人员上下的主要交通工具，根据索塔施工不同阶段，进行电梯的布置。根据载重人数、扶墙间距等选定上海宝达 SCQ200 型电梯作为索塔施工人员上下行设备。

下塔柱施工时由于高度不高，可利用下横梁钢管支架体系安装"之"字形爬梯作为人员上下通道；进入中塔柱施工时，左右塔柱横桥向中心线两侧各安装一台SCQ200型电梯，由于中、下塔柱弯折，电梯扶墙按中塔柱斜率延伸至地面（下塔柱段安装两根钢管作为扶墙载体）；由于中、上塔柱也存在弯折，在中塔柱合龙段施工时，安装电梯转向平台，上塔柱施工时，拆除一侧电梯、保留另一侧电梯，将拆除的电梯扶墙及吊笼倒用安装至转向平台以上部分塔柱。

施工电梯主要施工性能见表5-2，电梯整体布置及转向平台见图5-5。

表5-2 SCQ200型施工电梯技术性能参数

提升速度 /（m/min）	0～60（变频）
额定载重量（每个吊笼）（千克/人数）	2000千克/25人
最大附墙间距 /m	9.0
吊笼外形尺寸（长×宽×高）/m³	3.0×1.3×2.7（有驾驶室）
电机功率	3×7.5kw变频调速
工作风速	7级风（20 m/s）
标准节规格 /m	立柱管中心距0.80×0.80，高度1.508
最大提升速度 /（m/min）	250
额定安装起升速度 /（m/min）	0～40
电压	380 V/50HZ，三相五线制，增加接地保护
提升高度 /m	＞240
吊笼规格 /m³	3.2×1.5×2.5（最大成员12人）

图 5-5 施工电梯整体布置及转向平台图

3.4 混凝土输送泵选型及布置

索塔混凝土的浇筑质量直接影响塔柱砼的施工质量，根据索塔的结构布置形式，经过多方比较，同时根据其他高塔施工成功泵送经验，最终确定选用一级砼泵送方案进行塔柱混凝土浇筑。根据塔柱砼泵送高度的要求，砼泵送设备选择 2 台 HBT80C-2118 型高压混凝土泵（详细技术参数见表 5-3）。

表 5-3 HBT80C-2118 混凝土输送泵主要性能参数

技术参数	HBT80C-2118
理论混凝土输送量 /（m³/h）	80/48.8
理论混凝土输出压力 /MPa	10.8/18
主油缸直径 × 行程 /mm	Φ160×2100
主油泵排量 /（cm³/r）	335
柴油机功率 /kW	132
理论最大输送距离（泵管直径 125mm）/m	1000（水平）
	320（垂直）

砼泵管的布置形式应满足塔柱砼的浇筑要求。在中塔柱、下塔柱、下横梁部分施工时，为保证两塔肢平行作业互不干扰，沿两塔肢各布置

一套砼泵管进行塔柱砼施工；在上塔柱施工时，沿上塔柱布置一套砼泵管进行塔柱砼的施工。

混凝土泵管选用高压泵管，泵管直径为125 mm，单根长度为3.0 m，壁厚为8 mm。泵管从高压托泵处接出，经过水平管路到达两塔肢处，然后泵管分别沿两塔肢上升到塔柱砼施工处。为方便砼泵管的安装、拆卸及修理，采用泵管布置在塔柱外侧的方案，且布置在靠近电梯附墙的位置，并沿塔柱方向每升高4.5 m设置一道附墙，保证泵管固定牢固。

4 全自动液压爬模施工关键技术

索塔采用了国内先进的液压爬模施工工艺，全自动液压爬模集模板支架、操作平台为一体，利用自身配备的液压系统，以浇筑完成的塔柱主体结构为依托，随索塔施工节段逐段爬升，是索塔核心施工设备。针对钻石形索塔多折线、变箱室等特点，对全自动液压爬模成套技术进行研究，结合工程情况对液压爬模进行优化设计，研发ZPM-100液压爬模，使其能适应本工程施工需求并成功运用。

4.1 液压爬模系统组成及功能

液压爬模主要分为模板系统、支架系统、埋件系统、液压系统4部分。架体从上到下设置多层平台，各层平台采用安全爬梯连通，并安装安全护栏和安全网，构成多功能、全封闭的安全施工设备。爬模构造见图5-6，5-7。

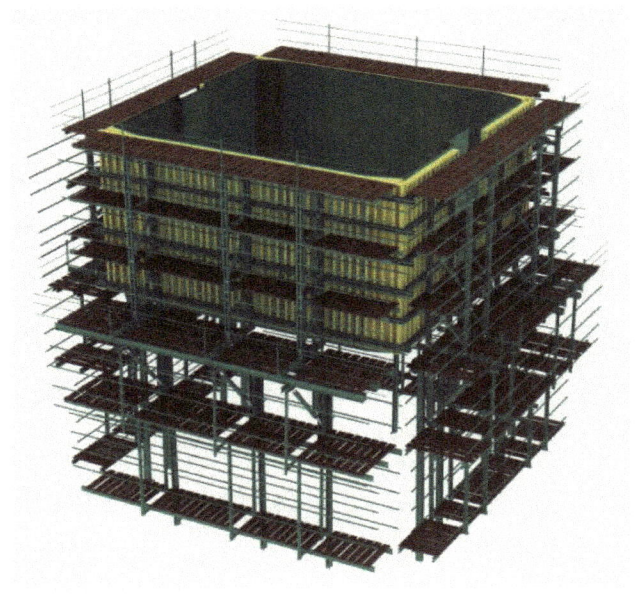

图5-6 爬模整体构造设计图

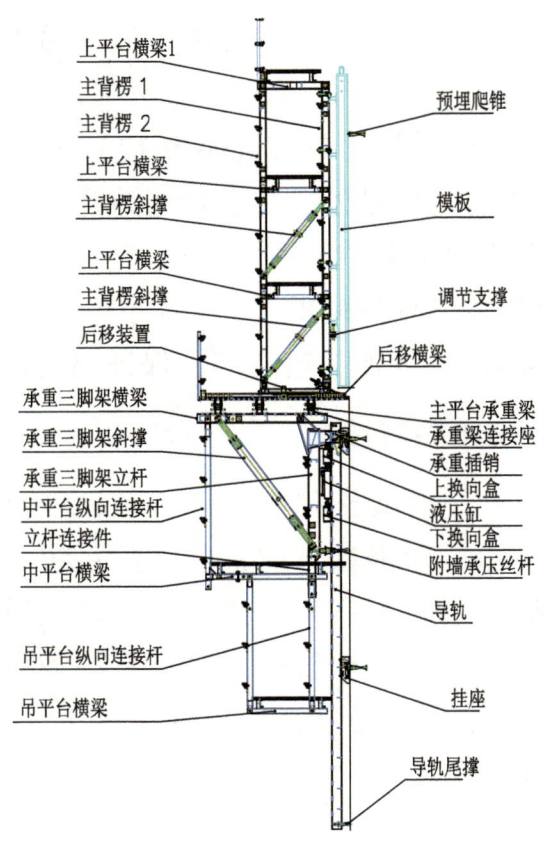

图 5-7 爬模细部构件图

（1）模板系统

主要由胶合板、木工字梁、双槽钢背楞及专用连接件组成。胶合板与木工字梁采用自攻螺丝正面连接，木工字梁与双槽钢背楞采用专用连接件连接；两块模板之间采用芯带连接，用芯带销固定，模板能拼装成各种大小，而且装拆方便、整体性强。

（2）支架系统

主要由承重三角架、后移装置、中平台、吊平台、导轨、附墙装置、主背楞组成。承重三角斜撑两端为可调节丝杠，可调整架体角度；后移装置为齿轮型，可使模板系统合模或后退；导轨由双拼槽钢及1组梯档组焊而成，是整个爬模系统的爬升轨道；附墙装置与塔身埋件作为整个爬模的承重装置；主背楞由双槽钢组焊，为爬模的骨架。

（3）埋件系统

主要由埋件板、高强螺杆、受力螺栓、垫圈和爬锥组成。高强螺杆将埋件板和爬锥相连并预埋于墙体；拆模后，将受力螺栓拧入预埋爬锥，安装附墙挂座，组成主承重装置；受力螺栓、垫圈和爬锥可周转使用。

（4）液压系统

主要由液压泵站控制台、液压油缸、上下换向盒、同步阀、液压胶管、液压阀和配电装置组成。上、下换向盒可控制提升导轨或提升架体，通过液压系统提供顶升动力，可使导轨与爬模架体之间形成互爬，从而使液压爬模稳步向上爬升。

爬模主要构架设计，见图 5-8。

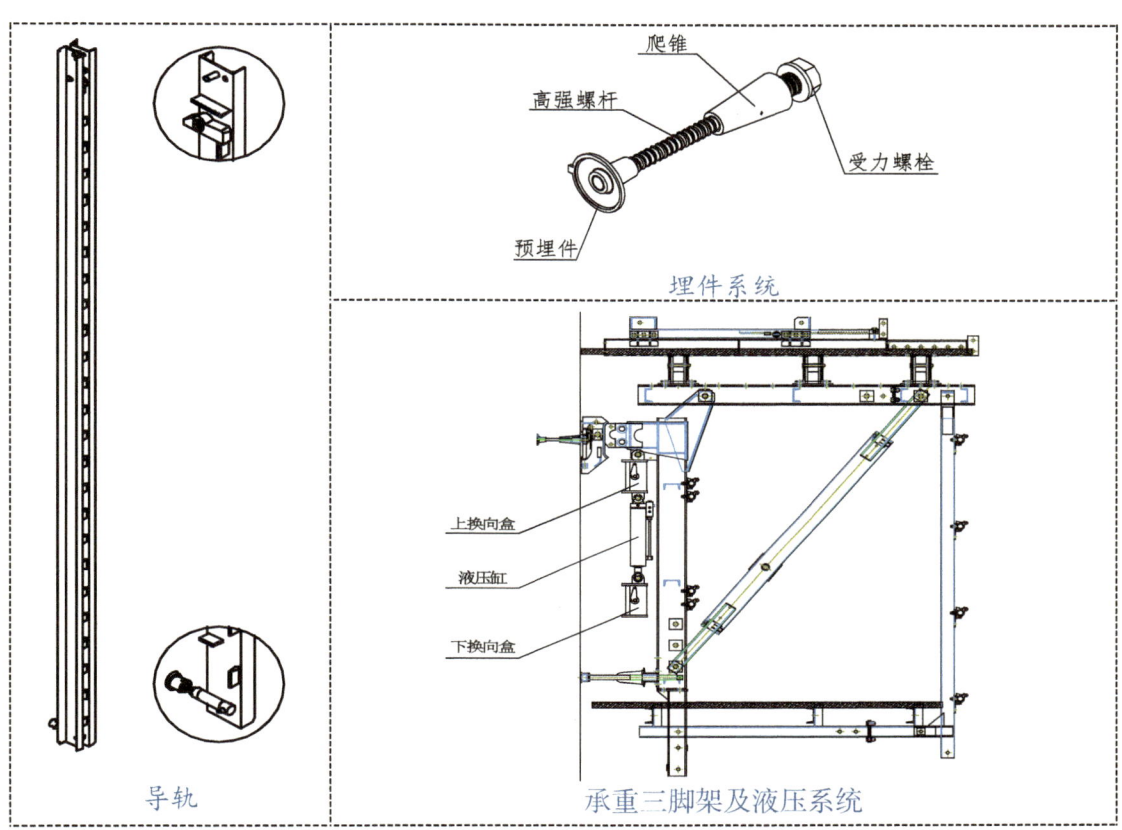

图 5-8 爬模主要构件设计图

4.2 全自动液压爬模施工

4.2.1 索塔分节

索塔以液压爬模允许施工节段高度、塔柱内外构造及钢锚箱分节为施工节段划分原则，共分为 33 个节段，标准节段高度 6.025 m，最小节段为塔顶装饰段、高度 1.5 m，最大节段高度 6.13 m。

4.2.2 液压爬模安装流程

组装三角架及平台 —— 组装桁架及平台 —— 第 1 浇筑段安装承重挂座 —— 吊装三角架 —— 吊装上桁架 —— 吊装模板 —— 第 2 浇筑段

预埋件的安装——安装上下换向盒及液压缸——安装液压系统——架体爬升。

4.2.3 液压爬模安装

在起步段预埋锚件系统，安装附墙座及附墙挂座，塔吊配合将地面组装完成的承重三角架单元吊装挂于埋件挂座承重挂座上，并吊装爬架及模板系统，再安装液压系统，安装上、下换向盒与液压油缸，将液压动力柜布置固定在爬架设计位置，安装主管、分支器，在分支器上接分支管与液压油缸连接。完成爬模安装后插入爬升导轨，导轨上部承重舌挂于埋件挂座上，下部导轨翼缘卡在上下换向盒槽内。塔柱4个面设4组独立爬模，在拐角处设置拐角平台搭板及临边防护，形成完整封闭的索塔全自动液压爬模体系，见图5-9。

图 5-9 爬模安装完成图

4.2.4 液压爬模开合

将爬锥用定位螺栓预先固定在模板内侧以保证挂座的安装精度，通过模板架体移动装置前移模板，使模板底部与已浇筑混凝土紧贴，调整架体斜撑丝杠将模板调至设计角度关闭模板，调整斜拉杆使模板底部顶紧已浇混凝土面，内外侧模板采用对拉拉杆加固。调节横向芯带销使模板间竖向接缝紧密，调节角拉杆使倒角处模板接缝紧密，合模测量完成浇筑混凝土。混凝土达到强度后脱模，脱模时先解除模板拉杆及紧固装置，再利用斜撑丝杠与架体后移装置将模板缓慢脱开。模板后移装置等详见图 5-10。

（a）模板后移装置

（b）模板合模

（c）模板背楞芯带连接、拉杆系统

（d）倒角处模板加固连接

图 5-10　部分组件安装实图

4.2.5 液压爬模爬升

以爬模为承重受力体系，先爬升导轨；将爬模架体下承压丝杠顶紧混凝土面，启动液压控制柜驱动液压油缸，交替调节上下换向盒与导轨的锁定关系爬升导轨，导轨爬升到位挂于新浇段混凝土埋件挂座上。然后以导轨为承重受力体系，爬升架体，爬升原理与导轨爬升相同；旋转导轨尾撑支撑在混凝土面上，松开架体承压丝杠，拔去安全插销，启动液压控制柜驱动油缸，交替调节上下换向盒与导轨的锁定关系爬升架体。爬升到位后挂于新浇段承重挂座承重销上并插上安全插销，调节承压丝杠顶紧混凝土面完成爬模单节段爬升。爬模架体承压丝杠及液压顶升系统详见图5-11。

（a）

（b）

图5-11 爬模架体承压丝杠及液压顶升系统

4.3 下、中塔柱转折处爬模施工

综合考虑索塔在下、中塔柱结合部位存在转折，中塔柱顺桥向两面爬模轨迹变向；将爬模设计为上、下架体组合拆装结构，均可调一定角度适应塔身斜率。施工中，完成转折面以下塔柱节段浇筑后爬模继续爬升1个节段，利用左下塔柱与右中塔柱、右下塔柱与左中塔柱爬升轨迹和模板形状相近的特点，相互调换模板系统，吊除内侧爬架下部架体，转折面调整上架体角度与转折后节段斜率一致，浇筑转折后首节段塔柱混凝土。利用塔吊配合吊除爬模上部架体及模板，将爬模下部承重架对

边提吊挂于转折后节段重新布置轨道的埋件挂座上,再组装对应的上部架体及模板,实现塔柱转折处爬模换装,解决塔柱转折处需重新翻模起步的施工难题,见图5-12。

(a)

(b)

图5-12 爬模下、中塔柱转折处施工

4.4 中塔内外爬模技术

中塔柱为双肢内倾式单箱单室渐变截面,内腔狭窄、高度高、倾斜度大,优化设计一种单架体双模板的内爬模系统,即在内腔沿长边设1组爬模单元(与塔柱单边爬模类似)安装于仰面附墙挂座上,两侧模板及后移装置均安装在承重三脚架平台,利用后移装置控制两侧模板开合,导轨、液压系统、各层操作平台、上下通道与外爬模设计一致；内腔模板分为4部分，两侧长边模板各为1部分，两端短边模板含倒角各为1部分。内爬模系统与外爬模系统相互独立又共同作业，解决内模施工配模加固困难、施工操作不便的难题，见图5-13。

图 5-13 中塔柱内外爬模设计与施工

4.5 中塔柱交会段施工

中塔柱双塔肢间在合龙处内侧距离小，双肢内侧爬架受自身平台宽度影响不能同时施工。中塔柱两肢施工至第19节段后采取错节施工方法，即暂停一肢爬模，另一肢爬模继续爬升，施工完第20节段后拆除内侧爬架，暂停施工侧爬模继续施工至第20节段，施工完成后同样拆除内侧爬架；双肢塔柱爬模共同爬升，外爬模合为一体，进入合龙段施工。中塔柱左右塔肢交错施工，具体施工步骤见表5-4。

表 5-4　中上塔柱连接段施工流程图

步　骤	图　示	说　明
一		两塔肢平行施工至第 19 节段
二		停止下游塔肢的施工，上游塔肢继续施工第 20 节段；并逐步拆除下游塔柱内侧爬架
三		上游塔肢停止施工，并逐步拆除上游内侧爬架，右侧塔肢开始施工塔柱第 20 节
四		两塔肢爬架合成整体，搭设交会段拱形支架，进行塔柱第 21 节施工

5 超高钻石形索塔施工方法

5.1 塔柱与下横梁异步施工技术

北岸索塔采用塔梁同步施工方法,为了降低施工难度、提高施工效率、节约施工工期,南岸索塔塔柱和下横梁采用异步法施工。即塔柱采用液压爬模不间断施工,下横梁平行与塔柱施工,2个作业面相对独立且同时进行。

5.1.1 同、异步施工流程

(1)塔梁同步施工流程:当左右塔柱施工完成第5节段后,同步安装下横梁支撑系统;浇筑塔柱第6节时,同时完成下横梁第一次浇筑;浇筑塔柱第7节时,同时完成下横梁第二次浇筑塔柱,第7节与下横梁顶部共同浇筑,进行预应力张拉;塔柱第9节段施工过程中,完成下横梁预应力施工;塔柱第11节段施工过程中,并在中塔柱第9节段设置第1道主动撑杆;塔柱继续往上施工,下横梁支架逐步拆除。塔梁同步施工流程见图5-14。

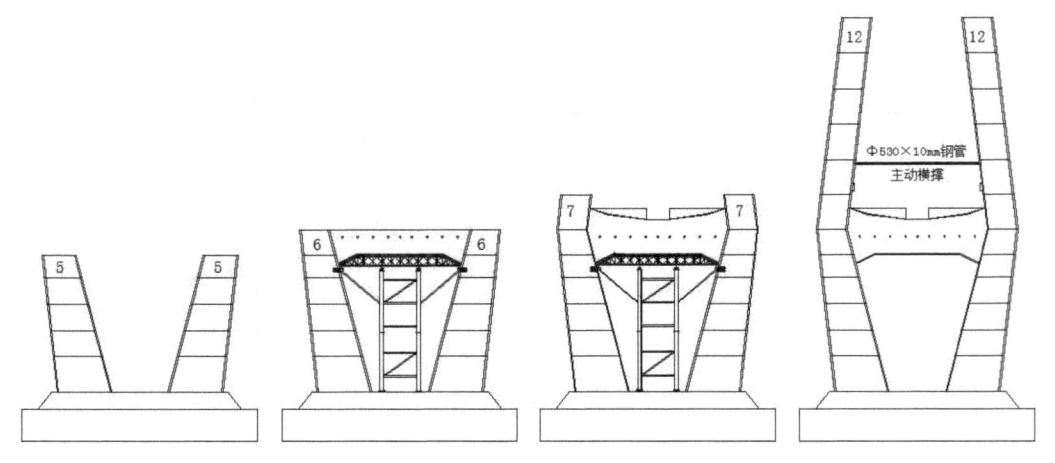

图5-14 塔梁异步施工流程示意图

(2)塔梁异步施工流程:左右塔柱不间断施工至第6节段,下横梁支架同步安装;爬模爬升至第7节段时,在第4节段设置主动拉杆;塔柱第7~9节段施工过程中,完成下横梁第一次浇筑,拉杆转换至设计预应力束;塔1柱第9、10节段施工过程中完成下横梁第二次浇筑,进行预应力张拉;塔柱第11节段施工过程中,完成下横梁预应力施工,并在中塔柱第9节段设置第1道主动撑杆;塔柱继续往上施工,下横梁支架逐步拆除。塔梁异步施工流程见图 5-15。

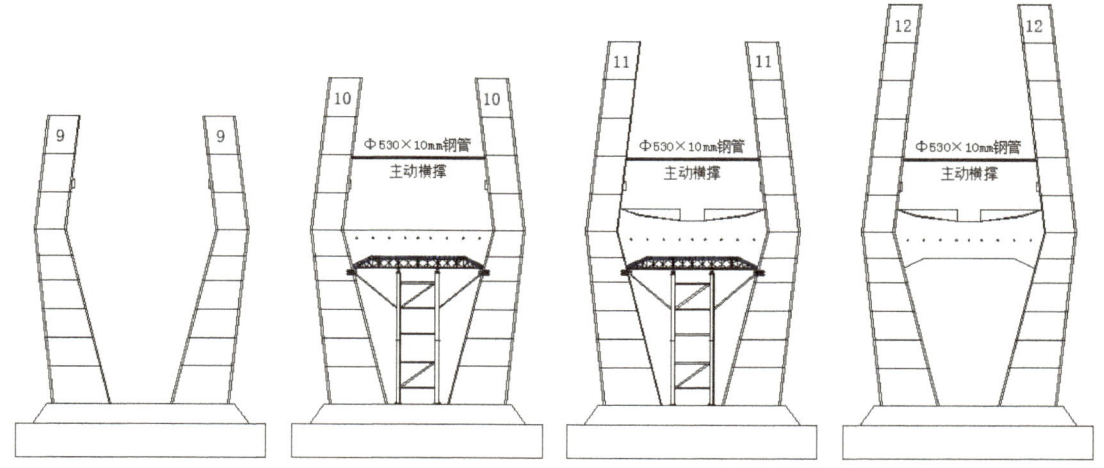

图 5-15 塔梁异步施工流程示意图

综上所述，塔梁同步施工，下横梁钢筋及预应力施工简便，整体性好，但塔柱模板需反复改造及安拆，受下横梁施工周期的影响，施工工期延长；塔梁异步施工，索塔与下横梁交叉施工，缩减施工工期，爬模在施工下横梁相交节段塔柱时，只需对面板进行少量改装，提前加工所需钢筋和模板，下横梁预应力采用深埋锚工艺，既避免割断塔柱主筋，又解决预应力防腐难题，同时保证塔身外观质量。

5.1.2 索塔内力及线形控制

索塔下塔柱外斜、中塔柱内倾，施工中，长悬臂、大角度塔身受自重及施工所产生偏心荷载影响，会在下、中塔柱根部产生附加弯矩，进而影响索塔内部应力及线形。施工过程中，通过合理设置主动拉、撑杆，改善塔身内力和横桥向位移，确保施工安全、可靠；索塔施工完毕，主动拉、撑杆拆除后，成塔内力和线形符合设计要求。采用 Midas 有限元软件建立索塔模型，对塔梁异步各个施工节段工况进行仿真分析。

5.1.3 索塔施工节段工况划分

施工节段工况划分见表5-5。

表5-5 索塔施工节段工况划分

工况序号	施工节段	工况序号	施工节段
1～4	第1～4节	21	主动横撑4
5	拉杆安装	22～24	第17～19节
6～9	第5～8节	25	主动横撑5
10	主动横撑1	26～39	第20～33节
11～13	第9～11节	40	主动横撑5拆除
14	主动横撑2	41	主动横撑4拆除
15～17	第12～14节	42	主动横撑3拆除
18	主动横撑3	43	主动横撑2拆除
19～20	第15～16节	44	主动横撑1拆除

5.1.4 模型处理

索塔主体采用梁单元，根据索塔的实际截面尺寸，分段建立各控制截面，相邻控制截面间的线性变化，采用变截面组顺接；下塔柱拉杆主动力采用节点荷载；中塔柱主动撑杆采用桁架单元模拟；边界条件采用塔柱底部全固结处理，中、上塔柱采用节点刚性连接；索塔施工阶段荷载包括自重、爬模荷载、横梁预应力及主动拉撑荷载，同时考虑混凝土收缩、徐变和弹性压缩。索塔模型见图5-16，主动横撑安装见图5-17。

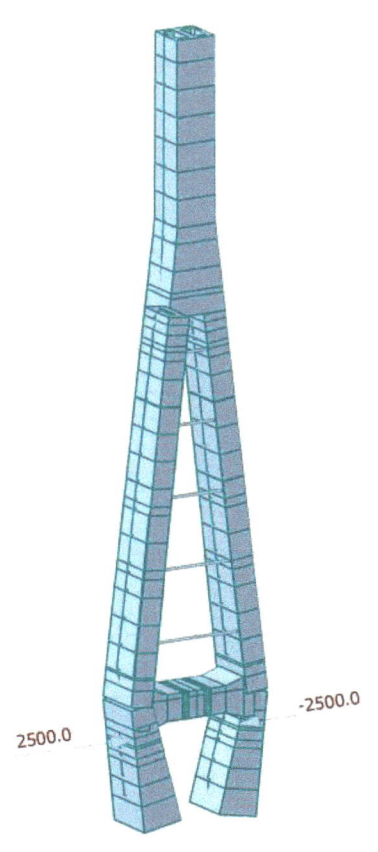 

图 5-16 索塔整体模型　　　　图 5-17 索塔主动横撑安装实图

5.1.5 拉、撑杆调节目标，设置位置，材料选用及初始主动力

（1）调节目标：施工过程中，合理设置主动拉、撑杆，保证下、中塔柱根部截面拉应力不超过 0.5 MPa；主动拉、撑杆拆除后，成塔内力和线形符合设计要求。

（2）设置位置：通过调节目标，结合爬模施工空间要求及现场实际施工条件，确定主动拉、撑杆的安装位置。

（3）材料选用：下塔柱拉杆采用 $\phi 32$ mm 精轧螺纹钢，5 根平行布置，设置于第 4 节段；中塔柱撑杆采用 $\phi 530 \times 10$ 钢管，2 根平行对称布置，依次设置于第 9、12、15、17、20 节段，平均分布，间距为 18 m。

（4）初始主动力：根据设置位置，以施加主动力对索塔悬臂端根部产生的抵抗弯矩与索塔悬臂施工状态对该位置所产生的附加弯矩保持一致为计算依据，计算确定拉、撑杆需要施加的初始主动力，见表 5-6。

表5-6 索塔施工节段工况划分

编号	类型	安装节段	安装高度/m	主动力/kN
1	主动拉杆	5	20.41	2500
2	主动横撑1	9	40.41	800
3	主动横撑2	12	56.41	950
4	主动横撑3	15	72.41	1100
5	主动横撑4	17	88.41	1000
6	主动横撑5	20	111.78	1050

5.1.6 模型仿真分析结果

在主动拉、撑杆设置下，对索塔塔梁同步和异步施工各个阶段的塔身弯矩、轴力、根部截面应力及横桥向位移均进行了计算分析。

（1）弯矩分析：同步施工下塔柱根部承受负弯矩；异步施工下塔柱弯矩变化较大，根部承受较大的正弯矩；成塔后，同、异步施工中塔柱及下横梁弯矩变化规律基本相同，数值基本一致，见图5-18。

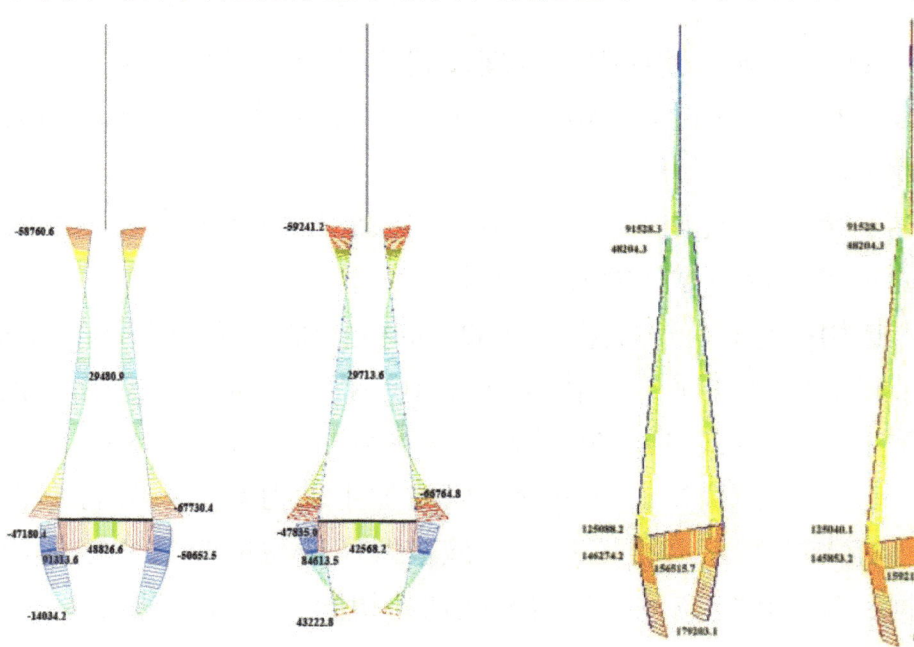

图5-18 同、异步施工弯矩图　　图5-19 同、异步施工轴力图

（2）索塔轴力分析：同步施工，下塔柱根部轴力略大，下横梁最大轴力略小；异步施工，下塔柱根部轴力略小，下横梁最大轴力略大；同、异步施工塔柱及下横梁轴力变化规律相同，数值相差不大，见图 5-19。

（3）索塔应力分析：同步施工下塔柱根部内侧压应力较大，中塔柱根部外侧应力均处于受压状态；异步施工下塔柱根部内侧压应力相对较小，中塔柱截面外侧出现较小拉应力；同、异步施工条件下，其下塔柱及中塔柱根部应力变化规律大致相同。见图 5-20，5-21。

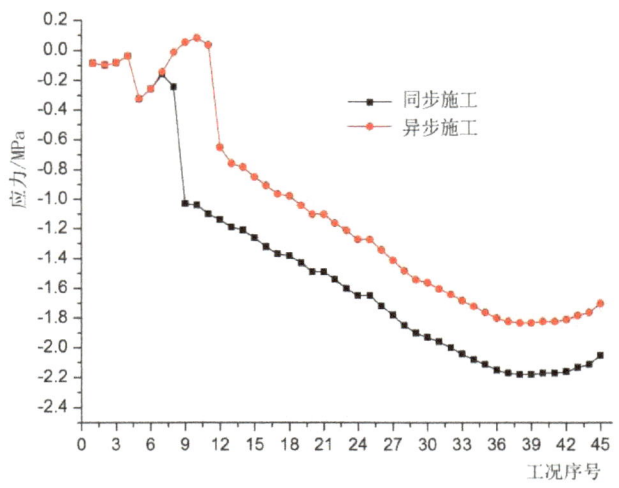

图 5-20　下塔柱根部截面应力图

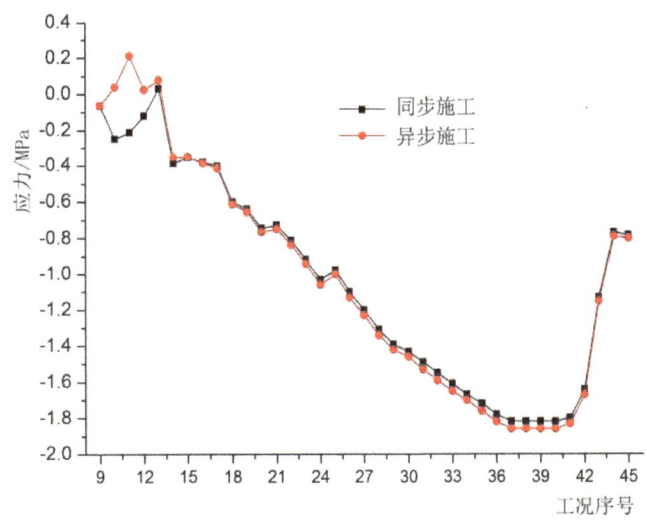

图 5-21　中塔柱根部截面应力图

（4）以索塔横桥向位移为线形分析主要项目：同步施工时，受到下横梁的附加约束作用，索塔上部自由端累计外倾；异步施工所产生的下塔柱＋中塔柱悬臂状态，索塔上部自由端累计内倾；后续施工中，二者变化规律基本相同；成塔后，异步施工横桥向累计位移相对较小。见图5-22。

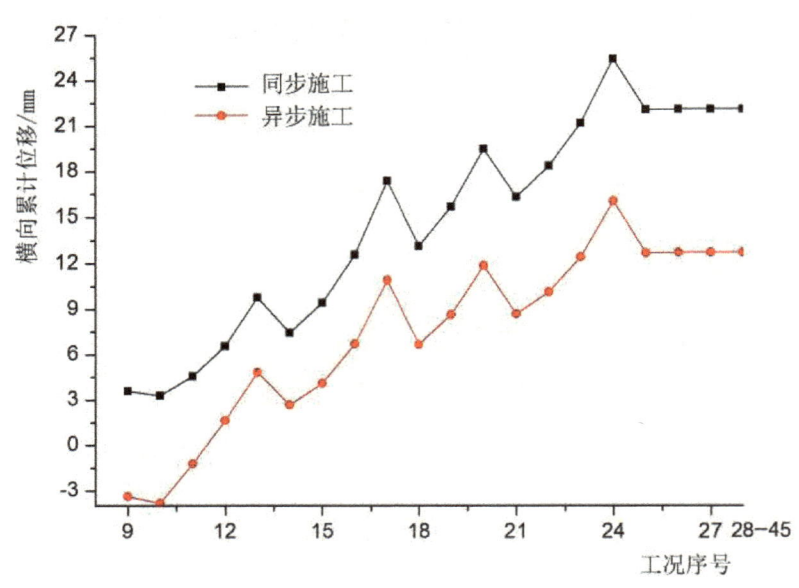

图 5-22　索塔横桥向位置变化示意图

（5）对横撑装配温度变化产生二次内力可能影响塔身受力状态进行分析，分别建立相邻主动横撑恒温、温升 10 ℃与温降 10 ℃有限元分析模型，得出主动横撑装配温度对索塔线形影响很小，可忽略不计。

（6）中塔柱施工完成后横梁应力，同步施工时，横梁跨中上缘应力为 –9.5 MPa，横梁跨中下缘应力分别为 –2.5 MPa；异步施工时，横梁跨中上缘应力为 –9.4 MPa，横梁跨中下缘应力为 –2.6 MPa。经对比，同步与异步施工横跨跨中上下缘应力二者基本相同。如图 5-23，5-24 所示。

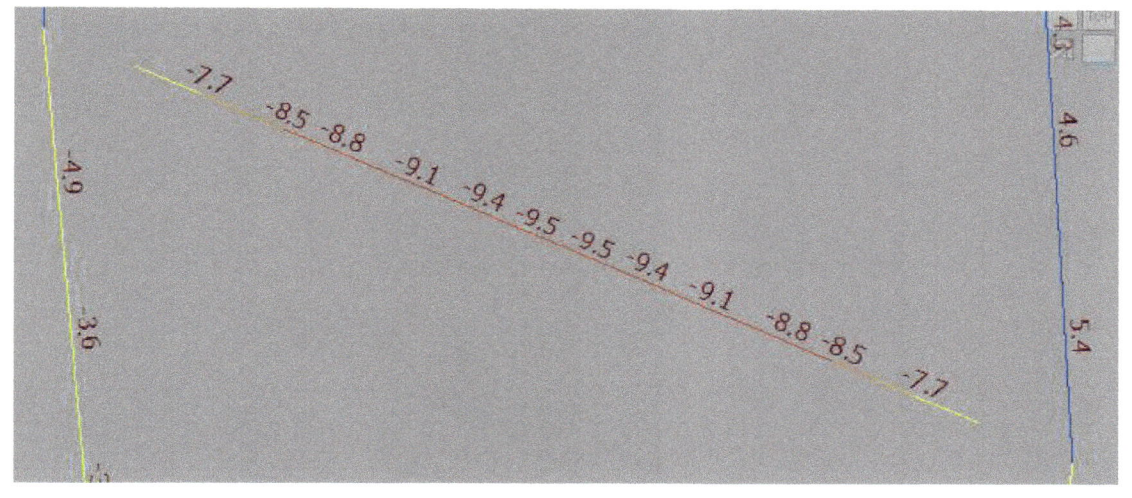

（a）同步施工

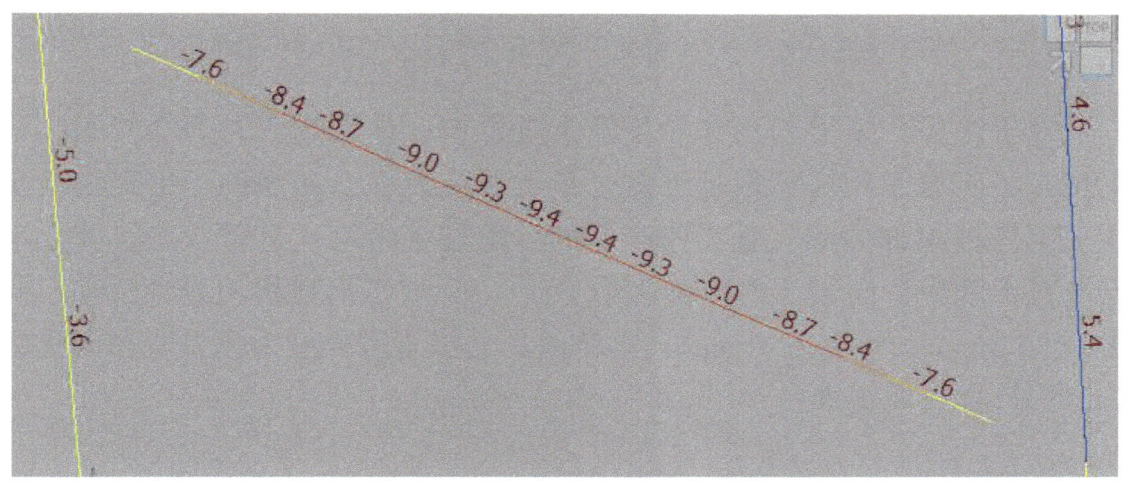

（b）异步施工

图 5-23　横梁跨中上缘应力对比（单位：MPa）

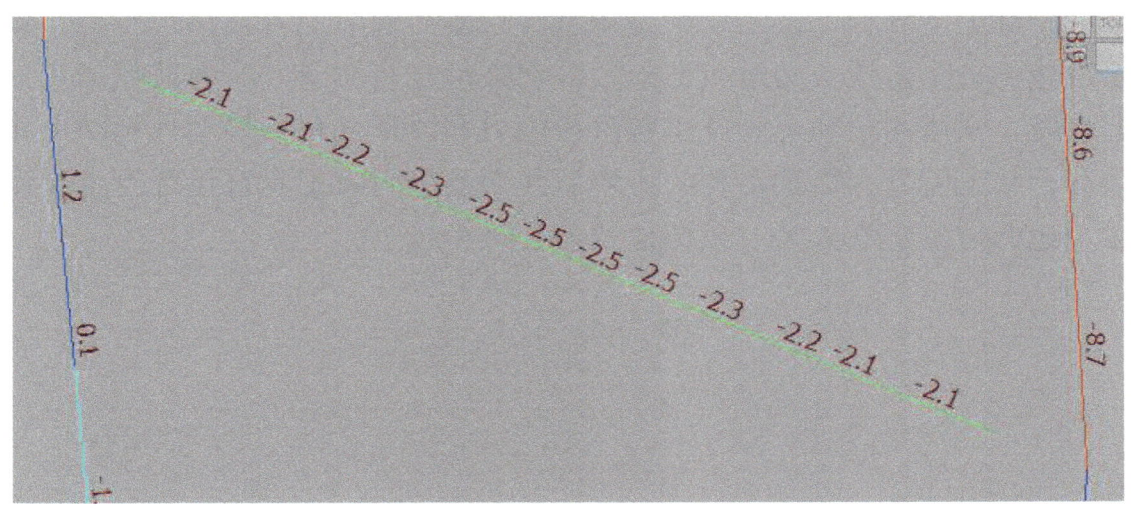

（a）同步施工

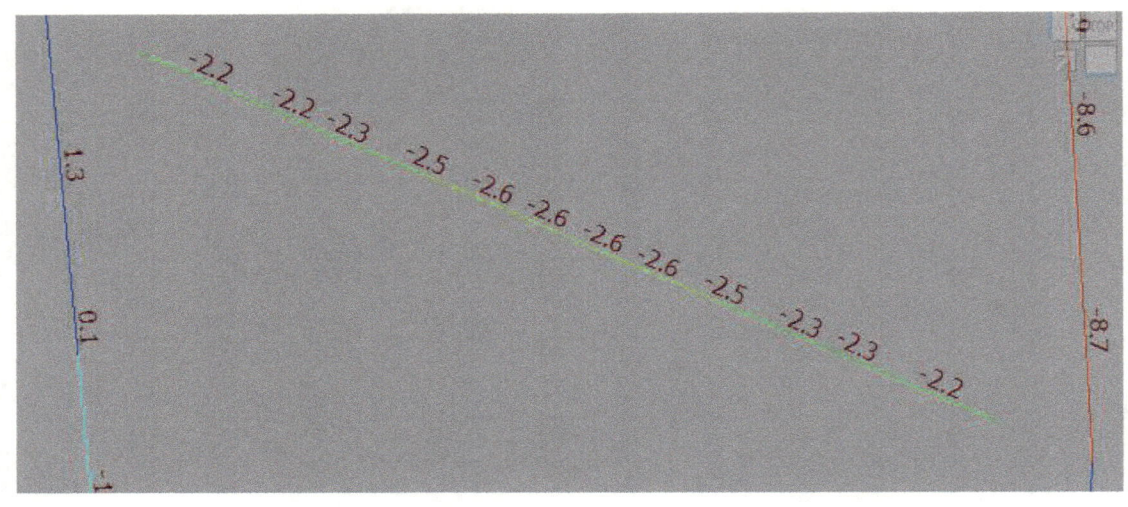

(b)异步施工

图 5-24 横梁跨中下缘应力对比(单位：MPa)

分析综述：索塔同步和异步施工过程中，最大拉应力为 0.32 MPa，出现在异步施工中塔柱根部外侧；最大压应力为 2.25 MPa，出现在同步施工下塔柱根部内侧；施工所产生的下塔柱＋中塔柱悬臂状态，其索塔上部自由端横桥向累计内倾位移小于 4 mm；成塔后横桥向累计位移，同步为 25.5 mm，异步为 16 mm；本桥南、北岸索塔分别采用异步和同步施工，均符合设计要求。

5.1.7 实施过程监控量测

施工过程中，采用穿心式千斤顶对拉、撑杆主动力进行精确施加。为清晰、准确地控制索塔应力和线形，在索塔下、中塔柱根部截面、下横梁中部上下缘截面及主动横撑中部等位置，安装应力监测传感器，对索塔施工各个阶段应力进行监控，并对线形进行测量。实际监控测量数据表明：索塔同步和异步施工各阶段内力和线形变化与模型计算结果相吻合，施工安全、数据可控，成塔后线形及内力状态符合设计要求。横撑主动力施加见图 5-25，监测传感器见图 5-26。

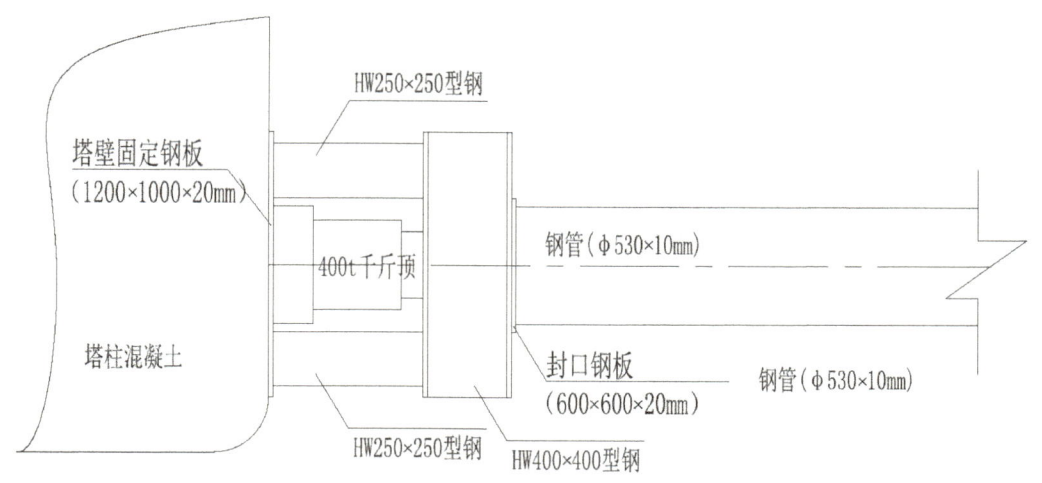

图 5-25 横撑主动力施加示意图

图 5-26 监测传感器

5.2 下横梁施工技术

下横梁是索塔最重要的组成部分，下横梁及梁塔结合处受力复杂。结合实际施工情况，为有效保证下横梁及梁塔连接面施工质量，对下横梁支架进行专项设计，并加强钢筋、混凝土及预应力工程施工。

5.2.1 支架施工

下横梁方量大、自重大，采用整体刚度大、稳定性好的钢管＋贝雷片支架，并针对梁塔结合面，专项设计预埋牛腿＋异型贝雷片的刚性固结支点。

（1）支架设计

钢管立柱基础直接固结在塔座顶面预埋的钢板上，立柱采用12根 $\phi530×10$ 钢管，平联采用 $\phi219×6$ 钢管；在塔柱内侧利用预埋爬锥安装型钢牛腿，牛腿由厚钢板和型钢组焊；钢管立柱顶部设置砂箱，砂箱预先经过预压并锁定;砂箱上安装HW400型钢分配梁,在主受力部位增设加强竖肋钢板;贝雷片上下设加强弦杆,横桥向布置6片,中间4片为标准贝雷片;两端倒角部位为槽钢特制异型贝雷片与型钢牛腿形成刚性支撑,设置钢管斜撑加强刚度;贝雷片顺桥向布置19组,在地面拼装成榀,分组吊装定位,连接片连接为整体。见图5-27。

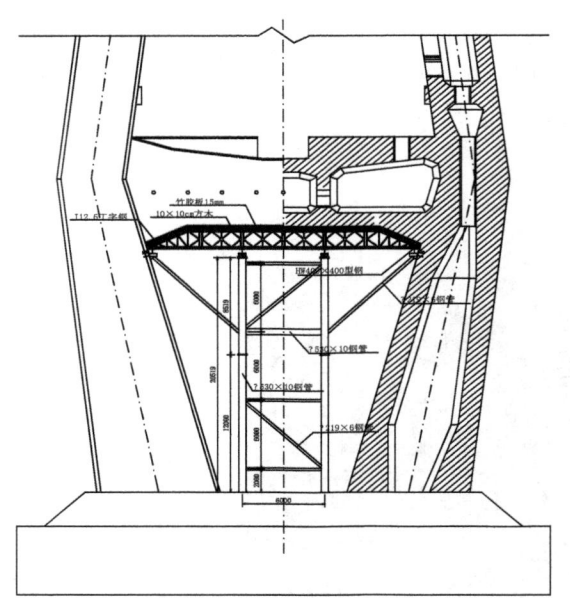
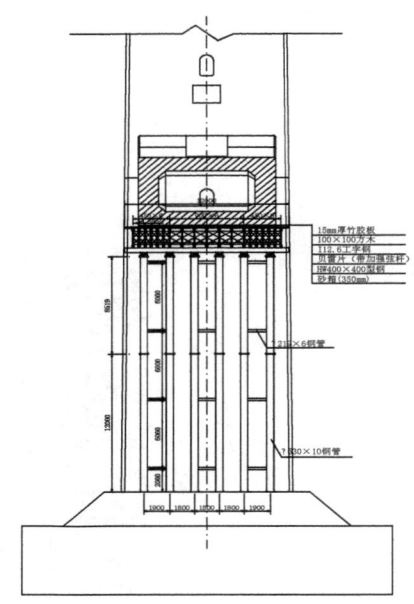

图5-27 下横梁支架设计构造图

(2)支架验算

建立有限元分析模型,钢管立柱底部及牛腿根部x、y、z方向位移约束,各层分配梁采用弹性连接;对贝雷片、各层纵横向分配梁、钢管立柱及牛腿分别验算;并验算型钢牛腿及预埋爬锥安全系数。计算结果见图5-28。

第五章 超高索塔施工方法及关键施工技术研究

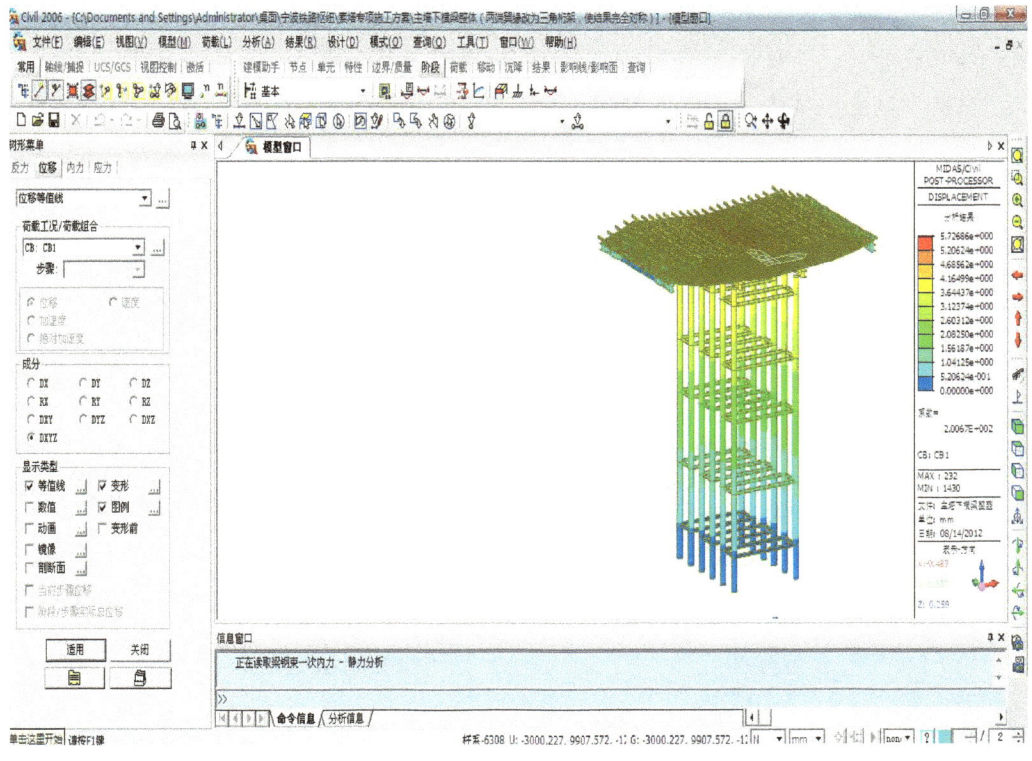

（a）

（b）

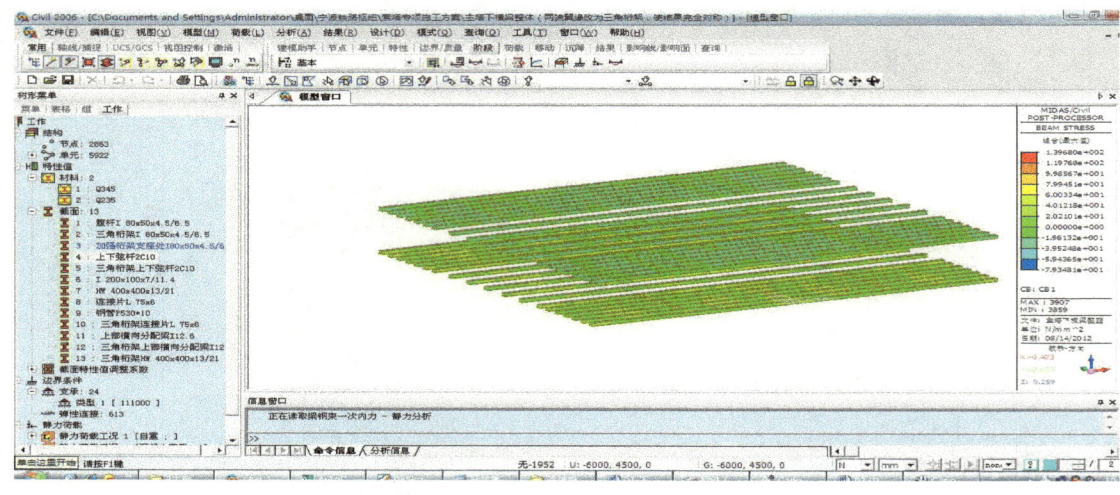

(c)

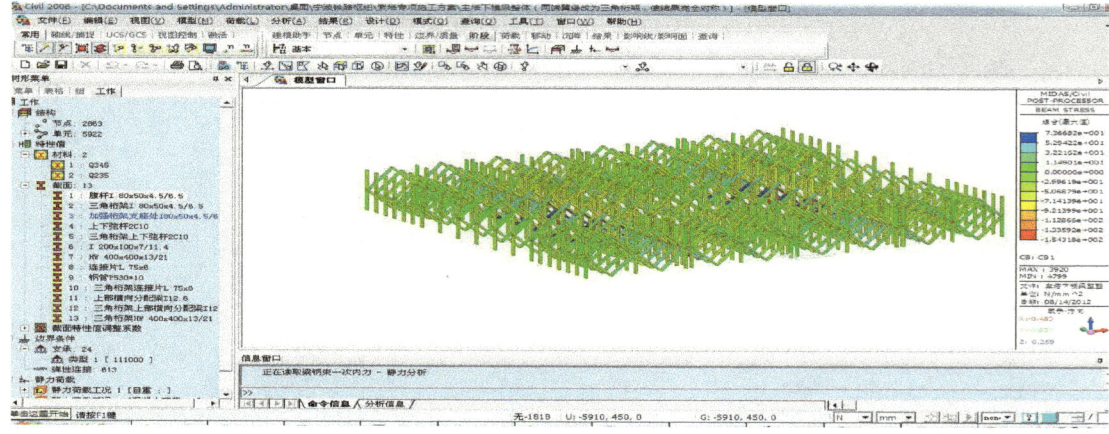

(d)

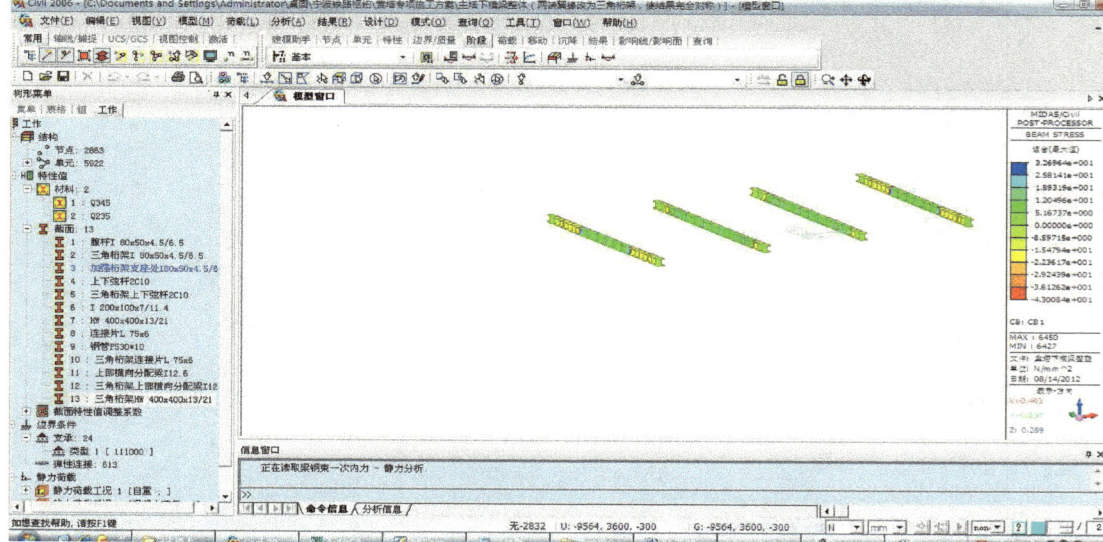

(e)

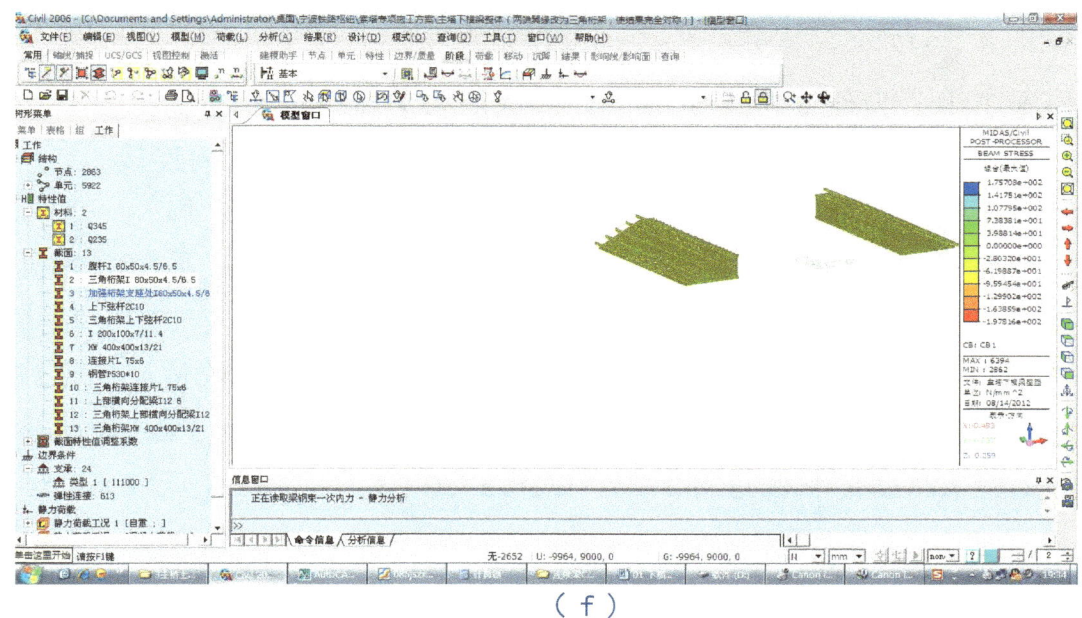

（f）

图 5-28 下横梁支架部分构件验算结果图

（3）支架预压

综合考虑支架结构、荷载布置、施工工期、资金成本等因素，牛腿采用局部堆载预压，消除塑性变形，并采集数据准确掌握变形情况。经过预压得到钢管立柱和牛腿的弹性及非弹性变形值，考虑型钢分配梁和贝雷桁架的非弹性变形量，结合分次浇筑工况，给出底模安装标高。下横梁支架现场施工，见图 5-29。

图 5-29 下横梁支架安装图

5.2.2 主筋接长施工

施工中,为保证接头质量,降低钢筋安装难度,提高施工效率,塔柱竖向主筋和横梁伸入塔柱内部钢筋接长均采用直螺纹套筒连接。

(1) 钢筋直螺纹丝头加工

钢筋利用切割机下料,切口端面应与钢筋轴线垂直;采用滚丝机进行丝头加工,使用水溶性乳化冷却液;钢筋丝头的螺纹应与连接套筒的螺纹相匹配,公差 0～2P;钢筋丝头必须使用专用直螺纹量规检验,通过能顺利旋入并达到要求的拧入长度,止规旋入不得超过 3P;对已检验合格的丝头加盖塑料帽进行保护。见图 5-30,5-31。

图 5-30 钢筋丝头加工

图 5-31 丝头塑料保护帽

(2) 钢筋连接套筒

钢筋连接套筒采用厂制定型产品,产品具有质量保证书,连接套筒尺寸、接头性能等级、适用钢筋品种等均须符合有关现行国家标准的规定。套筒预埋时，空心段填充海绵，顶紧模板，并定位牢靠，防止混凝土浇筑及振捣过程中发生堵塞或移位。

（3）钢筋直螺纹套筒连接

钢筋连接时，将钢筋套丝端对准套筒，轴线重合后缓慢旋入，使用管钳拧紧，连接完成后的钢筋丝头必须在套筒中央位置正对轴线相互顶紧，且外露螺纹不宜超过 2 p。合格的接头应做上标记，与未拧紧的接头区分开来，以防漏拧，不合格的立即纠正，并认真做好现场记录。钢筋安装见图 5-32。

（4）钢筋连接接头检验

扭力检验：现场接头以 100 个为一验收批，每批随机抽检 3 个，采用检验专用扭矩扳手进行检验，Φ32 和 Φ20 钢筋接头最小拧紧扭矩值分别不得小于 320 N·m 和 200 N·m。施工扭力扳手精度不得超过 ±5%，检验扭力扳手精度不得超过 ±3%，每半年校核一次。

抗拉强度试验：现场接头以 500 个为一验收批，每批随机抽检 3 个接头试件，送至试验室做抗拉强度试验，并按规范要求进行接头等级评定，其接头必须达到一级接头质量要求，见图 5-33。

图 5-32 下横梁预埋套筒钢筋安装

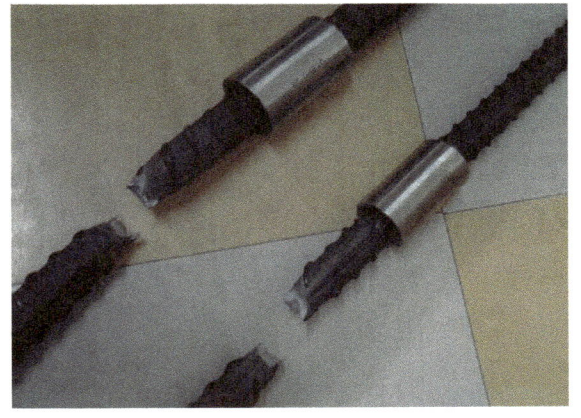
图 5-33 抗拉强度试验

5.2.3 混凝土施工

下横梁采用 C50 高性能混凝土，设计总方量为 1007 m³，高度方向分 2 次浇筑；第一次浇筑底板往上 4.2 m，约 560 m³；第二次浇筑顶部剩余部分混凝土。下横梁及塔身较厚处按大体积混凝土工艺施工。

（1）凿毛

浇筑混凝土强度达到 2.5 MPa 以上后，使用风镐进行凿毛；困难部位在混凝土初凝前采用高压水枪冲洗凿毛；彻底凿除浮浆，露出新鲜粗骨料混凝土面，人工清理混凝土渣，装袋后集中吊运至地面，见图 5-34。

图 5-34 下横梁接触面凿毛

（2）浇筑

采用 HBT80C 高压混凝土泵进行混凝土浇筑，泵管沿塔柱横桥向外侧壁竖向布置，对应施工电梯位置，便于检查和维修。下横梁按照先中间后两端，先底板后腹板的浇筑顺序，对称、同步、分层浇筑，保证支架均匀受力。混凝土自由倾落高度控制在 1 m 以内，薄层浇筑，插入式振捣棒快插慢拔、分层振捣密实；分次浇筑设置齐缝线，使接缝整齐、顺直，确保混凝土外观质量。

（3）温控措施

优化设计混凝土配合比，选用发热量低水泥并减少用量，选用连续级配好、空隙率小的粗骨料，增加优质矿物掺合用量，使用缓凝、高效外加剂，降低混凝土水化升温、提高泵送施工性能和耐久性能。

下横梁及塔身较厚处按大体积混凝土标准施工，布置冷却水管，采用铁皮管，丝扣连接，水平和垂直间距均为 1.2 m，每 3 根为 1 组，纵横向交错布置，设置分支阀门。采用高压水泵集中供水，设置三通管，每组单元相对独立通水循环。结合混凝土芯部布置的测温元件，定期测试温度，通水循环控温，动态控制混凝土内与外温差，防止产生温度应力裂缝。拆模时，在混凝土面及时喷涂专用养护液，防止水分蒸发过快和温度剧烈变化。由于下横梁混凝土在冬季施工，浇筑完成后，及时覆盖塑料薄膜及棉被，保湿保温养护。见图 5-35，5-36。

图 5-35　冷却水管安装

图 5-36　下横梁冬季施工养护

5.2.4　预应力施工

塔柱施工时在外侧壁预埋钢板，焊接悬挑牛腿，满铺脚手板、装防护围栏和安全网，作为下横梁预应力施工作业平台。采用深埋锚、塑料波纹管成 11 孔、先穿束及真空辅助压浆等施工工艺，保证预应力施工质量。

（1）深埋锚工艺

在塔柱外侧壁、预应力束两端，采用深埋锚工艺，最大限度减少截断塔身主筋，解决预应力防腐难题，保证塔身美观。深埋锚钢套筒提前成套加工，在模板处精确定位，固定牢靠，与塑料波纹管连接。为防止孔道变形或堵塞，塔柱混凝土浇筑前，波纹管内套塑料衬管，浇筑完成后，适时拔出。见图 5-37。

  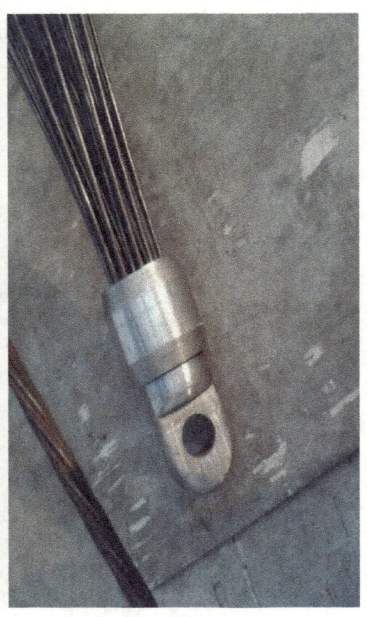

图 5-37　深埋锚套筒安装　　　　图 5-38　预应力束专用锥形护帽和整束梭头

（2）穿束

为确保预应力施工质量，采用先穿束、后浇筑技术。钢绞线在地面下料，考虑张拉工作长度，19 根 1 束，使用专用锥形护帽将单根钢绞线固结，整束交错布置呈梭头状，将整束钢绞线理顺，分段捆扎，利用吊车起吊，人工配合将端头送至孔口，穿束卷扬机钢丝绳通过导向轮从孔道内穿出接应，缓慢将钢束穿入，预判端头在孔道内部位置并人工辅助，直至穿束完成。见图 5-38。

（3）张拉

横梁混凝土强度达到设计要求的 95%，弹性模量达到设计要求的 100% 以后，方可进行张拉施工。首先选取 2 束代表性孔道进行摩阻试验，现场实测摩阻系数，并复核伸长量；定制深埋锚张拉套筒及限位板等，校定施工千斤顶及油表。采用 2 对（共 4 台）千斤顶，按设计张拉顺序，分批、逐级、同步、对称张拉，考虑锚下损失力，以张拉力为主，伸长量为辅，对张拉进行双控。见图 5-39。

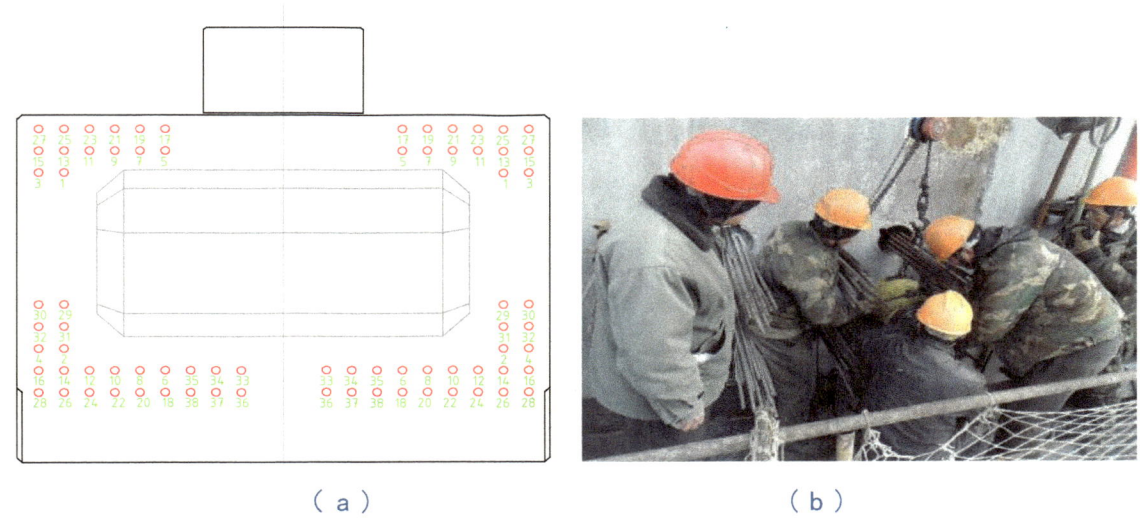

图 5-39　预应力束张拉顺序图示及张拉施工图

（4）真空压浆

预应力束张拉完成 24 小时内完成压浆作业，采用手持式砂轮切割机切除锚头钢绞线，采用环氧胶泥密封锚头，并清理进、出浆孔，安装阀门；浆体采用补偿收缩水泥浆，严格按配比称量，机械搅拌均匀。压浆时，关闭压浆孔阀门，开启出浆孔阀门，连接抽真空机，使管道真空度维持在 60% 以上；开启压浆机和压浆孔阀门，水泥浆进入管道，从出浆口流出，待出浆口浆体稠度与压浆端基本相同时，关闭出浆孔阀门，继续压浆至指定压力，保压以保证孔道内水泥浆体饱满；最后关闭压浆孔阀门，关闭压浆机，结束压浆。见图 5-40。

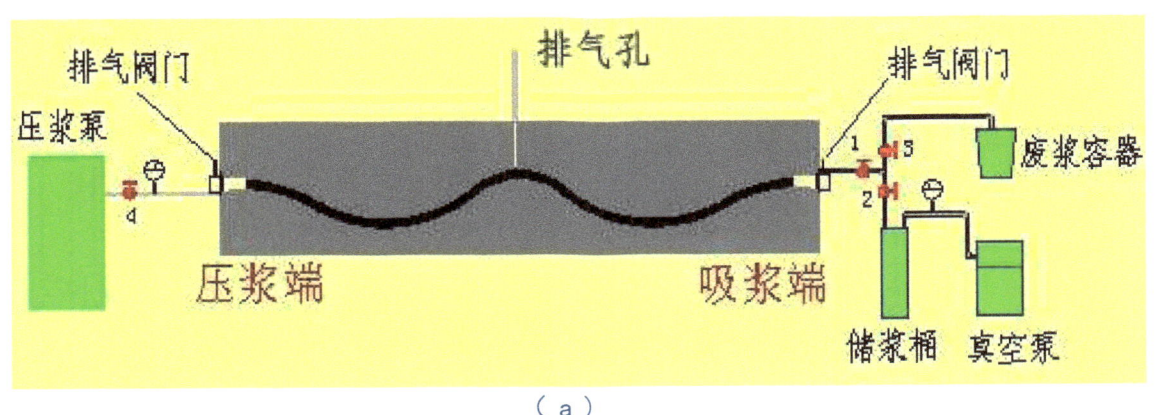

（a）

（b）

图 5-40 真空压浆示意及施工实图

（5）封锚

将深埋锚套筒外端 PVC 管凿除，将锚具进行防锈处理，锚头四周用防水涂料进行防水封闭处理，凿毛槽口面混凝土，设置钢筋网片，最后进行微膨胀封堵混凝土浇筑，完成封锚。

北岸索塔塔梁同步施工见图 5-41，南岸索塔塔梁异步施工见图 5-42。

图 5-41 塔梁同步施工图

图 5-42　塔梁异步施工图

5.3　中塔柱合龙段施工关键技术

中塔柱合龙段由左右塔肢交会而成，交会圆弧半径 $R=1.937$ m，拱宽度 3.85 m，拱高度 1.719 m；合龙段为实心结构，内部对称设计 2 个截面 1.2 m×1.2 m 的爬梯井；合龙段总高度 7.219 m，由于爬模设计单节段最大施工高度为 6.13 m，且考虑拱形支架体系安全，故将合龙段混凝土分两次浇筑，第一次由拱脚往上浇筑 3.019 m，第二次浇筑 4.2 m。合龙段离地 120 m，混凝土方量较大；塔端斜拉索第 1 对索套管（S1/M1，共 4 根）直接锚固于合龙段混凝土中，且合龙段顶部直接支承首节钢锚箱，结构受力复杂，施工难度大。采用无落地支架的型钢牛腿＋拱形支架进行合龙段施工，并采用三维空间模拟技术结合支架定位装置，对索套管进行精确定位。合龙段详细结构如图 5-43。

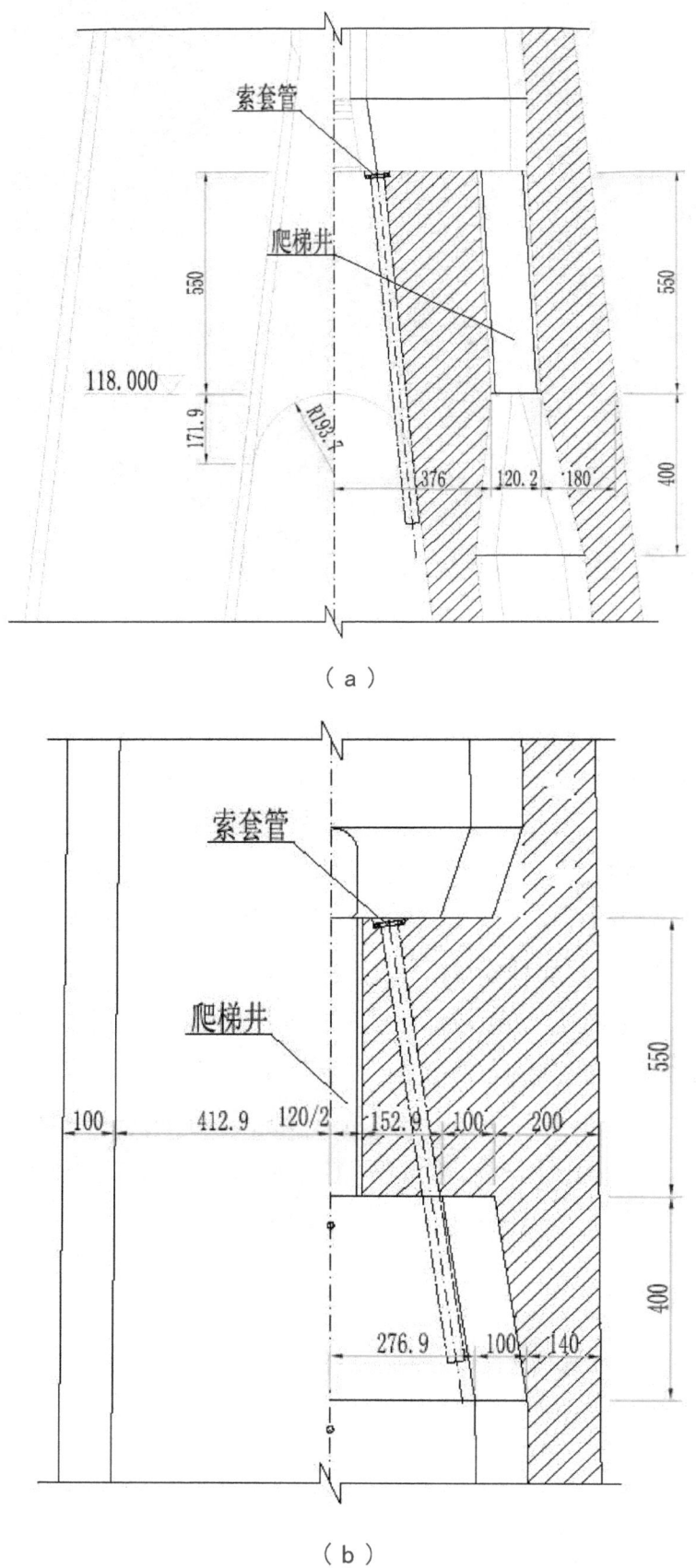

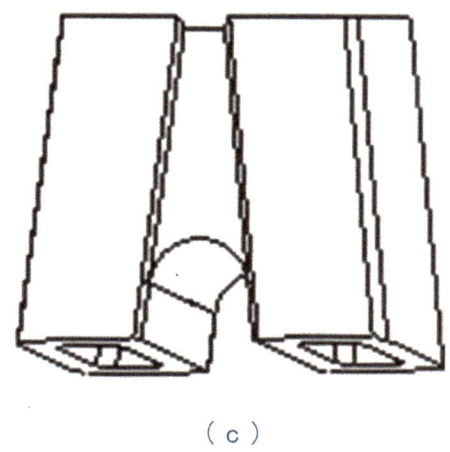

（c）

图 5-43 中塔柱合龙段结构图

5.3.1 拱形支架施工

拱形支架体系由预埋牛腿组件、砂箱、型钢分配梁、拱形支架单元及模板系统组成。支架单侧设计 4 个牛腿，牛腿由型钢和钢板组焊，并增设抗剪加劲板；单个牛腿由 16 个 M32 高强螺栓安装于锚固在混凝土中的爬锥上。拱架单元由双槽钢水平杆、槽钢拱圈及中间钢管撑杆组成，共设置 18 片。模板系统由沿拱圈铺设的方木及竹胶板组成。拱形支架体系正面详见图 5-44。

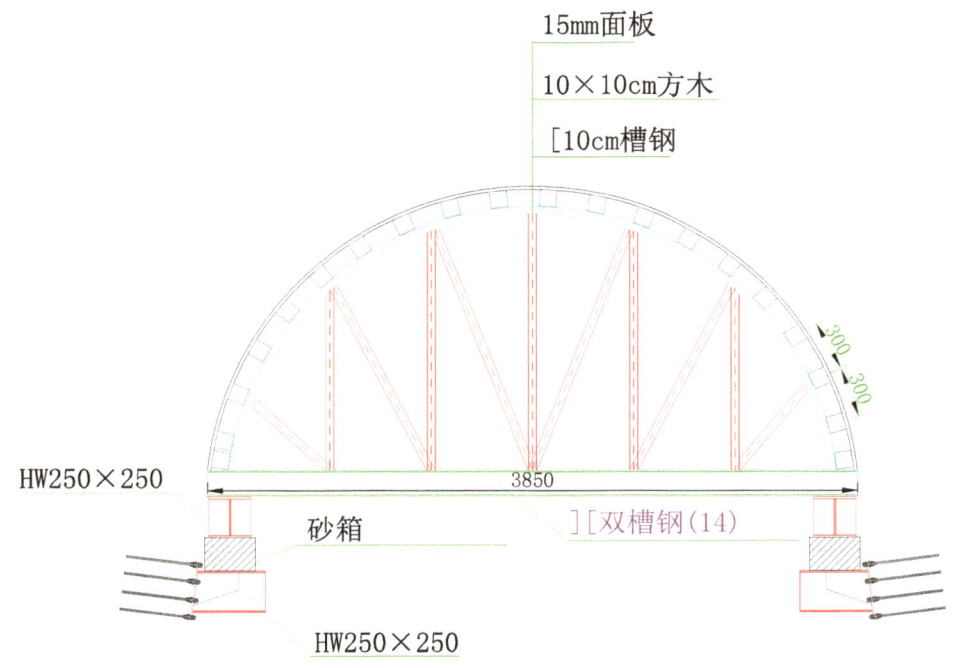

图 5-44 拱形支架体系正面结构图

为验证拱架体系的强度及刚度,建立有限元分析模型进行计算。计算结果见图5-45。

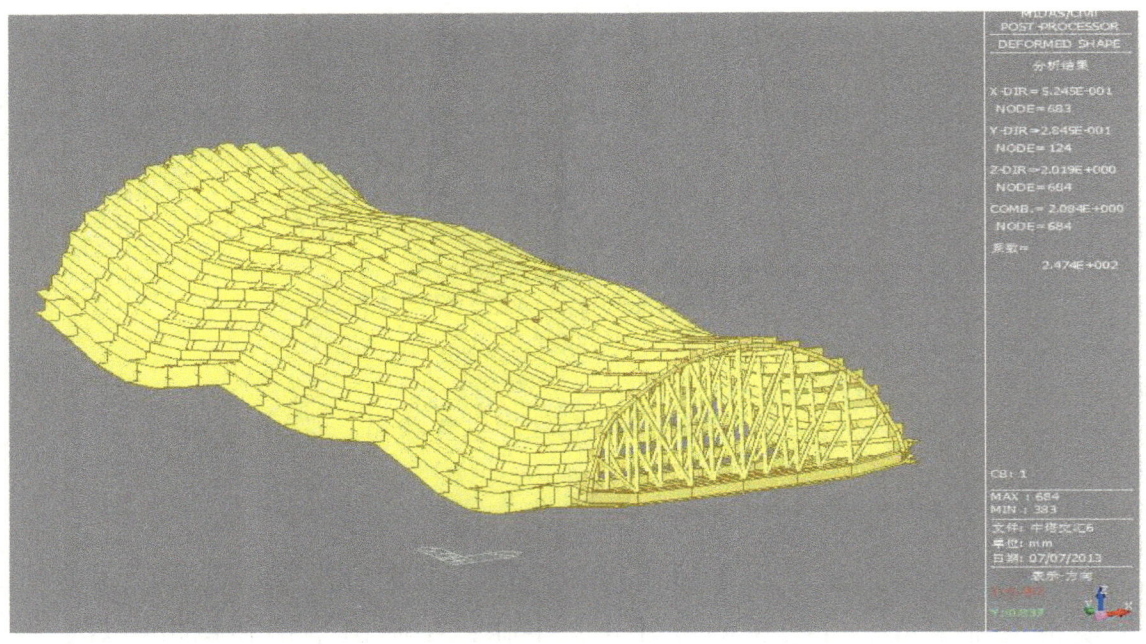

(a)

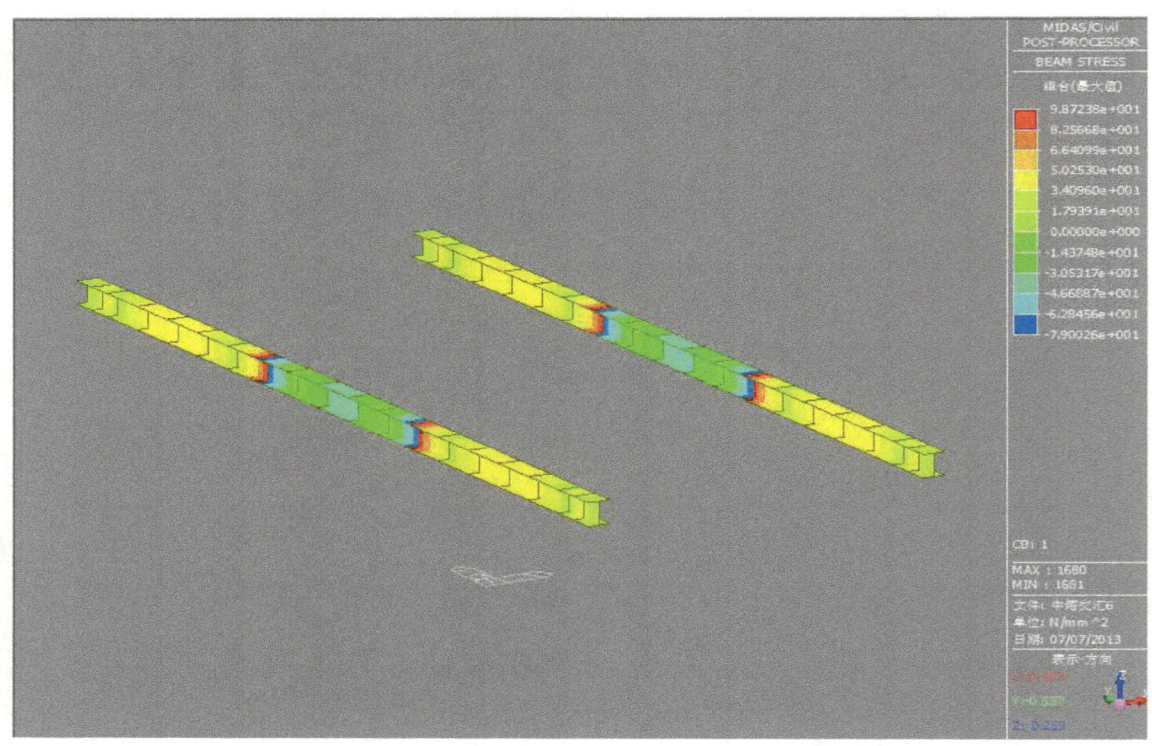

(b)

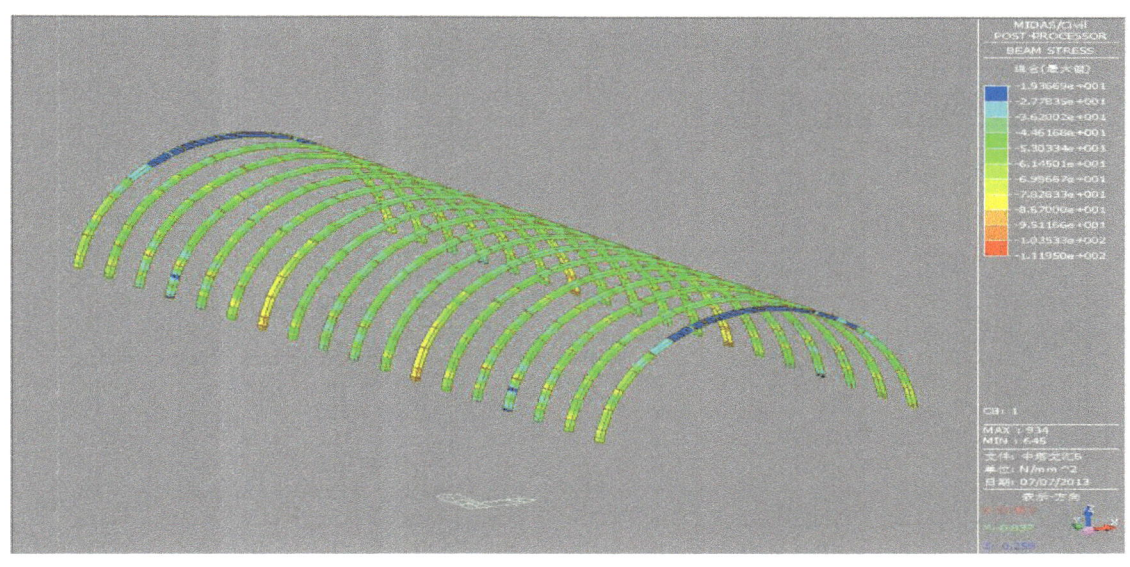

（c）

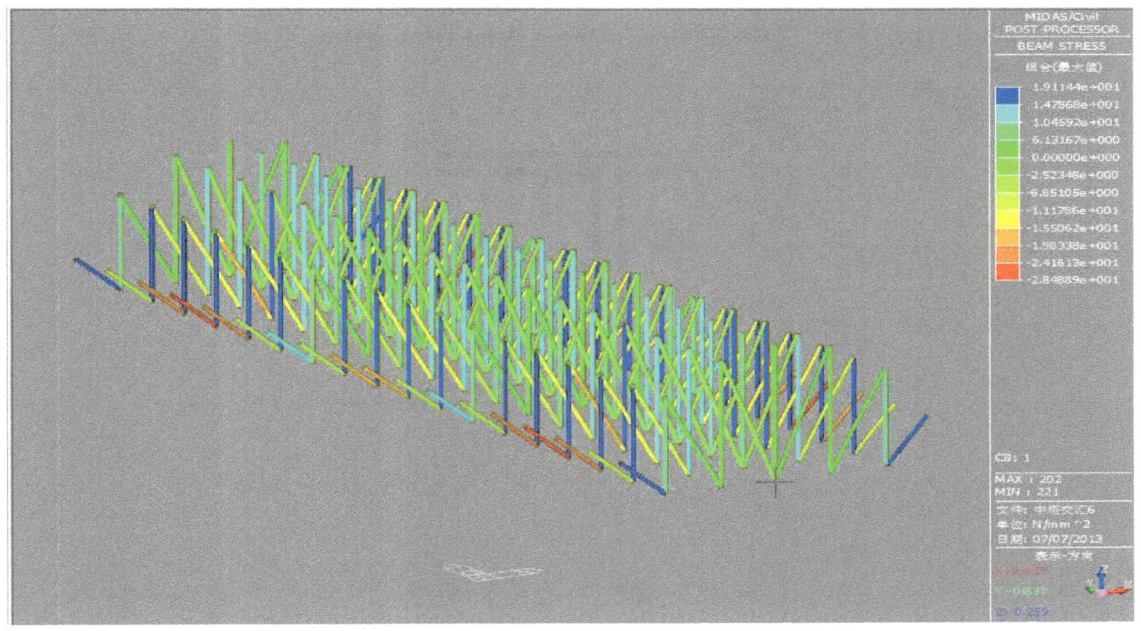

（d）

图 5-45 拱架部分构件验算结果图

由上图可以看出，拱架各构件均满足检算要求。此外，还根据牛腿处最大支反力，对牛腿螺栓群抗剪、焊缝及锚固长度进行检算，其结果均满足施工要求。检算模型见图 5-46。

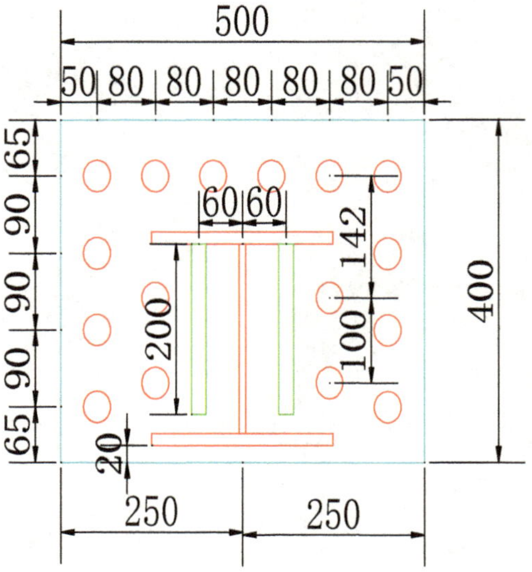

（a）

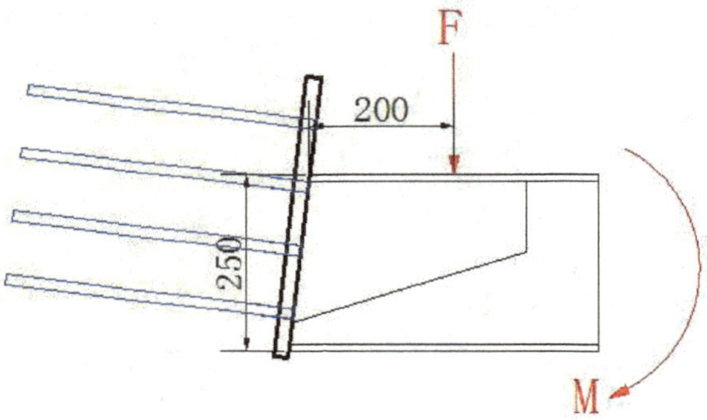

（b）

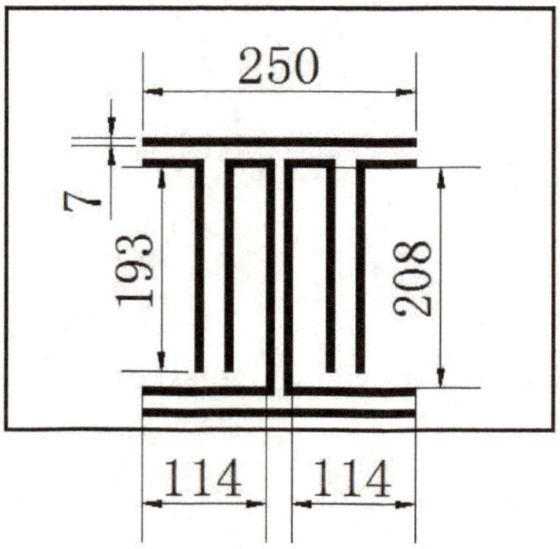

（c）

图 5-46 受力简化模型

中塔柱合龙段拱形支架体系现场施工，详见图 5-47。

（a）

(b)

图 5-47 中塔柱合龙段拱形支架体系

5.3.2 首对索套管精确定位施工

索套管是斜拉索的重要组成部分，其定位精度直接决定索塔及斜拉索的受力状态。索套管单根索导管长 7.6 m，重 0.75 t，长度长、重量大；穿越多层预应力、钢筋网及拱形模板，空间位置复杂。施工中采用直接测量法，对索导管顶底口坐标进行精确放样；通过 CAD 三维空间模拟技术，对索套管空间位置进行模拟并确定拱形模板开孔位置和形状；设计索套管辅助定位支架，采用塔吊吊装安装，倒链初步调节定位，螺栓精调准确定位，最后进行精确复测。具体详见图 5-48。

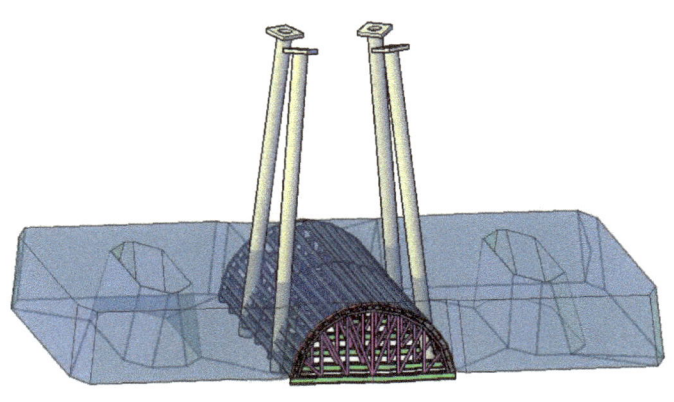

(a)

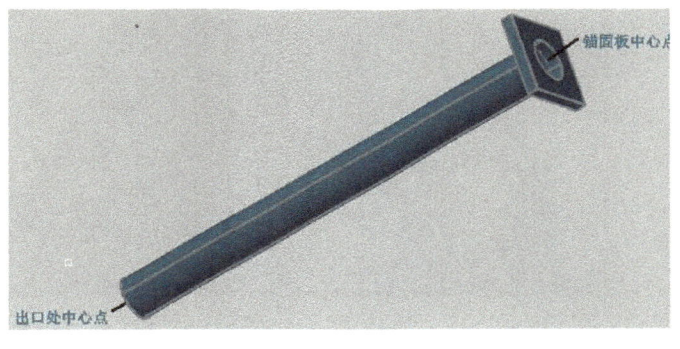

(b)

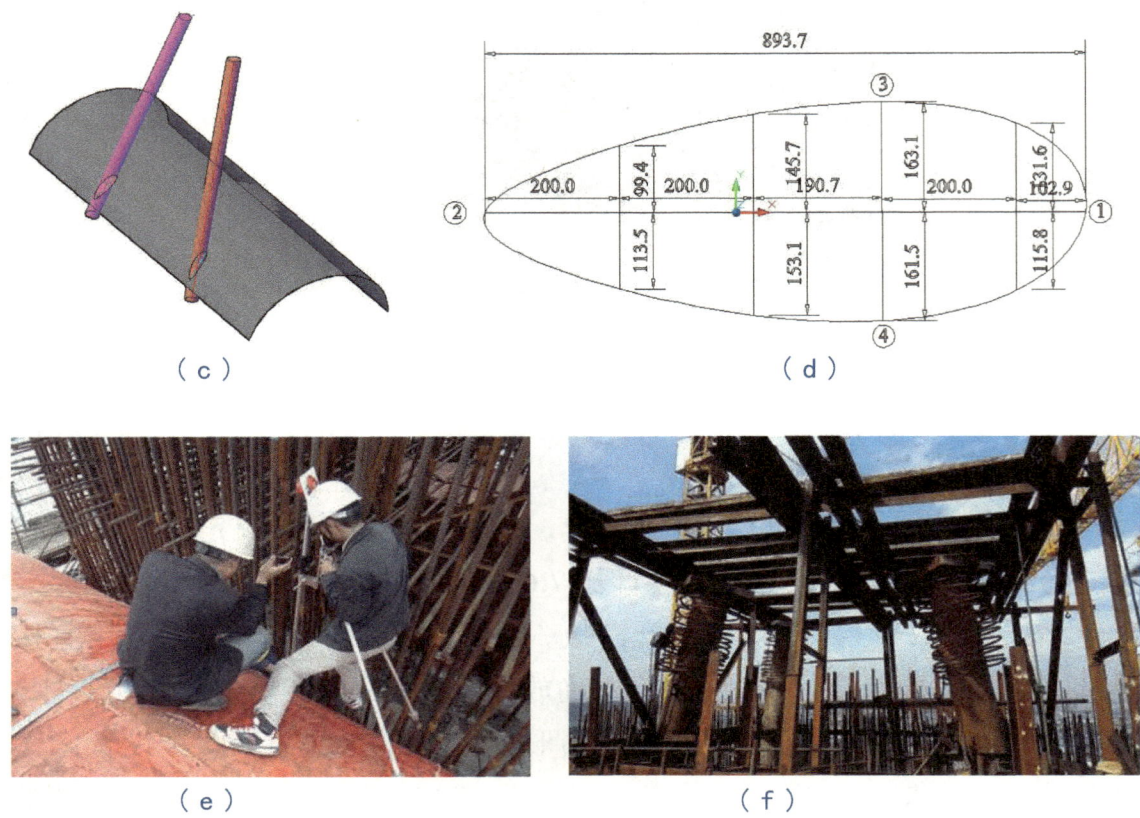

图 5-48 索塔管定位模型及施工图

索塔中塔柱合龙段施工完成，见图 5-49。

图 5-49 中塔柱合龙段施工完成图

6 钢锚箱精加工及安装施工关键技术

参考国内外钢锚箱先进安装控制理念，结合本工程实践，钢锚箱现场安装误差主要由首节钢锚箱安装精度和现场测量2大部分决定。

6.1 索塔钢锚箱节段制造工艺

钢锚箱作为斜拉索锚固结构，第2~25对斜拉索锚固在钢锚箱上，单塔共计48节，分A、B、C三类，见图5-50；25#斜拉索（最上端）对应为A类钢锚箱1.9 m，宽6.3026 m，高1.85 m；3~24#斜拉索（中间部分）对应钢锚箱为B类钢锚箱宽1.9 m，长6.34~7.23 m，高1.85~3.8 m；2#斜拉索（最下端）对应为C类钢锚箱宽2 m，长7.35 m，高5.66 m，钢锚箱节段之间采用10.9S级M24高强螺栓连接。钢锚箱由侧面拉板、端板、锚垫板、承压板、上下支承板、横隔板和加劲肋等构件组成。其中侧面拉板采用25 mm厚钢板，端板、支承板和承压板均选择40 mm厚钢板，锚垫板采用80 mm厚钢板，横隔板16 mm厚。索塔钢锚箱主材采用Q345qD钢，各项技术指标符合《桥梁用结构钢》（GB/714—2008）的相关规定。对于板厚≥28 mm的Q345qD钢，要求为抗层状撕裂Z25性能钢板，检查孔盖、斜拉索套筒及吊耳等辅助结构采用Q235C钢。索塔钢锚箱全桥共计96节，总重约1355 t。

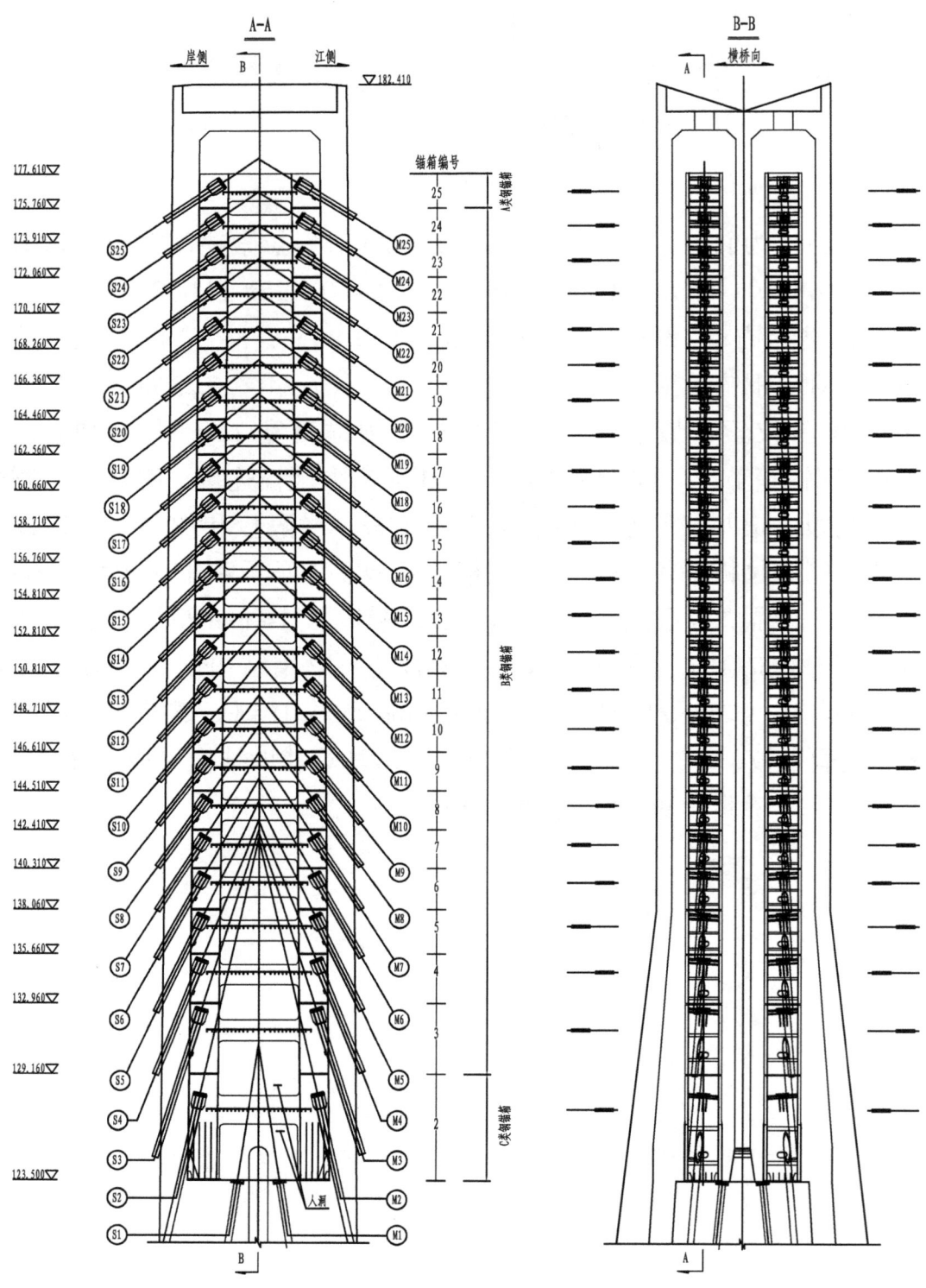

(a)

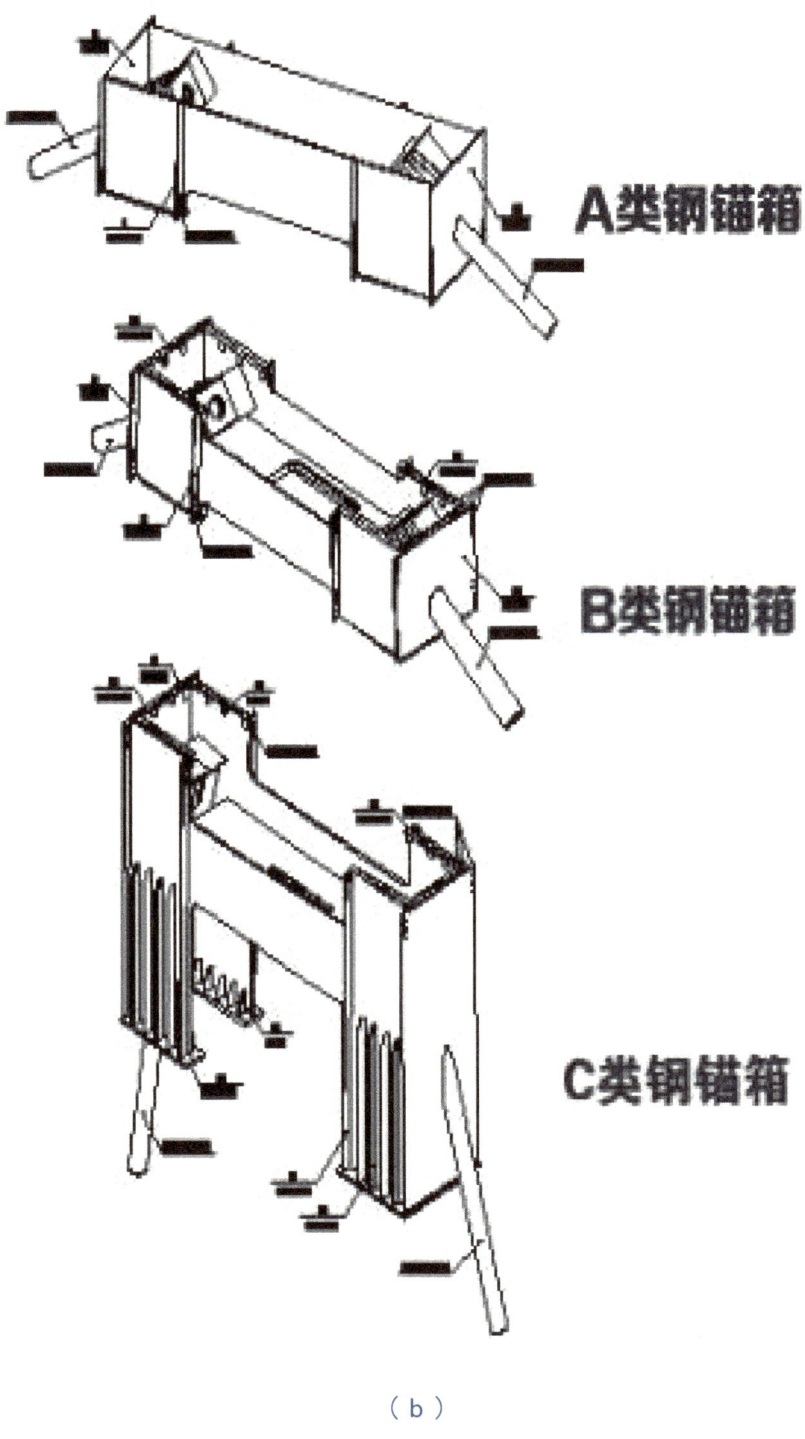

（b）

图 5-50 索塔钢锚箱划分及三维示意图（单位：cm）

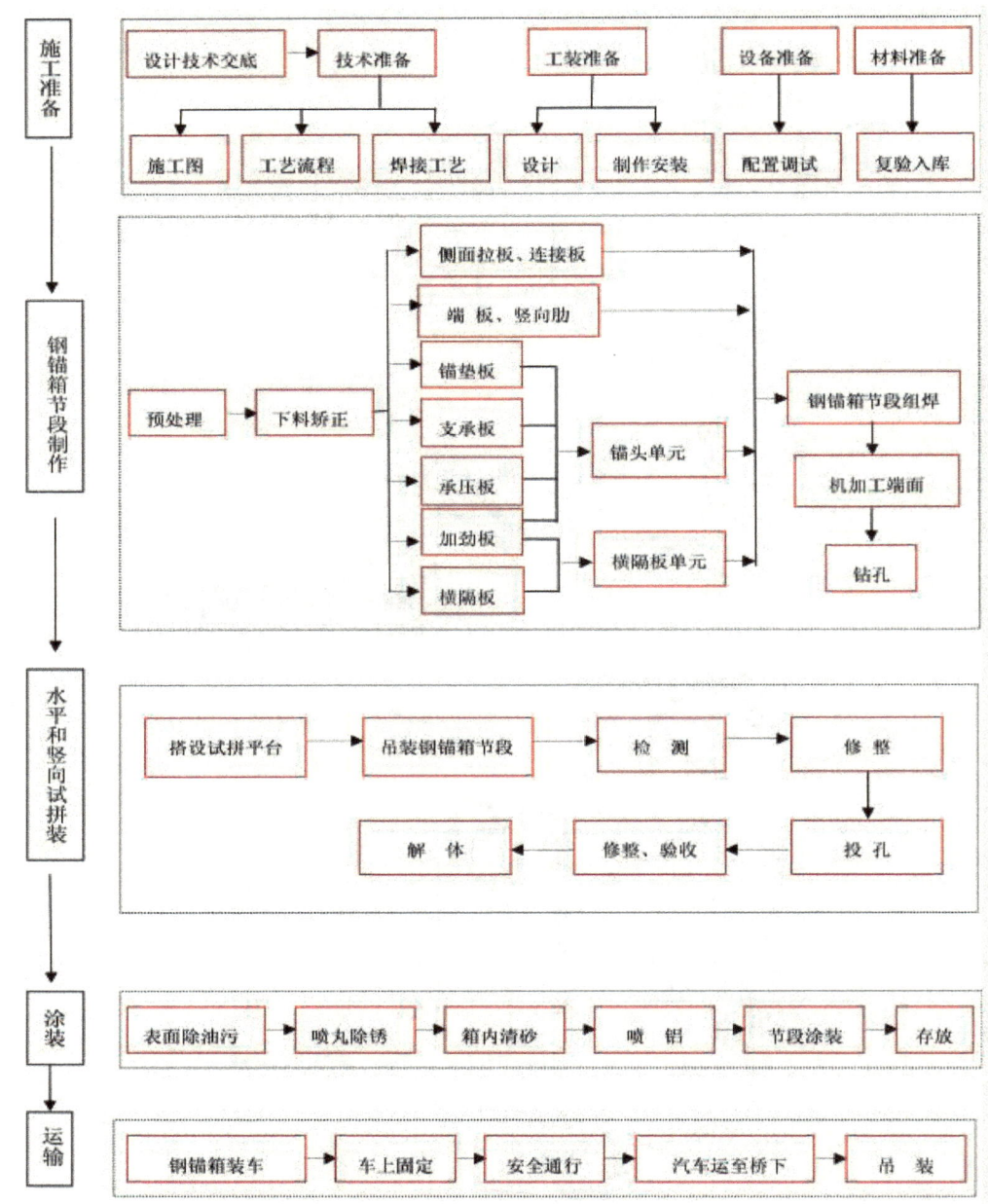

图 5-51 钢锚箱制造工艺流程图

根据索塔钢锚箱的设计结构特点、工艺要求及生产设备能力等因素，索塔钢锚箱制造采用"零件—部件—节段—试拼装—涂装"方式生产，节段之间的高强螺栓孔以后孔法为主，先孔法为辅的制孔方式。即在车间内首先将侧面拉板、端板、承压板、支承板、锚垫板、横隔板、竖向肋、连接板及加劲板等零件制作完成；然后在专用组装胎架上将承压板、支承板、锚垫板和加劲肋组焊成锚头单元，横隔板和加劲肋组焊成横隔板单元等部件；接着在专用组架上将以上零部件组焊成钢锚箱节段，焊缝探伤合格后，修正焊接变形，进行机加工钢锚箱连接端面并钻制节段连接板孔群；钢锚箱节段检测合格后倒运至试拼装平台上进行水平和竖向试拼装，检测节段连接平整度和倾斜度等；试拼装数据检测合格后倒运至喷砂房进行喷砂涂装；最后通过汽车运输至桥位进行安装。具体制作工艺流程图，见图5-51所示。

6.1.1 侧面拉板加工及划线

侧面拉板采用数控割床编程下料，侧面拉板本身的几何尺寸得到精确加工。侧面拉板划线是为钢锚箱节段组装提供基准，是钢锚箱整体几何尺寸控制关键环节，精度要求高，划线重点控制锚固点中心和 α 角度，见图5-52。所以，对侧面拉板施工采取高精度加工和划线工艺：①采用精密数控火焰割床下料，见图5-53；②制定划线的精度要求及检测方法，见表5-7，要求划线工和检验人员严格按精度要求执行；③选择经验丰富的老划线工人，在平台上精准划线，见图5-54。

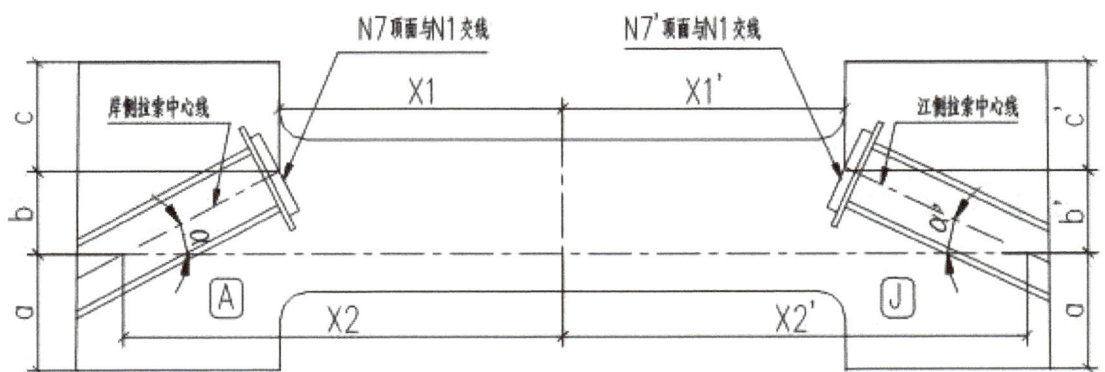

图 5-52 侧面拉板划线示意图

图 5-53 精密数控下料

图 5-54 侧面拉板在划线平台上精准划线

表 5-7 侧面拉板精度要求及检测方法

序号	检测项目	检测内容	允许偏差值 /mm	检查工具及方法	备注
1	划定位线、加工边缘线	划线偏差	0.5	钢板尺	
		锚头定位角度 α	0.1°	直角尺、钢板尺	$\tan\alpha$
2	钢衬垫焊接	钢衬垫与钢板密贴	0.5	塞尺	
3	铣边机加工	长度 v_1、v_4 宽度 h_0	±1.0	钢卷尺	边缘加工后
		对角线差	≤1.5	钢卷尺	

6.1.2 锚头单元制作

锚头单元由锚垫板（N7）、承压板（N8）、支承板（N3、N4 和 N6）和加劲板（N5）等零件组成，是钢锚箱制作的关键部件，它的加工质量直接影响到钢锚箱索套管的角度。

（1）锚头单元组装及焊接

锚头单元组装时，控制要点如图 5-55 所示：

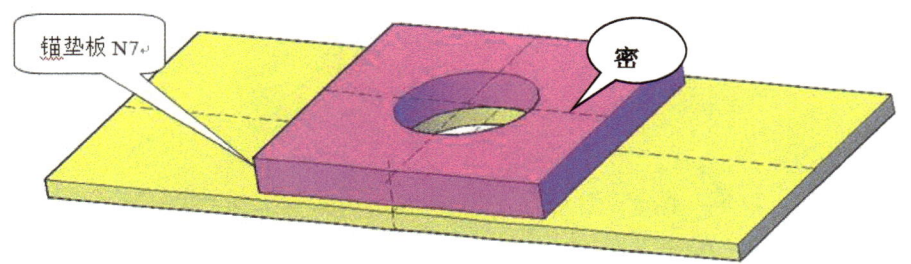

（a）锚垫板 N7 与承压板 N8 之间密贴

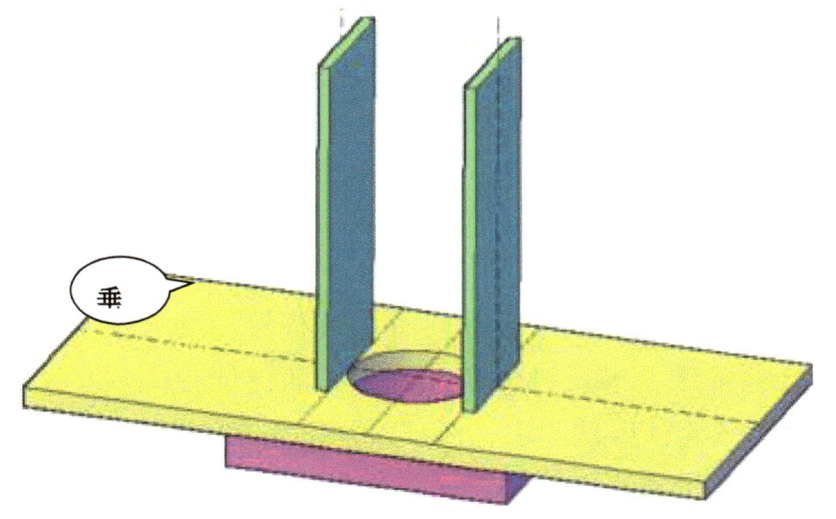

（b）加劲板 N6 与承压板 N8 之间的垂直度

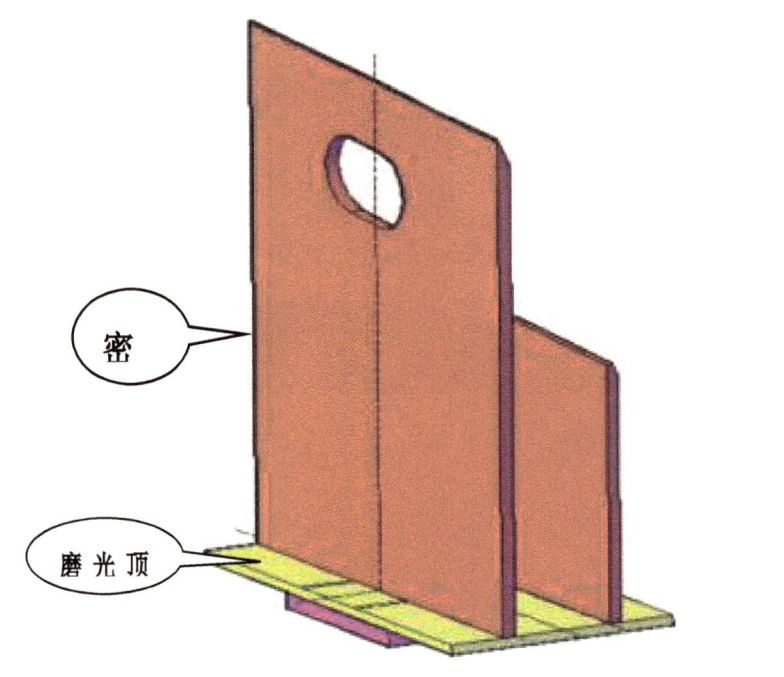

（c）上、下支撑板 N3、N4 与承压板 N8 之间磨光顶紧和垂直度

（c）上、下支撑板 N3 与 N4 之间的平面平行度

图 5-55 锚头单元组装控制要点示意图

（2）锚头单元机加工

因为锚头单元上、下支撑板须同时与端板保持磨光顶紧，所以对上下支撑板采用数控铣床上进行机加工，使加工面保证在同一平面上。锚头单元机加工时采用螺栓杆压铁固定，保证机加工的稳定性，见图 5-56。

图 5-56 锚头单元上下支撑板机加工

（3）锚头单元检测

锚头单元的检测，重点是各板件的平面度、密贴和磨光顶紧、支撑板与承压板垂直度、锚孔中心位置等的检测。锚头单元的精度要求及检测方法见表 5-8。

表 5-8 锚头单元精度要求及检测方法

序号	检测阶段	检测内容	允许偏差值/mm	检查工具及方法	备注
1	锚头单元组装	密贴、磨光顶紧部位检查	≤ 0.2	塞尺	设计文件要求
		装配垂直度	≤ 2	角尺、铅锤、钢板尺	
2	锚头单元焊后检查	锚垫板平面度	1	平尺、塞尺、平台	
		支承板平面度	1mm/m	平尺、塞尺、平台	
		锚垫板与支承板垂直度	≤ 2	角尺、铅锤、钢板尺	
		扭曲度	≤ 2.0	角尺、平台	
3	锚头单元机加工	加工后高度 h	−0.5～0	游标卡尺	
		加工后宽度 b	0～+1.0	游标卡尺	
		锚孔中心位置	0～0.5	钢板尺	
		锚垫板与支承板垂直度	≤ 1	角尺、铅锤、钢板尺	

6.1.3 钢锚箱组装焊接技术

（1）钢锚箱组装工艺技术流程

钢锚箱采用侧立法组装。其组装工艺技术流程见图 5-57 所示。

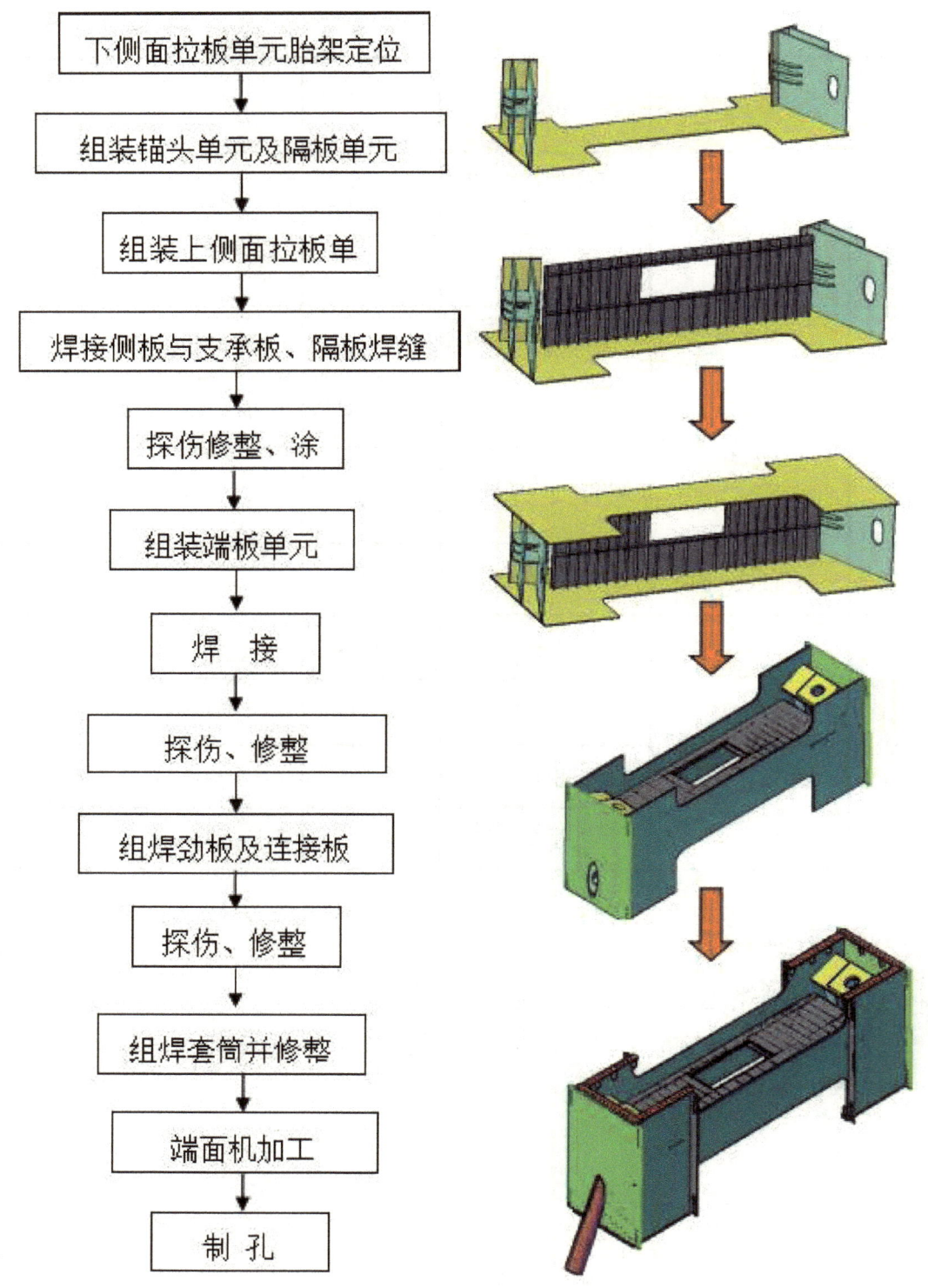

图 5-57 钢锚箱节段组装流程示意图

（2）钢锚箱组装工艺具体技术步骤

①组装下侧面拉板

在整体组装平台上以定位靠档定位下侧面拉板单元，并用羊角压码将下侧面拉板与平台压实紧固,控制其平面度≤1mm/m 为合格,如图 5-58 所示。

图 5-58 下侧面拉板在总拼平台上用羊角压码压实定位

②组拼锚头单元

锚头单元与侧面拉板的定位组装是整个锚箱组装的核心工序,重点控制其中锚头单元锚垫板承压板与侧面拉板的倾斜度、锚头锚固点坐标、上下支承板与侧面拉板的垂直度,见图组 5-59 所示。

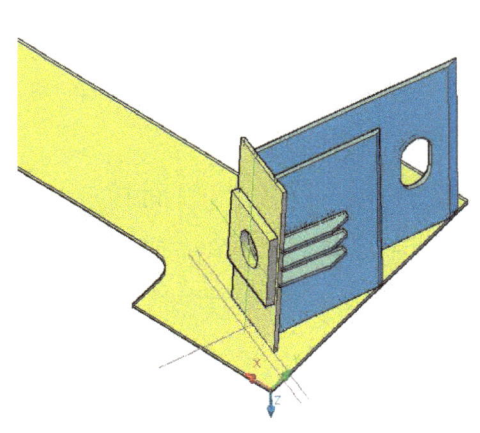

(a)锚头单元组装定位线示意图

(b)定位线重合

(c) 锚头单元锚固点定位　　(d) 线锤与直尺配合检测支承板垂直度

图 5-59　锚头单元与下侧面拉板定位过程

③组拼横隔板单元和上侧面拉板

划线组装横隔板单元和上侧面拉板单元技术要点如下。

a. 横基线为依据划出横隔板在侧面拉板上的装配位置线,将已矫正成形的横隔板单元横向竖直放置于装配位置线上,检测横隔板单元与侧面拉板的垂直度,并用斜撑筋固定,见图 5-60 所示。

b. 以基准线配合定位组装上侧面拉板单元,首先使侧面拉板与胎型挡角密贴,其间隙控制在 1mm 范围内,同时用平尺检查锚垫板平面延长线与侧面拉板上的锚头定位线重合情况,微调使其误差控制在 0.5mm 范围内,保证 2 块侧面拉板的相对位置准确,经过专项检查合格后点焊固定,见图 5-61 所示。

图 5-60　组装横隔板单元

图 5-61　组装上侧面拉板

④进行锚头单元与侧面拉板熔透角焊缝焊接

由于锚箱整体定位焊后，刚度较小，需要对其加固，即将锚头单元与侧面拉板的 8 条焊缝用 CO_2 保护焊对称施焊 3～4 道打底焊后翻身出胎，在焊接平台上按照焊接工艺要求完成剩余焊缝，施焊操作见图 5-62 所示，焊接工艺见表 5-9。焊接侧面拉板与锚头单元时，可采用边焊接边进行修整的工艺方法，即每焊接 3～4 道焊缝以后进行 1 次火焰修整以减小焊接变形和焊后残余应力的产生，避免出现不可修复的变形。焊接完成后进行无损检测。

图 5-62　锚头单元与侧面拉板的焊接

表 5-9　焊接工艺表

评定标准：TB10212—2009	索塔钢锚箱焊接工艺方案		共　页　第　页	
对应工艺评定：	焊工资质：CO_2 焊Ⅱ类焊工		焊接设备：CO_2 焊机	
母材材质：Q345qD	焊接方法：135		焊缝要求：全熔透	
母材规格：25+40	适用部位：上、下支撑板与侧面拉板		接头类型：角接	

坡口形式＋装配形式：	焊道次序＋焊道布置：
（37°坡口，板厚40，根部3，钢衬垫，板厚25）	（焊道1~17布置，钢衬垫）

接头类型：钢板表面经过预处理除锈	接头清洁：打磨待焊区，至露出金属本色
坡口制作：火焰精密切割	装配精度：间隙为 3～4 mm
装配方法：吊装装配	焊前去潮：空气湿度＞80%时，焊前烘枪去潮
板块标识：对板块的名称，正、反面等做标识	预热条件：环境温度＜5 ℃或板厚≥25 mm
加热方式：采用烘枪均匀加热	预热范围：在焊接坡口两侧，不小于 100 mm
温度检测仪器：点温计	预热温度：80～100 ℃
背面处理：碳弧清根	层（道）间温度：120～180 ℃

温度检测方法：加热停止后，宜在焊接反面测量，测温点应离电弧经过点各方向不超过 75 mm		
气体类型：CO_2	气体纯度：＞99.5%	气体流量：16～18 L
焊剂烘焙温度：—	焊剂保存温度：—	焊剂保温时间：—

焊接工艺规范	焊接层数	工位	方法	焊接材料		极性 (AC/DC)	焊接电流	焊接电压	焊接速度 (mm/min)
				规格	焊丝	符合标准			
	1	平焊	135	φ1.2	ER50-6	DC（—）	220～240	22～26	—
	2～17	平焊	135	φ1.2	ER50-6	DC（—）	260～320	28～34	—

内部质量	焊缝全长要求进行 100% UT，B 级检验，Ⅰ级合格。
外观质量	所有焊缝不得有裂纹、未熔合、夹渣、焊瘤和未填满弧坑等缺陷，焊缝外形平滑过渡，焊缝表面不得凹凸不平，严禁周围有飞溅痕迹。
注意事项	1. 不允许在母材上随意打火、起弧 2. 焊前焊接区域必须清理干净 3. 层间清理要彻底 4. 所使用焊接设备读数偏差必须在允许范围之内 5. 根据品板厚度，适当增减焊道层次

⑤锚头单元与侧面拉板组合件的修整

在组装端板之前，对已组装的钢锚箱整体进行依次系统的修整，对箱体的外形尺寸、对角线差和箱体扭曲度等进行检测，见图组6-14所示。首先将锚箱置于修整平台上，矫正锚箱扭曲，将锚箱中心线分别返至平台上和锚箱上平面，矫正锚箱上、下平面半中心距为B/2（B为锚箱宽度）。公差要求：锚箱扭曲1 mm，半中心距B/2 ± 1 mm，锚箱对角线差3 mm，侧拉板平面度5 mm。依据检测数据，对箱体进行火焰矫正，使偏差满足以上要求。

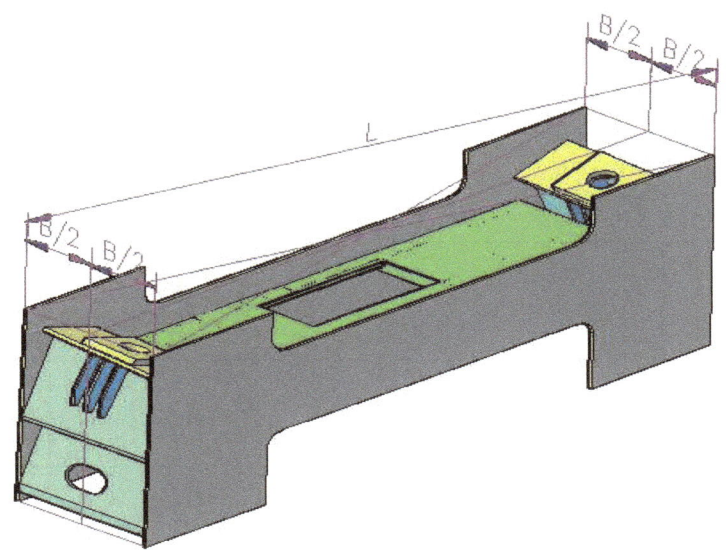

（a）锚头单元与侧面拉板组合件检测修整示意图

（b）组合件尺寸检测　　（c）组合件火焰矫正变形

图5-63　锚头单元与侧面拉板组合件检测和矫正过程图

6.2 钢锚箱节段整体机加工技术

钢锚箱连接面采用机加工处理,即采用大型数控加工中心:数控龙门镗铣床(见图5-64),对连接面进行车铣并编程钻制孔群。该大型数控龙门镗铣床为进口机械,具体参数见表5-10,车铣端面精度能达到0.060 mm/m²,钻孔精度能达到0.05 mm/m,足以保证钢锚箱节段高强螺栓摩擦面密贴(要求:间隙小于0.2 mm)且节段连接板高强螺栓孔100%通过率,同时钢锚箱轴心垂直度及标高均得以控制。

表 5-10 参数表

设备名称	8000AG/S 20-Gantry 1 数控龙门镗铣床		
参 数		参 数	
主轴功率 /kW	113	滑枕垂直行程 /mm	(Z)3500
主轴最大扭矩 /N·m	10 700	工作台面至主轴端面距离 /mm	8000
工作台 /mm²	28 000×7000	工作台承载重量 /(t/m²)	15
最大行程 /mm	(X)29 000	主要功能	铣、镗、钻、铰、攻丝
立柱间有效间距 /mm	8000		
主轴头横向行程 /mm	(Y)9000	主要加工	大型焊件、铸造件
横梁垂直行程 /mm	(W)6000		

图 5-64　数控龙门镗铣床

6.2.1 加工前的检测及划线

在划线平台精度得到确认的情况下,将钢锚箱三点支撑(千斤顶)平放在平台上,调整千斤顶,利用经纬仪核对钢锚箱纵、横基准线与平台垂直;利用高度尺检测锚垫板中心高度坐标值,使其偏差不大于2mm,调整时兼顾钢锚箱轴线垂直度偏差,使两者偏差状况处于最佳状态;测量钢锚箱实际高度值,与理论值进行核对计算出钢锚箱上下连接面板的加工量,见图5-65所示;利用等高划线尺,划出加工线,并用冲钉做好标记,见图5-66所示。

图 5-65　钢锚箱机加工前整体尺寸检　　图 5-66　钢锚箱在划线平台上划出机加工线

6.2.2 钢锚箱机床放置与装夹固定

（1）钢锚箱在机床上放置方式

钢锚箱在机床加工件基座上采用纵向平躺的方式放置，见图5-67所示。

图 5-67 钢锚箱在机床上放置

（2）装夹固定的原则是：

①所有角点须予以支撑；

②锚箱在装夹后本身要处于无应力状态；

③待加工表面位置正确，并尽量接近于镗床主轴端面；

④装夹可靠，不能在加工过程中发生振动及位移；

（3）装夹固定采用的方法：主要支撑用于调整待加工表面位置，辅助支撑布于各个角点；在主要支撑点上方予以垂直的下压夹紧；在锚箱的3个侧面施以水平方向上的施力定位，见图5-68。在锚箱的指定部位用仪表予以监测，并严格执行机加工工艺规程。

图 5-68 钢锚箱在机床上的支撑与装夹

6.2.3 连接面机加工及钻孔

（1）车铣连接面

采用数控龙门镗铣床对钢锚箱连接端面按加工线进行机加工，选择合理的切削三要素进行加工，刀具在精铣时必须保证刀片的数量齐全锋利，车铣端面精度能达到 0.060 mm/m^2，足以保证钢锚箱节段高强螺栓摩擦面密贴要求（间隙小于 0.2 mm），同时钢锚箱轴心垂直度及标高均得以控制，见图 5-69 所示。

（2）精钻螺栓孔群

同样采用数控龙门镗铣床对钢锚箱连接端面按编制程序进行钻制节段连接板孔群，钻孔精度能达到 0.05 mm/m，足以保证节段连接板高强螺栓孔 100% 通过率，具体过程见图 5-70 所示。

图 5-69 车铣连接面

图 5-70 钻制连接面孔群

6.2.4 钢锚箱机加工后节段检测

钢锚箱节段机加工完成后，倒运至检测平台，对钢锚箱成品节段进行检测，检测项点主要为钢锚箱长度、宽度、高度、腹板角度、箱口对角线偏差、支承板组装位置以及锚垫板位置偏差等项点。

6.3 钢锚箱预拼装

钢锚箱加工精度直接影响桥位安装精度，采取节段试拼装验证钢锚箱制造精度，试拼合格的钢锚箱经过防腐方可运抵现场正式安装，严格控制钢锚箱加工精度。钢锚箱结构见图 5-71。

（1）试拼要求

钢锚箱竖向试拼节段数量不少于4个（第一轮为3个），每轮次预拼装顶部一节钢锚箱作为下一轮次拼装底部首节钢锚箱。试拼装应选择在日出之前或者阴天时，在专用铸铁平台上进行，并且保证钢锚箱上下端温差在1℃之内。试拼见图5-72。

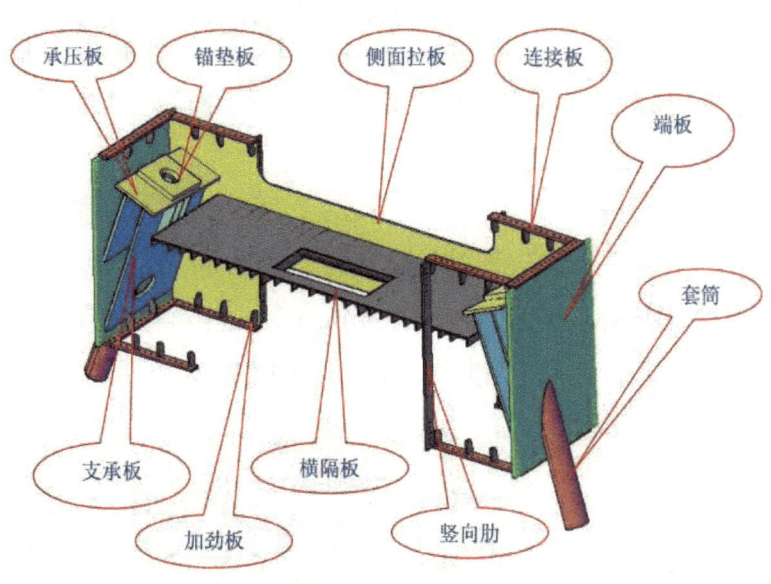

图 5-71 钢锚箱结构图

图 5-72 钢锚箱试拼轮次及作业

(2)试拼测量

对试拼装钢锚箱各项参数(节段高度、垂直度、锚固点空间位置等)进行精密测量和计算,分析轴线偏位及锚固点坐标等参数精度符合下表5-11要求。

表5-11 钢锚箱试拼装尺寸允许偏差(单位:mm)

检验项目	允许偏差	备 注	检测工具及方法
试拼装长度(全长)	±5.0	两端头钢锚箱节段横基线间距	钢卷尺、弹簧秤。当试拼装分段累计总高误差超限时要在下次试拼装中进行调整
试拼装长度(全高)	±2.0	相邻钢锚箱节段横基线间距	
试拼装垂直度	H/3000	测量钢锚箱轴线 H:为试拼装高度之和	钢板尺、经纬仪
接口错边量	≤2.0	个别角点≤3.0	钢板尺
试拼装整体扭曲度	±4.0	两宽面垂直度偏差	钢板尺、经纬仪
节段连接面	密贴	用0.2mm塞尺检查,塞入面积不得超过25%	0.2mm塞尺
首节钢锚箱复位精度	0.2	每一轮次第一节钢锚箱复位	全站仪
栓孔通过率	100%	上下节段连接面的高强螺栓孔重合率	小于设计孔径0.7mm的试孔器

(3)试拼结果

根据每轮次试拼装测量数据,建立数字化仿真线形控制模型,动态掌握制作线形误差,及时给出修正信息,指导后续节段的加工和现场安装控制,实现对钢锚箱整体精度的控制。

(4)成品保护

建立钢锚箱仿真模型,模拟吊装受力状态进行有限元分析,结合钢锚箱实体构造,考虑结构重心和吊装便利等因素,选取最佳吊点并进行吊耳设计。钢锚箱运输和吊装过程中,应做好安全保护措施,吊运应采用专用的吊装工具,并在棱角处做好防护,防止钢锚箱在吊运过程中发生变形。

6.4 首节钢锚箱标高修正

索塔受基础沉降、混凝土收缩、徐变和弹性压缩等影响,施工中采取以下措施对首节钢锚箱标高进行修正,保证钢锚箱高程定位精度。有必要对索塔竖向累计变形进行计算分析,以便预估索塔标高预抬量。

(1)索塔施工过程中,加强基础沉降监测,根据监测数据,分析基础沉降与荷载的变化曲线图,预测成桥阶段基础沉降总量。

(2)采用Midas有限元软件建立索塔模型,考虑索塔混凝土收缩、徐变和弹性压缩,对索塔竖向累计变形进行计算分析,由图5-73可知,索塔在首节钢锚箱处竖向理论变形为28 mm,最大累计竖向位移为29.7 mm。

(3)施工过程中,埋设监测原件、采集监测数据,分析索塔变形情况。

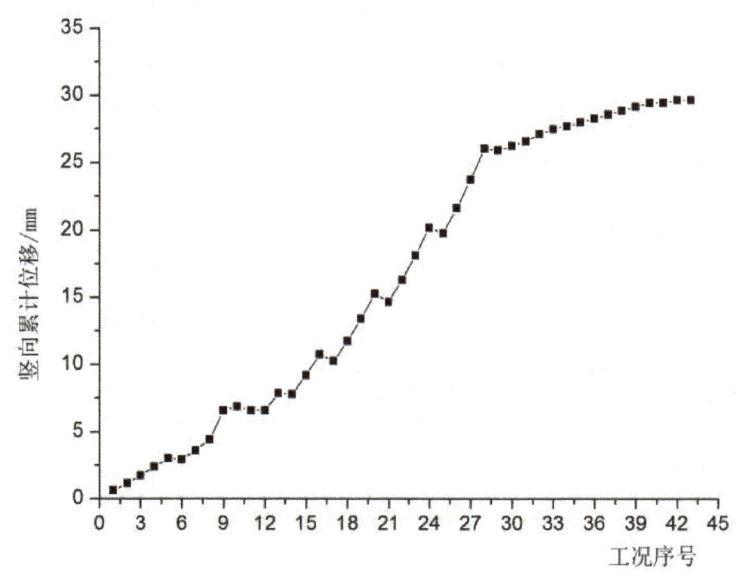

图5-73 索塔各工况下竖向位移变形图

施工中,综合分析,对首节钢锚箱底部标高预抬32mm,使钢锚箱在成桥后处于设计的正确位置。

6.5 首节钢锚箱安装

首节钢锚箱是所有钢锚箱安装的基准,精确定位十分重要,其安装精度决定钢锚箱整体安装精度。首节钢锚箱在工厂整体加工,然后沿中心线分为江侧和岸侧2部分,现场桥位拼装后精确定位,分块连接采用高强螺栓连接。安装、定位施工中,设计定位基座,以精确定位基座达到控制钢锚箱精度的目的。

(1)基座设计

利用预埋钢板作为首节钢锚箱四角承重基座,钢板设置地脚螺栓并配套螺母，可以精确调平；考虑首节钢锚箱分块吊装、现场拼接，中部设置钢管支架作为支撑。安装首节钢锚箱前，精平钢板并注浆密实，预埋钢板周围及钢管支架顶部均设置多个千斤顶对首节钢锚箱精确定位起三向调节作用。基座详见图5-74。

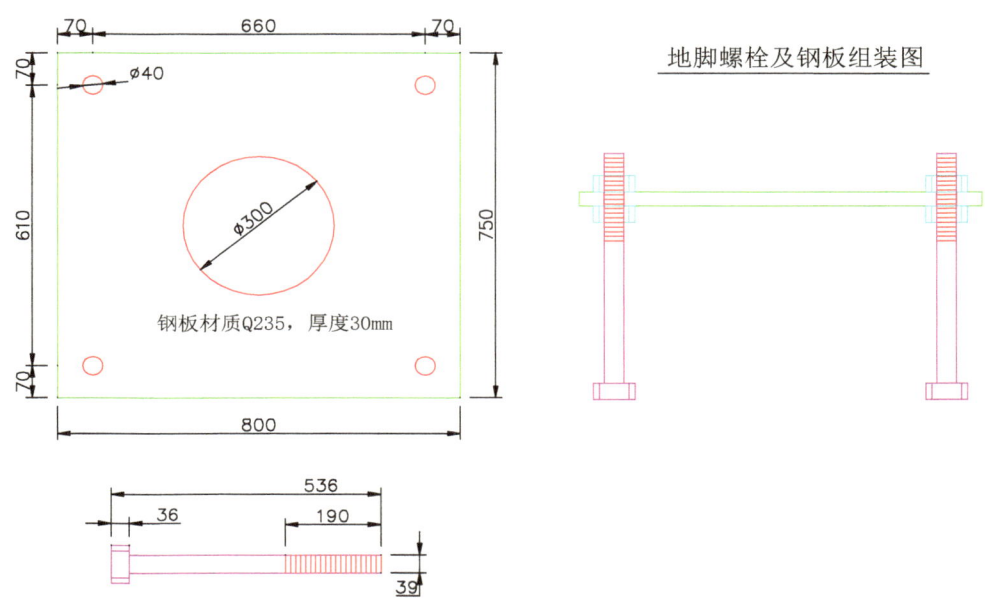

地脚螺栓材质Q235，直径39mm，螺纹长度190mm

（a）

（b）

图5-74 定位基座结构图

（2）基座施工

①基座预埋：在首节钢锚箱底部节段施工时，预埋地脚螺栓和钢板，保证钢板位置、标高和螺栓垂直度、螺纹外露长度等；钢板厚度30mm，预先加工，中间开圆孔，表面抛光打磨，保证平整度；钢板上下面各设

置1个螺母。用竹胶板加工方盒（无顶盖），使混凝土浇筑时，埋件部位形成凹槽，便于后期精确调平；指定位置埋设钢管支架底口钢板。见图5-75。

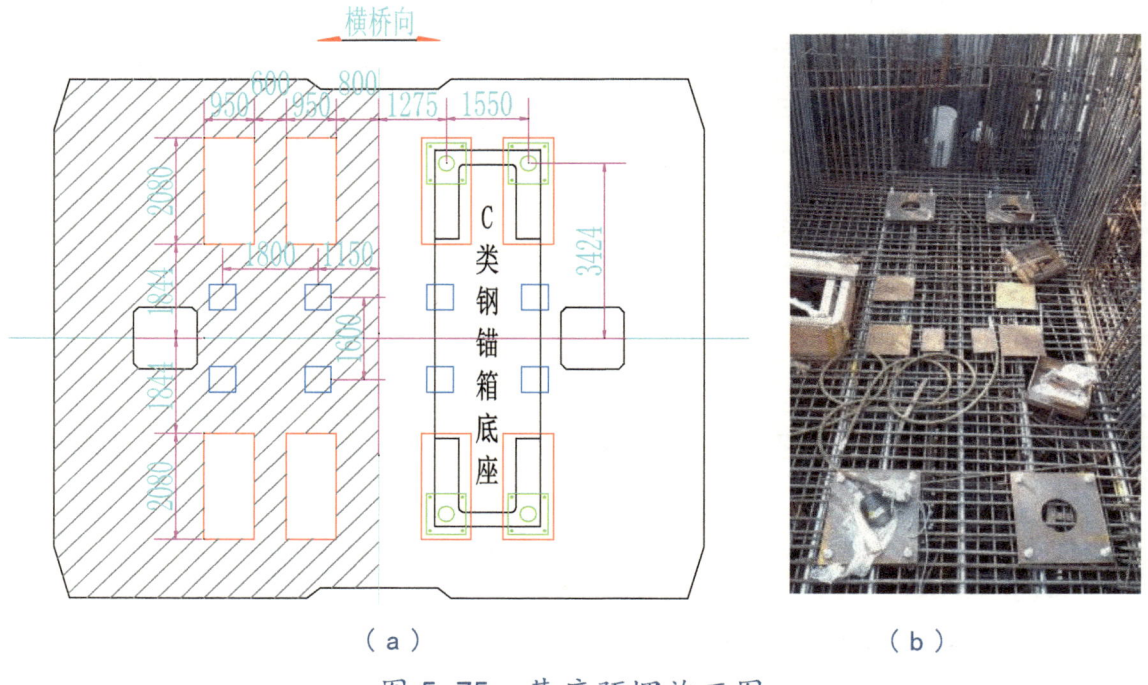

图5-75 基座预埋施工图

②基座精平：混凝土浇筑后，利用地脚螺栓螺母，结合精密水准仪精确调平每一块钢板并固定。单块钢板及所有钢板统一平面，精度控制在±0.1mm。

③基座注浆：复测钢板标高和平整度，使用支座砂浆将精平钢板底部灌注密实，清除钢板表面污质。

④精确放样：使用精密全站仪结合先进测量技术，准确放样首节钢锚箱安放控制点，做好标记，弹出墨线，焊制坡口钢板，引导钢锚箱安放于正确位置。

基座完成精平、注浆后，见图5-76。

图 5-76 定位基座施工完成图

（3）首节钢锚箱安装

使用塔吊分别将江侧和岸侧首节钢锚箱安放到对应侧基座上，利用基座周围及钢管支架顶部设置的多组千斤顶对 2 个半幅钢锚箱进行调节，使其螺栓孔匹配对接，安装高强螺栓并初拧，为防止终拧高强螺栓时钢锚箱发生移动，焊接马板锁定钢锚箱下脚，随后终拧高强螺栓，完成钢锚箱拼装作业。解除钢锚箱下脚马板，再次通过千斤顶将钢锚箱精确定位于基座上并锁定，采用 M50 补偿收缩砂浆将钢锚箱底部空隙灌注密实，并进行超声波检测，完成整个首节钢锚箱施工。首节钢锚箱安装施工见图 5-77，安装完成见图 5-78。

（a）

（b）

图 5-77 首节钢锚箱安装施工

图 5-78 首节钢锚箱安装完成

6.6 后续钢锚箱安装

钢锚箱安装流程：节段钢锚箱吊装定位—安装精度测量—高强螺栓群按顺序初拧—安装精度复测—高强螺栓群按顺序终拧—高强螺栓抽样验收及节段钢锚箱验收。节段钢锚箱安装施工，见图 5-79。

（a）

（b） （c）

图 5-79 节段钢锚箱安装施工

6.7 施工测量控制

钢锚箱安装过程中测量主要分为平面测量和高程测量。钢锚箱位于索塔标高 123.5m 及以上，超高空定位，加之桥位区域近海临江，气象复杂，常年多雾多风，为保证测量精度，布置精密的平面和高程控制网，并定期进行复测。配备先进的测量设备，并采取以下测量方法：

6.7.1 平面测量控制方法

由于塔高、自然环境条件差，索塔在日照、温差、风力、风向、振动等外界条件变化影响下发生摆动，进而对精确测量带来较大困难。采取对塔柱进行变形监测，采集数据，通过分析、计算，得出塔柱的"中心位置"，测量时通过追踪棱镜，对实时放样结果进行修正，达到精确放样的目的。

（1）在已施工完成的中塔柱合龙段断面四周布置 4 个"监测棱镜"，利用全站仪对监测棱镜进行持续 3 天、间隔 4 小时的周期观测，记录每次观测数据、时间、温度、气压以及观测时的风力、风向等数据，以第一次观测成果为基准值，每次观测值与基准值比较，计算索塔横、纵、竖向偏移，掌握外界条件变化影响下索塔的摆动变形规律，推算索塔"中心位置"。见图 5-80。

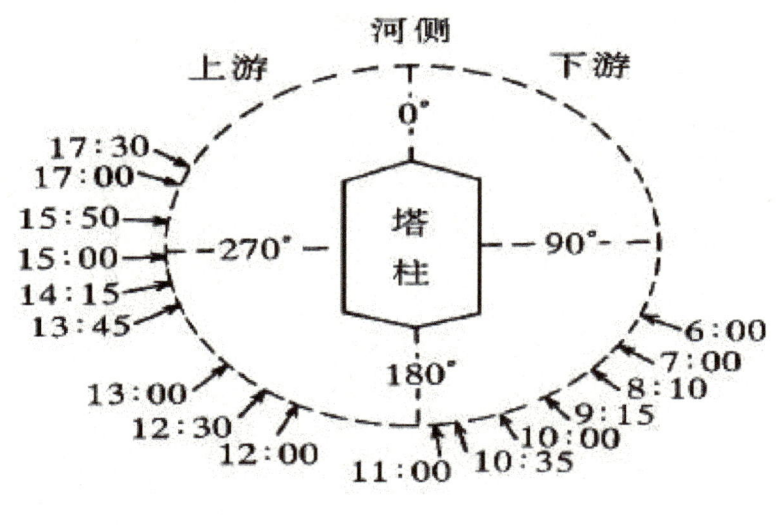

(a)

(b)

图 5-80　不同时间索塔受太阳照射方位图（2013 年 8 月）及塔身监测棱镜安装实图

（2）在塔柱安放钢锚箱节段混凝土面设置两个"追踪棱镜"，在日照、温差最小的夜间时段，测量追踪棱镜位置坐标（近似认为索塔的"中心位置"，与上述比较），然后在任意时刻现场定位钢锚箱时，首先测得追踪棱镜的实时坐标，与"中心位置"下的坐标比较，得出坐标修正量 Δx 与 Δy，然后对放样点坐标进行实时修正，最后精确放样。见图 5-81。

第五章 超高索塔施工方法及关键施工技术研究

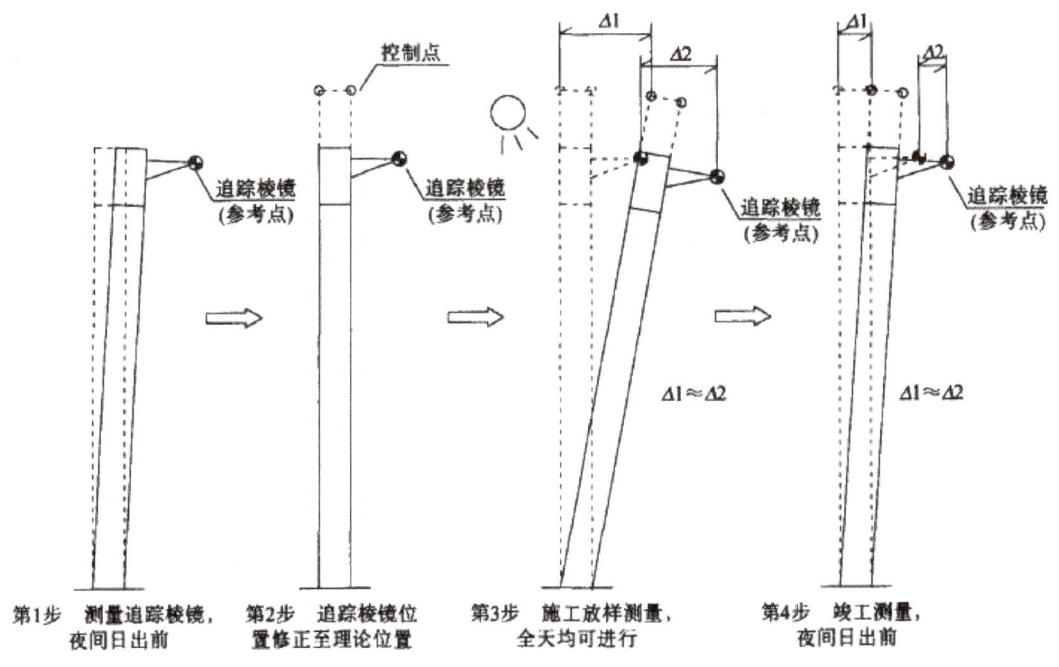

图 5-81 追踪棱镜法示意图

实际测量控制中,为获得更高精度,采取多次数、多设备、多方法测量,并相互复核。钢锚箱平面控制误差小于 5mm,符合精度控制要求。测量工作不局限于夜间环境因素相对稳定时段,提高了施工效率,并积累索塔变形监测的资料和经验。

6.7.2 高程测量控制方法

利用全站仪测距精度高、速度快优势,本工程应用"全站仪精密天顶测距法"进行高程传递。影响全站仪高程传递精度的因素主要有:测量距离的误差、常数测定误差、设置铅垂线的误差以及水准测量高差的误差。

(1) 在索塔上部设置标高控制点,安装反射棱镜,在塔座顶面放样上部控制点的铅垂投影点并做好标记,将全站仪架设于投影点,后视高程控制网基准点,得出仪器高程,再将仪器望远镜旋转至天顶,照准上部控制点棱镜,测出仪器到棱镜的距离,重复步骤,计算取平均值得出棱镜点处高程,再采用精密电子水准仪(配铟瓦尺)将棱镜点高程传递至钢锚箱相关部位,进行高程测量常规控制。全站仪精密天顶测距法见图 5-82。

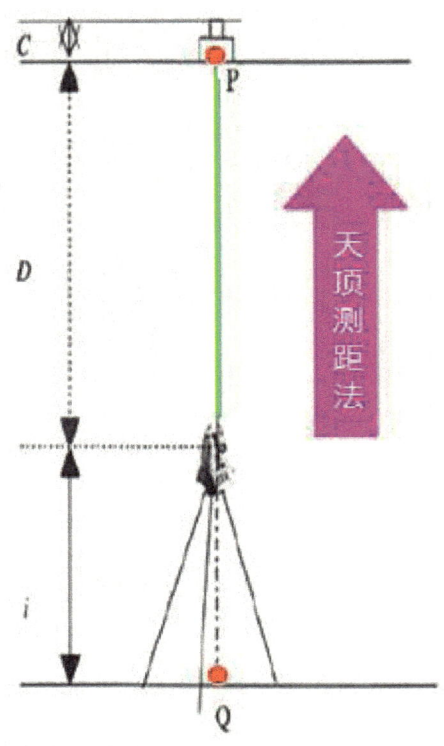

图 5-82 全站仪精密天顶测距法示意图

（2）光电测距误差主要受空气介质、温度、气压等影响，本工程高程传递距离相对全站仪有效测距来说很短；实践证明，选择环境稳定的夜间天气，其测量精度可以控制在标称精度内。施工中，通过气压仪、温度计对测量环境进行监测，并对仪器常数进行合理设置；通过放样投影点控制铅垂误差；使用精密水准仪控制测量高差误差等措施，控制整个高程传递精度。

经过工程实践，采用此方法进行高程传递，误差小于 2 mm，满足施工要求；电子水准仪高程测量，误差小于 0.1 mm，符合钢锚箱精度控制要求。

7 实施效果

7.1 施工周期

甬江特大桥南北岸索塔采用全自动液压爬模施工，并进行优化设计，解决了下、中塔柱转折及中塔柱合龙段施工等难题；采用塔梁异步施工，塔柱连续施工，下横梁平行于塔柱施工，不占主线工期；采用基座定位首节钢锚箱，采用"追踪棱镜法"全天候可进行施工测量，提供施工效率。

7.2 安全质量

对液压爬模进行优化设计，索塔施工内实外美；爬模在高空施工时形成多功能、安全封闭体系，保证施工安全。主动拉、撑杆技术的运用，有效控制索塔线形及应力，确保施工安全的同时保证施工质量。下横梁支架刚性支点设计、接茬面钢筋直螺纹套筒连接、混凝土温控技术等运用，有效保证塔梁结合质量。设计辅助定位支架、运用CAD三维空间模拟技术安装首对索套管；设计定位基座、合理运用测量技术安装钢锚箱，确保了索套管及钢锚箱的安装精度。

8 经济和社会效益

8.1 经济效益

液压爬模施工机械化高、施工效率高、安全有保障，降低工人作业强度、加快施工进度、减少其他辅助设施、节约人工和电能、缩短机械租赁时间，而且爬模钢结构架体及设备可回收利用。

下横梁支架、中塔柱合龙段支架、索套管及钢锚箱定位支架等设计合理、构造简单、经济实用；施工方法科学先进、提高施工效率，加快施工进度，同时减少了大量临时结构钢材的投入。

8.2 社会效益

各项施工技术的合理运用，安全、优质、高效地完成索塔施工，受到业主及当地政府好评，为企业树立了良好的形象。此外，施工技术科学先进，安全可靠，为类似工程提供借鉴，对提高我国铁路和公路桥梁施工技术水平具有较大的推动和促进作用。同时，施工中所进行的创新性设计和研发、应用与研究使整套施工技术具有更广阔的推广价值，社会效益显著。

9 小结

（1）ZPM-100全自动液压爬模，其上架体可调角度悬臂拆装结构设计，能适应各种外形的塔柱及倾斜度，尤其在多转折的钻石形索塔中，上架体拆装方便，承重平台及爬升系统在塔吊配合下能一爬到顶；多层多功能平台提供足够施工空间，提高施工效率；全封闭施工空间，保证作业安全；而且设计中考虑通用性，设备周转使用，大大节约施工成本。

（2）中塔柱单箱单室渐变截面施工中运用了内外爬模同步施工技术，

解决了空心变截面结构内模配模加固难、安全风险高的难题，提高了施工效率，保证施工安全。

（3）在中塔交会合龙施工中，错节爬模的运用及牛腿＋拱形支架的设计，解决了索塔中上塔柱交会合龙高空体系转换及施工难题。

（4）索塔塔柱和下横梁采用塔梁异步施工技术，安全可靠，提高工效。

（5）下横梁采用整体落地式钢管支架并在塔梁交会处设置型钢牛腿作刚性支撑，保证了支架整体刚度，有效确保塔梁连接面结合质量；采用深埋锚工艺、塑料波纹管成孔、真空辅助压浆工艺，有效保证预应力施工质量。

（6）中塔柱合龙段牛腿＋拱形支架、索套管定位支架及钢锚箱定位基座的设计与运用有效解决施工难题，设计合理、构造简单、经济实用，且具有适用范围广、施工效率高、施工成本小等优点。

（7）基于索塔有限元模型，对索塔施工过程及行为控制进行研究，运用主动拉、撑杆技术，进行优化设计，有效控制索塔应力状态，并有效约束塔身位移；分析塔柱变形，修正钢锚箱安装标高，提高安装精度，保证索塔及斜拉索设计受力状态。

第六章

钢箱主梁施工方法、设备研制及关键施工技术研究

随着现阶段客运专线及高速铁路的兴建，设计标准的不断提高，施工技术的不断创新，我国铁路桥梁发展迅速，桥梁结构形式日趋多样化。甬江特大桥主桥首次将钢-混混合梁结构形式引入铁路斜拉桥的建设之中，是铁路桥梁建设史上重要的里程碑。

甬江特大桥主桥桥址位置属滨海平原，地形平坦开阔。主跨跨越甬江河段河道顺直处，主河槽位于线路大里程侧，北岸自岸边至河槽中心为180 m滩涂区，主河槽宽约180 m，水深8.0 m以上。传统跨河钢箱梁悬臂拼装多采用水上码头和临时栈桥运输钢箱梁节段，配合桥面吊机起吊安装的方法架设钢箱梁，该方法技术条件成熟，但钢栈桥、水上码头、运输船舶等临时设施投入量大，施工周期长，施工易受环境影响、通航等条件限制。主桥三维图见图6-1所示。

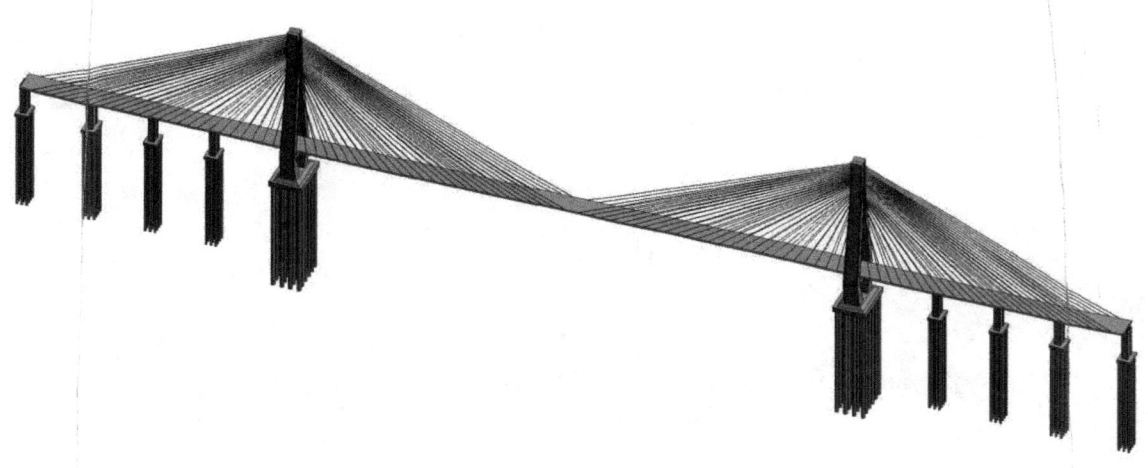

图6-1 主桥三维图

为满足混合梁斜拉桥钢箱梁拼装施工需要，加快钢箱梁悬臂拼装施工周期，减小施工成本，降低施工风险，课题组深入研究"混合梁斜拉桥钢箱梁悬臂拼装施工"成套施工技术，创造性地提出了一种"梁上运梁旋转悬拼钢箱梁"的新方法，打破了传统航运悬拼施工方法的思维方式，消除了航运限制。自主设计的钢箱梁施工核心设备：GGB-200型提梁门架、WBC-200型可调型轮轨式梁面运梁车和HMF-200型液压式多功能悬拼桥面吊机，解决了大吨位钢箱梁高空提梁、梁上运梁和高空旋转悬拼等技术难题，开创了斜拉桥钢梁悬拼施工新格局。

1 项目简介

1.1 工程概况

甬江特大桥钢箱梁与混凝土梁衔接处设置钢混结合段，位于主跨侧距索塔中心 24.5 m 处。钢箱梁采用带风嘴的单箱五室截面，横桥向全宽 20.932 m，中心高度达 5.017 m。

中跨钢箱梁采用带风嘴的单箱五室截面，截面外形轮廓尺寸与混凝土箱梁相同。中间三室与混凝土主梁三室相对应，两侧单室为钢锚箱，兼作风嘴。根据受力和刚度过渡要求，钢箱梁在不同区段采用了不同的板厚，共分 6 个区，7 个梁段类型（钢混结合段除外）。钢箱梁标准节段长 9 m，中跨合龙段长 4.9 m。全桥共计 45 个节段，钢箱梁全长 400.9 m，最大节段重约 181.2 t。

钢箱梁构造三维图见图 6-2；钢箱梁节段划分见表 6-1。

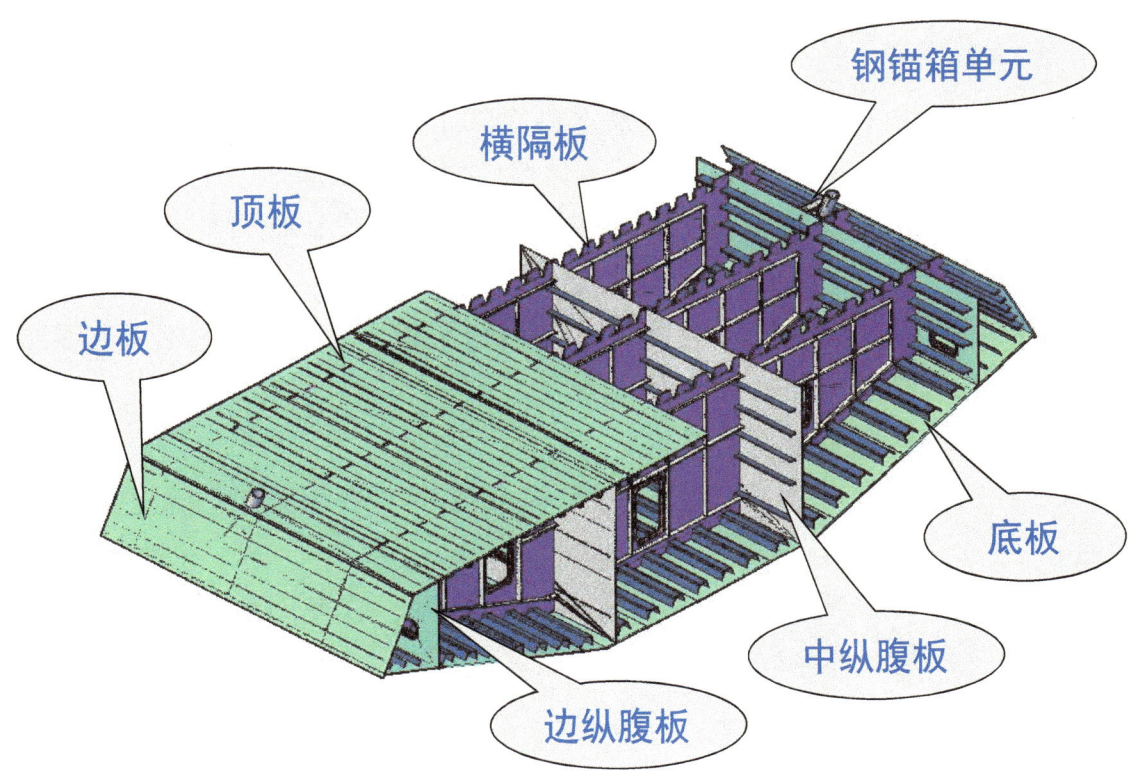

图 6-2 钢箱梁构造三维图

表 6-1 钢箱梁梁段划分数量表

序 号	梁段类型	区域划分	全桥连段数量	梁段长度/m	单个梁段吊装重量/t	备 注
1	M	Ⅵ区	2	12.35	384.1	钢-砼结合段
2	A	Ⅴ区	2	9	180.3	
3	B		2	9	180.2	
4	C	Ⅳ区	6	9	164.1	
5	D	Ⅲ区	8	9	161.6	
6	E	Ⅱ区	12	9	156.1	
7	F	Ⅰ区	14	9	153.6	
8	G		1	4.9	82.3	合龙段

1.2 技术难点

甬江特大桥主桥钢箱梁施工技术难点如下：

（1）北岸岸边滩涂宽约180m，受潮位影响不能通航。若采用传统的水运、吊装钢箱梁的方法，南北两岸均要搭设栈桥和临时码头，成本投入巨大；

（2）钢箱梁顶面距离地面高41m，钢箱梁最重181.2t，吊装高度大；

（3）钢箱梁吊装核心设备研制至关重要；

（4）钢箱梁拼装精度要求高；

（5）钢箱梁施工过程线形控制是保障成桥"塔偏梁拱"理想状态的关键；

（6）合龙段采用配切合龙方法，合龙温度、合龙时钢箱梁姿态、合龙锁定以及合龙时体系转换是技术难点。

2 钢箱梁悬拼施工方案比选

结合混合梁斜拉桥结构受力特点及周边环境特点，通过"航运＋栈桥运梁悬拼法"、"梁下运梁悬拼法"和"梁上运梁旋转悬拼法"3种方法在技术可行性、安全风险、成本控制等方面进行比选。

2.1 航运＋栈桥运梁悬拼法

航运＋栈桥运梁悬拼法原理示意图见图6-3。

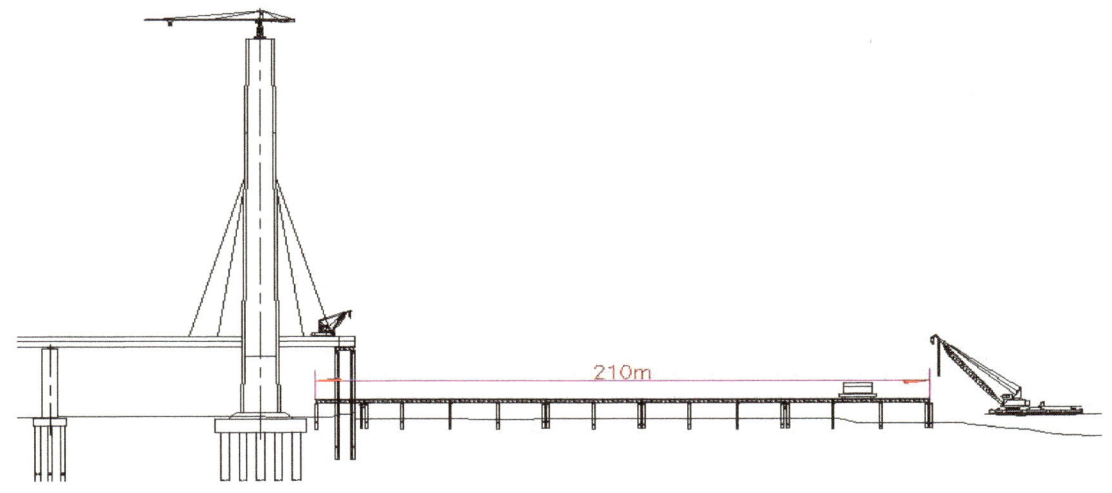

图6-3 航运＋栈桥运梁悬拼法

主要步骤：

（1）钢箱梁在工厂加工完毕后，陆运至码头，再通过航运至临时码头；

（2）通过南北岸搭设的栈桥把钢箱梁运至拼装位置；

（3）利用桥面吊机把钢箱梁提升至拼装高程进行拼接；

（4）焊接完成后，张拉斜拉索，桥面吊机前移，进行下一循环施工，直至合龙段。

2.2 梁下运梁悬拼法

梁下运梁悬拼法原理示意图见图6-4。

图6-4 梁下运梁悬拼法

主要步骤：

（1）钢箱梁在工厂加工单元件，在现场的组拼工厂组拼成品；

（2）通过运梁轨道把钢箱梁运至0#块位置；

（3）利用桥面下的C型吊挂平台把钢箱梁运送至拼接位置；

（4）通过桥面吊机把钢箱梁吊至拼装高程，进行匹配连接；

（5）焊接完成后，张拉斜拉索，桥面吊机前移，进行下一循环施工，直至合龙段。

2.3 梁上运梁旋转悬拼法

梁上运梁旋转悬拼法原理示意图见图6-5。

图6-5 梁上运梁旋转悬拼法

主要步骤：

（1）钢箱梁在工厂加工单元件，在现场的组拼工厂组拼成品；

（2）通过运梁轨道把钢箱梁运至边跨端头提梁门架位置；

（3）利用提梁门架把钢箱梁提升至桥面位置；

（4）通过桥面运梁小车把钢箱梁运送至桥面吊机位置；

（5）通过桥面吊机旋转钢箱梁90°，然后下放至拼接姿态，进行匹配拼接；

（6）焊接完成后，张拉斜拉索，桥面吊机前移，进行下一循环施工，直至合龙段。

2.4 方案比选确认

对上述三种方案比选,从安全风险、技术难度、成本控制等方面进行分析对比,分析对比结果如下表6-2所示。

表6-2 三种方法比选

方法名称	风险	难度	成本/万元	重量/t	特 点
航运+栈桥运梁悬拼	★	★	4500	2600+100	工艺成熟,但栈桥和临时码头投入大,钢箱梁拼装周期受航运限制,航道配合费巨大。
梁下运梁悬拼	★★★	★★★	380	100+40	工艺不成熟,需要对钢箱梁风嘴部进行局部检算,吊点转换风险大。
梁上运梁悬拼	★★	★★	430	100+30+140	钢箱梁工期、成本可控,但要对钢梁行走边跨混凝土梁进行验算,同时桥面吊机比原设计重40t,拼装时应考虑对钢箱梁线形影响。

由表6-2可知,综合考虑安全、技术、成本等情况,最终确认采用了一种梁上运梁旋转悬拼施工钢箱梁的新方法。钢箱梁"梁上运梁"施工方法充分利用钢箱混合梁斜拉桥的施工特点,将钢箱梁运输路线由梁下改为梁上。通过"GGB-200型提梁门架""WBC-200可调型轮轨式梁上运梁车""HMF-200型液压式多功能悬拼提梁机"三大设备的研发,完成钢箱梁节段"提、运、架"施工全过程。该方法具有临时设施及机械设备投入小、施工全过程不占用河道、施工受环境条件影响小、施工工期短的特点。

3 梁上运梁法施工原理及技术难点

3.1 方法原理

采用液压船台小车将已加工完成的钢箱梁节段由拼装场地的存梁区横向运输至提梁门架下方。提梁门架提升钢箱梁节段38 m,向塔身方向移动约 25 m，并将钢箱梁节段放至运梁车上。运梁车运载钢箱梁节段沿混凝土梁上预铺的运梁轨道向塔身方向移动至悬拼提梁机后方。悬拼提梁机提吊钢箱梁节段完成前移、旋转 90°、下放、后移等工序，调整钢箱梁节段拼装平面位置及标高，临时匹配并焊接。张拉对应梁段的斜拉索，前移悬拼提梁机。重复以上施工步骤，直至合龙段。各步骤示意图见图 6-6，6-7，6-8。

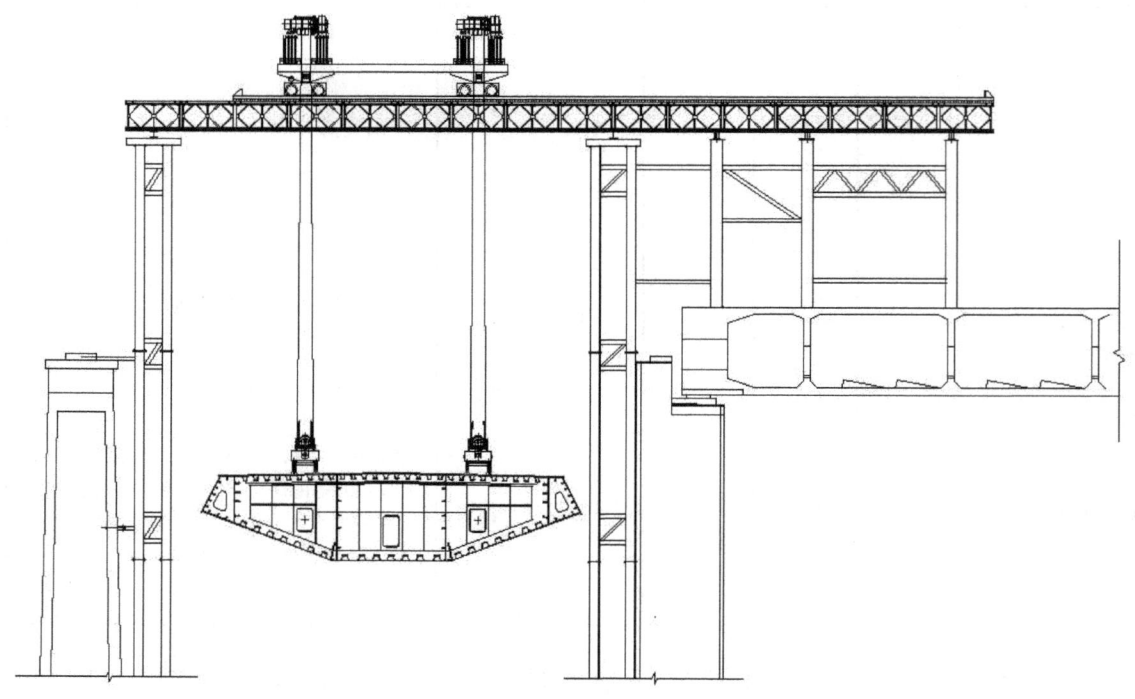

图 6-6 提梁上桥

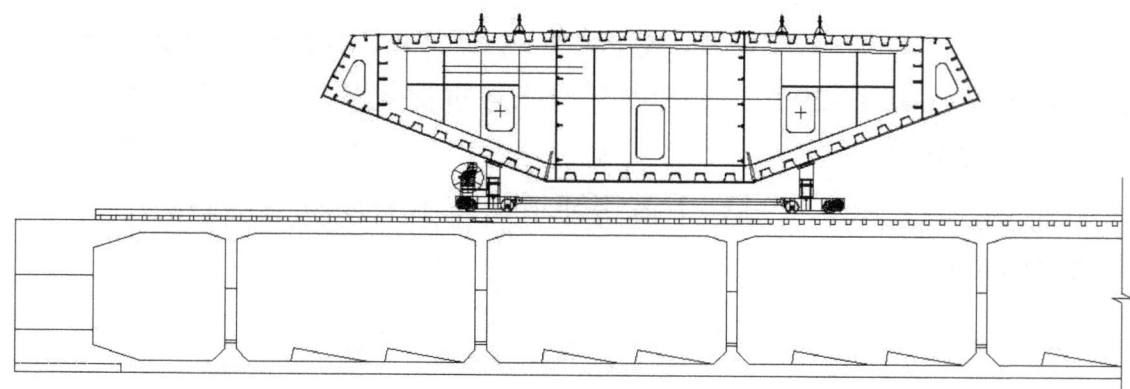

图 6-7 梁上运梁

第六章 钢箱主梁施工方法、设备研制及关键施工技术研究

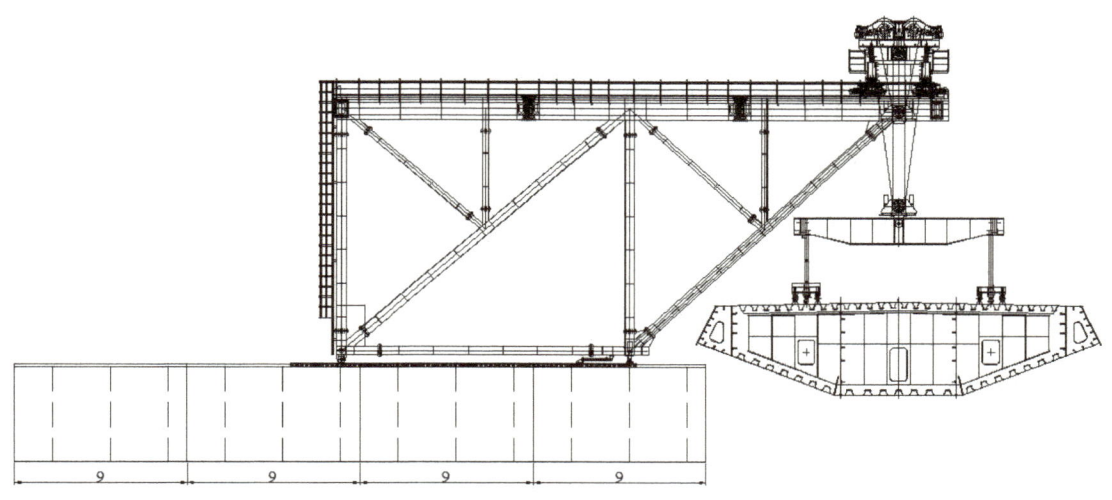

图 6-8 旋转悬臂拼装

3.2 工艺流程

梁上运梁-旋转悬拼法施工钢箱梁总体工艺流程见图 6-9。

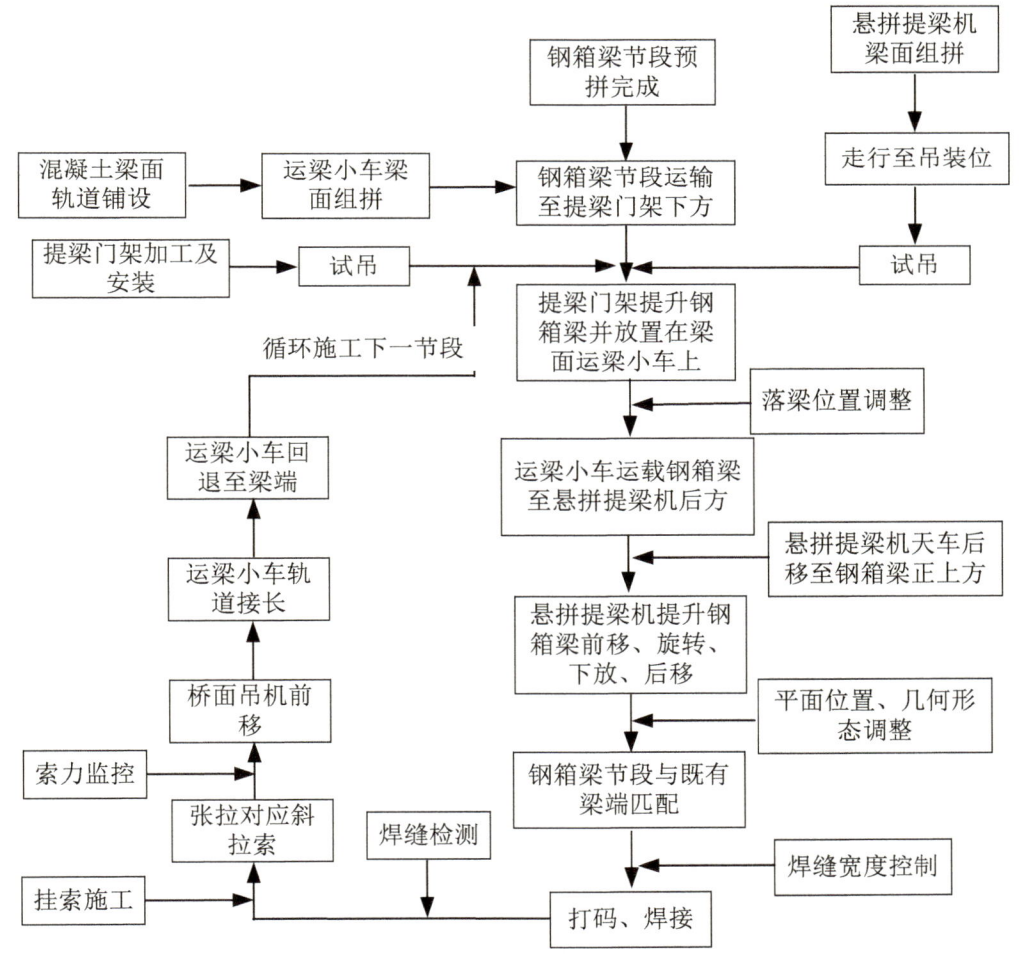

图 6-9 总体施工工艺流程

3.3 技术难点

（1）钢箱梁拼装场地设在主桥梁端，需要合理规划板单元存放及拼装区、钢箱梁总拼区、喷砂除锈车间及存梁区等区域，必须保证钢箱梁拼装施工工序连贯。

（2）提梁门架的设计与施工。提梁门架需要把重181t的钢箱梁提升至38m高的梁面，必须保证整个门架体系有足够的承载力、稳定性，另外操作可控、安拆便捷。

（3）梁面运梁小车的设计与应用。运梁小车必须保证足够的承载力、走行稳定性，操作简易、可控。另外，必须对梁面运梁对边跨混凝土梁的影响进行评估分析。

（4）悬拼提梁机研制。悬拼提梁机作为钢箱梁悬拼的核心设备，必须满足承载力、稳定性、可调性、旋转钢梁功能、后锚稳固、操作方便等施工要求。

（5）合龙段施工控制。必须对合龙温度、合龙锁定措施、合龙前的钢梁姿态调整配切、体系转换等工序进行严密控制。

（6）钢箱梁线形全过程控制。钢箱梁在拼装时的高程、轴线偏差、上下游高差精度要求高。

3.4 技术对策

针对甬江特大桥主桥钢箱梁梁上运梁旋转悬拼施工存在的技术难点，结合现场实际情况，制定解决对策如下：

（1）集约流程化钢箱梁拼装场地规划。钢箱梁拼装场地设在主桥梁端，主要由二次板单元存放及拼装区、钢箱梁总拼区、喷砂除锈车间及存梁区等区域构成，上述区域间通过钢箱梁运输轨道连成一体，实现流程化作业。具有施工工序连贯、无交叉作业的特点。

（2）"GGB-200型提梁门架"设计与施工。提梁门架下部结构采用钢管贝雷梁支架体系，上部结构设置联动一体式运梁台车组。具有承载力大、稳定性好、操作简单、成本低、安拆便捷、可以满足不同高度、跨度、起重量要求，改造加工容易、周转利用率高等特点。

（3）"WBC-200可调型轮轨式梁上运梁车"的设计与应用。它主要由主承重梁、加高节、连接杆、走行轮组及电气系统等组成，具有承载力大、结构稳定、工作效率高、拆装方便、适用范围广等特点，改进了钢箱梁梁上运输施工工艺，缩减了施工周期。

（4）"HMF-200型液压式多功能悬拼提梁机"的设计与应用。它主要由主框架、起升系统、纵移系统、可调支撑、液压及电气系统等组成。在普通菱形桁架结构的基础上，增加上三角结构，延长起升天车的后移行程，实现悬拼提梁机后方接梁、前移、旋转、拼接的施工方法。

（5）合龙段"配切合龙"施工控制。合龙前分时段多次观测合龙口宽度，并根据实测数值，现场配切合龙段长度，保证配切精度。合龙口设置临时锁定装置，防止昼夜温差影响焊缝宽度。

（6）钢箱梁拼装线形全过程控制。钢箱梁拼装施工过程中，针对斜拉索张拉、桥面吊机前移、临时匹配、焊接完成等荷载工况，多次、精确测量钢箱梁轴线偏位及标高，并进行统计分析，及时做出调整，保证钢箱梁拼装线形。

4 梁上运梁旋转悬拼钢箱梁关键设备研制

4.1 "GGB-200型提梁门架"研制

自主研发"GGB-200型提梁门架"，完成钢箱梁提梁上桥、前移运输、下放至运梁小车施工过程。提梁门架采用"钢管贝雷梁支架体系"，设计起吊重量为260 t。提梁门架布置如图6-10，6-11。

图6-10 提梁门架三维效果图

图 6-11 提梁门架现场图

4.1.1 设计原则

根据主体结构施工图纸及现场施工条件，综合考虑钢箱梁外形尺寸、最大起吊重量、吊点位置、钢箱梁节段提升高度、实际走行距离、运梁车自身高度、提梁门架整体稳定性等限制条件对提梁门架进行设计。提梁门架总体结构布置见图 6-12。

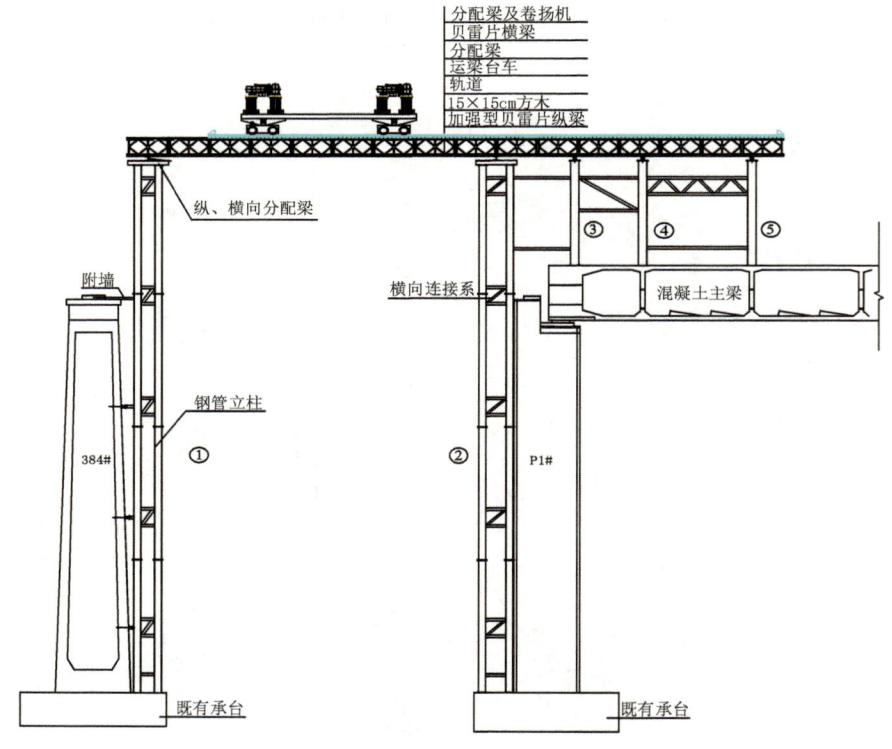

图 6-12 提梁门架总体布置图

4.1.2 提梁门架下部结构

提梁门架在 P1# 辅助墩与 384# 空心墩间布置 4 组立柱，梁面布设 3 组立柱，立柱采用大直径钢管。在保证提梁门架承载能力的同时，减少施工临时投入，钢管立柱底部分别支立于既有承台基础上。考虑到 384# 墩承台尺寸较小，不满足直立安装条件，将外侧钢管设置为小角度倾斜状态。为保证提梁门架的整体稳定性，钢管沿竖向每 10 m 设置一组横向连接系，并在对应位置安装扶墙杆件与既有墩身连接。

钢管立柱顶部设置纵、横向分配梁。横向分配梁顶部架设单层加强型贝雷梁，贝雷梁分 4 组集中放置，单组由 5 片贝雷梁构成，贝雷梁间采用自加工的异形横向连接片连接。贝雷梁顶部放置 15 cm × 15 cm 方木，间距 30 cm。方木顶端铺设 P50 走行轨道，单侧铺设 2 条轨道，中心间距为 1.5 m。

4.1.3 提梁门架上部结构

采用 4 台运梁台车构成"联动一体式运梁台车组"，作为纵移及钢箱梁吊装主承重结构。钢箱梁提吊过程中，4 台运梁台车必须保持同步运行，保证钢箱梁平稳纵移。采用如下措施：

（1）单侧走行轨道顶各安装 1 台主驱动台车及从动台车，台车纵向中心间距与钢箱梁吊点间距严格保持一致。

（2）在轨道上精确放样运梁台车安装位置，并严格按照放样位置施工，运梁台车安装完成后，设置临时固定装置。

（3）在单侧主驱动台车及从动台车顶部安装纵向连系梁，纵向移动过程中，主驱动台车通过纵向连系梁拖拽从动台车，保证二者同步。

纵向连系梁顶部架设单层加强型贝雷梁，贝雷梁分 4 组集中放置，每辆台车上布设 2 组，单组由 4 片贝雷梁构成，贝雷片顶部安装 2 台 10 t 卷扬机作为起升系统，形成 2 台 10 t 卷扬机同步抬升，4 台运梁台车同步运输的钢箱梁节段起升、纵移系统。布置图如图 6-13。

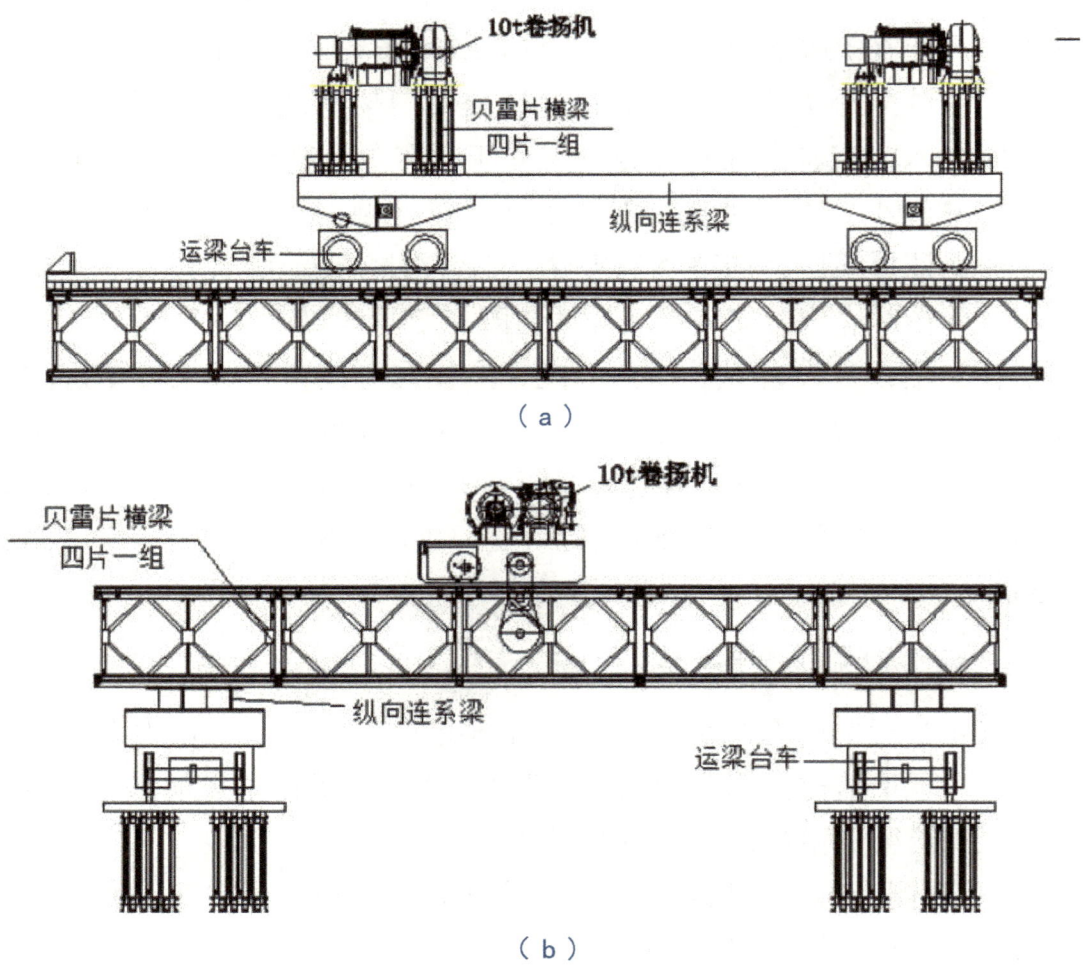

图6-13 提梁门架上部结构布置图

4.1.4 吊具

单个10 t卷扬机配备5门动滑轮组，内置φ25.6mm钢丝绳，动滑轮组下端连接复合式起重梁。钢箱梁共分6个区，7个梁段类型，横隔板设置位置关于几何中线不对称，且各梁段类型均采用了不同板厚，导致钢箱梁节段较几何中线存在不同程度的偏心。起吊后，梁面呈倾斜状态，严重影响梁体纵移。各钢箱梁节段偏心量见表6-3所示。

表6-3 钢箱梁节段计算偏心距

梁段编号	A	B	C	D	E	F
距吊点中心间距/m	0.147	0.149	0.104	0.096	0.078	0.069
距几何中心间距/m	0.353	0.351	0.396	0.404	0.422	0.431

针对上述现象，南、北两岸分别采用"外置式可调加力杆法"及"加长吊带平衡法"对吊具进行改装。"外置式可调加力杆法"即在吊梁一侧与动滑轮组间增设可调拉杆，利用拉杆的对拉力抵消偏心荷载，同时限制梁端偏心位移。"加长吊带平衡法"立足于钢箱梁起吊后受力平衡与几何关系一致的原则，改变一侧吊带长度，以钢箱梁水平、上部吊梁倾斜的状态起升钢箱梁。见图 6-14，6-15 所示。

图 6-14　外置式可调加力杆法

图 6-15　加长吊带平衡法

4.1.5 有限元分析

（1）有限元模型

为分析提梁门架的整体稳定性是否满足施工需求，采用 Midas 有限元分析软件，建立提梁门架整体有限元分析模型。提梁门架设计参数如下表 6-4。

表 6-4 提梁门架设计参数及用途

序号	材料	规格	材质	容重/（kN/m³）	容许应力/MPa	用途
1	H形钢	HW400×400mm	Q235	78.5	215	横向分配梁
2	工字钢	I 40a	Q235	78.5	215	纵向分配梁
3	钢管	Φ630×8mm/ Φ530×10mm	Q235	78.5	215	立柱
4	钢管	Φ219×6mm	Q235	78.5	215	横向连接系
5	贝雷片	3m×1.5m	16Mn	78.5	215	主跨加强纵梁
6	方木	0.15m×0.15m×4m	—	—	10	钢轨分配梁

提梁门架整体有限元模型见图 6-16。

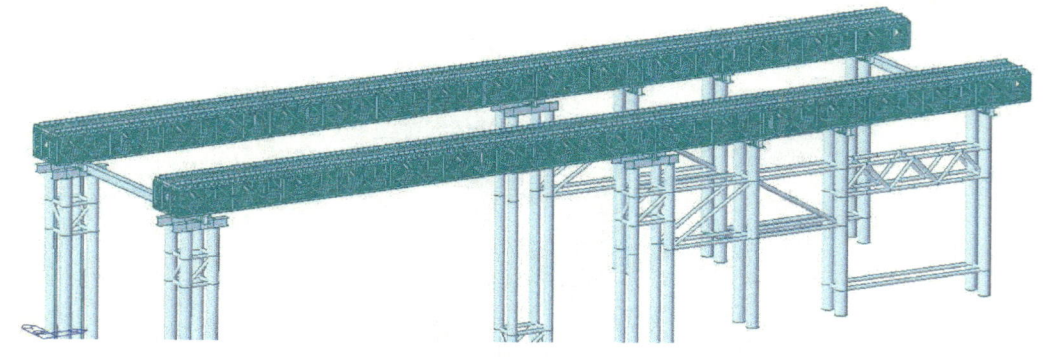

图 6-16 提梁门架模型

钢管立柱底部约束 DX、DY、DZ 三向位移。钢管立柱与分配梁、分配梁与贝雷片纵梁、纵梁与方木、方木与轨道间的接触部位，均采用弹性连接模拟。

（2）工况分析

提梁门架墩间主跨为 25.75 m，建模过程中，按运梁台车的实际轮位设定节点荷载。考虑到主梁弦杆、腹杆、跨中位移、支反力等因素，确定以下 4 个荷载工况进行计算。

工况一：跨中挠度最大；

工况二：吊梁起步段；

工况三：中支墩荷载最大；

工况四：梁上挠度最大。

钢箱梁标准节段尺寸为 $21\,\text{m} \times 9\,\text{m}$，重约 $181.2\,\text{t}$，考虑运梁台车和吊具重量及安全系数，作用在龙门吊主桁上的重量为 $250\,\text{t}$，共 16 个作用点，每个作用点施加的节点荷载为 $P = 156.25\,\text{kN}$。

各荷载工况下的加载轮位，见图 6-17 ～ 6-20 所示。

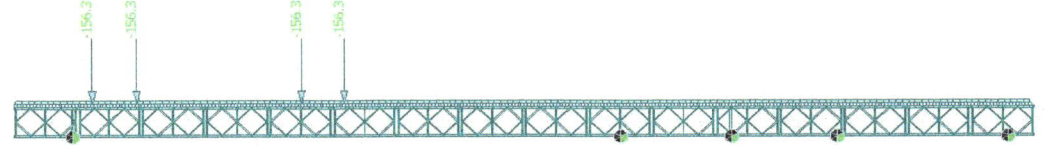

图 6-17　工况一条件下荷载布置

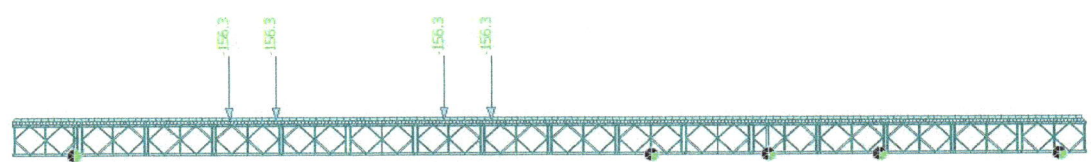

图 6-18　工况二条件下荷载布置

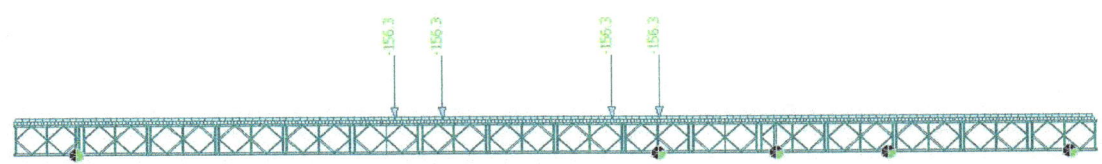

图 6-19　工况三条件下天车轮位

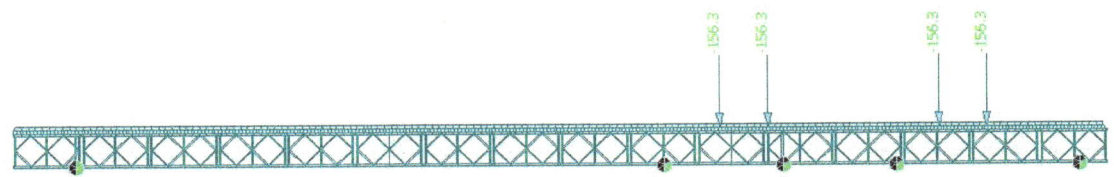

图 6-20　工况四条件下天车轮位

（3）稳定性分析

分别针对上述的4种荷载工况进行屈曲分析，计算提梁门架的整体稳定性。计算结果见下图6-21～6-24所示。

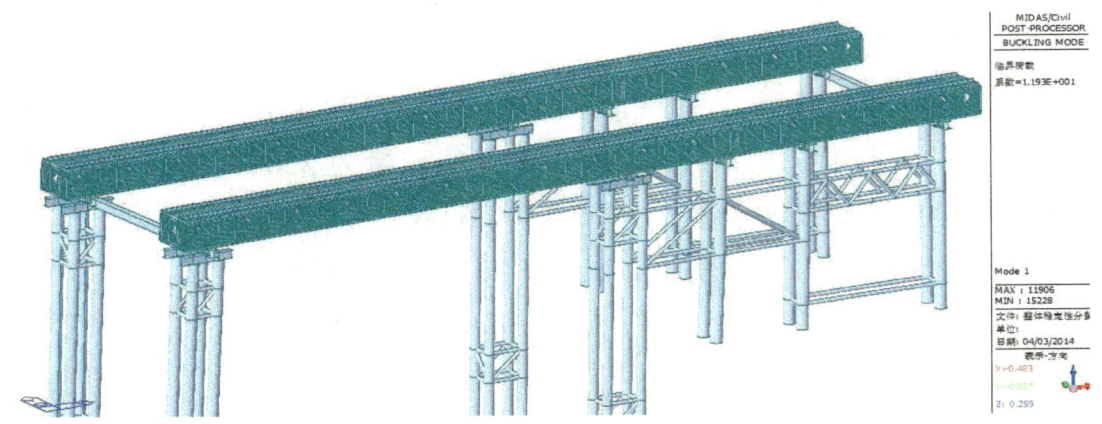

图6-21　工况一条件下屈曲1阶模态计算结果

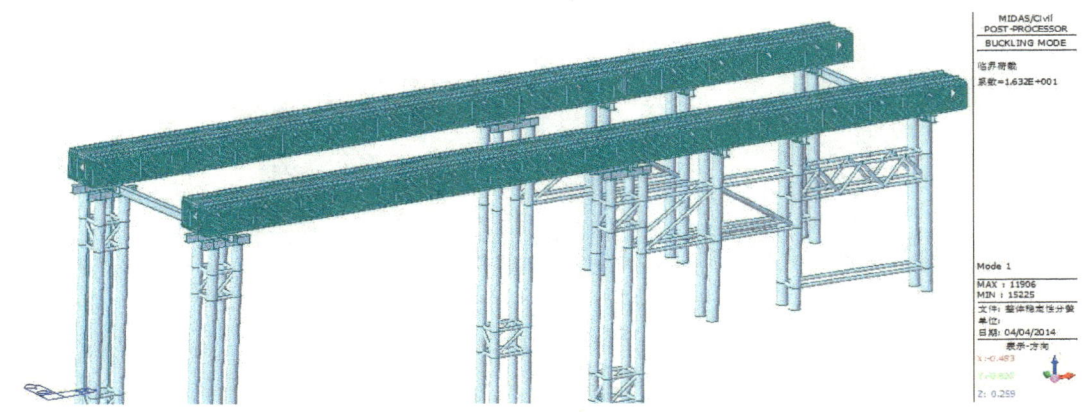

图6-22　工况二条件下屈曲1阶模态计算结果

图6-23　工况三条件下屈曲1阶模态计算结果

第六章 钢箱主梁施工方法、设备研制及关键施工技术研究

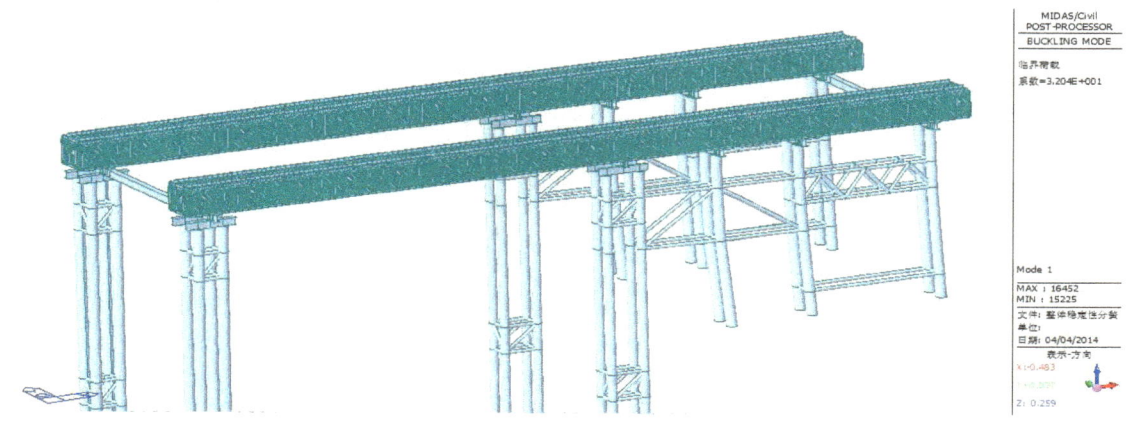

图 6-24 工况四条件下屈曲 1 阶模态计算结果

提梁门架整体稳定性分析结果汇总见表 6-5 所示。

表 6-5 提梁门架整体稳定性分析结果汇总表

工况号	一	二	三	四
临界荷载系数	11.9	16.3	20.9	32.0

由上表可以看出，各工况下所计算的 1 阶模态临界荷载系数均大于 2.5，提梁门架整体稳定性满足要求。

4.2 "WBC-200 可调型轮轨式梁上运梁车"的研制

"WBC-200 可调型轮轨式梁上运梁车"承接提梁门架运至梁上的钢箱梁节段，在整个混凝土梁面及已拼装完成的钢箱梁面上运行，将钢箱梁节段运至悬拼提梁机下方。

4.2.1 结构设计

梁上运梁车主要由主承重梁、加高节、连接杆、走行轮组及电气系统等组成。主承重梁采用矩形鱼腹式吊车梁，主承重梁顶面切削成斜面，并在切削面设置橡胶衬垫。运输钢箱梁过程中，主承重梁直接支撑在钢箱梁节段的斜底板上，保证运输过程中钢箱梁节段与运梁车的整体稳定性。

主承重梁梁端底部通过伸缩式加高节连接在走行轮组上，加高节可根据所运输钢箱梁的高度进行伸缩调整，调节钢箱梁底部与梁上间的安全距离。主承重梁间设置 2 根可调型连接杆，连接杆端头与承重梁通过销轴连接，中部设置调节装置，可根据需要设置连接杆长度，调整承重支

点位置。

梁上运梁车采用手持式装置遥控，操作简单，运行速度分为 1～4 级控制，最高速可达 3 m/min，梁上运梁车构造见图 6-25。

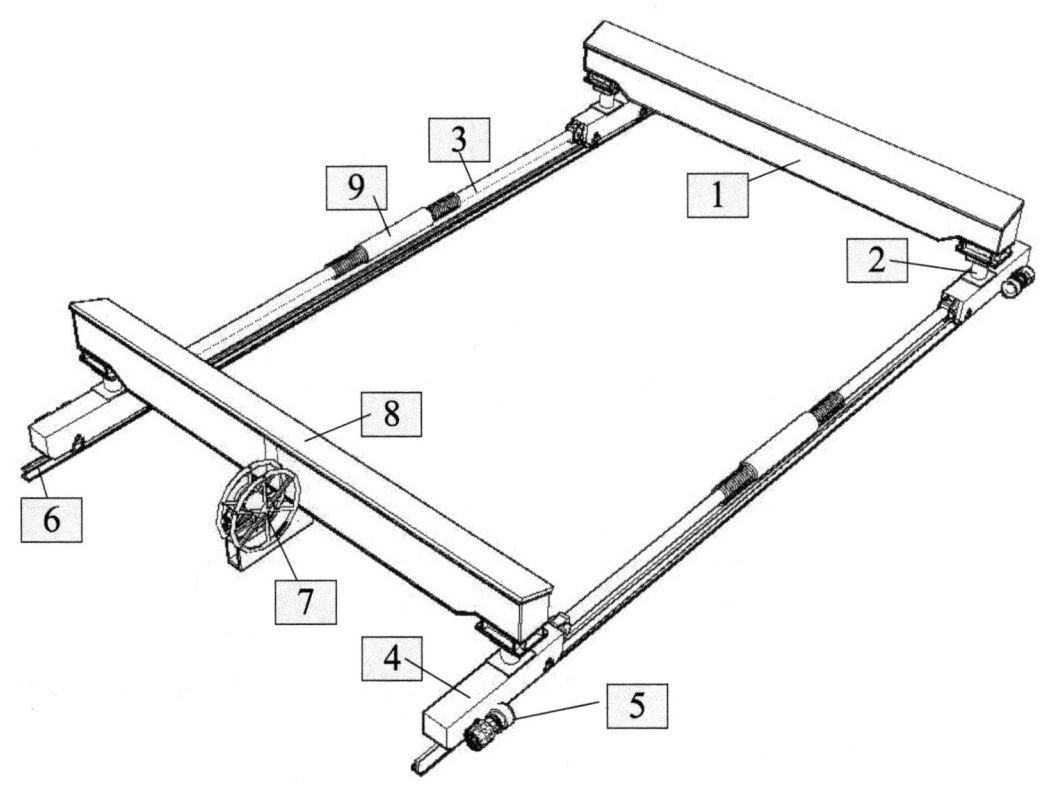

1. 主承重梁；2. 加高节；3. 连接杆；4. 走行轮组；5. 电气系统；
6. 走行轨道；7. 电缆卷筒装置；8. 橡胶垫板；9. 连接杆调节装置

图 6-25 WBC-200 可调型轮轨式运梁车三维构造图

4.2.2 走行系统设计

混凝土梁面上铺设 15 cm × 15 cm 方木，普通方木单根长度 1 m，间距 0.5 m；加长方木单根长度 1.2 m，间距 5 m 布置。加长方木一端顶在挡砟墙内侧，限定轨道横向位移。采用型钢横梁限定钢轨横向位移，型钢横梁关于桥梁中线对称布置，两侧分别支顶在两侧挡砟墙内边缘，钢轨限位挡块采用 2 cm 厚钢板。见图 6-26 所示。

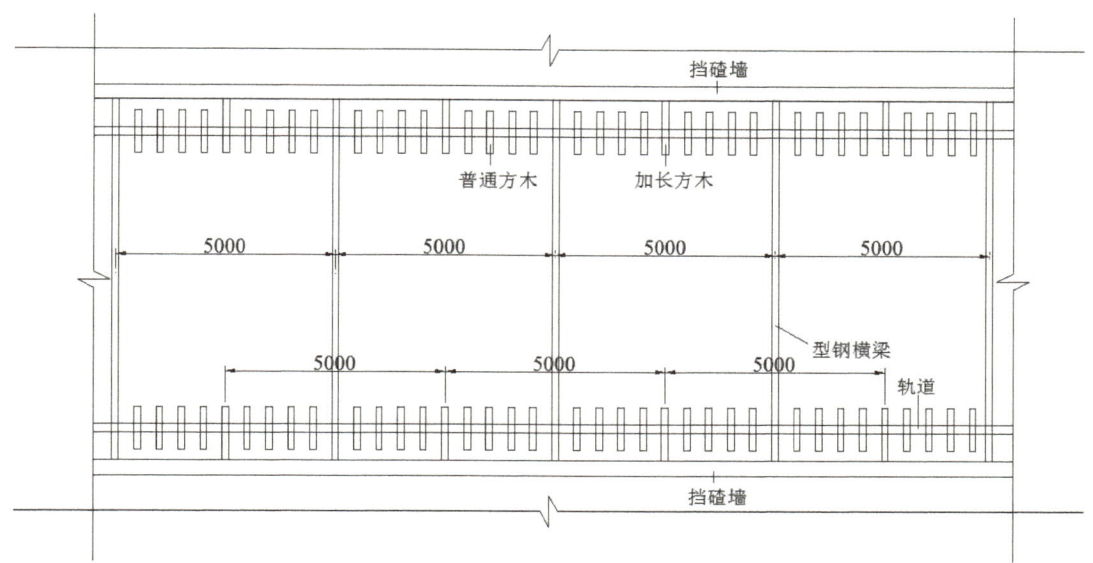

图 6-26 走行轨道布置图

4.2.3 梁上运梁过程有限元模拟分析

（1）有限元模型

计算采用 Midas Civil 2010 有限元计算软件，根据混凝土箱梁的施工步骤，建立混凝土箱梁施工阶段模型，分析混凝土箱梁在施工过程中的内部应力变化情况。根据有限元计算结果，确定运梁车通过边跨现浇段时，混凝土箱梁的承载能力是否满足要求。

①材料

混凝土材料采用 C60 混凝土，钢绞线材料采用 Strand 1860 钢绞线。

②截面

混凝土箱梁采用 3 种截面进行计算分析，即混凝土箱梁标准截面、混凝土箱梁加厚截面及横隔梁截面。

③边界条件

P5# 墩临时固结，P4# 墩临时固结解除。临时中支墩均采用弹性连接模拟。通过划分施工阶段，激活或钝化相应的边界条件，模拟现场各施工阶段的边界约束条件。

④荷载

设计图中明确钢绞线张拉控制力为 1241 MPa，预应力钢束按设计图中钢束的实际位置输入。根据设计要求，预应力钢筋与管道壁摩擦系数取 0.2，管道每米局部偏差影响系数取 0.015。导管直径按设计取值。运梁车纵桥向轮距采用 8.36 m，横桥向轮距采用 5.9 m，运梁荷载按 200 t 考虑。

⑤收缩徐变

C60 混凝土的徐变系数及收缩应变见图 6-27,6-28 所示。

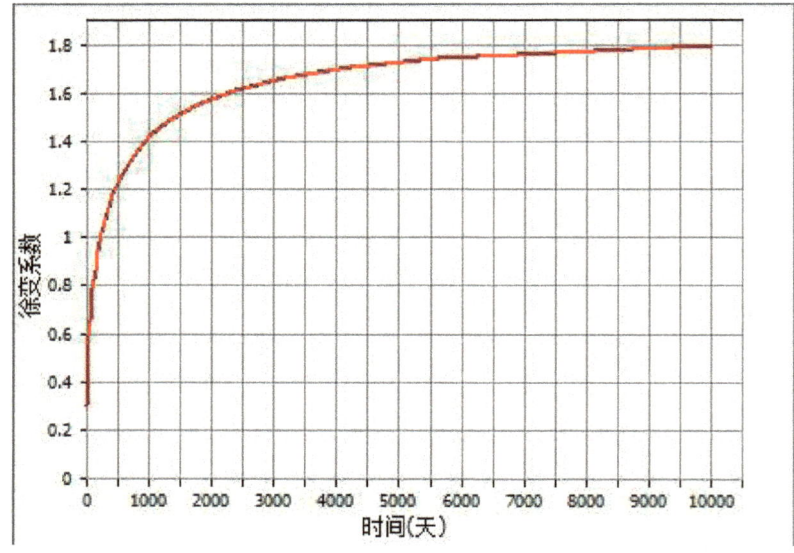

图 6-27 徐变系数

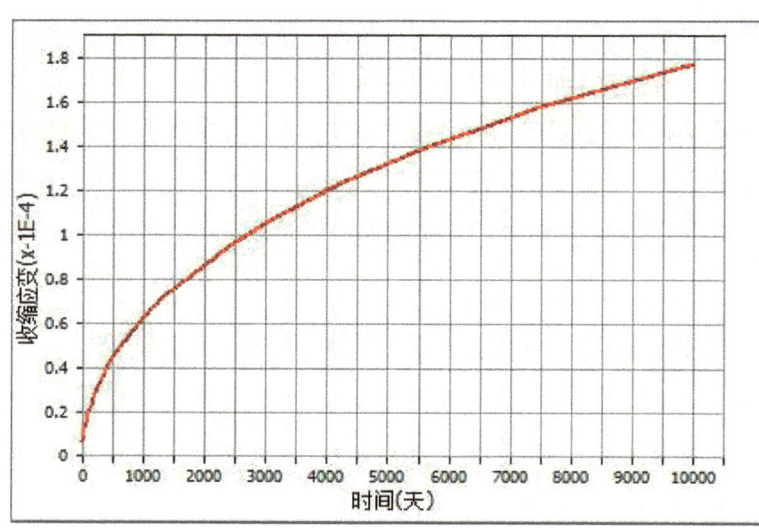

图 6-28 收缩应变

混凝土箱梁模型见图 6-29 所示。

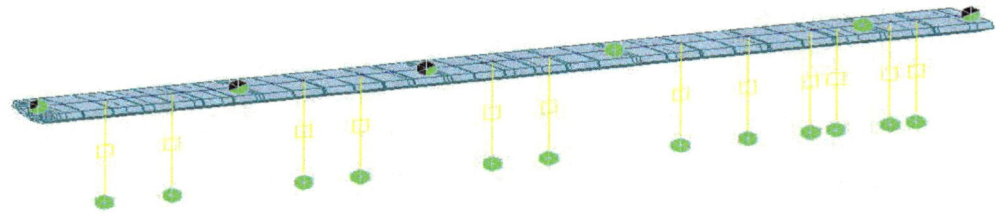

图 6-29 混凝土箱梁整体模型

（2）荷载分析

根据运梁车轮距及轴距情况，纵桥向轮距采用 10 m，横桥向轴距采用 7 m，单节钢箱梁最重为 180.3 t。运梁车载运钢箱梁通过混凝土现浇箱梁时，荷载按 200 t 考虑。

在梁顶设置车道及车辆荷载，分析运梁车在移动荷载条件下，对梁体产生的最不利影响。以 P1～P2、P2～P3、P3～P4、P4～P5 各跨跨中弯矩达到最大为控制条件，计算出运梁小车的行进位置，并将其转化为静力荷载工况，与梁体自重及预应力荷载进行组合。

各跨跨中弯矩最大时，运梁荷载布置见图 6-30～6-33 所示。

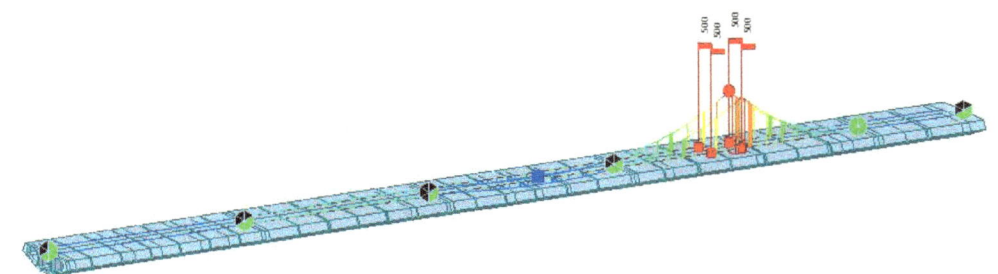

图 6-30　P4～P5 间混凝土主梁跨中弯矩最大（单位：N·m）

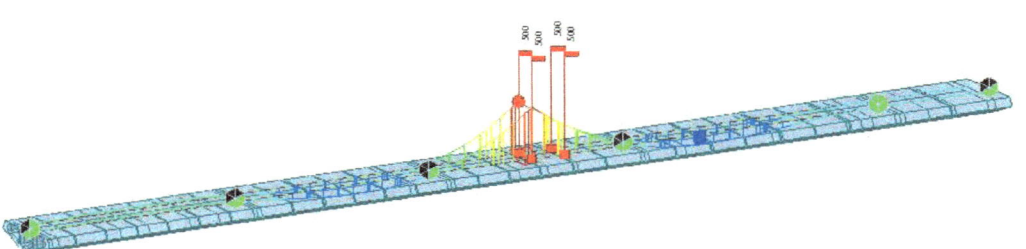

图 6-31　P3～P4 间混凝土主梁跨中弯矩最大（单位：N·m）

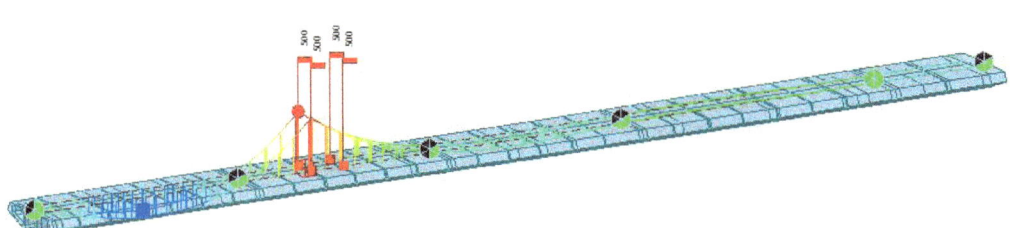

图 6-32　P2～P3 间混凝土主梁跨中弯矩最大（单位：N·m）

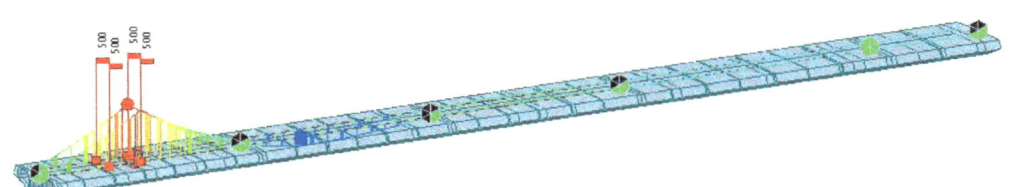

图 6-33　P1～P2 间混凝土主梁跨中弯矩最大（单位：N·m）

(3)受力分析

根据上节计算的运梁车通过混凝土主梁的最不利荷载,将其转化为静力荷载工况,并与施工阶段累计荷载进行组合,分析混凝土主梁的截面受力特性。计算的荷载工况见表6-6所示。

表6-6 混凝土箱梁荷载计算工况

工况	荷载组合
1	施工阶段荷载合计+P4~P5跨中弯距最大荷载
2	施工阶段荷载合计+P3~P4跨中弯距最大荷载
3	施工阶段荷载合计+P2~P3跨中弯距最大荷载
4	施工阶段荷载合计+P1~P2跨中弯距最大荷载

混凝土箱梁各工况下应力及位移见表6-7。

表6-7 混凝土箱梁各工况下应力及位移计算结果

工况	截面应力/MPa		竖向位移最大值/mm
	max	min	
1	−0.68	−8.87	5.42
2	−0.5	−8.66	4.62
3	−0.5	−8.66	5.1
4	−0.46	−8.67	5.0

由上表可以看出,在施工阶段荷载合计与运梁车通过边跨现浇段最不利荷载相组合时,混凝土截面均未出现拉应力。当运梁车行进至P4~P5跨中时,梁体竖向位移达到最大,为5.42 mm,小于《铁路桥涵设计规范》规定的$L/800 = 82.5$ mm。

混凝土箱梁各工况下支座反力计算结果见表6-8所示。支座设计承载力见表6-9所示。

表 6-8　混凝土箱梁各工况下支座反力计算结果

工况	支座反力 /kN			
	P1	P2	P3	P4
1	19483.8	35918.9	35080	40814.5
2	19524.6	35658.3	36319.4	41082.1
3	19342.6	37196.9	36316.9	39513.3
4	20575.2	36999.7	35054.9	39792.2

表 6-9　混凝土箱梁各墩支座反力设计值

墩 位	P1	P2	P3	P4
支座个数	2	2	2	2
单支座竖向承载力 /kN	12500	25000	25000	30000
支反力设计最大值 /kN	25000	50000	50000	60000

由以上 2 表可以看出，在施工阶段荷载合计与运梁车通过边跨现浇段最不利荷载相组合时，各墩支座反力均未超出支座设计承载力。

4.2.4 局部分析

运梁小车在混凝土箱梁上走行时，需要对轮压、轨道、枕木和箱梁顶面局部承压进行分析。

（1）轮压验算

运梁小车车轮直接作用在钢轨上，2 个车轮之间的距离为 56 cm，计算中将车轮等效为滚筒，钢箱主梁与运梁小车一起作用在车轮（滚筒）上，车轮的直径为 400 mm，计算时取半径。如图 6-34。

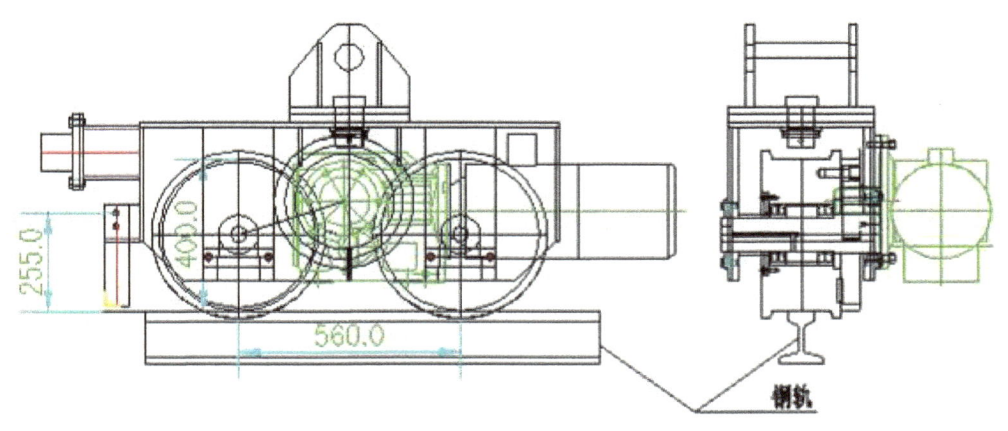

图 6-34　车轮示意图

车轮与钢轨之间的容许荷载计算，按照铸钢滚筒与钢轨道之间接触的工况进行计算，其车轮每1cm长度上的容许荷载为 $[W]=420d=0.84$ t，每组2个车轮，在二者间距范围之内的容许荷载为

$$W=0.84 \times 56=47.04 \text{ t} > 42.8\text{t}$$，满足要求。

（2）轨道验算

钢轨下直接铺设25 cm的枕木，间距为80 cm，作用在钢轨上的力为集中荷载，两个集中力的大小为21.4 t，结构简化为三跨连续梁，计算最大应力值和最大挠度值时的最不利工况：其中一节点荷载作用在跨中。计算最大支反力时的最不利工况：2个节点荷载的中心位于支点中心上。采用 Midas 进行检算。其模型如图6-35。

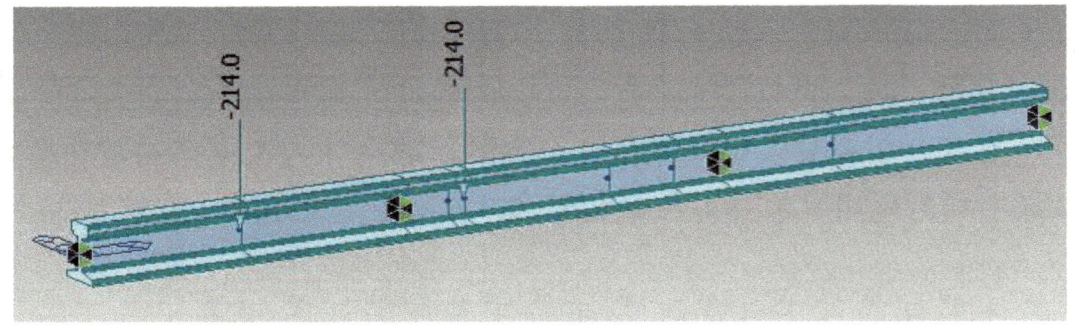

图6-35 模型图

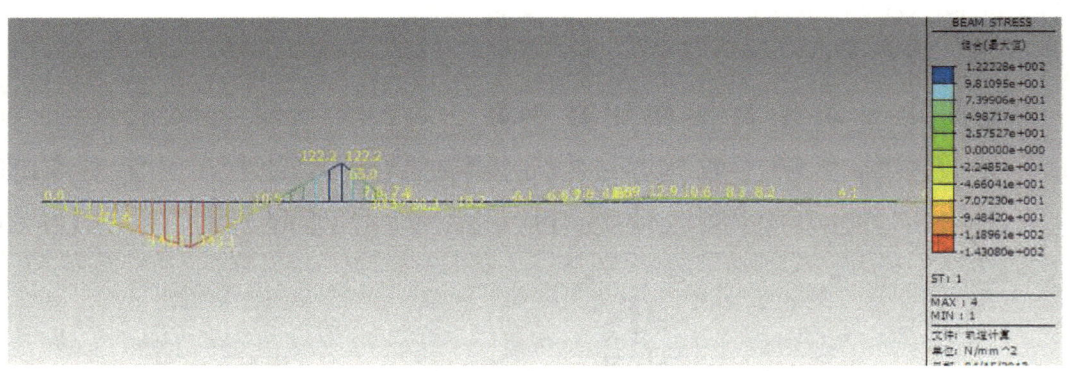

图6-36 最不利位置时应力图

由图6-36可知，最大应力值为：$\sigma=143.1\text{MPa}<[\sigma]=785\text{MPa}$，满足强度要求。

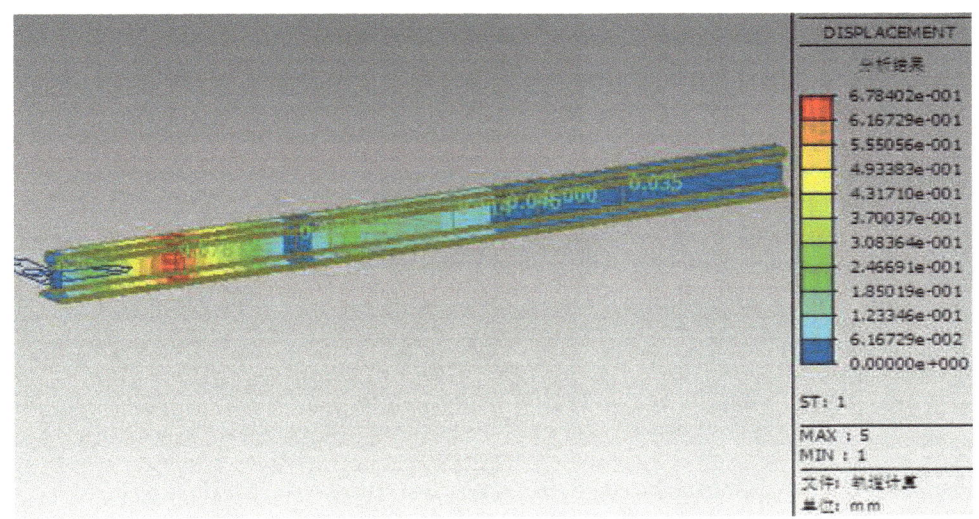

图 6-37 挠度值

由图6-37可知，挠度值为 $f=0.68\text{mm}<[f]=\dfrac{l}{400}=2\text{mm}$，满足刚度要求。

（3）枕木验算

作用在方木上的力大小为340.6 kN。钢轨与方木的受力面积为（115×250）mm²，如图 6-38。

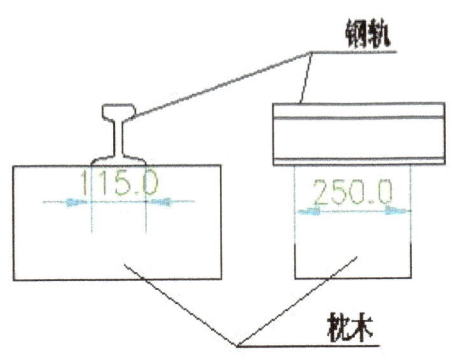

图 6-38 枕木受力面积

计算枕木压应力：$\sigma=\dfrac{F}{A}=\dfrac{340600}{115\times 250}=11.85\text{MPa}<[\sigma]=16\text{MPa}$，满足强度要求。

（4）箱梁顶面局部验算

枕木直接作用在现浇梁临近腹板的顶板位置，取纵桥向1.25 m范围计算，如图6-39，同样采用Midas有限元软件进行计算，顶板混凝土为C60，设计抗压强度为32.5 MPa。

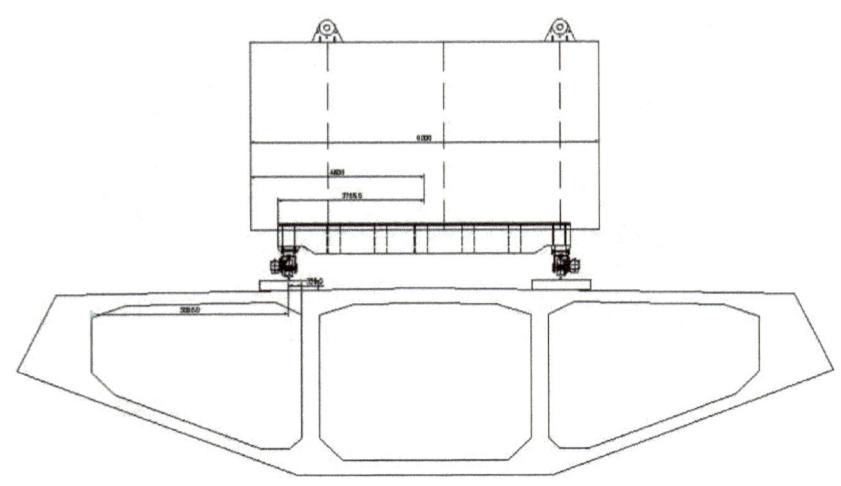

图 6-39 方木位置示意图

荷载取值为 11.85 N/mm²，建模型以斜腹板箱室上顶板为计算对象，顶板按实体单元建立模型。荷载作用在相应位置的实体单元顶面上，以压力荷载计算。边界条件：顶板与封嘴和腹板的交接处，支承条件类型均设置 D-ALL，R-All。有限元简化模型见图 6-40。

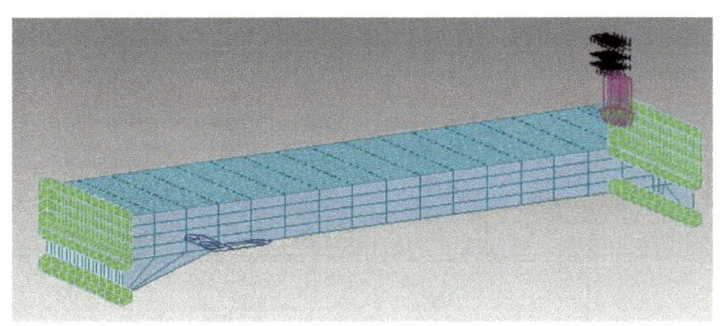

图 6-40 简化模型

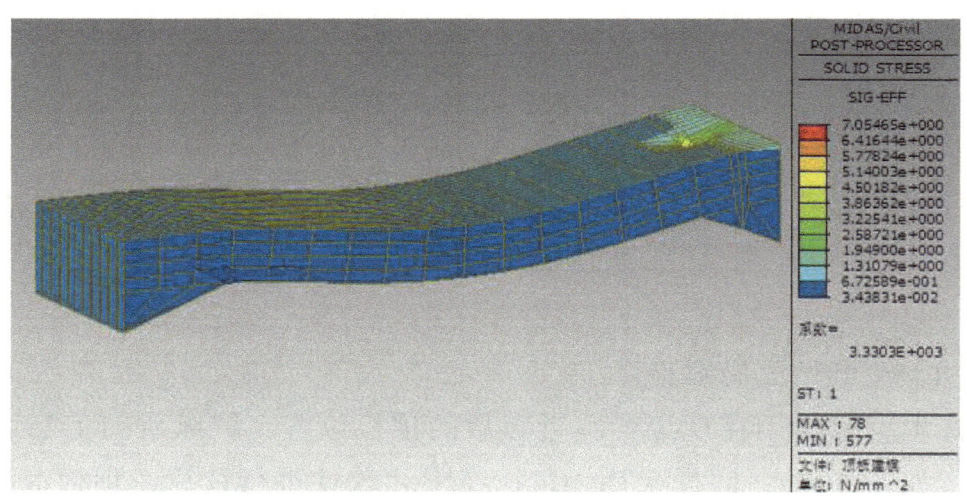

图 6-41 应力云图

第六章 钢箱主梁施工方法、设备研制及关键施工技术研究

由图 6-41 可知，箱梁顶面最大应力值为：
σ =7.05MPa＜[σ]=32.5MPa，满足强度要求。

4.3 "HMF-200 型液压式多功能悬拼提梁机"的研制

自主研发"HMF-200 型液压式多功能悬拼提梁机及钢箱梁拼装方法"，悬拼提梁机起升天车后移，承接运梁小车上的钢箱梁后，完成前移、旋转 90°、下放、后移等工序，调整钢箱梁节段拼装平面位置及标高。

4.3.1 结构设计

悬拼提梁机主要由主框架、起升系统、纵移系统、可调支撑、液压及电气系统等组成。主框架由主桁架、撑杆、斜杆、主梁、连系梁及平联组件构成。主框架在菱形桁架结构的基础上，增加上三角结构，延长起升天车的后移行程，实现起升天车在悬拼提梁机后部提梁，增加抗倾覆能力。悬拼提梁机构造见图 6-42。

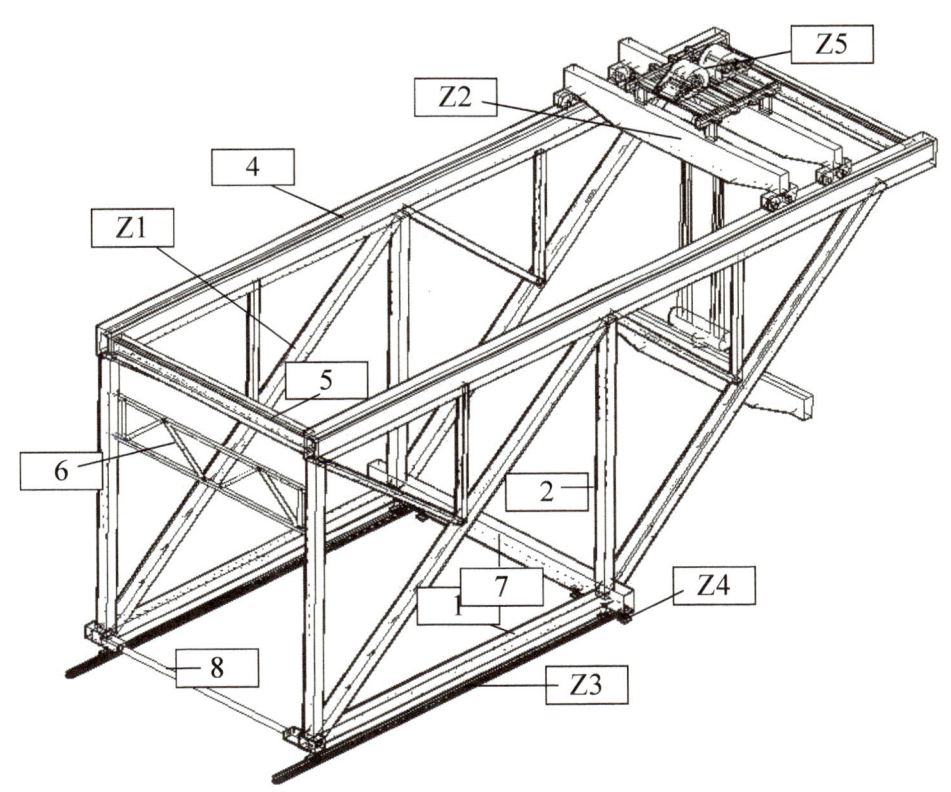

Z1. 主框架；Z2. 起升系统；Z3. 纵移系统；Z4. 可调支撑；Z5. 液压及电气系统；
1. 主桁架；2. 撑杆；3. 斜杆；4. 主梁；5. 连系梁；6. 平联组件；7. 前端横梁；8. 后端拉杆

图 6-42 悬臂提梁机构造示意图

起升系统由卷扬机、起升天车及滑轮组、旋转吊环、吊具组件构成。起升天车能够纵、横向移动，可实现钢箱梁前移、旋转及后移拼装施工。吊具组件配置可调式吊杆，吊杆长度可根据需要进行调节，适应钢箱梁节段一定程度的纵向偏心，保证钢箱梁节段平稳起升及吊装。起升系统结构如图6-43。

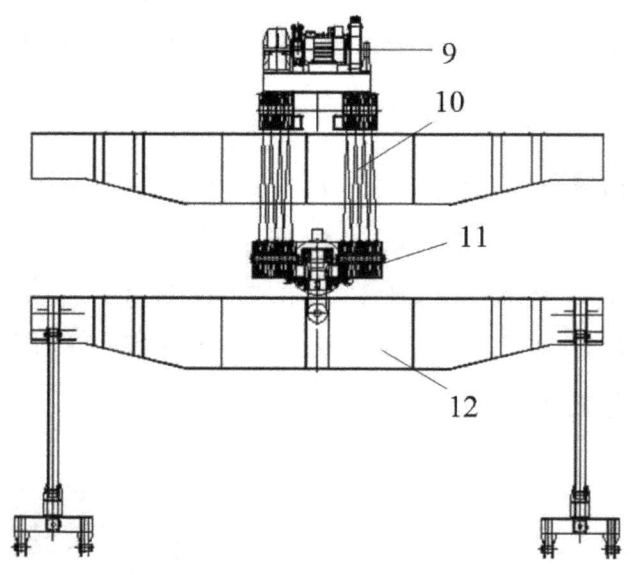

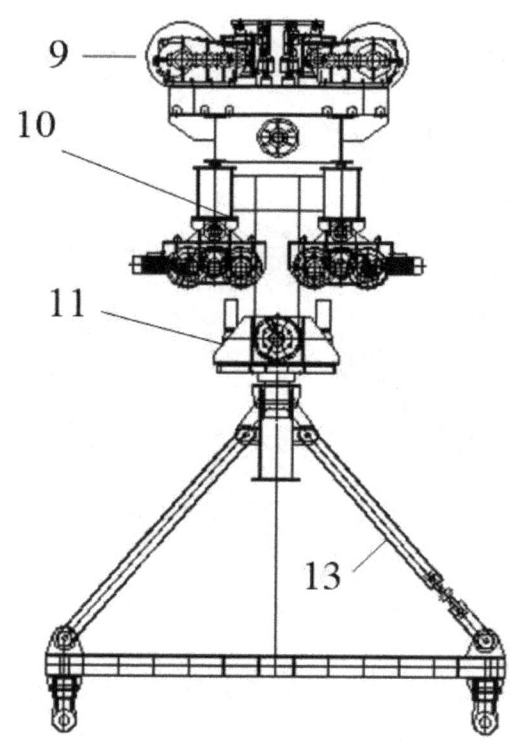

9.卷扬机，10.起升天车及滑轮组，11.旋转吊环，12.吊具横梁，13.可调吊杆

图6-43　起升系统结构示意图

纵移系统为液压步进式走行系统，由纵移轨道、油缸及铰支座组成。油缸与主框架的下弦及纵移轨道连接，通过油缸伸缩并在轨道上调整反力点，由轨道提供反力来实现整机前移。纵移轨道节段间由螺栓连接，悬拼提梁机走行过程中，循环使用。可调支撑落下并支撑在钢箱梁上，保证悬拼提梁机吊装钢箱梁过程中的整体稳定性；走行过程中，可调支撑收回，保证行走顺畅。纵移系统结构如图 6-44。

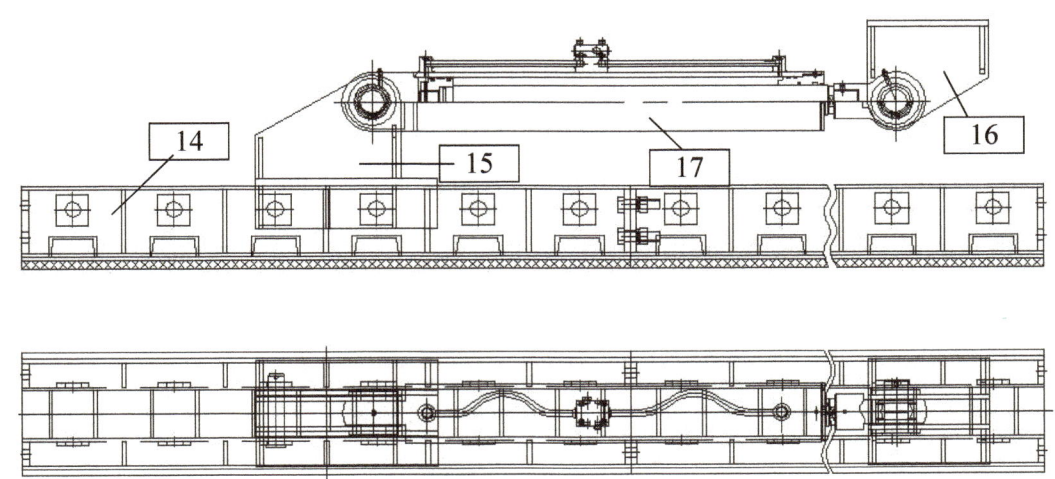

14. 纵移轨道，15. 后支座，16. 前支座，17. 油缸

图 6-44　纵移系统结构示意图

4.3.2 稳定性分析

（1）有限元模型

采用 Midas 2010 有限元计算软件，建立桥面吊机整体模型，进行桥面吊机整体稳定性及走行过程中的抗倾覆稳定性计算。根据桥面吊机各杆件的实际尺寸进行建模，桥面吊机自重以梁单元荷载的形式加在主梁上，走行小车及钢箱梁节段重量以集中荷载的形式加在主梁上。前支及后锚点均采用约束 x、y、z 三向位移的方式模拟。有限元模型见图 6-45 所示。

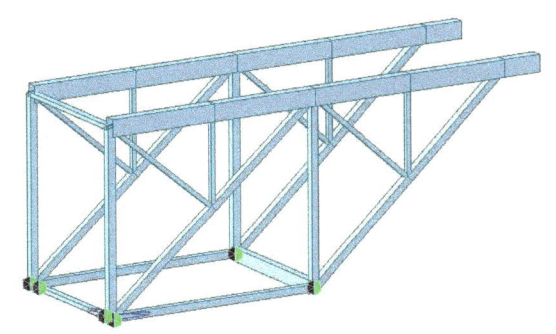

图 6-45　桥面吊机有限元模型

（2）工况分析

起升天车在吊梁前进过程中，各结构杆件的受力不同，可以分为 8 种工况进行分析。

工况一：天车空载距主梁后端 3.75 m；

工况二：天车吊重距主梁后端 7.5 m；

工况三：天车吊重距主梁后端 11.25 m；

工况四：天车吊重距主梁后端 15 m；

工况五：天车吊重距主梁后端 18.5 m；

工况六：天车吊重距主梁后端 22 m；

工况七：天车吊重距主梁后端 25.5 m；

工况八：天车吊重距主梁后端 29 m。

分别针对 8 种荷载工况进行屈曲分析，计算桥面吊机的整体稳定性。计算结果见图 6-46 ~ 6-53 所示。

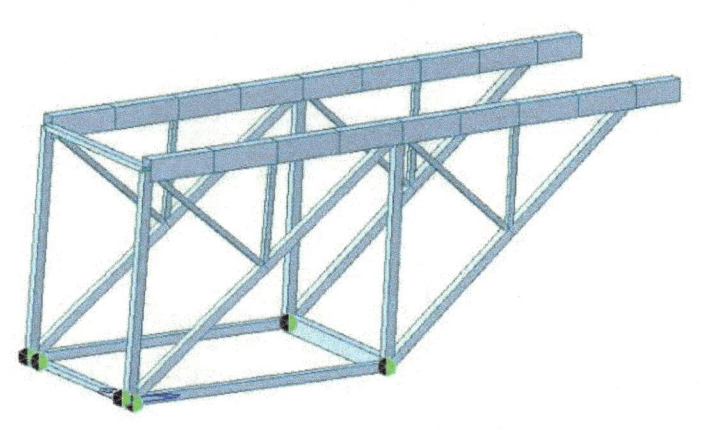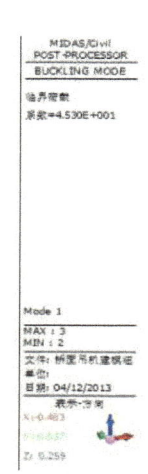

图 6-46　工况一　屈曲 1 阶模态计算结果

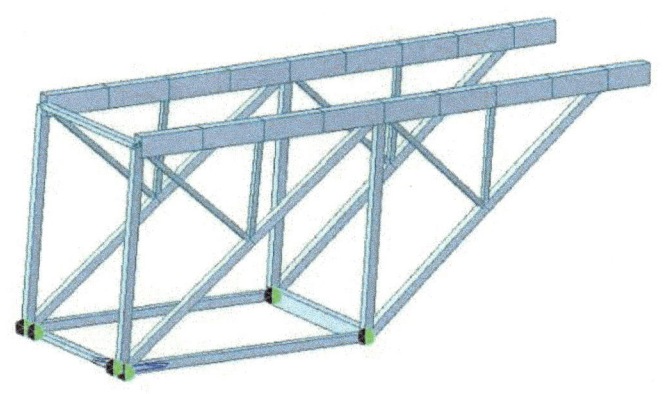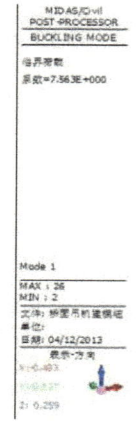

图 6-47　工况二　屈曲 1 阶模态计算结果

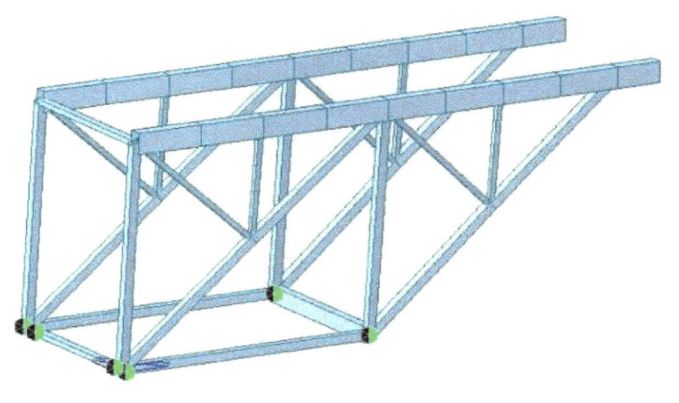

图 6-48　工况三 屈曲 1 阶模态计算结果

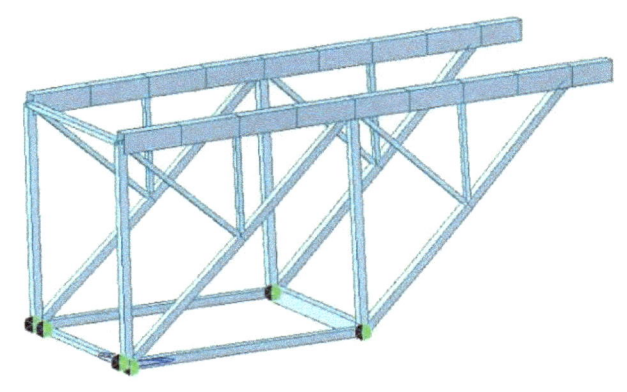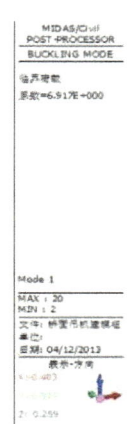

图 6-49　工况四 屈曲 1 阶模态计算结果

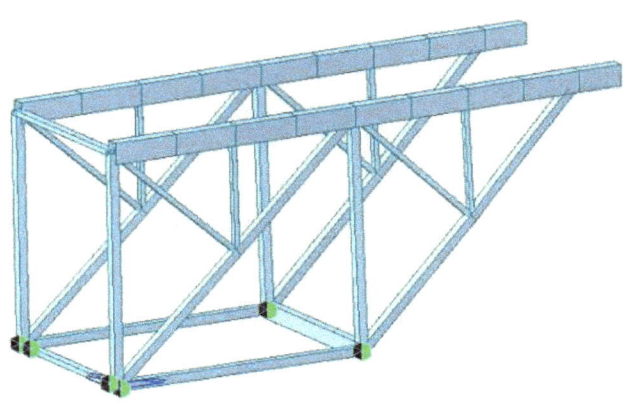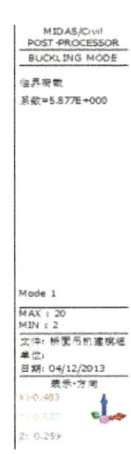

图 6-50　工况五 屈曲 1 阶模态计算结果

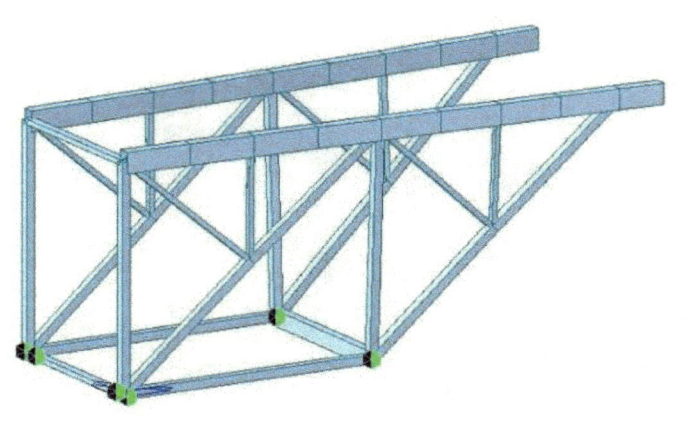
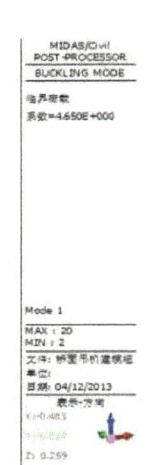

图 6-51　工况六　屈曲 1 阶模态计算结果

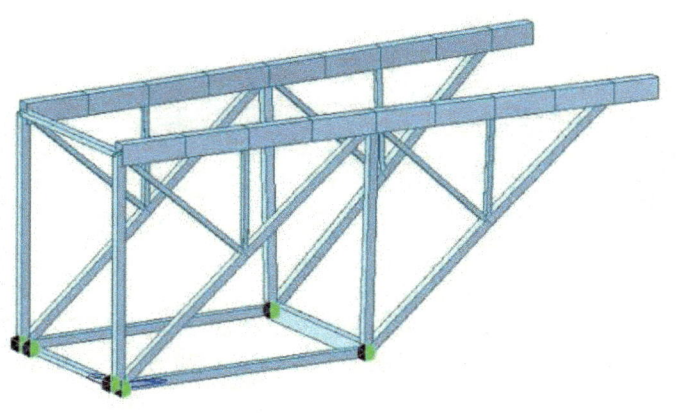
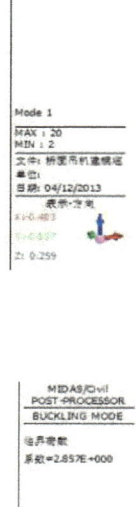

图 6-52　工况七　屈曲 1 阶模态计算结果

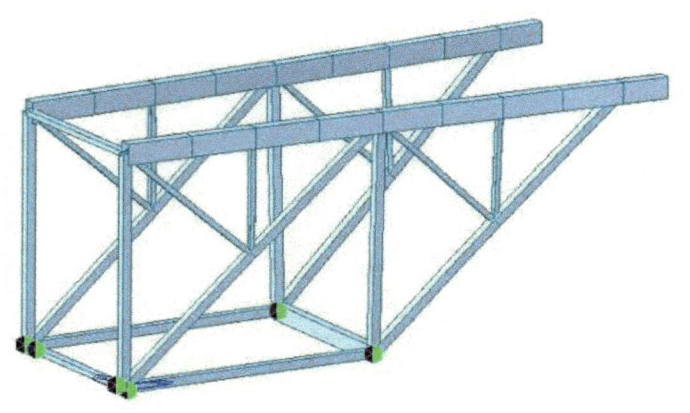

图 6-53　工况八　屈曲 1 阶模态计算结果

桥面吊机整体稳定性分析结果汇总见表 6-10 所示。

表 6-10 桥面吊机整体稳定性分析结果汇总表

工况号	工况一	工况二	工况三	工况四	工况五	工况六	工况七	工况八
临界荷载系数	45.3	7.563	7.572	6.917	5.877	4.65	3.602	2.857

由上表可以看出，各工况下所计算的 1 阶模态临界荷载系数均大于 1，桥面吊机整体稳定性满足要求。

5 钢箱梁施工关键技术

5.1 单元件工厂加工

全桥共有 44 个标准段，每节段纵向理论长度均为 9000mm。根据钢箱梁结构形式，标准段钢箱梁单元加工可划分为顶板单元、底板单元、中纵腹板单元、边纵腹板单元、边板单元、横隔板单元和钢锚箱单元（如图 6-54 所示）。每个标准梁段，顶板划分 8 个单元件、底板和斜底板划分为 10 个单元件、中纵腹板划分为 4 个单元件、边纵腹板和边板各为 2 个单元件、横隔板划分为 8 个单元件，此外还有 2 个钢锚箱单元。单元件在工厂加工完成后运输至钢箱梁拼装场地内。

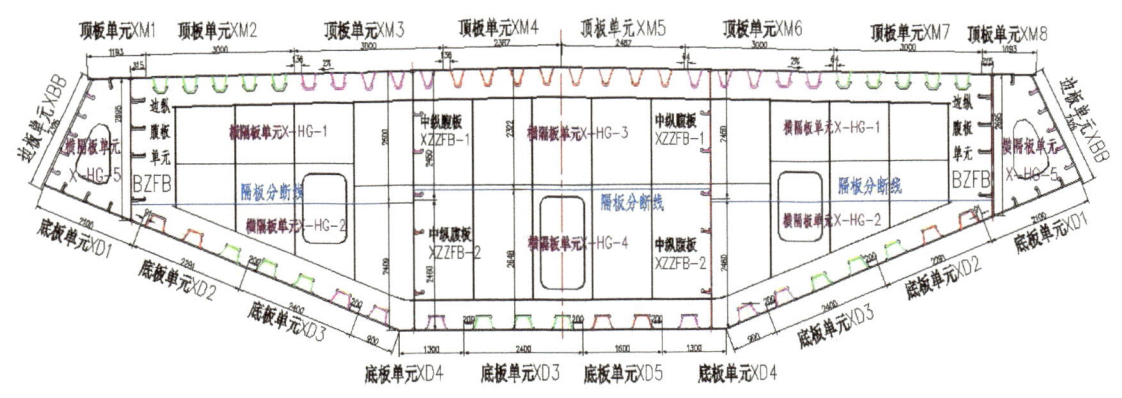

图 6-54 一般梁段的板单元分块示意图

5.2 集约流程化钢箱梁拼装场地规划

在主桥两岸混凝土梁端分别设立总拼装区域，同时组拼。总拼作业区主要由二次板单元存放及拼装区、钢箱梁总拼区、喷砂除锈车间及存梁区等区域构成，上述区域间通过钢箱梁运输轨道连成一体，实现流程化作业。悬拼施工过程中，依次将存梁区的钢箱梁横向运输至提梁门架下方，经由提梁门架提吊上桥。钢箱梁拼装场地规划见图 6-55 所示。

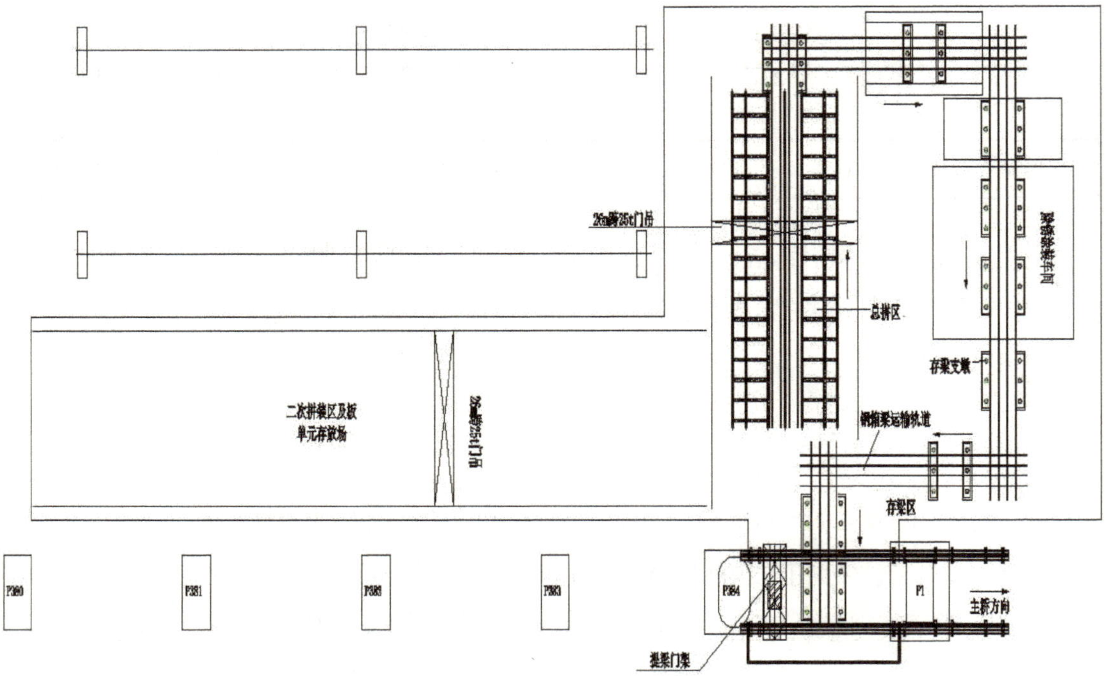

图 6-55　集约流程化钢箱梁总拼装区域平面布置图

5.3 钢箱梁单元件拼装

板单元运输至施工现场进行钢箱梁总拼装，施工工艺流程如下图 6-56 所示。

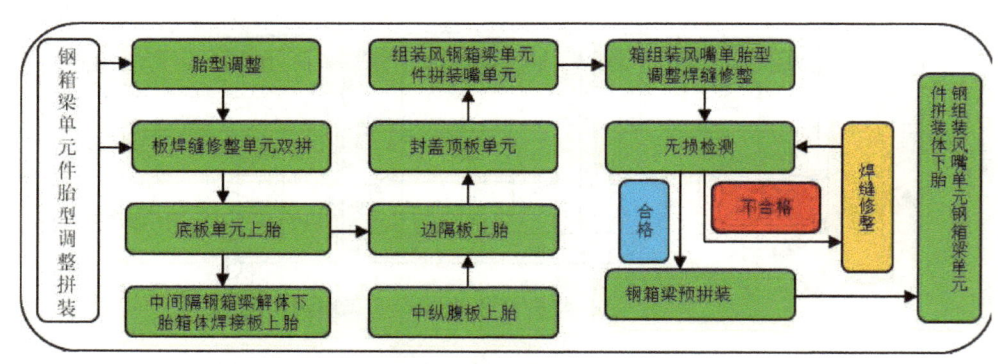

图 6-56　钢箱梁总拼装工艺流程图

5.4 钢箱梁预拼装

根据架梁顺序，在南北岸分别在总拼装胎架上进行平位预拼装，采用"5＋1"法预拼装，每轮预拼装 5 个梁段。预拼装结束后，将不参加下一轮次预拼装的梁段通过船台小车运至临时存梁区和喷砂房，进行涂装作业。钢箱梁预拼装轮次划分图，见图 6-57 所示。

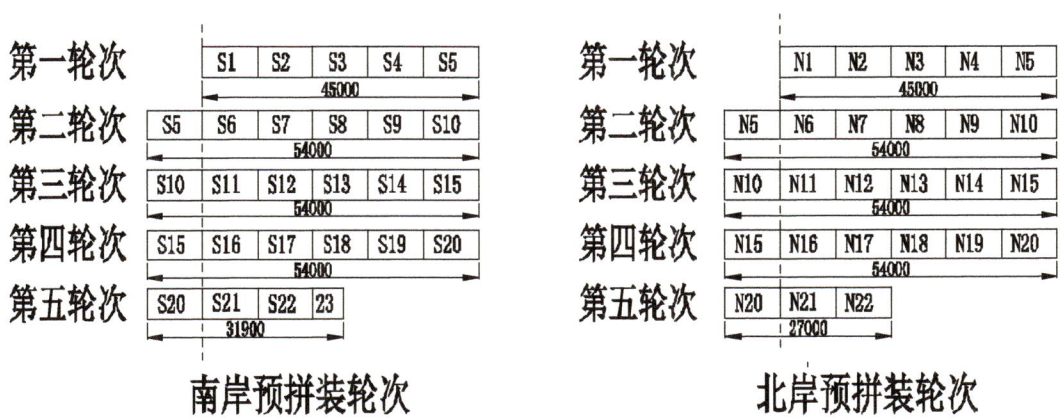

图 6-57 钢箱梁预拼装轮次图

5.4.1 预拼装施工工艺

（1）严格按胎架上设置的纵、横基准线调整就位端部第 1 节梁段（或复位梁段），按照设计预拱值进行起拱，并与胎架码板固定。

（2）以已调整就位的第 1 节梁段为准，依次用船台小车位移其余梁段，使各梁段按基线就位于各起拱支点上，用激光经纬仪以胎架的稳固测量基准点控制梁段的位置，使桥轴中心线在允许偏差范围内，经检查合格后用码板与胎架固定。

（3）待钢箱梁节段全部就位后，以顶板及边板为基准检查预拼装线形（拱度、旁弯）、长度及横向工地焊缝间隙等，超差时进行修整，在长度调整时考虑前一次预拼装长度偏差方向（正偏差或负偏差），不得出现同符号的偏差积累。

（4）待各项点检查合格后进行顶板 U 形肋、V 形肋拼接板配号孔及底板、斜底板 U 形肋及腹板板条肋的嵌补段的精确量测配切，并按施工图编号打标记。

（5）待线形调整结束，检测合格后，成对组焊钢箱梁匹配件。

（6）拆卸 U 形肋拼接板按编号进行配钻孔、涂装处理（栓接面喷砂除锈后喷铝处理）后，按照编号（注意方向）栓合在涂装后相关钢箱梁段该部位的 U 形肋上，并同条件分批制作摩擦试件，以考查栓接面的抗滑移系数。底板、斜底板 U 形肋及腹板板条肋的嵌补段按测量数据在工厂制作。

（7）拆除匹配件螺栓及销钉，钢箱梁解体下胎。用船台小车运至钢箱梁临时存梁区域，安装泄水槽、泄水管、检查车轨道等附属结构，并对永久性外露边倒圆 R2 mm。

（8）用船台小车将钢箱梁运至涂装厂房内，进行除锈、涂装，待油漆实干后，将顶板U形肋、V形肋拼接板，U形肋、板条肋嵌补段按编号置于相应箱梁节段内，一起按顺序运至存梁区。

5.4.2 U/V肋拼接板栓孔的配制方法

待预拼装线形、长度、焊缝间隙调整完成后，将每个接口的顶板U形肋或V形肋的拼接板，用冲钉定位栓合于梁体U形肋或V形肋两侧端口处（仅栓合内侧），用定心冲将另一端孔群对角线上的2个孔心号在拼接板上，并按规定编打标记，标记打在非配孔侧以示方向，再将拼接板从梁上拆下，按所号孔芯用钻模结合摇臂钻床钻孔，并复制一块，编号及方向相同。

当测量数据离散性较小时可对拼接板实施先孔法工艺，即按梁段间栓孔间距的统计平均值在厂内采用数控钻床对大部分拼接板一次钻完所有孔，另一小部分仅钻一半孔。当预拼装结束后，拼接板复位检查，不能复位的采用以上方法配制。

5.5 钢箱梁悬拼

5.5.1 钢箱梁拼装工艺流程

钢箱梁节段施工工艺流程见下表6-11所示。

表6-11 钢箱梁节段施工流程说明

步骤	图示	说明
一		在P1～P5段混凝土现浇梁上安装运梁车轨道，运梁车停至混凝土现浇梁上的指定位置。 将加工并预拼完成的钢箱梁节段通过龙门吊提升至横向运梁轨道上，由拼装场地横向运输至P1#（P10#）～384#（395#）墩间提梁门架正下方。

续上表

步骤	图　示	说　明
二		将提梁门架吊具与钢箱梁节段吊点间连接牢固，提梁门架将钢箱梁节段提升至指定高度（钢箱梁底板高于运梁车台面）
三		提梁门架运输钢箱梁向塔身方向移动至运梁车台面正上方位置，然后将钢箱梁缓慢下放至运梁车上
四		运梁车运载钢箱梁节段沿混凝土现浇梁上的运梁轨道向中跨方向移动至拼接段悬拼提梁机下方
五		桥面悬拼提梁机将钢箱梁节段运输前移，并旋转90°。后移至拼接位置，将钢箱梁节段与既有钢箱梁梁端匹配焊接
六		张拉钢箱梁节段对应斜拉索，桥面悬拼提梁机前移至下一节段。重复上述步骤，进行下一钢箱梁节段施工至合龙段施工

5.5.2 钢箱梁吊点布置

钢箱梁每个节段的横隔板处设置桥面悬拼提梁机的前支点及后锚点，其中，后锚点兼做临时吊点。其具体布置见图6-58，6-59所示。

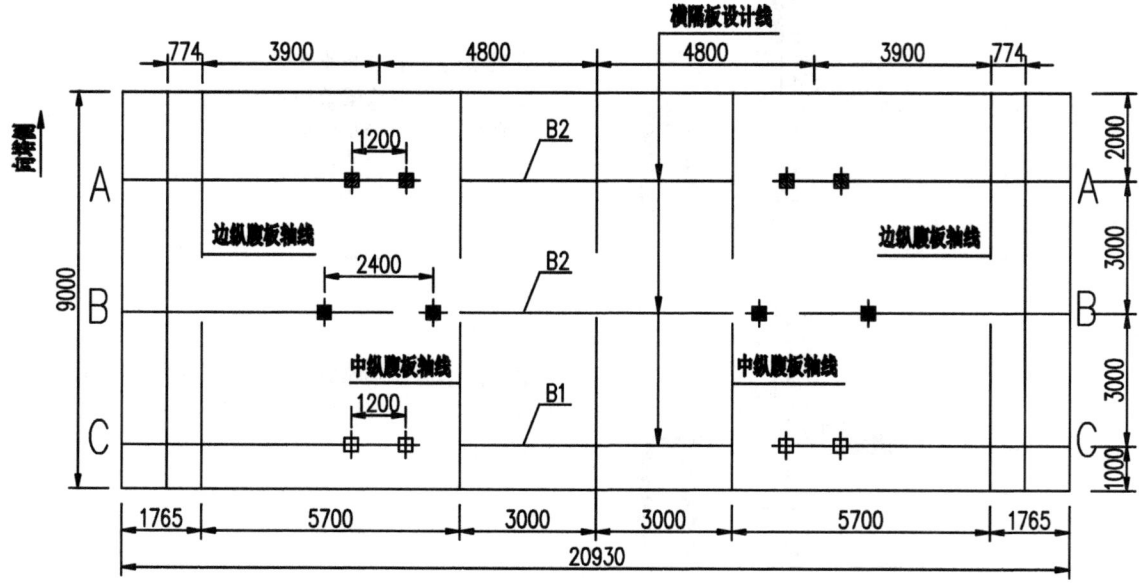

图6-58　A～F类梁段吊点平面示意图（单位：mm）

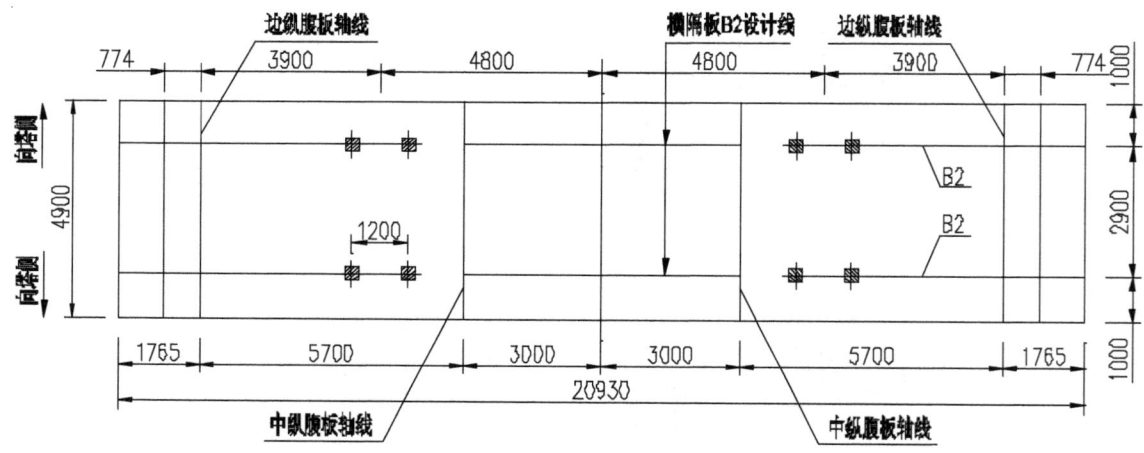

图6-59　G类梁段吊点平面示意图（单位：mm）

提升吊点主要由耳板、锚座、加劲板、高强度螺栓结构、销轴、扁担梁组成，在钢箱梁纵隔板及顶板上开孔，利用高强螺栓（M24 mm，4个）将锚座固定在纵隔板上，然后再利用高强螺栓（M24 mm，4个）将锚座与耳板相连，最后将耳板与扁担梁利用Φ50 mm销轴相连，提升门架卷扬机设置动滑轮与扁担梁连接，通过启动卷扬机将钢箱梁节段提升约37m，通过启动天车，将钢箱梁节段横移至桥面运梁小车上方。吊点构造见图6-60所示。

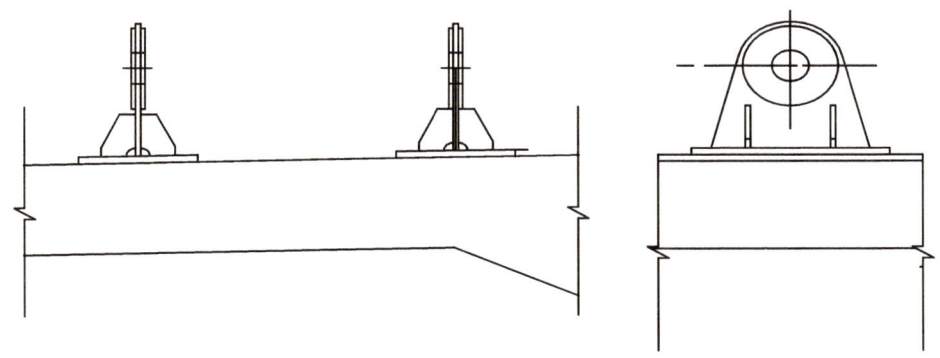

图6-60 吊点构造图

5.5.3 钢箱梁节段悬拼

钢箱梁节段拼装工艺流程见下表6-12所示。

表6-12 钢箱梁拼装施工工艺流程说明

步骤	图示	说明
1		悬拼提梁机起升小车运行到如图示位置等待接梁，轨道式运梁小车将梁从后方运向提梁机内
2		运梁车运梁进入提梁机，梁中心与起升小车中心基本保持一致
3		悬拼提梁机起升小车运载钢箱梁向前运行21 m，到达主梁前方

续上表

步骤	图示	说明
4	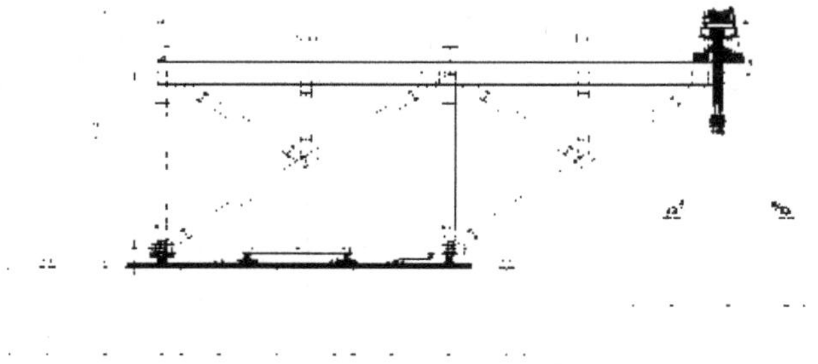	悬拼提梁机起升小车通过旋转吊具带动钢梁旋转90°
5	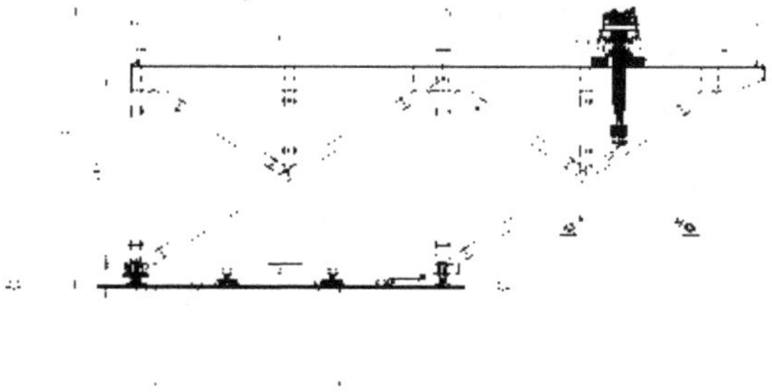	悬拼提梁机起升小车带动钢梁回退到焊接位
6	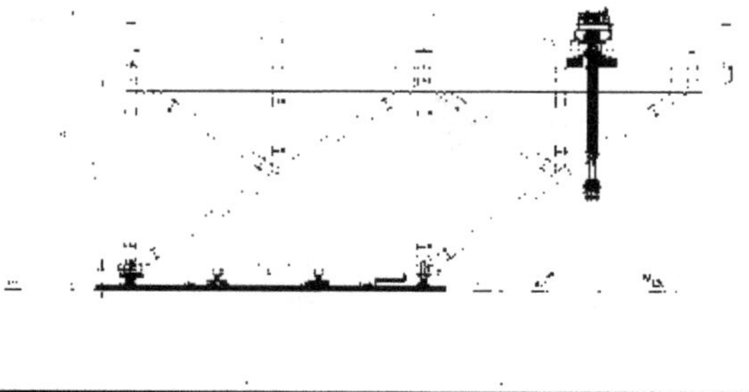	钢箱梁节段对位完成，进行焊接，吊装完成。前移悬拼提梁机，进入下一施工阶段

5.6 钢箱梁匹配焊

在吊装到位并检测合格后，再进行相邻钢箱梁的连接，即梁段之间接口的匹配、环缝焊接、顶板U肋（V肋）拼接板的栓接、U肋及板条肋嵌补段的焊接。焊缝探伤合格后，进行除锈补涂装，完成桥位施工。

（1）钢箱梁节段焊接平台

钢箱梁吊装到位后，应在拼缝处设置操作平台，供钢箱梁节段与既有梁段焊接及后期涂装使用。焊接平台拟采用梁底检查小车，南北岸各设一辆。

检查车由车架、走行机构、旋转机构、固定机构、变幅机构、液压系统、电气控制系统、安全装置、过墩检查单元等组成。通过走行机构实现检查车在桥梁底部安装的轨道上行走动作，通过变幅机构将桁架折叠臂起升至工作位置，角度调成检查工作状态。检查车自带发电机组，无需外接电源，对外界需求低。焊接平台见图 6-61 所示。

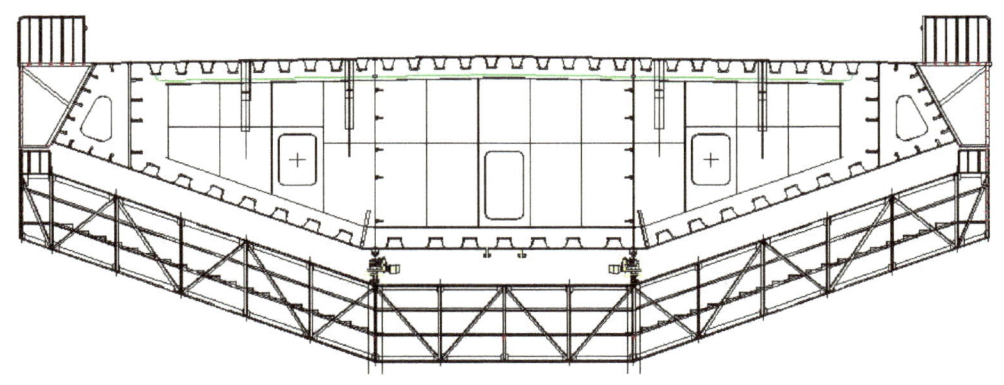

图 6-61 焊接平台构造图

（2）钢箱梁拼接作业主要内容

①钢箱梁接口匹配件连接、接口对接错边量调整；

②钢箱梁顶板 U 形肋（V 肋）的接拼板的量配、栓接；

③钢箱梁接口环缝焊接及检查；

④钢箱梁底板 U 形肋、板条肋的嵌补段的拼装、焊接；

⑤钢箱梁的工地焊缝及损伤部位的除锈和补涂装，以及钢箱梁外表面最后一道面漆的涂装。

（3）钢箱梁间临时匹配件设置

钢箱梁加工过程中，各连接面需提前焊接好临时匹配件。临时匹配件的布置见图 6-62 所示。

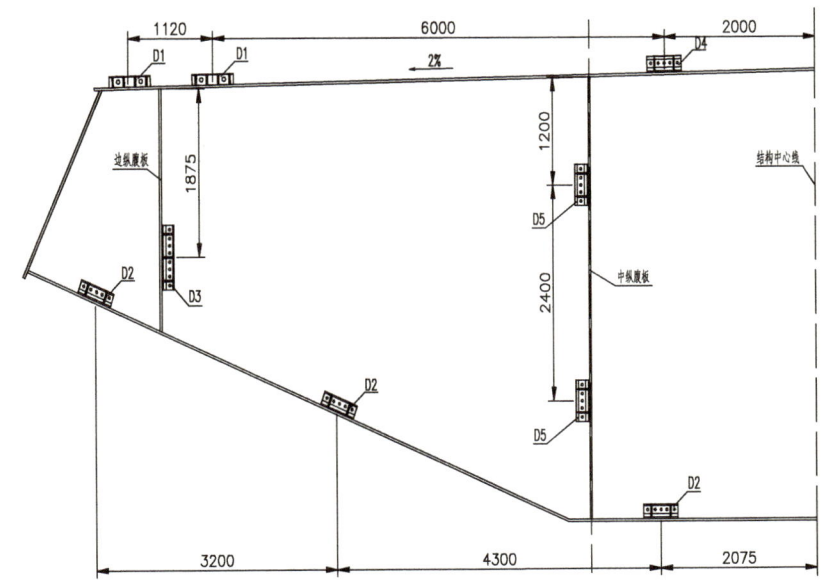

图 6-62 钢箱梁临时匹配件布置图（单位：mm）

临时匹配件采用普通角焊缝焊接，质量等级为Ⅱ级，磁粉探伤检测，探伤比例为100%。

（4）钢箱梁拼接施工程序

①钢箱梁节段吊装到位后，按照"腹板—斜底板—顶板—底板"的顺序检查接口临时连接件。临时连接件连接合格后，按照监理工程师的指令进行对接缝的码平，码平时宜先马平箱口刚性较大的拐角部位（腹板与底板角部、底板与斜底板角部、腹板与顶板角部），然后固定其余部位，采用定位板和火焰矫正的方法进行局部调整，保证对接缝板面错位不大于1.0 mm；

②初拧顶板U肋和V肋高栓；

③施焊接口环缝，接口环缝的焊接应先焊大环缝（腹板对接焊缝、纵隔板对接焊缝及顶、底板对接焊缝），后焊接纵向焊缝。顶板、底板、斜底板的横向焊缝的起弧、息弧均应避开纵向焊缝200 mm以上；

桥位环焊缝焊接顺序。钢箱梁的桥位焊接主要为梁段就位后顶板、边板、边中腹板、中纵腹板、底板和斜底板组成的环焊缝的焊接，其余为底板、斜底板U肋嵌补段、腹板板条肋嵌补段焊缝等。为了减少因焊接而产生的附加应力、焊缝残余应力和边缘材料局部应力，消除或减少不规则变形，底板、斜底板横向焊缝从桥轴中心线向两侧对称施焊；所有腹板（包括边板）采取从下到上的方向施焊；顶板从两侧向桥轴中心线施焊；

④量配顶板U形肋和V形肋拼接板螺栓孔，并标记一一对应编号。将量配数据及时返加工厂，进行顶板U肋拼接板量配端孔的施钻。同时组焊底板U形肋、板条肋嵌补段；

⑤组装顶板U肋和V肋拼接板，并进行高强螺栓初拧；

⑥终拧顶板U形肋和V形肋的拼接板高栓；

⑦每完成一个梁段的安装后配合架设单位进行箱梁桥轴线测量，测量数据作为下一梁段安装控制依据；

钢箱梁现场匹配焊接施工见下图6-63，6-64所示。

(a) （b）

图 6-63 顶面匹配件匹配连接

图 6-64 焊接

5.7 配切合龙施工技术

中跨钢箱梁合龙通常有"配切合龙"及"顶推合龙"2种方式。"配切合龙"即根据合龙口实际测量长度，现场配切合龙段。该方案可在不解除塔梁临时约束条件下实现中跨合龙；合龙段配切改变构件无应力状态，对成桥线形及内力存在一定影响；受温度影响较大，存在合龙段无法嵌入合龙口或焊缝宽度过大时难以主动调整等问题。

"顶推合龙"即合龙段按设计理论长度制造，合龙时根据实际温度，通过施加外力顶推或牵拉来调整合龙口宽度。方案不改变合龙段尺寸，主梁顶推施工需释放塔梁临时约束，随着跨径增大，顶推力及限位力相应增大，结构顶推变位后不易恢复。

本桥边跨混凝土箱梁自重大，顶推过程中会改变斜拉索倾斜角度，不确定因素多，顶推完成后难以恢复，故"顶推合龙"施工方法不适用于本桥。结合"配切合龙"施工方法的不利条件，为消除温度对合龙施工的影响，采用"半刚性配切合龙"的施工方法。即合龙前先将墩梁固结块体部分解除，合龙口临时锁定后，在低温稳定阶段，快速完全解除墩梁固结，防止温度产生梁体次内力。

5.7.1 墩梁固结部分解除

本桥墩梁固结支墩采用C30混凝土浇筑，内部设置66根Φ32钢筋，3根一束，L形布置。墩梁固结块体布置见图6-65所示。

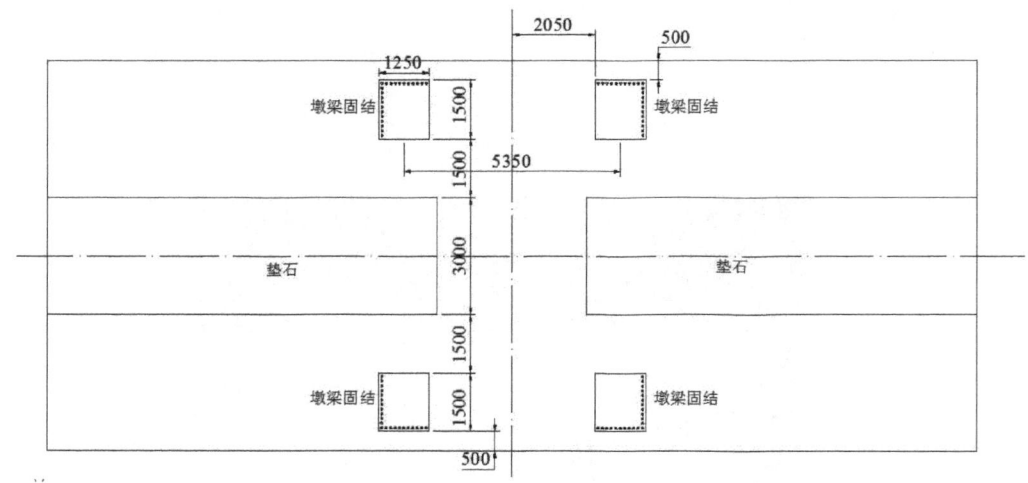

图6-65 索塔墩梁固结布置图（单位：mm）

合龙段施工前部分解除墩梁固结。墩梁固结解除原则：保证合龙口锁定后，墩梁固结能够快速解除，同时防止合龙段施工前梁体发生纵向位移。即提前凿除支墩底部混凝土，保留钢筋。合龙口锁定后，快速切割墩梁固结钢筋，实现下横梁与墩梁固结块体分离。

5.7.2 合龙口精确测量

架设合龙段之前，对既有钢箱梁端头的梁面标高进行复测，由于长悬臂钢箱梁伸缩变形较大，线形控制较为困难。故选择固定的温度较为稳定的时间段进行施工测量控制，一般选择在凌晨时间段。斜拉索调索选择在温度较低时间段即22点之后施工。

夜间温度恒定阶段，将合龙段吊至拼装位，精确、多次测量合龙口宽度、拼装姿态，根据实测宽度，配切合龙段。合龙段观测点布置图如下图6-66所示。

第六章 钢箱主梁施工方法、设备研制及关键施工技术研究

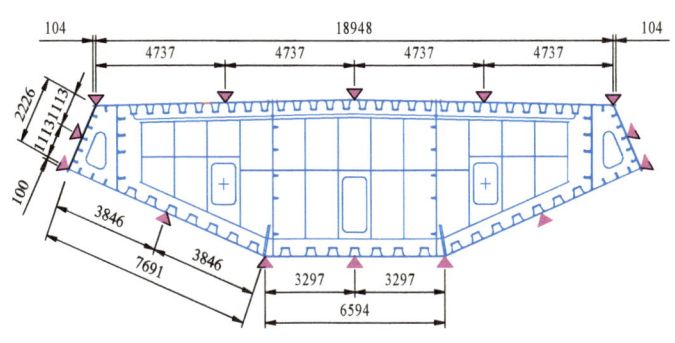

图 6-66 合龙口长度观测点布置图（单位：mm）

通过 48 小时对合龙段钢箱梁不间断的观测。结合考虑内力、温度、对接焊缝宽度等影响，进行合龙段所需梁长进行配切，确定合龙段长度。

5.7.3 合龙口临时锁定装置

合龙段吊装至设计位置，待达到合龙温度后，将合龙口临时锁定。合龙段截面共设置 7 组临时锁定装置，顶板 4 组，底板 3 组。顶板临时锁定装置分别布置在边纵腹板及中纵腹板对应位置，底板临时锁定装置分别布置在中箱及风嘴单元内部。临时锁定装置见图 6-67，6-68 所示。

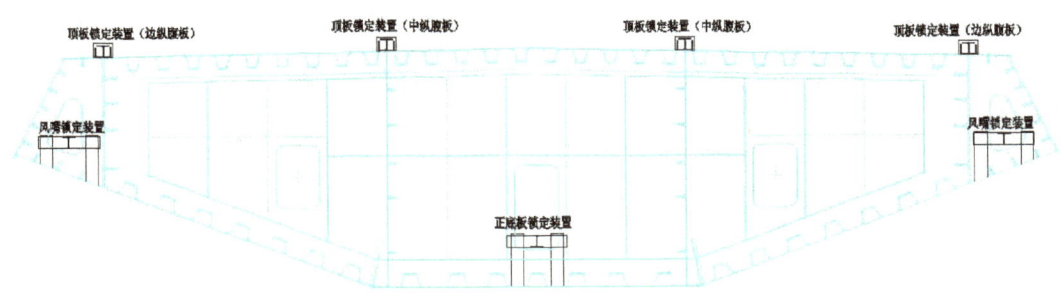

图 6-67 合龙段临时锁定装置正面布置图

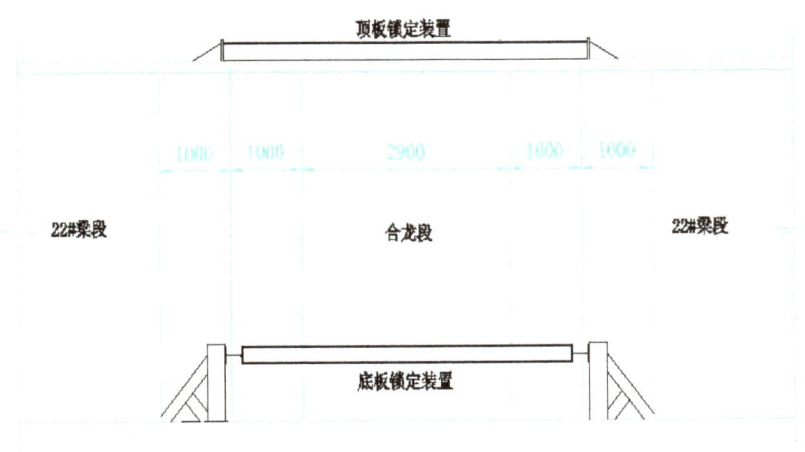

图 6-68 合龙段临时锁定装置侧面布置图

6 斜拉索施工

甬江特大桥全桥共设100对斜拉索，斜拉索规格共计6种，分别为：PES7-151、PES7-163、PES7-187、PES7-199、PES7-211、PES7-223。斜拉索两端均装配冷铸锚具，梁端固定端，塔端为张拉端。斜拉索设计寿命为50年，外挤双层高密度聚乙烯（HDPE），内层为黑色HDPE，外层为白色HDPE，两层HDPE为一次共挤而成，并同时挤塑抗风雨共振双螺旋线。

6.1 斜拉索展索、起吊

索塔塔吊下放钢丝绳，通过专用连接头（如图6-69）和斜拉索张拉端锚具连接就位，塔吊提升吊钩，同时转动放索盘，斜拉索在逐步提升中展开（如图6-70）。

图6-69 斜拉索提升专用接头

图6-70 斜拉索提升

成圈索的展开（放索）：使用具有走轮、能水平转动的展索盘，索盘固定在运梁小车上，通过运梁小车的行走，使索盘转动将索放出。待斜拉索塔端安装完成后，运梁小车回车，同时转动放索盘，使索盘中剩余的索在桥面上展开（见图6-71）。

为保护斜拉索的外护套，在斜拉索展开过程中，每4～5m放置一个托辊捆绑式支承小车(见图6-72)，避免斜拉索与桥面摩擦损坏，且在展索过程中派专人跟踪检查，随时调整托辊间距，保证斜拉索不与桥面接触。

图 6-71 展索盘展索图

图 6-72 托辊捆绑式支承小车

斜拉索安装之前，首先在索上适当位置（索夹到锚头间的距离比塔上预埋索导管长度略长）安装专用索夹（内垫 PE 或橡胶皮）作为起吊点，如图 6-73，6-74 所示。将塔吊钢丝绳经过导向滑车，沿塔内索导管放到桥面，通过连接件与索塔张拉端锚杯端部连接。斜拉索提升起吊时，以 8t 卷扬机牵引为主，塔内牵引钢丝绳跟随收紧。直至斜拉索端部与塔上索导管出口处于同高度。

图 6-73 斜拉索专用索夹照片

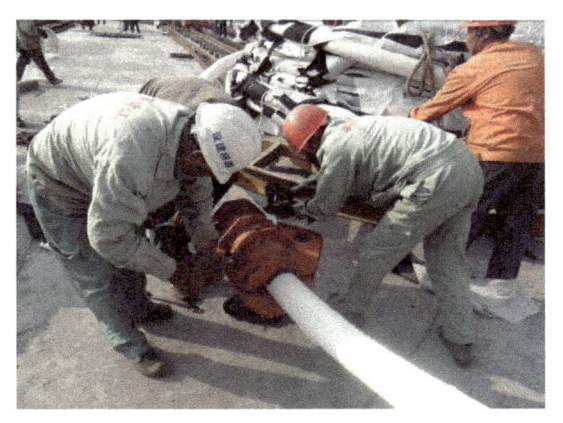
图 6-74 索夹安装照片

6.2 斜拉索挂索、入锚

（1）斜拉索塔端挂索施工

安装斜拉索塔端时，主要以塔顶提升为主，为辅助斜拉索锚端进入塔上预埋钢管，塔顶 5t 卷扬机钢丝绳经过塔内钢锚梁上横置的导向点、由塔中心垂直向下、再经导向滑车穿过塔上预埋导管与待安装索的锚端连接（在展索、起吊前连接完成）。斜拉索安装示意如下图 6-75 所示。

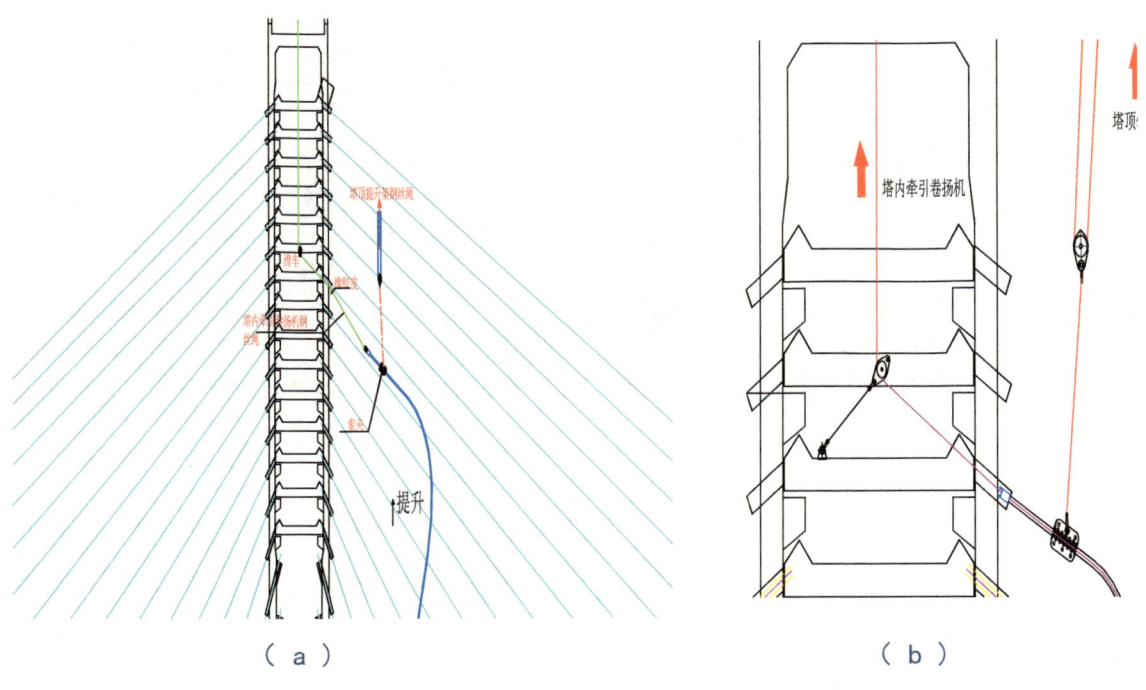

图 6-75 斜拉索进入塔端索导管示意图

当斜拉索端部到达斜拉索预埋钢管口时，塔顶缓慢提升斜拉索，5 t 卷扬机钢丝绳逐步收紧，两者协调使斜拉索端部进入钢管，并将斜拉索锚端拉出锚固面，旋上螺母锚固。

（2）斜拉索梁端入锚

为避免梁上安装索力过大，利用塔上千斤顶张拉杆将斜拉索塔端沿索导管下放适当位置。如果索长过长，挠度较大，在塔端安装接长杆将索体下放，接长杆长 1.2 m。移动斜拉索梁端锚具至梁面索导管附近。牵引示意如下图 6-76 所示。

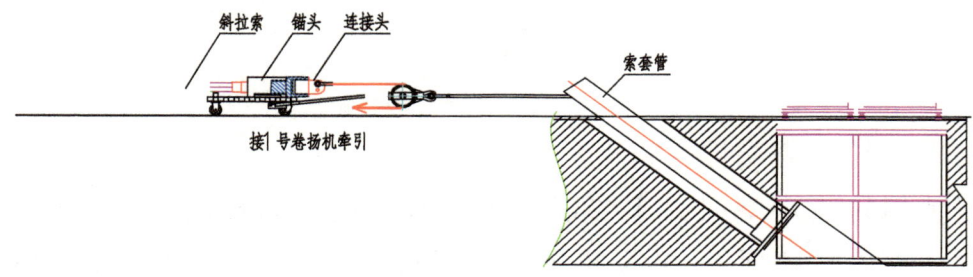

图 6-76 斜拉索梁上牵引图

利用梁端吊架，将斜拉索梁端索体和锚具段提升到一定位置，使得锚具正好处于索导管上方。斜拉索梁端安装如下图6-77所示。

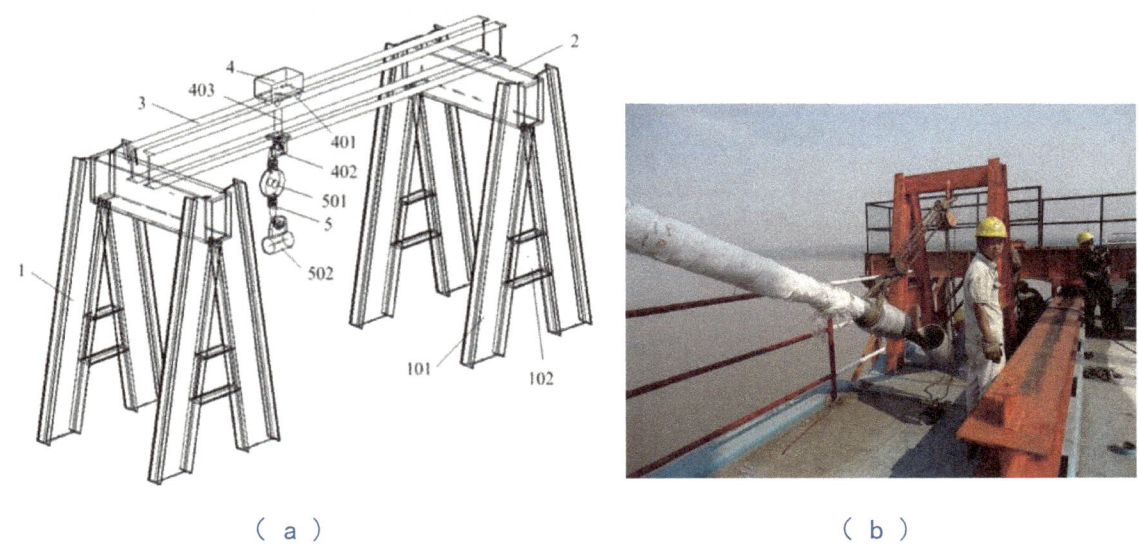

（a） （b）

图6-77 斜拉索梁端安装图

在导管底部设滑车固定点作为牵引反力点，用一端带有吊耳的连接杆固定在锚具一端，然后用卷扬机牵引吊耳，使斜拉索锚具进入梁端索导管口，当梁底锚具露出锚垫板后，旋上螺母，锚固螺母外的锚筒外露长度根据监控单位实测的拉索应力来确定。

6.3 斜拉索张拉

斜拉索挂索施工完成后即可进行斜拉索的张拉工作，主塔两侧4根同型号斜拉索张拉应同步进行。由于塔内施工空间有限，为防止张拉过程中，2根张拉杆相碰，故须根据索长及张拉牵引力要求，合理配置张拉杆及接长杆。

6.3.1 张拉工艺

将斜拉索分级同步张拉至设计索力，每级张拉达到张拉吨位后，应先稳住油压，检查索力值是否正确，并及时拧紧螺母。最终张拉索力达到设计、监控给定的张拉力后，拧紧螺母，卸除油压。斜拉索张拉流程如图6-78所示。

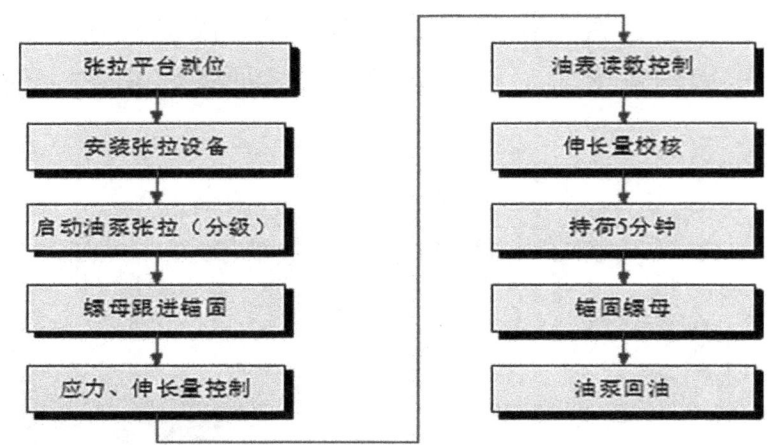

图 6-78 斜拉索张拉流程

张拉设备装配如图 6-79 所示。

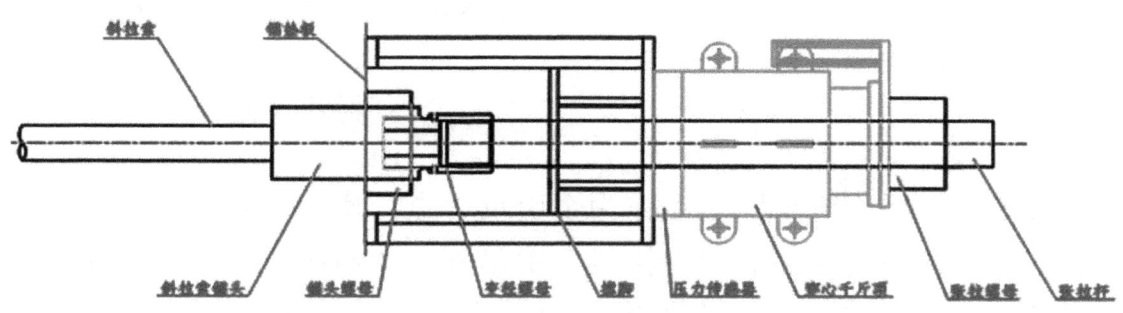

图 6-79 张拉设备总体装配图

6.3.2 张拉控制原则

斜拉索分 2 次张拉，初张拉和二次张拉。

（1）初张拉时无道渣，为确保初张拉过程中主梁线形平顺，成桥线形满足设计要求，初拉力控制原则为抵消对应钢梁的自重及相应的主梁刚度，初拉时钢梁线形在 1‰ 线形上下波动，初拉力以张拉力控制为主。

（2）按照原设计施工顺序，二期恒载施工完成后进行二次张拉，二次张拉的目的是抵消二期恒载，并将钢梁预拱度调整至设计预拱度，二次张拉以张拉力控制为主，以二次拔出量控制为辅，实行双控。根据现场情况，并经设计同意后，实际施工顺序为先进行二次张拉再进行二期施工。在设计和监控单位对接后，在确保桥梁安全可控的前提下，在无二期情况下进行二张。二张完成后钢梁和桥塔线形平顺，符合设计要求，根据对大桥在建设过程中刚度的识别，在二期施工完成后，钢梁线形和桥塔线形理论上应符合设计要求。二期完成后，根据现场实测索力和线形，进行局部调索工作。

7 实施效果

课题组创造性地研究了一种"梁上运梁旋转悬拼钢箱梁"的新方法，并自主设计了钢箱梁施工核心设备：GGB-200型提梁门架、WBC-200型可调型轮轨式梁面运梁车和HMF-200型液压式多功能悬拼桥面吊机，总结了铁路大跨度钢箱混合梁斜拉桥钢箱梁悬拼施工关键技术，解决了大吨位钢箱梁高空提梁、梁上运梁和高空旋转悬拼等技术难题，大大缩减了临时结构投入，消除了航运架梁的限制，拼装周期平均可达6天/节。施工现场见图6-80。

图6-80 钢箱梁悬拼施工现场

8 经济和社会效益

8.1 经济效益

由于甬江主桥周边环境复杂、水运受限、栈桥码头一次性投入较大，若采用水上吊装钢箱梁的设计方案光河道占用配合费就达3000万，另外栈桥码头建设费近1000万。重新设计了3种方案，通过技术可行性、安全风险及施工成本等方面进行了比选，最终创造性地提出一种梁上运梁－旋转悬拼钢箱梁施工方法，钢箱梁施工平均周期6天/节，大大地缩减了施工工期和施工成本，取得了良好的经济效益。

8.2 社会效益

甬江主桥钢混结合段施工中首次应用了"铁路大跨度混合梁斜拉桥钢箱梁悬臂拼装施工工法",该方法具有临时设施及机械设备投入小、施工全过程不占用河道、施工受环境条件影响小、施工工期短的特点。甬江主桥成桥线形流畅、外观优美,取得了显著的技术成果和经济效益,得到业界一致好评,为中央多家媒体所报道,取得了良好的社会效益。

9 小结

(1) 通过"航运+栈桥运梁悬拼法""梁下运梁悬拼法"和"梁上运梁旋转悬拼法"3种方法在技术可行性、安全风险、成本控制等方面进行比选,最终创造性地研究了一种"梁上运梁-旋转悬拼钢箱梁"的新方法。

(2) 钢箱梁拼装场地进行集约流程化规划,实现流程化作业,具有施工工序连贯、无交叉作业的特点。

(3) 根据"梁上运梁旋转悬拼钢箱梁"方法原理,结合钢箱混合梁斜拉桥的结构特点,充分考虑周边环境影响因素,自主研发了钢箱梁悬拼施工设备:GGB-200型提梁门架、WBC-200型可调型轮轨式梁面运梁车和HMF-200型液压式多功能悬拼桥面吊机,解决了铁路大跨度混合梁斜拉桥钢箱梁提、运、架的难题。

(4) 对合龙温度、合龙锁定措施、合龙前的钢梁姿态调整配切、体系转换等关键技术进行深入研究,确保全桥顺利合龙。

(5) 根据混合梁斜拉桥受力特性,考虑钢箱梁变形特点,针对斜拉索张拉、桥面吊机前移、临时匹配、焊接完成等荷载工况,全过程对钢箱梁施工时的张拉变形、荷载变形和焊接变形进行控制,保证了钢箱梁拼装误差满足设计要求。

第七章

钢混结合段施工方法及关键施工技术研究

1 钢混结合段的特点

近年来，随着桥梁设计理念的更新，高强材料制造技术的成熟，施工设备的进步，桥梁施工工艺的不断深入，混合梁斜拉桥因其良好的力学特性、经济性及优美的造型，已成为大跨桥梁最有力的竞争桥型。

混合梁斜拉桥在公路跨江桥梁建设中得到越来越多的应用，目前已应用于永川长江大桥、鄂东长江大桥、石板坡长江大桥、荆岳长江公路大桥、黄舣长江大桥、九江长江公路大桥。相对于以上公路混合梁斜拉桥钢混结合段而言，铁路混合梁斜拉桥钢混结合段所受荷载更大，构造更加复杂，施工难度更大。

铁路混合梁斜拉桥钢混结合段具有体积大、结构复杂、格室多、重量大、PBL剪力键与预应力体系交错布置、内部空间狭小、浇筑困难等特点。公路钢混结合段钢箱梁施工有航运浮吊法和桥位散拼法，公路混合梁斜拉桥航运便利，钢混结合段钢箱梁多采用船舶运输，大型浮吊或桥面吊机整体吊装。甬江北岸滩涂区不能通航，结合段钢箱梁无法直接运输至桥位，若开挖航道或搭设栈桥投入巨大。桥位散拼法又称桥位制梁或支架散拼法，即工厂内完成板单元加工，运输至桥位处，逐块吊装焊接成整体。该方法仅适用于吊装环境受限、跨度较小、构造简单的钢梁施工，在甬江主桥结合段钢箱梁施工中存在以下问题：①受风雨、地质、环境等因素影响，施工精度和焊接质量难以保证；②桥位拼装结合段钢箱梁不能参与钢箱梁制造匹配和预拼装施工，梁段间拼缝衔接匹配难度大，线形不易控制；③距索塔太近，空间交叉施工严重干扰，且长时间频繁高空吊装作业，安全风险大。综上，传统的钢混结合段施工方法难以满足铁路混合梁斜拉桥钢混结合段施工的需要。

在研究国内外混合梁斜拉桥钢混结合段优缺点的基础上，针对我国铁路大跨度混合梁斜拉桥钢混结合段施工现状，以我国首座铁路钢混混合梁斜拉桥——甬江左线特大桥主桥工程背景为依托，研究铁路大跨度混合梁斜拉桥钢混结合段施工关键技术。解决了钢混结合段整体吊装困难、结合段横向滑移定位精度不易控制、结合段内部PBL剪力键安装效率低、结合段分块组拼精度要求高、混凝土浇筑困难等难题，为同类桥梁钢混结合段施工提供了实用、经济、可靠的施工技术。

铁路大跨度混合梁斜拉桥钢混结合段施工关键技术包括"桩－柱－梁式支架"设计与施工、钢混结合段分块方法及匹配件设计、钢混结合段分块吊装顺序、滑移－浇筑一体式胎架设计与制作、移梁滑道设计与安装、吊装设备选型、PBL剪力键加工及安装、钢混结合段浇筑施工方法等。

1.1 工程概况

甬江左线特大桥主跨以 468 m 钢混混合梁跨越甬江，边跨以 4 跨混凝土箱梁作为锚固跨，孔跨布置为（53 + 50 + 50 + 66）m。

钢混结合段位于主跨侧距索塔中心 24.5 m 处，采用阶梯状填充混凝土前后承压板式钢－混接头，全长 14.05 m。整个结合段自向塔侧至跨中方向依次包含 3 m 顶底腹板变厚混凝土箱梁过渡段、2 m 混凝土横隔梁、4.05 m 顶底腹板变厚钢混过渡段、5 m 顶底板 U(V) 肋加焊变高 T 肋过渡段。钢混结合段构造见图 7-1 所示。

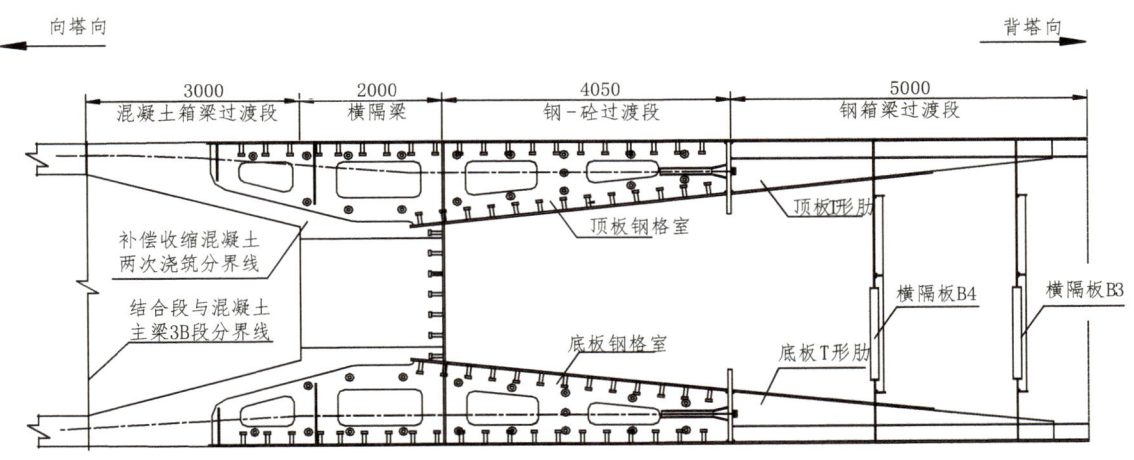

图 7-1 钢混结合段构造图

钢混结合段钢隔室顺桥向长 12.35 m，包含 7.35 m 钢－砼结合段及 5.0 m 刚度过渡段，钢混结合段内填充混凝土。钢混结合段横桥向全宽 20.932 m，中心高度达 5.017 m。

钢混结合段三维构造如图 7-2 所示。

本桥结合段的刚度过渡段具有 2 个特点：一是 4.05 m 长钢－混过渡段采用阶梯状填充混凝土前后承压板式钢－混接头，通过将腹板设置成阶梯状，钢格室顶底板倾斜布置，与隔板和端承压板之间围封组成钢格室，其内填充混凝土，保证了钢箱过渡段传力至横隔梁的平顺性；二是 3m 长混凝土箱梁顶、底、腹板变厚衔接标准混凝土箱梁和混凝土实心横隔梁，使混凝土梁截面刚度平顺过渡，改善了横隔梁受力。

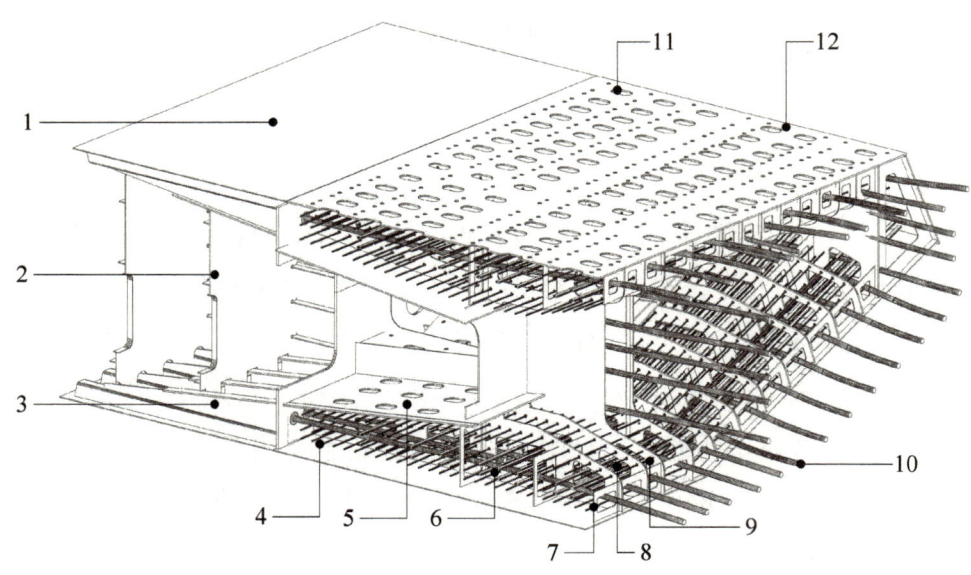

1. 钢混结合段顶板；2. 横隔板；3. 变高 T 肋；4. 剪力键；5. 底板上盖板；6. 横向预应力筋；7. 回形板；8. 钢格室；9. 传剪板；10. 纵向预应力筋；11. 浇筑孔；12. 出气孔

图 7-2 钢混结合段三维构造图

钢隔室结构形式及尺寸见图 7-3；钢混结合段主要工程数量见表 7-1。

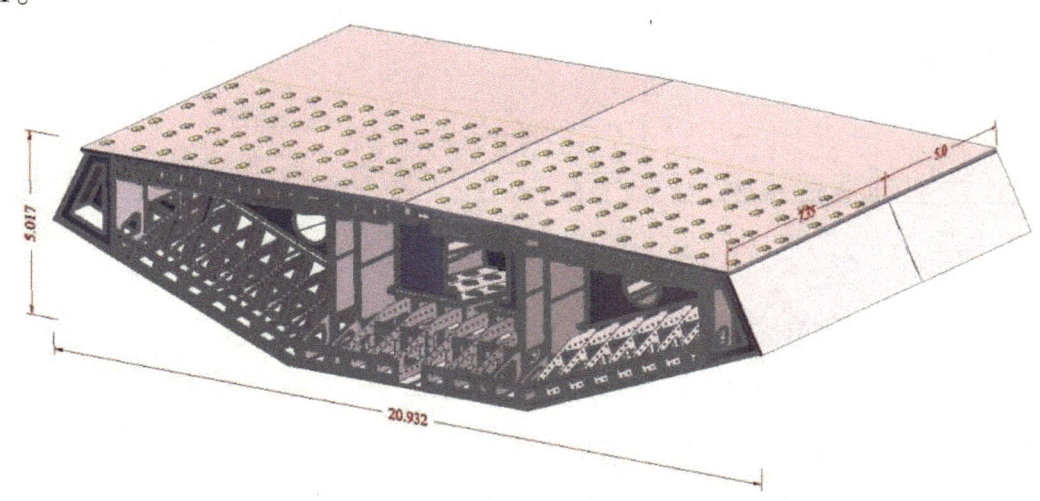

图 7-3 钢混结合段钢隔室三维图

第七章　钢混结合段施工方法及关键施工技术研究

表7-1　钢混结合段主要工程数量

材料名称	规　格	单位	数量
钢材	Q345qD	kg	347 811.3
混凝土	C60补偿收缩	m³	446.75
钢筋	HRB335	kg	13 124
剪力键	Φ25mm	根	147
钢绞线	5-7Φ5mm	kg	6878
剪力钉	GB10433 22×150	个	13 988

铁路大跨度混合梁斜拉桥钢混结合段施工技术实现了钢混结合段分块吊装、横向滑移、模块组拼施工方法，解决了铁路斜拉桥钢混结合段不易整体吊装的难题，提高了施工效率。结合甬江左线特大桥主桥钢混结合段施工特点，总结了此类钢混结合段施工技术难点，并制定相应的解决方案。

1.2 周边环境

甬江主桥北岸结合段上跨甬江大堤，东临宁波绕城高速清水浦大桥北塔仅28 m；北临北岸主塔13.5 m，南侵滩涂区5 m，结合段距离地面高度33 m，施工场地狭小，见图7-4。

图7-4　北岸结合段周边环境

甬江主桥南岸结合段上跨热力管道及沿江沟渠，东临清水浦大桥南塔仅28 m；北临甬江大堤沿江路，结合段距离地面高度33 m，施工场地狭小，见图7-5。

图7-5　南岸结合段周边环境

1.3 技术难点

甬江左线特大桥主桥钢混结合段施工技术难点如下：
（1）钢混结合段自重381t，离地面38m，场地受限，整体吊装困难；
（2）钢混结合段处钢梁和混凝土总重2200t，支架体系设计难；
（3）钢混结合段吊装设备选型至关重要；
（4）作为钢箱梁首节，拼装精度要求高；
（5）钢混结合段钢筋、剪力键及预应力管道密集，交叉施工干扰大；
（6）钢混结合段构造复杂，施工空间狭小，砼浇筑、振捣困难。

2 钢混结合段施工新方法

2.1 方法比选

铁路混合梁斜拉桥钢混结合段具有体积大、结构复杂、格室多、重量大、PBL剪力键交错布置、内部空间狭小等特点，传统钢混结合段整体吊装施工方法难以满足周边环境复杂条件下施工需求。结合现场实际情况，制定了4种钢混结合段施工方案，进行了比较。

（1）高轨龙门吊法

高轨龙门吊法三维示意图见图7-6。

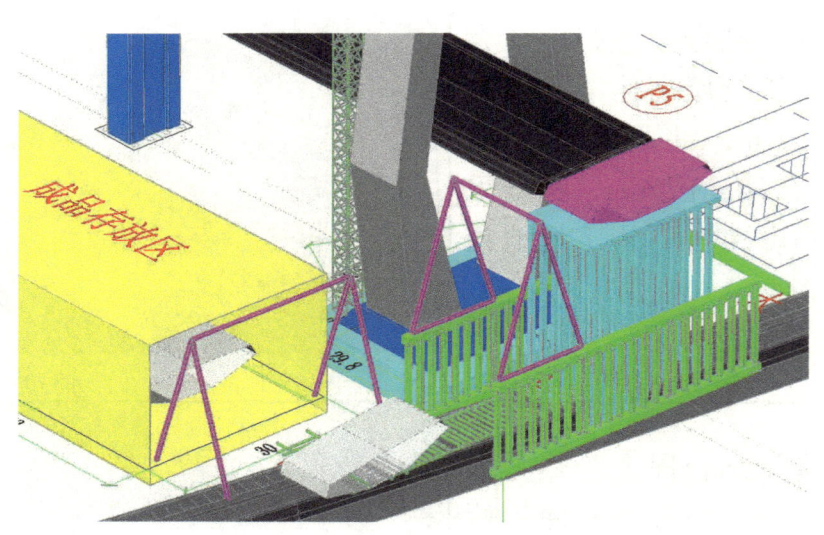

图7-6 高轨龙门吊法示意图

主要步骤：
①结合段位置搭设施工平台，甬江大堤上安装运梁轨道；
②横桥向安装15m高轨道支架，拼装25m高、14m宽190t龙门吊；

③结合段通过运梁车运输至提梁位置,龙门吊吊装结合段至施工平台,精调后定位焊接。

(2) 整体吊装法

整体吊装法见图7-7。

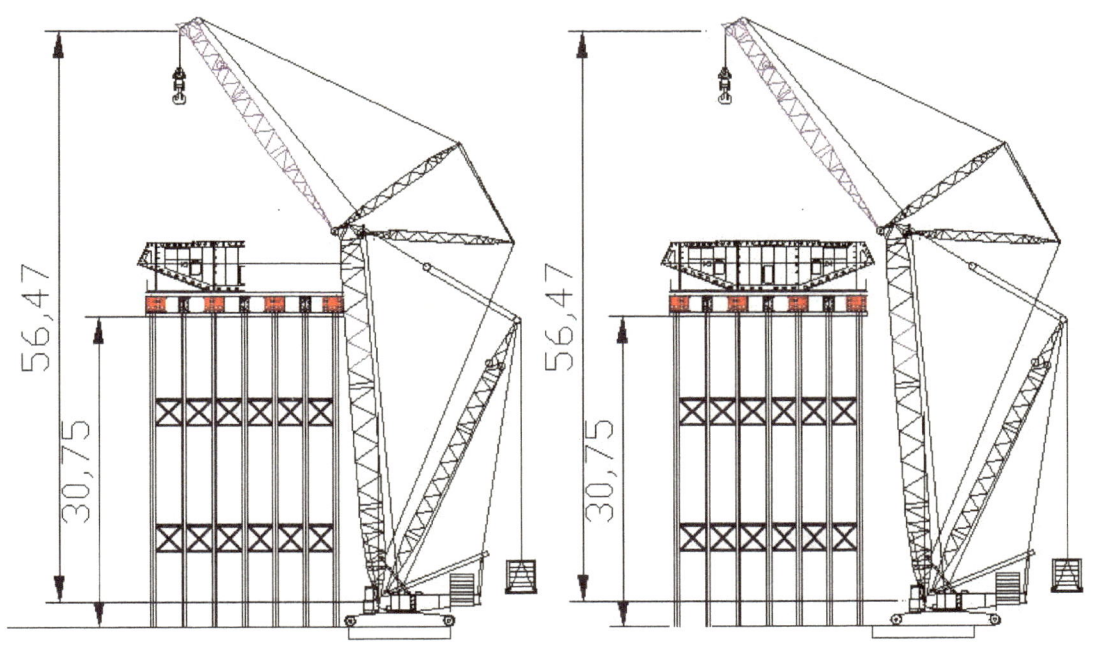

图7-7 整体吊装法示意图(单位:m)

主要步骤:

①施工钻孔桩基础,浇筑履带吊吊装平台,拼装履带吊;

②1000t履带吊站立于吊装平台,将左侧的1#块节段吊装至A区位置处;

③将右侧2#块节段吊装至B区位置处就位;两块对接精调定位焊接。

(3) 边跨顶推法

边跨提梁顶推法见图7-8所示:

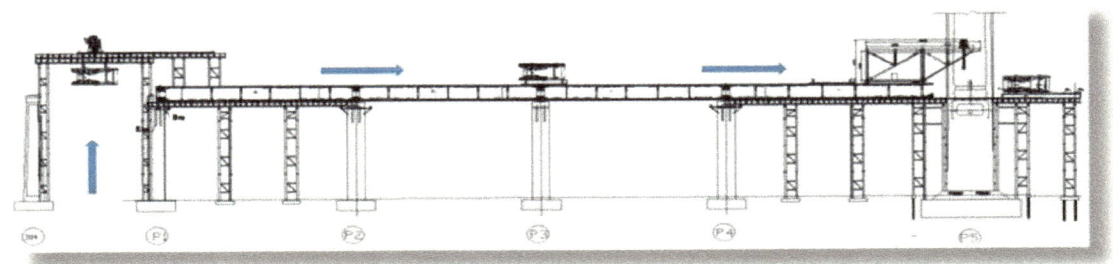

图7-8 边跨提梁顶推法示意图

主要步骤：
①把结合段钢箱梁沿桥纵向分为3块；
②提梁机提升结合段钢箱梁至混凝土主梁第3浇筑段A梁面运梁车上；
③运梁车通过混凝土主梁将结合段运输至桥面吊机位置处；
④桥面吊机落梁至第3现浇段B支架顶推平台上；
⑤通过顶推平台纵向牵引结合段钢箱梁。

（4）模块组拼法

模块组拼法见图7-9所示。

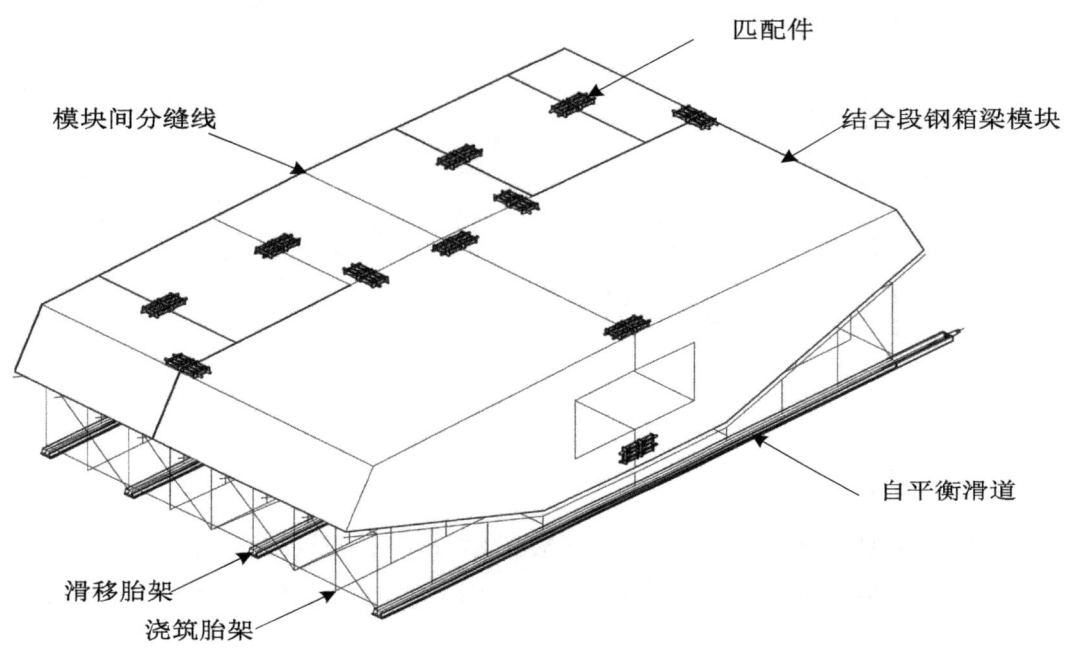

图7-9 模块组拼法示意图

主要步骤：
①将钢混结合段钢箱梁划分为模块，在工厂内完成模块焊接拼装；
②桥位安装移梁滑道及反力架，吊装胎架；
③依次吊装稍近处模块与已定位模块匹配；
④依次完成后续胎架及模块的吊装、横移；
⑤全部模块匹配连接、横移到位后焊接。

表 7-2 四种方法比选

方法名称	风险	难度	成本	干扰情况	特 点
高轨龙门吊	★★★	★★	★★★★★	影响边跨3B段施工	充分利用现有龙门吊设备,但龙门吊高空拆装风险巨大。
整体吊装	★★	★	★★★★	场地小;破坏大堤	履带吊拼装困难,站位走行空间小,需对甬江大堤破坏。
边跨顶推	★★★	★★★★	★★★	影响边跨3B段施工	交叉作业多,需要对混凝土梁各工况检算,纵向顶推长度达26m,对支架平台刚度要求高。
模块组拼	★★	★	★★	平行施工	降低了吊装块段重量,工期、成本可控,但要严格控制拼装精度。

由表 7-2 可知,综合考虑安全、技术难度、成本及干扰情况,最终采用了一种模块组拼施工钢混结合段的新方法。

2.2 模块组拼施工方法原理

采用在拼装场地模块化加工,13 m 长挂车运输至施工现场,配合 350 t 履带吊分块吊装,桥位拼接滑移的方法施工钢混结合段。钢混结合段模块组拼法如下图 7-10 所示:

图 7-10 钢混结合段模块组拼法

钢混结合段在拼装场地整体加工,并根据需求切缝分块。模块之间安装匹配件,牢固焊接于顶、底、腹板分缝线两侧。相邻匹配件之间设有横跨拼接缝的钢棒或连接螺栓,为分块后复拼提供参照,严格控制结合段桥位拼装精度。

移梁滑道在地面分段加工，吊装至支架贝雷片顶部组拼焊接，移梁滑道与贝雷片间采用U形螺栓连接成整体，二者共同受力。滑移-浇筑一体式胎架主要由滑移胎架及浇筑胎架构成，在地面模块化加工，分块吊装至支架顶部，滑移胎架底部放置于移梁滑道槽内。

按照胎架模块吊装、钢混结合段模块吊装、钢混结合段模块临时匹配连接、整体横向滑移的顺序重复上述施工步骤，直至胎架及钢混结合段模块全部吊装并临时匹配完成。为防止钢混结合段模块组拼焊接过程中发生形变，且不易调整，将临时匹配完成的钢混结合段整体横向滑移至设计位置仅30 cm。结合段模块焊接成整体并解除临时匹配连接，最后横向滑移至设计位置，完成整个结合段的拼接过程。见图7-11～7-18所示。

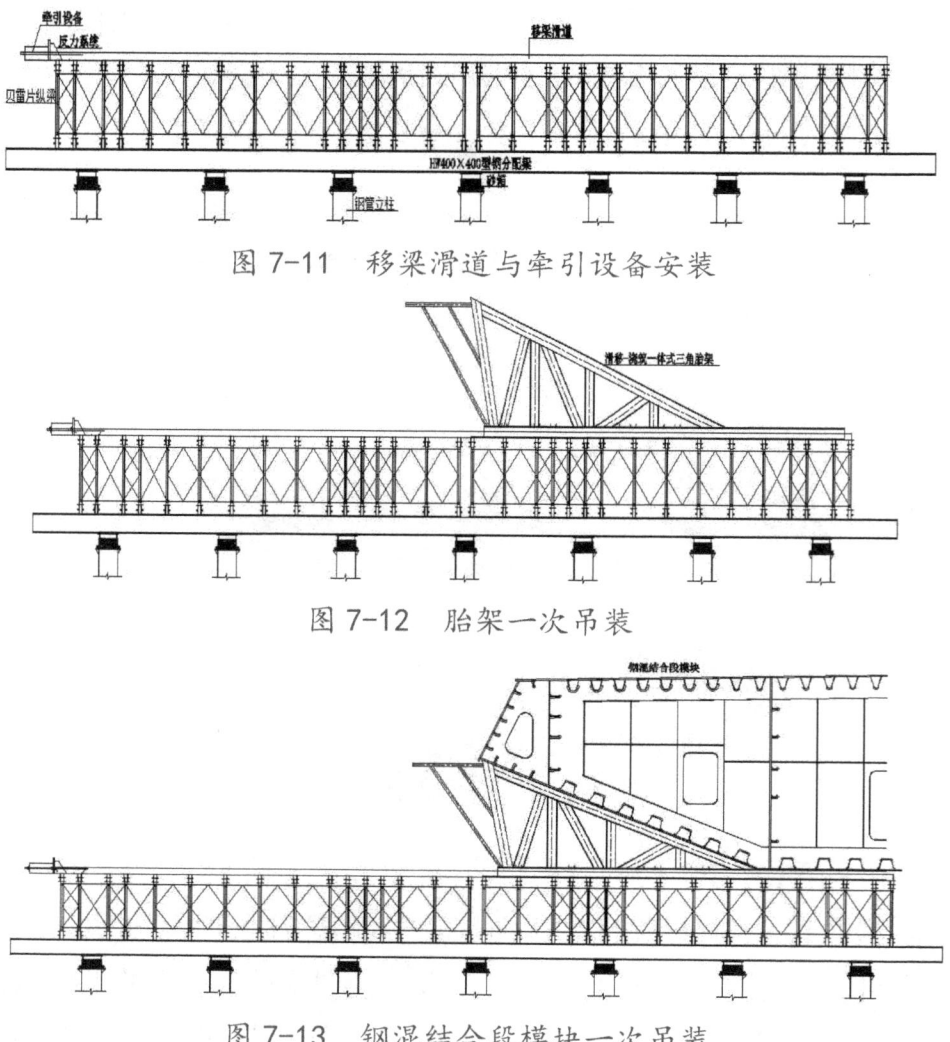

图 7-11 移梁滑道与牵引设备安装

图 7-12 胎架一次吊装

图 7-13 钢混结合段模块一次吊装

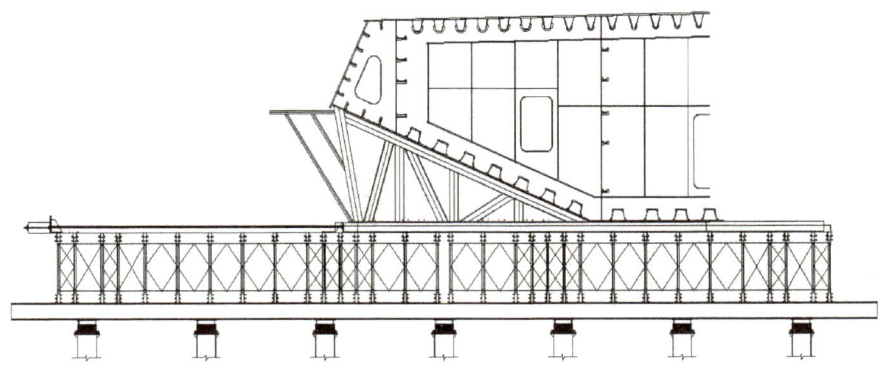

图 7-14　横向一次滑移 3.2 m（胎架二次吊装接长）

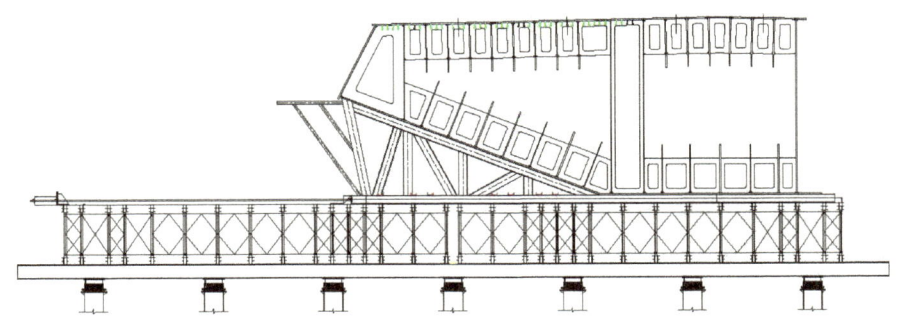

图 7-15　钢混结合段模块二次吊装（匹配连接）

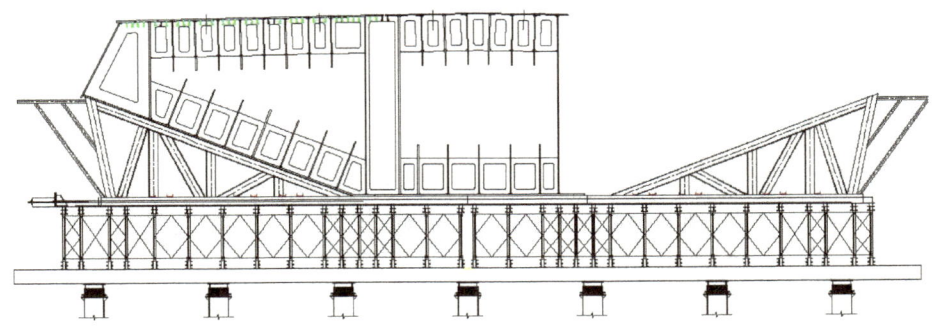

图 7-16　横向二次滑移 7.3 m（胎架三次吊装）

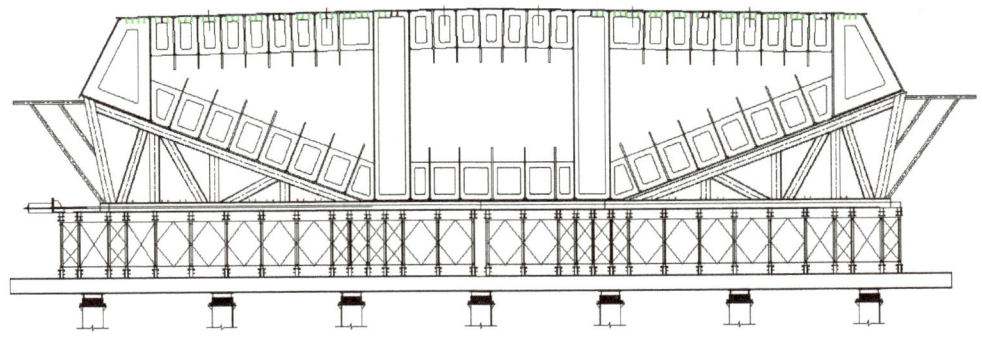

图 7-17　钢混结合段模块三次吊装（焊接成整体）

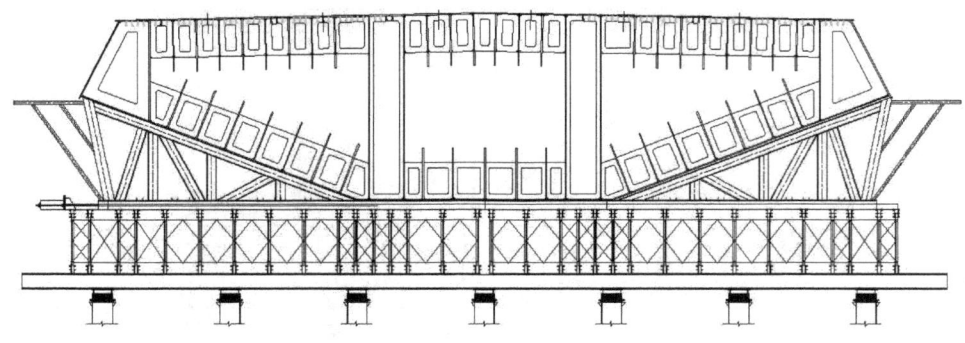

图 7-18　横向三次滑移 0.3 m（至设计位）

2.3 需要解决的技术问题

（1）钢混结合段体积与重量均较大、安装精度要求高，需要设计合理的支架体系，为钢混结合段提供分块吊装及横向滑移施工平台。

（2）钢混结合段模块形态各异，应充分考虑钢混结合段钢格室内部构造、设备起吊能力、分块后的几何形态、重心、吊点及拼缝位置等因素。

（3）钢混结合段断面尺寸大，拼装精度要求高，焊缝宽度不易控制，块体之间精确匹配难度大。

（4）钢混结合段吊装须综合考虑各模块的形状、体积、重量及吊点位置等条件，合理安排钢混结合段各模块的吊装顺序、横向滑移工序及滑移距离。

（5）为确保钢混结合段横向滑移施工的顺利进行，需要根据钢混结合段几何形态，设计三角胎架。三角胎架既要满足承载力要求，又要便于拆装，并具有一定的横向及竖向刚度；防止因胎架自身刚度不足，影响钢混结合段块体拼装精度。

（6）钢混结合段整体滑移精度要求高，滑移过程中，几何形态难以控制，纵桥向位移不易调整。合理布设移梁滑道、导向装置及反力系统是确保钢混结合段施工质量的关键。

（7）钢混结合段混凝土振捣困难、边角浇筑不易密实。根据钢混结合段内部钢格室划分情况，浇注孔、出气孔及注浆孔的开设位置，设计合理的浇筑顺序及方法，保证钢混结合段浇筑质量。

2.4 技术对策

针对甬江左线特大桥主桥钢混结合段施工存在的技术难点，结合现场实际情况，制定解决对策如下：

（1）采用"桩－柱－梁式支架"作为钢混结合段的支撑体系，"桩－柱－梁式支架"具有承载能力高、抗冲击性强、施工速度快、投入成本小等特点。同时，大幅度的跨越能力，极大地减小了对地面构筑物的影响。

（2）综合考虑现场吊装条件、吊装工艺、施工成本等因素，将整个钢混结合段划分为7个模块，单个模块最重为72.65 t。

（3）钢混结合段模块之间设有粗调及精调2种匹配件，块体分解前，牢固焊接于顶、底、腹板分缝线两侧。吊装过程中，依照先粗调后精调的顺序匹配连接结合段块体，为分块后复拼提供参照，提高结合段桥位拼装精度。

（4）根据钢混结合段分块情况，计算各模块中心位置，合理布置吊点。考虑现场实际施工条件，胎架吊装、模块吊装及横向滑移均需进行3次，施工内容明确，工序状态可控，大幅提升了施工效率。

（5）设计滑移－浇筑一体式胎架，有效地解决了钢混结合段横向滑移稳定性不足、混凝土浇筑过程中钢格室易变形的难题。提出钢混结合段与胎架共同滑移的施工思路，并结合横向滑移施工工序及胎架吊装条件，将胎架拆解、分块吊装，实现流程化作业。

（6）在滑移－浇筑一体式胎架底部布设移梁滑道，移梁滑道端头设计牵引系统及反力支撑体系，实现钢混结合段横向整体、同步滑移。滑道两侧增加导向限位措施，解决了钢混结合段横向滑移过程中扭曲、精度不易控制的难题。

（7）采用在钢格室边角增设振捣孔，水平分层浇筑，附着式振动器结合不同口径的插入式振捣棒联合振捣的方法施工。制定合理的浇筑顺序，单个钢格室一次、对称浇筑，防止遗漏，保证了混凝土的浇筑质量。

3 模块组拼钢混结合段施工控制技术

3.1 "桩－柱－梁式支架"施工

甬江左线特大桥北岸结合段上跨甬江大堤，南侵滩涂区5 m，结合段距离地面高度33 m，现场施工场地狭小。为减小结合段施工对甬江大堤造成的破坏，同时提供稳定的承载能力及结构刚度，选用"桩－柱－

梁式支架"作为结合段施工的临时支撑体系。

钢混结合段设计位置底部共布设两排支架，采用钻孔桩基础。单排支架底部均设置7根φ1.0 m钻孔桩，平均深度为60 m，桩端进入持力层3m。钻孔桩上覆23 m×2.5 m×2 m条形基础，两条形基础纵向间距9.5 m。根据钢混结合段受力条件，向塔侧条形基础顶设置9根φ530×10 mm钢管立柱，背塔侧条形基础顶设置7根φ530×10 mm钢管立柱。钢管立柱顶设置横向分配梁，并铺设单侧加强型贝雷梁。钢混结合段支架侧面及正面布置见图7-19，7-20。

钻孔桩施工工艺参照主体结构钻孔桩施工，条形基础施工参照承台施工工艺施工。钢管支架拼装时采用50 t履带吊吊装。钢管支架安装过程中应及时校正，垂直度偏差不应大于支墩高度的1/500，且柱顶偏移值不得大于50 mm。下层剪刀撑安装完成后方可进行上层钢管安装。剪刀撑安装前应采取临时措施稳定钢管。

型钢横梁及纵向贝雷梁安装前应准备标识安装位置，安装误差不得大于20 mm，安装时应严格控制侧向弯曲，侧向弯曲矢高应小于跨度的1/1000且不大于20 mm。

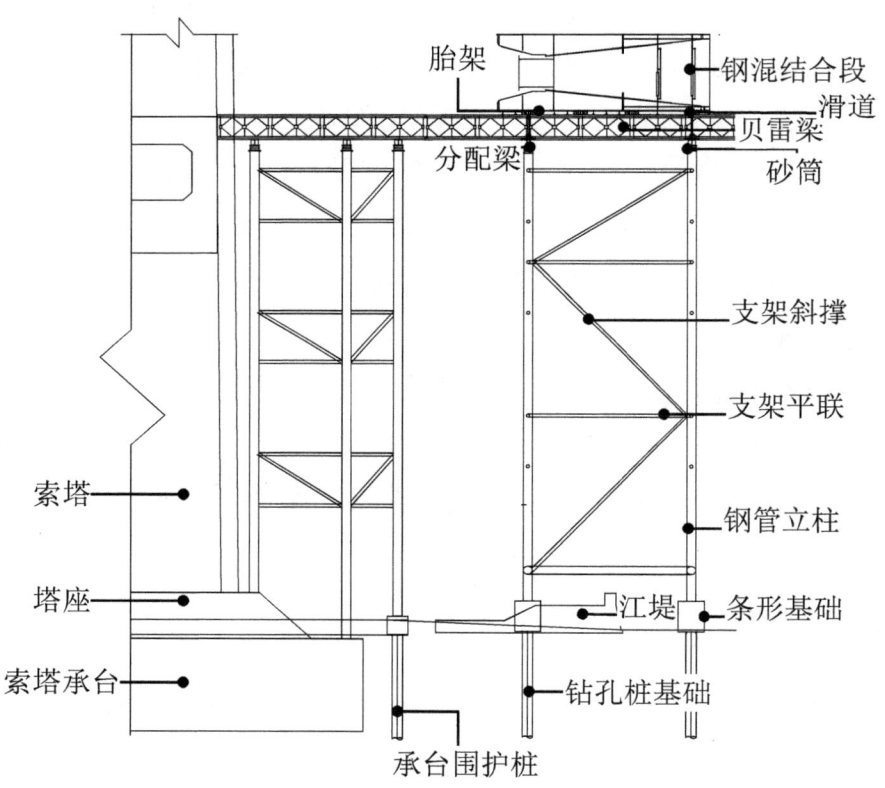

图7-19 钢混结合段"桩-柱-梁式支架"侧面布置图

第七章 钢混结合段施工方法及关键施工技术研究

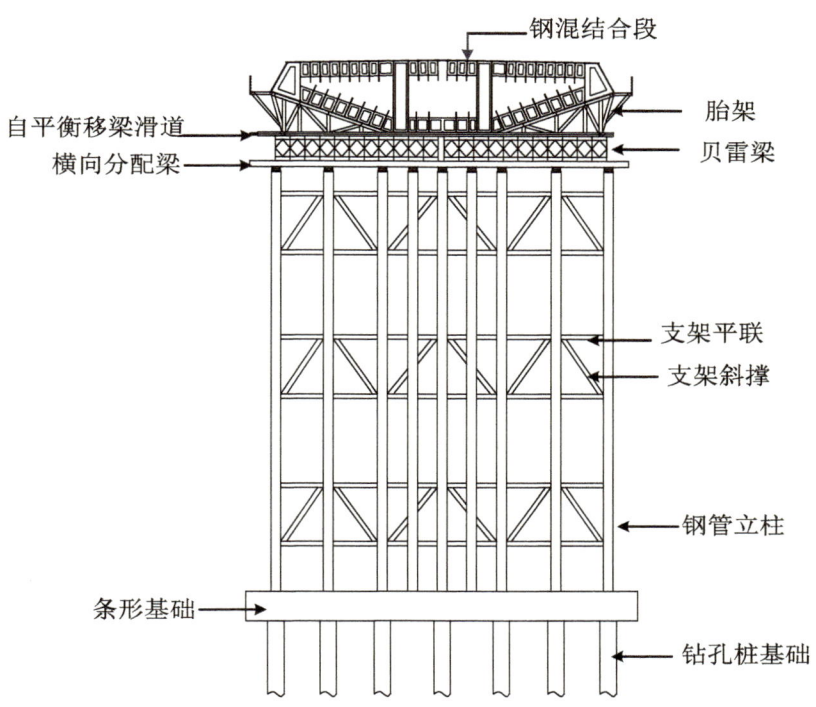

图 7-20 钢混结合段"桩-柱-梁式支架"正面布置图

为验证"桩-柱-梁式支架"的强度及刚度，建立有限元分析模型，钢管立柱底部约束三向位移。计算结果见图 7-21，7-22。

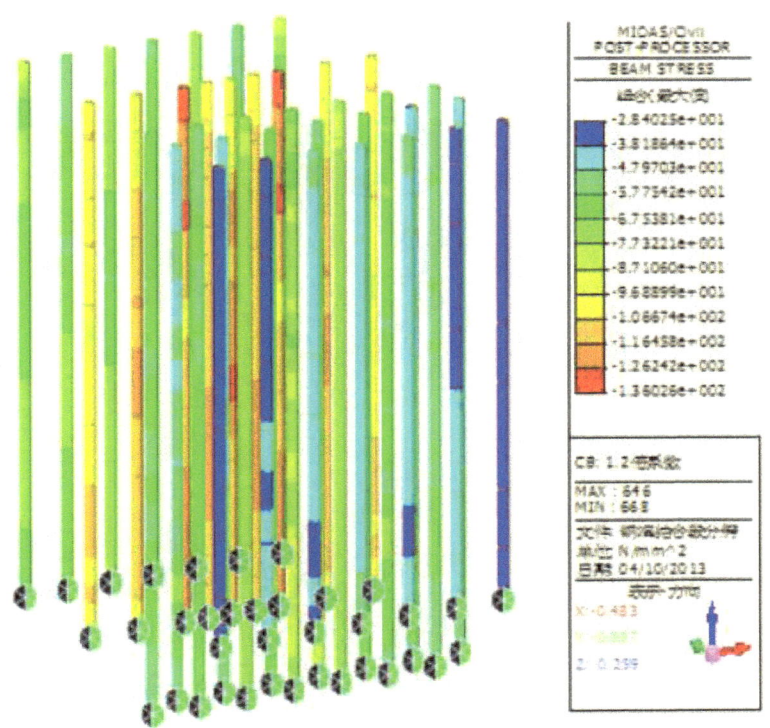

图 7-21 "桩-柱-梁式支架"应力计算

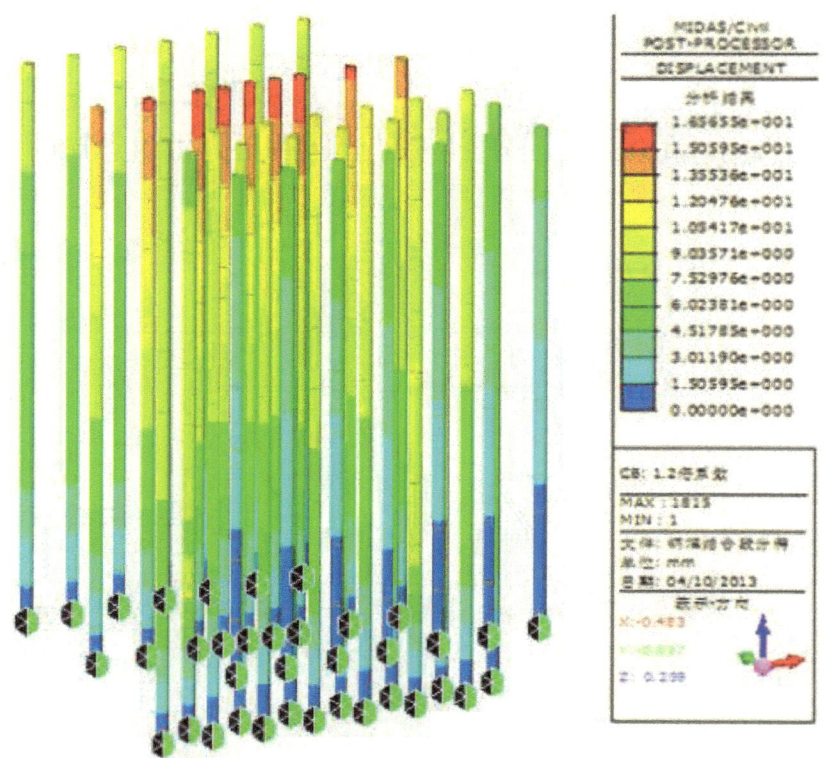

图 7-22 "桩-柱-梁式支架"竖向位移计算

由上图可以看出，钢管立柱所承受最大压应力为 136 MPa，竖向最大位移仅 16.5 mm，满足施工要求。

桩-柱-梁式支架施工现场见图 7-23。

图 7-23 支架体系现场

3.2 钢混结合段分块

综合考虑结合段构造、桥址环境、吊装工艺、滑移方式等因素，通过比选多种方案选择模块重量均衡、起重设备能满足最大模块吊重、模块尺寸均衡、运输设备及运输线路满足要求、分缝线位置受力较小且易于桥位焊接的模块划分方案。将钢混结合段钢格室顺桥向划为7.55m钢－混结合段和4.8m刚度过渡段。钢混结合段横向分为底板单元1块、斜底板单元2块、风嘴单元2块，共计5块。刚度过渡段沿中线横向分为2块，钢混结合段分块及编号见图7-24所示。

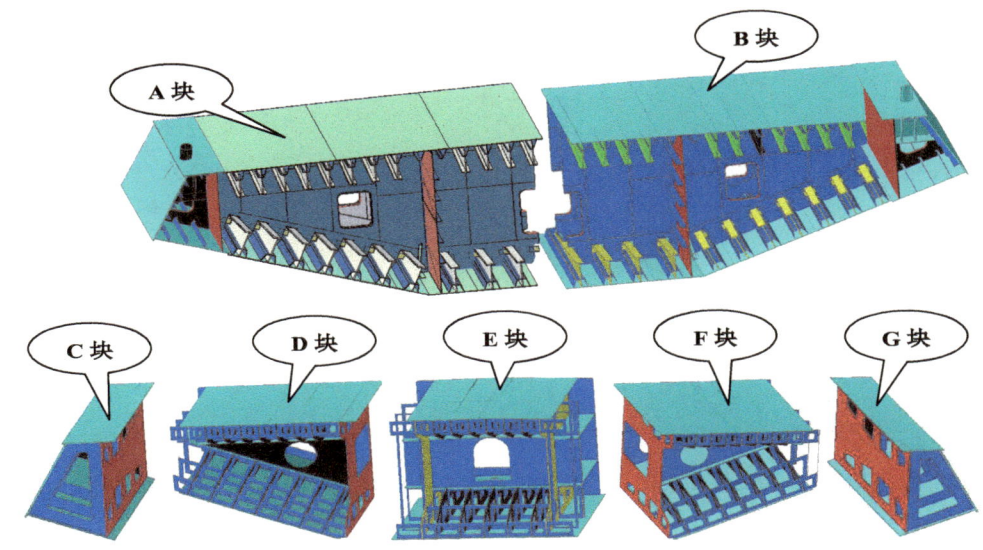

图7-24 钢混结合段分块方案及编号

钢混结合段分段后各个块体的外形尺寸和重量统计见表7-3。

表7-3 钢混结合段分块数量统计表

序 号	项目名称	块体编号	规格尺寸/m³ （长×宽×高）	单件重量/t	备 注
1	刚度过渡段	A块	4.8×11.4×5.026	72.65	
2		B块	4.8×11.4×5.026	72.65	
3	钢混结合段	C块	7.55×2.7×2.1	14.11	
4		D块	7.55×6.13×5.026	72.60	
5		E块	7.55×6.3×5.026	58.50	
6		F块	7.55×6.13×5.026	72.60	
7		G块	7.55×2.7×2.1	14.28	
	合 计	7块		384.1	

钢混结合段块体之间设有粗调及精调2种匹配件。粗调匹配件由对位连接件及钢棒构成,对位连接件采用钢板加工而成,牢固焊接在分割缝两侧;连接件端部开孔,穿入直径为4 cm的钢棒,横跨拼接缝。精调匹配件由角钢、衬垫钢板及连接螺栓构成,角钢中部开孔,焊接在分割缝两侧;孔内穿入连接螺栓并横跨拼接缝,缝隙内填塞衬垫钢板。依照先粗调后精调的顺序匹配连接结合段块体,为分块后复拼提供参照,控制结合段桥位拼装精度。匹配件见图7-25所示。

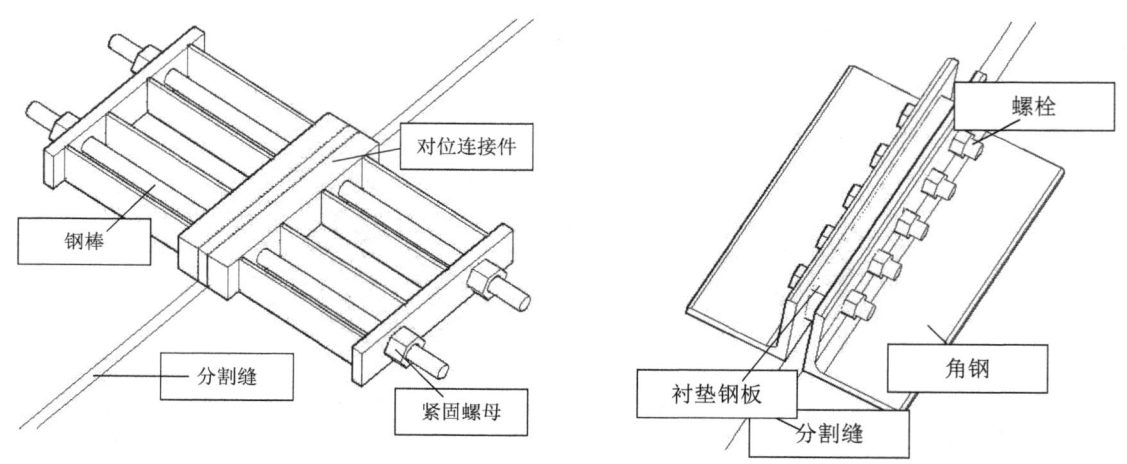

图7-25 粗调及精调匹配件大样图

3.3 自平衡滑道系统设计及制造

钢混结合段自平衡滑道系统主要由移梁滑道、反力架以及牵引系统3部分构成。

(1)移梁滑道底板采用3 cm厚钢板,两侧向限位板采用2 cm厚钢板加工而成。为提高侧向限位板的侧向刚度,防止滑移过程中发生变形,侧向限位板外侧与底板之间加设2cm厚三角加劲板,纵向间距50 cm。

(2)反力架分为两部分,即牵引端反力架及滑移端反力架。牵引端反力架由承压板及加劲板构成,采用3cm厚钢板加工,焊接在滑道端部。滑移端反力架由承压板及连接板构成,采用3cm厚钢板加工,焊接在胎架端部。

（3）牵引系统由 20 t 穿心式千斤顶及精轧螺纹钢组成，精轧螺纹钢一端穿过牵引端反力架及穿心式千斤顶，另一端锚固在滑移端反力架上。

为减小胎架与移梁滑道之间的摩擦力，在滑槽内涂抹黄油。移梁滑道总体结构见图 7-26 所示。

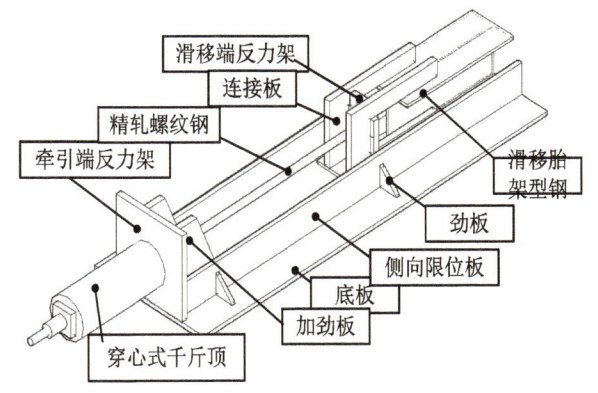

图 7-26 自平衡移梁滑道图

3.4 "滑移－浇筑一体式"胎架设计与计算

为在横向滑移及混凝土浇筑全过程中给予钢混结合段充分的支撑刚度；根据钢混结合段斜底板呈倾斜状，斜率为 1∶0.3889 的几何特点；考虑到钢混结合段分块吊装滑移的施工方法；设计并制作"滑移－浇筑一体式"胎架。"滑移－浇筑一体式"胎架主要由滑移胎架及浇筑胎架 2 部分组成，其中，滑移胎架设置 4 片，浇筑胎架设置 7 片。"滑移－浇筑一体式"胎架总体布置见图 7-27 所示。

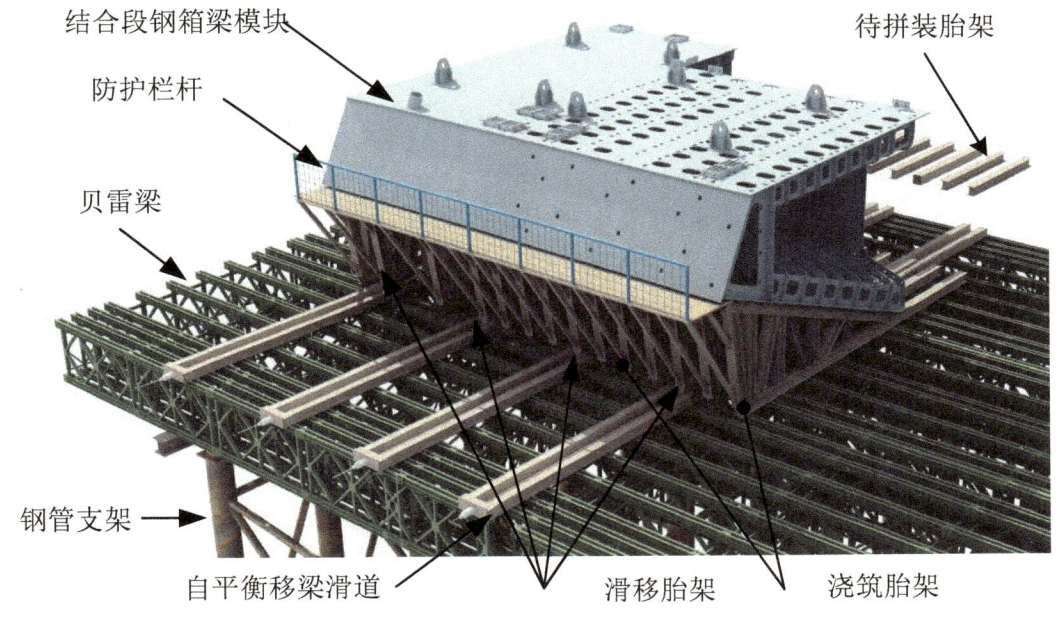

图 7-27 "滑移－浇筑一体式"胎架总体布置图

（1）滑移胎架设计

钢混结合段滑移过程中，钢格室自重完全施加在 4 条滑移胎架上。

为保证滑道胎架的承载力，同时增加滑移胎架与滑道的接触面积，滑道胎架底部采用 HW 250×250 型钢加工。将胎架底部一端顶板与腹板切削去 30 cm，保留底板，为焊接滑移端反力架提供条件。滑道顶部采用 I25a 工字钢组焊成三角支撑，三角支撑外侧设计为斜三角形，给牵引系统预留足够的张拉空间，保证钢混结合段滑移至设计位置。滑道胎架结构如下图 7-28 所示。

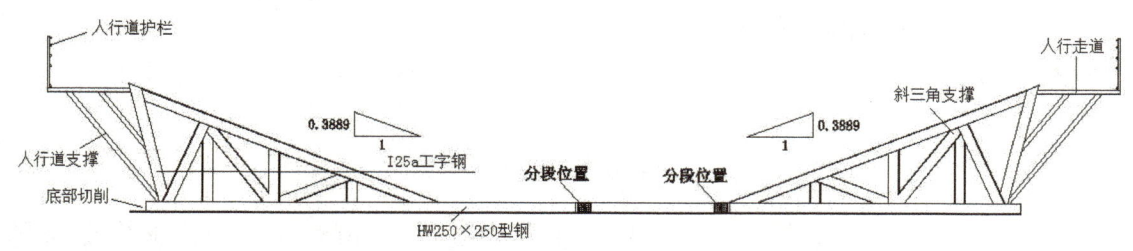

图 7-28　滑道胎架结构图

（2）浇筑胎架设计

浇筑胎架均匀分布在滑道胎架之间，为后续钢混结合段混凝土施工提供支撑。滑道胎架底部及三角支撑均采用 I25a 工字钢组焊而成，三角支撑外侧设计为直角三角形。浇筑胎架结构及胎架总体布置图如下图 7-29，7-30 所示。

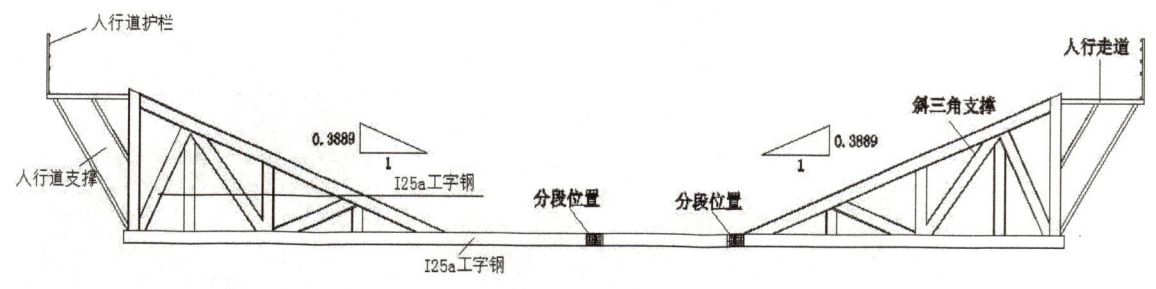

图 7-29　浇筑胎架结构图

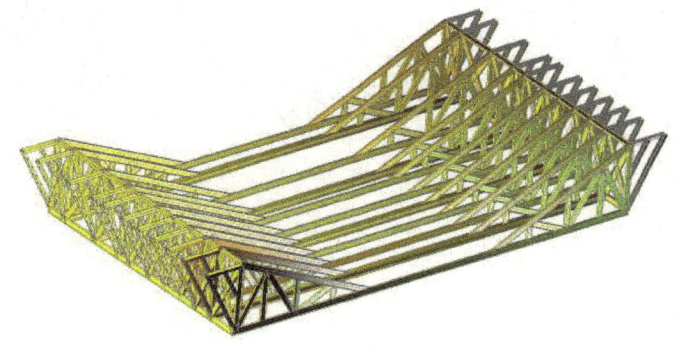

图 7-30　"滑移－浇筑一体式"胎架三维组合总体布置图

第七章　钢混结合段施工方法及关键施工技术研究

（3）"滑移－浇筑一体式"胎架施工

将滑移及浇筑胎架顺桥向立杆间采用[20槽钢，底部采用[16槽钢连接成整体，形成"滑移－浇筑一体式"胎架。胎架横桥向根据钢混结合段分块吊装滑移的需要，拆解为3部分，各部分之间采用高强螺栓连接。

（4）"滑移－浇筑一体式"胎架计算

①强度计算

"滑移－浇筑一体式"胎架组合应力计算结果见图7-31。

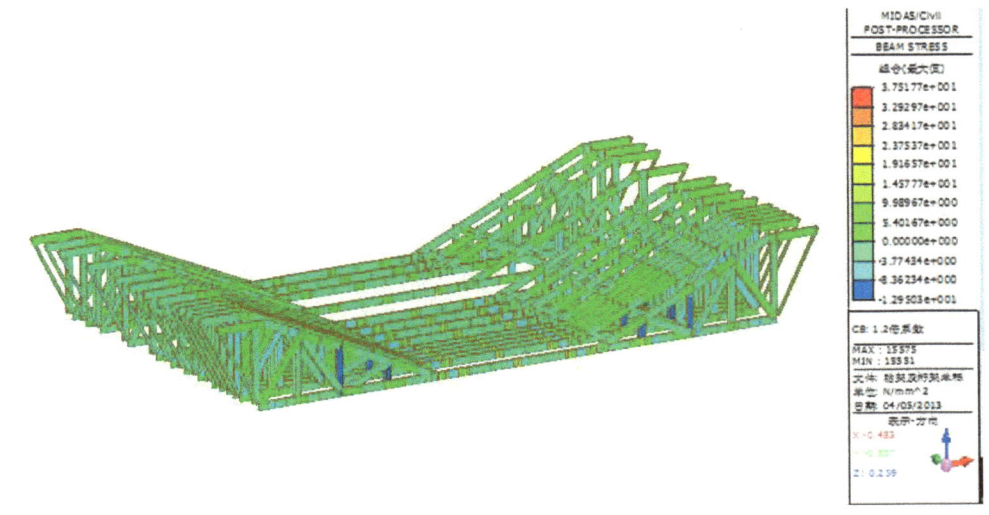

图7-31　"滑移－浇筑一体式"胎架组合应力计算结果

②变形计算

"滑移－浇筑一体式"胎架竖向位移计算结果见图7-32。

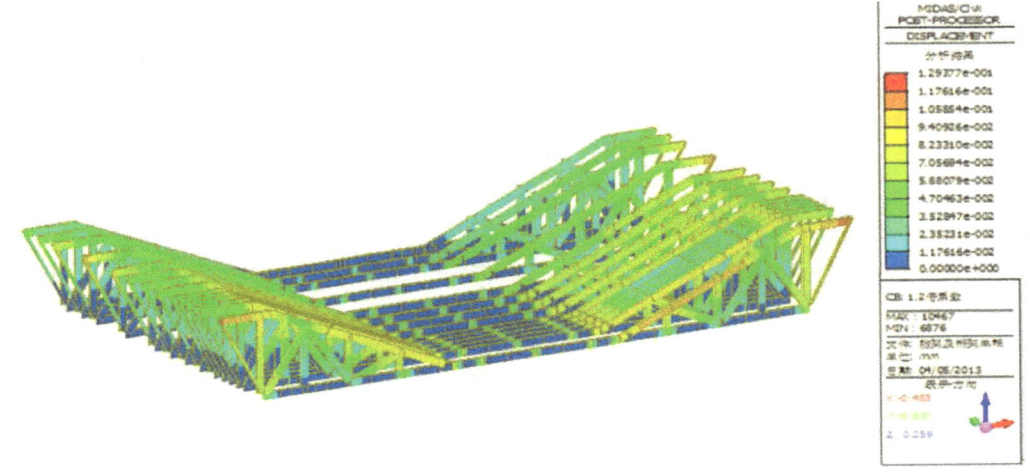

图7-32　"滑移－浇筑一体式"胎架竖向位移计算结果

由上图计算结果可以看出，"滑移－浇筑一体式"胎架具有足够的强度及刚度，满足施工要求。现场施工如下图7-33所示。

图 7-33 "滑移-浇筑一体式"胎架

3.5 钢混结合段吊装施工

3.5.1 结合段块体吊点设计

钢混结合段分块完成后,根据各块体的几何特征,换算块体重心位置,对称布设吊点。保证各块体在吊装过程中重心稳定,吊点受力均衡,提吊状态与拼装状态基本保持一致,并满足快速吊装施工条件。吊点采用 $\delta = 30\,mm$ 钢板组焊而成,中心偏上预留直径 14 cm 圆孔作为吊装孔,吊装孔两侧采用 $\delta = 16\,mm$ 钢板焊接加劲。钢混结合段吊点布置图如下图 7-34 所示。

图 7-34 吊点三维布置图

3.5.2 吊装及运输设备选型

钢混结合段解体后,选用徐工 QAY260t 汽车吊将结合段块体由存梁支墩吊至运输车辆上。考虑到钢混结合段块体重量及几何特征,采用 13 m 长挂车将结合段块体由加工场地运输至拼装场地。

根据现场实际吊装条件,结合段块体桥位吊装选用中联 QUY350 型

350 t 履带吊，66 m 长重型主臂、超起桅杆 27 m、超起配重半径 15 m、后配重 85 t。吊装场地换填宕砟后浇筑 50 cm 厚钢筋混凝土，履带底铺设路基板，保证钢混结合段块体吊装安全。结合段吊装设备现场施工见下图 7-35 所示。

（a）

（b）

图 7-35　吊装及运输设备

3.5.3　结合段块体吊装及滑移顺序

钢混结合段吊装、滑移共包含 3 次钢混结合段模块吊装及 3 次横向滑移。其过程包括顺次吊装 A、D、C 块并临时匹配连接；横向滑移 3.2 m；吊装 E 块；横向滑移 7.3 m；顺次吊装 B、F、G 块；横向滑移 30 cm 至设计位。见图 7-36 所示。

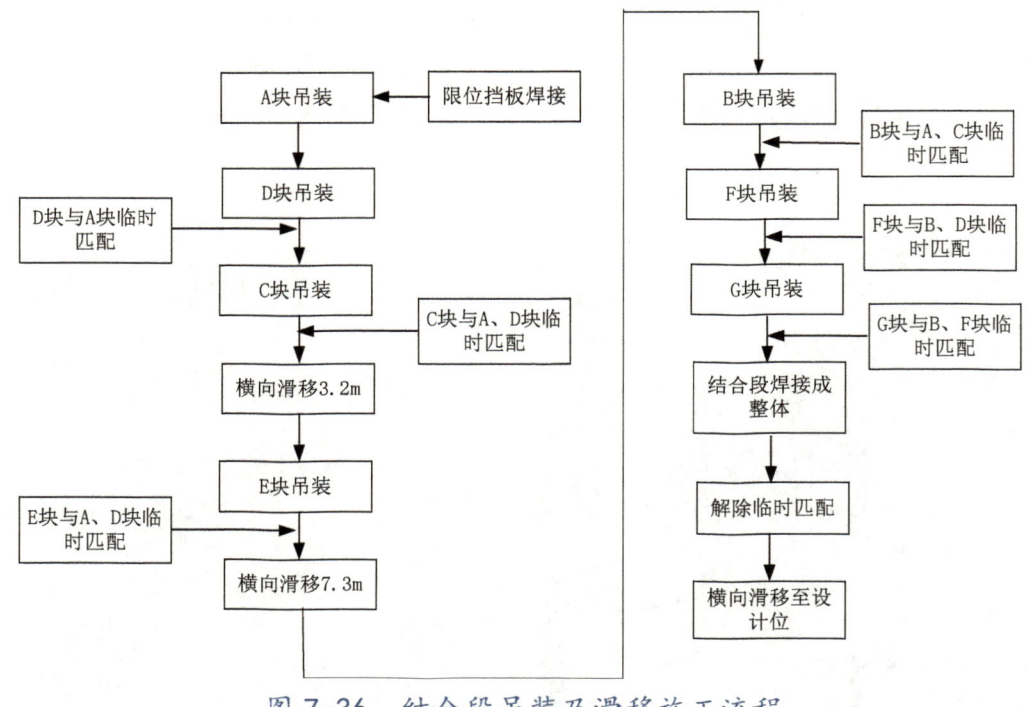

图 7-36 结合段吊装及滑移施工流程

3.5.4 PBL 剪力键加工及安装

钢混结合段钢格室腹板及边纵腹板上开有 Φ60 mm 圆孔，横向穿过由 Φ25 mm HRB335 钢筋加工而成的 PBL 剪力键。剪力键单根平均长度为 20.37 m，单个结合段剪力键共计 147 根。钢混结合段钢格室腹板及边纵腹板横向间距最小为 60 cm，最大仅为 90 cm，且底板倾斜呈折线布置，通长 PBL 剪力键难以穿入。为快速、高质量的完成 PBL 剪力键安装施工，根据钢混结合段分块情况，将 PBL 剪力键分段加工，在钢混结合段块体吊装之前穿入，临时绑扎固定。剪力键两端攻丝，待钢混结合段吊装、滑移、焊接完成后，采用直螺纹套筒完成各段之间的连接。按照上述方法安装 PBL 剪力键，在满足设计要求的前提下，大大降低了施工难度，提高了施工效率。结合段剪力键分段及现场施工如下图 7-37～7-40 所示。

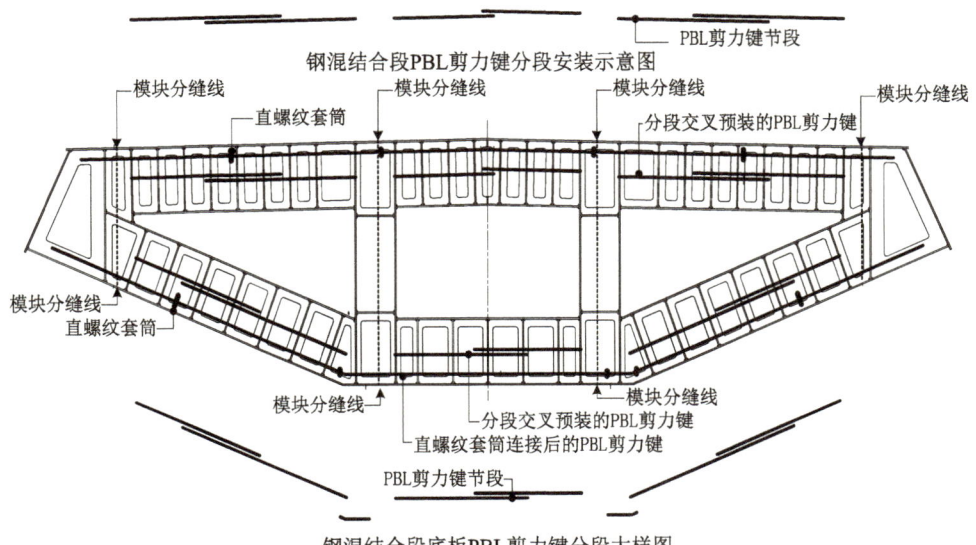

图 7-37　结合段剪力键分段交叉预安装原理图

图 7-38　PBL 剪力键分段预装

图 7-39　PBL 剪力键交叉预装　　　图 7-40　PBL 剪力键直螺纹套筒连接

3.5.5 横向滑移导向装置

为保证钢混结合段桥位横向同步滑移，控制游间，防止扭曲现象发生，同时减小胎架与滑道侧壁的摩擦阻力，在胎架端头两侧安装横向滚轮。滚轮外缘距离滑道侧壁仅 1cm，滑移过程中能够起到良好的导向作用。钢混结合段横向滑移导向装置见下图 7-41 所示。

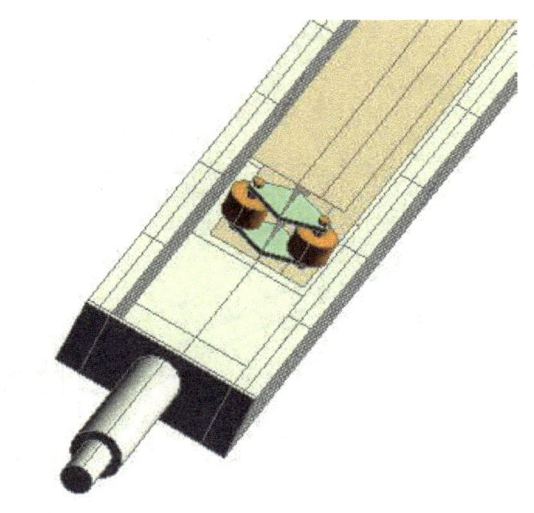

图 7-41　滑移导向装置三维示意图

3.6 补偿收缩混凝土施工

3.6.1 补偿收缩混凝土配合比研究

水泥宜选用硅酸盐水泥或普通硅酸盐水泥，混合材宜为矿渣或粉煤灰。不宜使用早强水泥。矿物掺和料应选用品质稳定的产品，其品种宜为粉煤灰、磨细粉煤灰、磨细矿渣粉、硅灰或几种掺和料复配而成的复合掺和料。细骨料应选用级配合理、质地均匀坚固、吸水率低、空隙率小的洁净天然河砂，也可选用采用专门机组生产的人工砂，不得使用海砂。配制混凝土时宜优先选用中砂。当采用粗砂时，应提高砂率，并保持足够的胶凝材料用量，以满足混凝土的和易性；当采用细砂时，宜适当降低砂率。粗骨料的最大公称粒径不宜超过钢筋的混凝土保护层厚度的 2/3（在严重腐蚀环境条件下不宜超过钢筋的混凝土保护层厚度的 1/2），且不得超过钢筋最小间距的 3/4，粗骨料最大公称粒径不应大于 20 mm。

补偿收缩混凝土的配合比设计应满足设计所需的强度、膨胀性能、耐久性能等技术指标和施工工艺性能要求。补偿收缩混凝土应根据混凝土使用的环境条件选择适宜的膨胀剂，其掺量应根据设计要求的限制膨胀率经试验后确定，配合比试验的限制膨胀率应比设计值高 0.005%。补偿收缩混凝土宜采用较大的砂率，较小的坍落度，混凝土水胶比不宜大于 0.50。

补偿收缩混凝土在搅拌时应注意投料顺序，应先投入细骨料、胶凝材料、膨胀剂，搅拌均匀后投入粗骨料，搅拌一定时间再投入其他外加剂和水直至搅拌均匀。混凝土的搅拌时间为全部材料装入搅拌机开始至搅拌结束所用时间，混凝土延续搅拌时间应根据配合比和搅拌设备情况通过试验确定，但最短搅拌时间不宜少于2分钟。

根据C60补偿收缩混凝土配合比设计说明书，使用材料见表7-4，拌和物性能指标见表7-5。

表7-4 C60补偿收缩混凝土配合比设计表

序号	名称	产地等信息	每方混凝土材料用量/（kg/m³）
1	水泥	江山南方 P.O52.5 低碱水泥	400
2	粉煤灰	宁波北仑 I级粉煤灰	50
3	矿粉	南京梅宝	50
4	沙子	广西西江 细度模数2.8	688
5	碎石	宁波高桥宏业 最大粒径20mm	1036
6	减水剂	安徽中铁四威 标准型聚羟酸 高效减水剂	6.5
7	引气剂	安徽中铁四威 引气剂	0.02
8	膨胀剂	浙江五龙	30
9	拌合水	搅拌站混凝土 拌和用水	140

7-5 补偿收缩混凝土拌和物性能测试结果

表观密度/（kg/m³）	初始坍落度/mm	初始扩展度/mm	初始含气量/%	停放30分钟坍落度/mm
2400	210	510	2.7	195
停放30分钟扩展度/mm	停放30分钟含气量/%	停放60分钟坍落度/mm	停放60分钟扩展度/mm	停放60分钟含气量/%
500	2.6	180	470	2.4
泌水率/%	压力泌水率/%	初凝时间（小时：分钟）	终凝时间（小时：分钟）	
0	3	08：40	11：00	

3.6.2 补偿收缩混凝土浇筑实验

钢混结合段内混凝土浇筑质量关系到钢混结合段工作性能，为减少与顶板之间的气泡，保证良好连接，制作足尺浇筑试验。钢混结合段补偿收缩混凝土浇筑实验照片见7-42。

(a) (b)

图7-42 钢混结合段模型试验混凝土浇筑图

模型试验结论：

（1）钢混结合段静载模型内部构造复杂、普通钢筋及预应力钢绞线繁多、空间狭小且相对封闭。在浇筑过程中要保证混凝土的和易性，既要防止发生离析，又要保证一定的流动性。

（2）钢混结合段静载模型斜底板格室混凝土灌注孔高于底板格室灌注孔，待浇筑完底板格室混凝土后继续浇筑斜底板格室混凝土时，混凝土将会从底板格室混凝土溢出，这将导致斜底板格室混凝土难以浇筑。

本模型由于底板混凝土方量不是太大，高差产生的压强并不是很大，该模型在浇筑前先封堵了底板格室和部分斜底板格室混凝土灌注孔，混凝土统一从混凝土箱梁段浇注，靠混凝土自重产生的压力使其流动至底板格室和斜底板格室。建议：

①底板格室混凝土浇筑到80%左右，封堵底板格室顶板N9灌注孔，底板格室未浇完混凝土通过斜底板格室浇筑。斜底板格室浇筑过程中依次由右向左封堵斜底板格室顶板N10混凝土灌注孔。

②分期浇筑，待底板格室混凝土凝固后再浇筑斜底板格室混凝土。

（3）钢混结合段静载模型底板格室空间狭小且封闭，往往难以浇筑密实。底板格室顶板开有少量出气孔且预留一定观察口，在浇筑过程中随时观察内部混凝土浇筑情况。实桥要注意出气孔的设置，要注意现场监测浇筑密实程度。

（4）模型浇筑过程中为防止混凝土通过预应力预留孔、出气孔溢出至钢箱梁，浇筑时，工作人员进入箱梁内随时观察溢出状况。实桥浇筑时要注意预应力预留孔、出气孔混凝土的溢出。

在出气孔溢出混凝土的过程中，应尽可能让浮浆全部溢出并及时清理，防止混凝土在其顶面与钢板结合部混凝土质量差。

（5）实桥浇筑时采用泵送，该钢结构节段长 12.35 m，从节段端至混凝土浇筑位置为 6 m 左右，泵送时要保证管道的长度，并注意防止堵管。

3.6 补偿收缩混凝土施工技术

钢混结合段补偿收缩混凝土在搅拌站集中拌合，混凝土罐车运输至施工现场，采用 HBT80C 高压混凝土输送泵泵送至浇筑平台。

在满足泵送工艺要求的前提下，泵送混凝土的坍落度应尽量小，以免混凝土在振捣过程中产生离析和泌水。当浇筑层的高度较大时，尤应控制拌和物的坍落度，并且使用串筒浇筑；一般情况下，泵送下料口应能移动；当泵送下料口固定时，固定的间距不宜过大，一般不大于 2 m。

泵送混凝土时，输送管路起始水平管段长度不应小于 15m。除出口处可采用软管外，输送管路的其他部位均不得采用软管。输送管路应用支架、吊具等加以固定，不应与模板和钢筋接触。高温或低温环境下，输送管路应分别用湿帘和保温材料覆盖。

结合段混凝土的浇筑应选择在环境气温介于 10～20℃、非温度变化剧烈的时间段（如夜间或清晨）进行，尽量避免混凝土冬期施工和夏期施工。混凝土的浇筑分区进行，单个钢格室一次浇筑，结构对称浇筑。

补偿收缩混凝土分 9 个区进行布料浇筑，布料原则为由低到高、由内到外的顺序。在钢格室边角增设振捣孔，水平分层浇筑，附着式振动器结合不同口径的插入式振捣棒联合振捣的方法施工，并制定合理的浇筑顺序，单个钢格室一次、对称浇筑，防止遗漏，保证混凝土浇筑质量。浇筑顺序见图 7-43 所示。

承压板端头既是锚具安装的钢筋密集区，又是钢格室浇筑振捣的盲区，振捣时需要重点加强，钢格室浇筑完成后必须复振并用强光手电仔细检查，确保钢格室顶板钢板下空气与水泥浆排除干净，混凝土密实。重点振捣部位见图 7-44。浇筑施工见图 7-45，7-46。

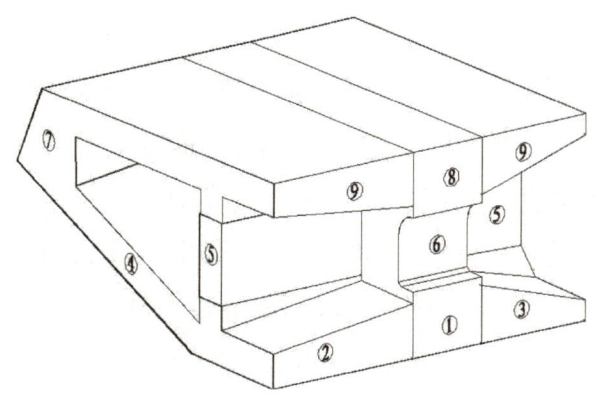

图 7-43　钢混结合段混凝土浇筑顺序

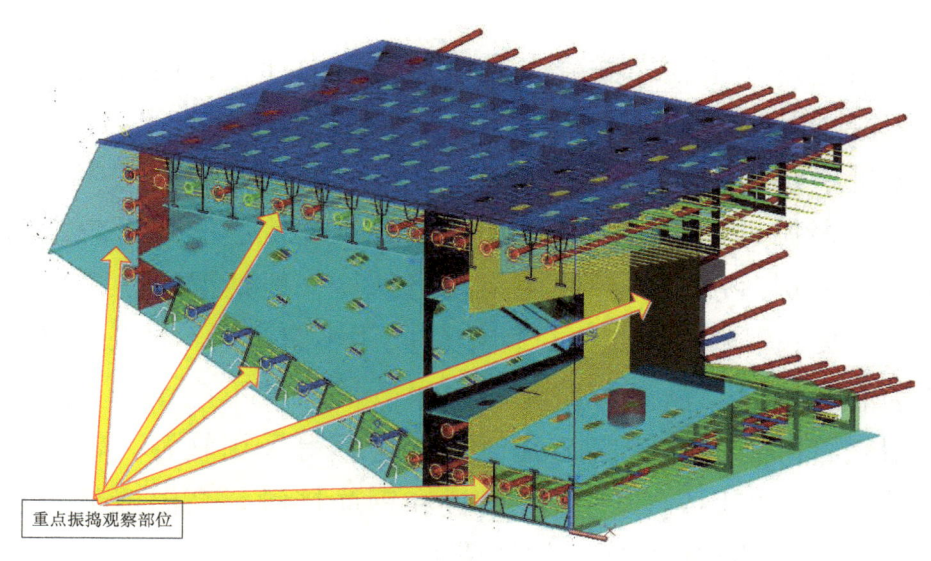

图 7-44　混凝土浇筑振捣重点部位

（1）根据浇筑方式，钢混结合段混凝土塌落度控制为 180～220 mm，塌落度损失为室外放置 1 小时基本无损失，放置 2 小时损失在 1cm，水胶比为 0.33～0.36，混凝土扩展度为 0.5 m 左右。

（2）下灰点上端配接料漏斗，使混凝土入模以防离析。浇筑分层高度不大于 35cm。

（3）混凝土施工前，配备 10 套插入式振捣器，并配备足够的接线板和开关。

（4）插入振捣时注意快插慢拔，振捣当前层时，振捣棒应插入下层混凝土 5～10 cm 左右，以避免上下层混凝土有分层现象。振捣时以混凝土密实为原则，禁止振捣棒直下，振捣时间一般为 20 s，以混凝土表面泛浆、平坦并不再冒气泡为准。

图 7-45　钢混结合段混凝土浇筑施工

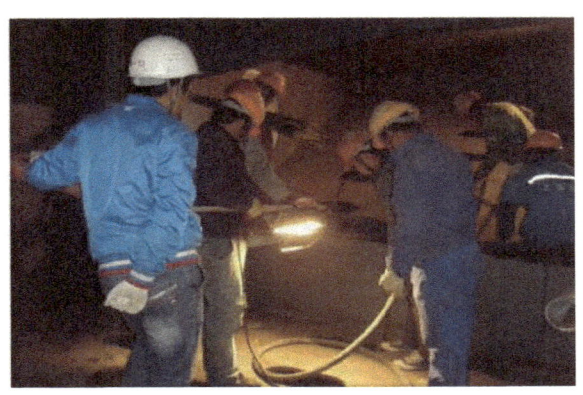

图 7-46　钢混结合段混凝土振捣施工

3.7 BIM 技术应用

近年来，应经济发展和国家宏观调控的需要，大型、特大型站场及铁路枢纽工程项目越来越多，如沪宁城际、京沪线、京广高铁等，这对铁路的设计与施工提出了更高的要求，尤其对施工企业的管理提出了精细化的要求。

目前，铁路工程项目的设计更多还是依靠传统的二维图纸，并通过整合各专业图纸来分析设计中存在的冲突，施工顺序则主要依靠项目管理人员的学识和经验来制定与实施，且同样是采用二维图纸来表现。由于铁路工程自身的特点，其设计复杂、构件繁多，仅依靠传统的二维图纸很难发现问题，这些设计问题通常等到施工过程中才能暴露，届时建设单位组织设计、施工、监理进行变更设计，影响了施工进度和施工成本。因此，保证工程设计与施工方案的可行性对铁路工程的顺利实施是十分重要的，尤其对铁路钢混结合段这类复杂的构件施工更有明显作用。

钢混结合段结构复杂，PBL剪力键共147根，预应力管道共107孔，普通钢筋共2644根。施工工序较多，施工前利用BIM软件建立模型，模拟剪力键安装、预应力管道定位、钢筋安装、混凝土浇筑等，检验构件施工工序是否冲突，以确保施工顺序可行、便捷。利用软件创建钢混结合段等复杂结构的BIM模型，可对施工过程进行动态的可视化展示，检验施工顺序的可行性。钢混结合段BIM软件模型如下图7-47所示。

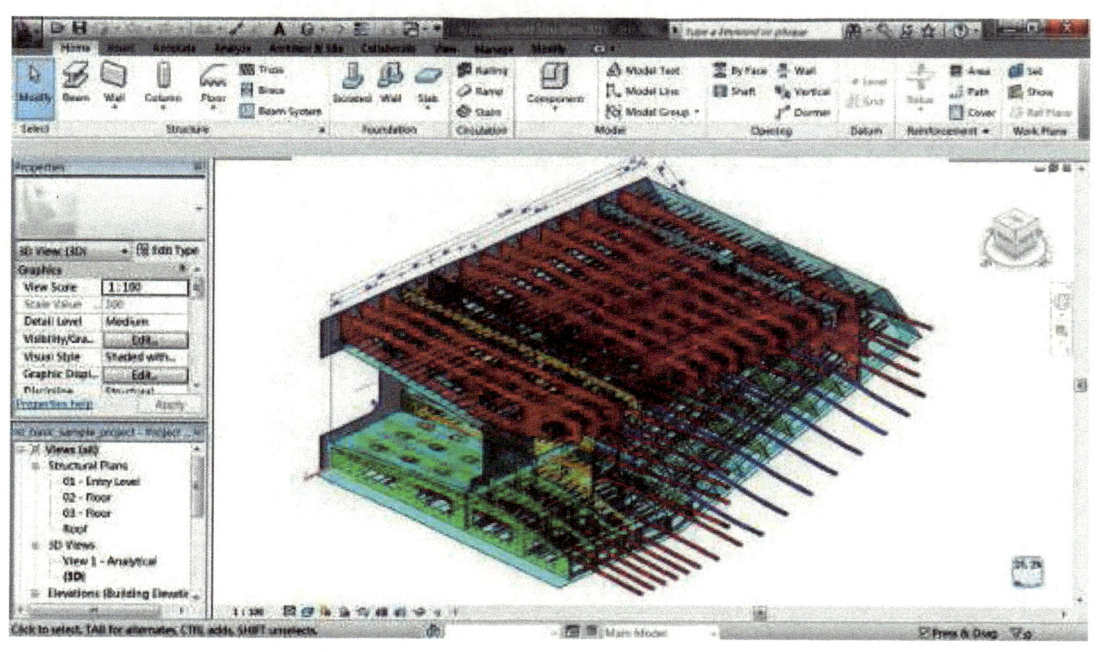

图7-47 钢混结合段BIM模型

BIM技术在钢混结合段施工过程中虽然得到了应用，开创了良好的开端，但是在模型建立过程中仍存在以下难题：钢混结合段构造的复杂性和不可复制性，软件本身的操作复杂性，必须先建立族，然后在模型空间载入族，反复引用嵌套；市场现有软件主要是针对房屋、地铁及管线而设计，桥梁族库少之又少，鲜有样板文件可以借鉴；一支成熟的BIM团队需要有合理的人才结构，既要精通计算机知识，又要有良好的铁路工程专业技术，目前高校毕业生无法适应BIM技术应用的要求，工作一线的技术人员也难以在短时间内掌握BIM技术，而且技术团队的成长，也需要不断在真实工程案例中进行磨砺，不断破解建模、修改信息参数难题。

4 实施效果

4.1 施工周期

铁路大跨度混合梁斜拉桥钢混结合段施工技术解决了钢混结合段组拼、吊装、定位等方面的难题，钢混结合段、"滑移－浇筑一体式"胎架、滑道系统等可分场地同时加工，不仅避免了繁琐的交叉作业，而且缩短了钢混结合段施工工期近30%，降低施工成本20%。钢混结合段整体施工有序、可控，运输、吊装、横移等作业工序仅需7天。滑道系统的设计实现了钢混结合段快速、平稳、整体滑移，横向滑移速度可达0.6m/h。

4.2 安全质量

钢混结合段厂内制作，保证了钢混结合段加工及匹配精度。分块运输及吊装，降低了设备要求，大大提高了施工效率。"滑移－浇筑一体式"胎架加工便捷、整体稳定性强、适用范围广，操作平台与胎架牢固焊接，施工操作安全、方便，工人劳动强度小。滑道系统实现了钢混结合段的整体横移，滑移过程有序可控。

通过对甬江两岸钢混结合段端部控制点测量复核，汇总轴线及高程偏差表，高程偏差最大值为5 mm，轴线偏差最大值4 mm，见表7-6，均满足设计要求。

表7-6 控制点偏差（单位：mm）

位 置		点位1	点位2	点位3
北岸	高程偏差	2	4	3
	轴线偏差	—	3	—
	里程偏差	3	2	3
南岸	高程偏差	4	3	5
	轴线偏差	—	4	—
	里程偏差	3	3	2

4.3 成本控制

钢混结合段分块运输及吊装，降低了设备使用要求，大大减少了重型机械设备投入。

"滑移-浇筑一体式"胎架结构形式简单，承载能力强，刚度大，减少了临时钢筋耗材的投入。

另外，由于工期缩短了近30%，间接地减少了机械设备租赁费用以及工人劳动成本。

5 经济和社会效益

5.1 经济效益

铁路大跨度混合梁斜拉桥钢混结合段施工技术解决了钢混结合段组拼、吊装、定位等方面的难题，钢混结合段、"滑移-浇筑一体式"胎架、滑道系统等可分场地同时加工，不仅避免了繁琐的交叉作业，而且缩短了钢混结合段施工工期近30%，降低施工成本20%。钢混结合段整体施工有序、可控，运输、吊装、横移等作业工序仅需7天。钢混结合段拼装场地加工、分块，桥位吊装焊接的施工方法，解决了桥位散拼施工周期长、精度难以控制、频繁高空吊装安全风险大的难题。滑道系统的设计实现了钢混结合段快速、平稳、整体滑移，横向滑移速度可达0.6m/h。"滑移-浇筑一体式"胎架加工便捷、整体稳定性强、适用范围广，操作平台与胎架牢固焊接，施工操作安全、方便。

5.2 社会效益

铁路大跨度混合梁斜拉桥钢混结合段施工技术具有安全、快捷、适用范围广、施工成本低等特点，该方法对提高我国铁路和公路桥梁钢混结合段施工技术水平具有较大的推动和促进作用。同时，所进行的创新性设计研发、应用研究使该工法具有更广阔的推广价值，社会效益显著。

6 小结

（1）钢混结合段厂内制作，保证了钢混结合段的加工及分块精度。分块运输及吊装，降低了设备要求，大大提高了施工效率。

（2）钢混结合段"桩-柱-梁式支架"具有承载能力高、跨越能力大、抗冲击性强、适用范围广、施工速度快、投入成本小等特点。

（3）钢混结合段块体之间设有粗调及精调2种匹配件，依照先粗调后精调的顺序匹配连接结合段块体提高结合段桥位拼装精度，保证了钢混结合段整体性和匹配性。

第七章　钢混结合段施工方法及关键施工技术研究

（4）"滑移－浇筑一体式胎架"，有效地解决了钢混结合段横向滑移稳定性不足、混凝土浇筑过程中钢格室易变形的难题。胎架自身分块吊装，实现流程化作业，大幅提升施工效率。

（5）自平衡移梁滑道的设计实现了钢混结合段横向整体、同步滑移。滑道两侧增加导向限位措施，解决了钢混结合段横向滑移过程中扭曲、定位精度不易控制的难题。

（6）利用软件创建钢混结合段等复杂结构的BIM模型，可对施工过程进行动态的可视化展示，检验施工顺序的可行性；PBL剪力键分段交叉预装套筒连接施工方法简便，使复杂结构、繁琐工序施工流程化。

（7）采用附着式振动器配合插入式振捣器联合振捣、三次振捣工艺，可有效解决钢格室空间狭小，剪力键及预应力管道众多，补偿收缩混凝土密实度控制难题。

参考文献

[1] 程晔，龚维明，戴国亮，季杰．超长大直径钻孔灌注桩桩端承载力研究[J].南京航空航天大学学报，2007（39）：407-411.

[2] 冯忠居，谢永利，李哲，等．大直径超长钻孔灌注桩承载性状[J].交通运输工程学报，2005，5（1）：24-27.

[3] 冯忠居，谢永利．大直径钻埋预应力混凝土空心桩承载力的试验[J].长安大学学报：自然科学版，2005，25(2)：50-54.

[4] 王耀传，于旭东．钻孔灌注桩桩底压浆效果试验与分析[J].桥梁建设，2007，5.

[5] 杨齐海，高兴泽．Φ3.8 m大直径钻孔桩钻填施工[J].桥梁建设，2010，3：63-66.

[6] 陈明宪．斜拉桥建造技术[M].北京：人民交通出版社，2003.

[7] 徐伟．桥梁施工[M].北京：人民交通出版社，2008.

[8] 张毓，雷为民．洞庭湖大桥大直径钻孔桩施工技术[J].科技情报开发与经济，2004，14（3）.

[9] 蒋本俊．武汉天兴洲公铁两用长江大桥斜拉桥主塔施工技术[J].桥梁建设，2008（4）：10-14.

[10] 郝红卫．桥梁灌注桩基础钻芯检测浅探[J].公路交通科技，2004（12）：62-65.

[11] 鄢盛华，陈龙剑，孟庆浩．Φ3.8 m超大直径超长钻孔桩成孔施工[J].桥梁建设，2010（S1）：36-40.

[12] 宋卫国，周祖干，谢庆祥．3.8 m超大直径深孔钻孔桩钢筋笼安装[J].桥梁建设，2010（S1）：52-54.

[13] 邱琼海，刘博，于祥君．大吨位超长钢筋笼的制造与安装[J].桥梁建设，2007（S2）：92-94.

[14] 张雄文，管义军，周建华．PHP泥浆在桥梁超长超大直径钻孔灌注桩施工中的应用[J].岩石力学与工程学报，2005（14）：2571-2575.

[15] 楼晓明，陈强华，洪毓康. 施工因素对钻孔灌注桩荷载传递特性的影响 [J]. 工程勘察，1996（3）：32-36.

[16] 王伯惠，上官兴. 中国钻孔灌注桩新发展 [M]. 北京：人民交通出版社，1999.

[17] 王卫红. 大直径桩成孔泥浆分析 [J]. 山西建筑，2003，29（3）：64-65.

[18] 朱定法，吴汉斌. 大直径钻孔桩基础施工中泥浆处理系统的应用 [J]. 世界桥梁，2002（2）：22-24.

[19] 孙翔，康杰. 泥浆护壁成孔灌注桩质量控制 [J]. 建筑技术开发，2002，29（11）：43-44.

[20] 史朝辉，张国华. 钻孔灌注桩泥浆护壁性状研究 [J]. 太原科技，2003（2）：58-60.

[21] 黄生根，曹辉. 超长钻孔灌注桩应用后压浆技术的效果分析 [J]. 建筑技术，1999（3）：178-181.

[22] 赵继光. 大直径超长桩钢筋笼的制作安装方法 [J]. 建筑施工，2005（4）：26-30.

[23] 卢应发，陈高峰，罗先启，等. 土-水特征曲线及其相关性研究 [J]. 岩土力学，2008，29（9）：2481-2486.

[24] 闫哲，闫纯友，张守玺. 灌注桩基础工程中的数据处理实例 [J]. 中国煤田地质，2001，13（4）：79-80.

[25] 黄生根，张晓炜，曹辉. 后压浆钻孔灌注桩的荷载传递机理研究 [J]. 岩土力学，2004，25（2）：250-254.

[26] 费鸿庆，王燕. 黄土地基中超长钻孔灌注桩工程性状研究 [J]. 岩土工程学报，2009.

[27] 彭建国，周新亚. 帕克西桥钻孔灌注桩钢筋笼施工 [J]. 世界桥梁，2003（4）：14-17.

[28] 黄生根，龚维明. 苏通大桥一期超长大直径试桩承载特性分析 [J].2004，23（19）：3370-3375.

[29] 李文东. 钻孔灌注桩后注浆施工技术探讨 [J]. 山西建筑，2009，35（7）：117-118.

[30] 黄生根，龚维明，张晓炜，等. 钻孔灌注桩压浆后的承载性能研究 [J]. 岩土力学，2004，25（8）：1315-1319.

[31] 张鑫. 浅谈对钻孔灌注桩施工质量控制的几点意见[J]. 黑龙江交通科技, 2004（3）: 48-49.

[32] 曹兵, 邱晨, 郑俊杰. 钻孔压浆小桩在软土地基处理中的应用[J]. 土工基础, 2003, 17（4）.

[33] 龚维明, 戴国亮, 蒋永生, 等. 桩自平衡测试理论与实践[J]. 建筑结构学报, 2002, 23（1）: 82-88.

[34] 戴国亮, 吉林, 龚维明, 等. 自平衡试桩法在桥梁大吨位桩基中的应用与研究[J]. 公路交通科技, 2002, 19（2）: 63-66.

[35] 戴国亮, 龚维明, 蒋永生. 桥梁大吨位钻孔灌注桩静载试验研究[J]. 特种结构, 2001, 18（2）: 38-41.

[36] 吉林, 王峻, 龚维明. 特大吨位桥桩承载力试验研究[J]. 公路, 2002（8）: 34-39.

[37] 姜欣, 徐楷, 李宪辉. 钻孔灌注桩后注浆技术的分析与应用[J]. 水利与建筑工程学报, 2006, 4（4）: 82-86.

[38] 李文东. 钻孔灌注桩后注浆施工技术探讨[J]. 山西建筑, 2009, 35（7）: 117-118.

[39] 张炜. 钻孔灌注桩后压浆技术的实验及运用[J]. 山西建筑, 2007, 33（36）: 104-105.

[40] 黄志福, 叶雨霞. 大体积承台混凝土水化热分析及温控措施[J]. 工程与建设, 2008, 22（1）: 14-16.

[41] 贾兆丰, 王亚齐, 王战争, 等. 桥梁大体积混凝土水化热及管冷仿真技术[J]. 公路, 2011（10）: 176-179.

[42] 李彬彬, 王社良, 苏三庆. 多种因素耦合作用下的大体积混凝土温度应力仿真分析[J]. 安徽建筑, 2009（4）: 136-138.

[43] 刘耀东, 白应华, 余天庆, 等. 基于MIDAS的大体积混凝土承台管冷技术优化研究[J]. 混凝土, 2009（9）: 110-112.

[44] 王新刚, 张伟, 樊士广, 等. 基于MIDAS的大体积混凝土冷却水管布置方案研究[J]. 港工技术, 2010（6）: 42-45.

[45] 陈开桥, 毛伟琦, 王吉连. 武汉大道金桥桥塔施工关键技术[J]. 世界桥梁, 2012, 40（1）: 19-23.

[46] 王友才. 大体积混凝土水泥水化热施工冷却技术[J]. 铁道标准设计, 2003, 10.

[47] 康省帧.承台大体积混凝土水化热分析与施工控制[J].世界桥梁,2008(2)42-44.

[48] 万惠文,谢春磊,徐文兵,等.大体积高强混凝土承台的温度控制与监测分析[J].混凝土,2010(9)104-107.

[49] 任文锋.大跨钢箱梁斜拉桥施工控制要点分析[J].山西建筑,2006(17):298-299.

[50] 张鸿,张永涛,游新鹏.苏通大桥索塔施工控制[J].公路,2009(3):17-19.

[51] 孙立功,杨蕾,张碧.苏通大桥5号墩超高索塔施工测量控制技术[J].铁路标准设计,2008(8):72-74.

[52] 丁如珍.五河口斜拉桥索塔施工关键技术[J].现代交通技术,2006(4):26-28.

[53] 候彦明,高敏杰,王宏畅.灌河斜拉桥索塔中塔柱主动横撑结构的优化设计[J].公路交通技术,2009(1):53-54.

[54] 倪勇.武汉天兴洲公铁两用长江大桥主塔索道管精密定位测量[J].桥梁建设,2007(6).

[55] 林鸣.武汉白沙洲大桥上部结构施工[J].水运工程,2000(3):29-33.

[56] 向学建,孙宪魁,杨昀,等.果子沟大桥桥塔施工过程的模拟分析[J].桥梁建设,2010(2):69-72.

[57] 袁建新,李之达.重庆忠县长江大桥斜拉桥施工控制计算[J].桥梁建设,2009(1):56-59.

[58] 舒梦雪,王为玉.滨州黄河公铁两用大桥主桥设计[J].铁道标准设计,2005(4):42-44.

[59] 刘文会,王凤国,辛伟.独塔无背索斜拉桥主塔施工控制仿真分析[J].桥梁建设,2007(5):66-68.

[60] 衣千.湛江海湾大桥主塔横梁施工[J].中外公路,2006,26(5):37-39.

[61] 余定军,王吉英,刘勇,等.斜拉桥钻石形主塔下横梁与塔柱异步施工技术[J].公路,2010(11):7-11.

[62] 张荣光.甘竹溪特大桥主塔液压自爬模体系简介[J].山西建筑,2010(2):298-299.

[63] 李维洲，文兆全. 杭州湾跨海大桥南航道桥主塔施工关键技术 [J]. 水运工程，2009（2）：138-145.

[64] 叶派平. 甬江特大桥索塔模板施工技术 [J]. 福建建筑，2010（5）：128-130.

[65] 林用祥，尤东锋. 南宁大桥主桥上部结构模板设计与应用 [J]. 西部交通科技，2009（3）：7-12.

[66] 陈开良. 爬模在高桥薄壁空心墩施工中的应用 [J]. 北京交通管理干部学院学报，2005，15（1）：39-41.

[67] 鲁斌，熊娜. 桥梁高墩施工中爬模技术的应用 [J]. 工程技术，2010（8）：95.

[68] 邱睿智，蒋建. 液压爬模施工技术 [J]. 四川水力发电，2010，29（1）：47-52.

[69] 王秀艳. 独塔单索面预应力混凝土斜拉桥施工控制分析 [J]. 山西建筑，2008，34（6）：307-308.

[70] 陈业红. 长沙洪山大桥斜塔爬模施工技术 [J]. 山西建筑，2010，36（26）：328-329.

[71] 杨培诚. 鄂东长江大桥超长斜拉索施工技术 [J]. 中国港湾建设，2011（2）：55-58.

[72] 周建林，岳东杰. 全站仪竖直高程传递技术及其在苏通大桥测控中的应用 [J]. 土木工程学报，2007（5）：100-104.

[73] 杜冰，岳东杰. 苏通大桥南主塔墩特大型钢吊箱 GPS-RTK 测量监控技术 [J]. 现代测绘，2007（30）：10-12.

[74] 林文体，陈儒法. 杭州湾跨海大桥北航道桥钢锚箱施工技术 [J]. 桥梁建设，2007（S1）：46-49.

[75] 文兆全. 杭州湾跨海大桥南航道桥钢锚箱施工技术 [J]. 水运工程，2009（5）：138-142.

[76] 秦晓峰，朱晓凯，夏明建. 重庆嘉悦大桥钢锚箱施工技术 [J]. 市政技术，2010（6）：71-73.

[77] 苏庆田，曾明根. 斜拉桥混凝土索塔钢锚箱受力计算 [J]. 结构工程师，2005，21（6）：27-31.

[78] 苏庆田，曾明根，吴冲. 上海长江大桥索塔钢锚箱模型试验研究 [J]. 工程力学，2008（10）：126-128.

[79] 陈开利．钢锚箱索塔锚固区受力机理 [J]．中国铁道科学，2008，29（4）：58-64.

[80] 龙琼，张刚．液压爬模系统的构造及应用 [J]．重庆交通学院学报，2006，25（3）：27-31.

[81] 顾国明，夏卫庆，唐建飞，等．闵浦大桥液压爬模系统的设计 [J]．建筑机械化，2007（10）：31-33.

[82] 袁圣洲，陶建山，郑胜梅．DOKA 爬模系统的设计特点及在工程中的应用 [J]．桥梁建设，2006（1）：62-65.

[83] 张俊．谈高层建筑施工的液压爬模施工技术 [J]．企业科技与发展，2010（22）：146-148.

[84] 万臻，李乔．大跨度斜拉桥钢锚箱锚固区试验与计算分析 [J]．铁道学报，2007，29（5）：89-92.

[85] 陈开利．大跨度斜拉桥斜拉索锚固结构的试验研究 [J]．世界桥梁，2004（1）：29-37.

[86] 周绪红，吕忠达，狄谨，等．钢箱梁斜拉桥索梁锚固区极限承载力分析 [J]．长安大学学报，2007，27（3）：48-51.

[87] 项敬辉，华龙海，李勇．海河大桥钢混结合段应力分析 [J]．华东公路，2011（1）：70-73.

[88] 张仲先，黄彩萍，徐海鹰．混合梁斜拉桥钢混结合段传力机理研究 [J]．华中科技大学学报，2010（5）：117-120.

[89] 何雄君，邵吉林，何本万，等．预应力混凝土桥梁钢混协作关系研究 [J]．武汉理工大学学报，2004（3）：330-332.

[90] 石雪飞，黄力，阮欣．吴江学院路大桥钢混结合段应力分析 [J]．武汉理工大学学报，2013（2）：275-277.

[91] 耿波，王芳，宋军，等．青衣江大桥钢混结合段局部应力分析 [J]．公路交通技术，2001（6）：50-54.

[92] 余天庆，幸思佳．混合梁斜拉桥钢混结合段力学行为分析 [J]．山西建筑，2011（16）：47-48.

[93] 王治均，李三珍．混合梁斜拉桥主梁钢混结合段设计 [J]．公路交通技术，2010（4）：46-48.

[94] 张中锋，冯荣华，唐栋梁，等．黄舣长江大桥主梁钢混结合段施工工艺的优化设计 [J]．西南公路，2010（1）：45-50.

[95] 王军文，倪章军，李建中，等．石板坡长江大桥钢混结合段局部应力分析 [J]．公路交通科技，2007，24（8）：99-102．

[96] 刘荣，余俊林，刘玉擎．鄂东长江大桥混合梁结合段受力分析 [J]．桥梁建设，2013（3）：33-35．

[97] 张国泉，戴少雄．独塔斜拉桥钢混结合段应力分析 [J]．结构工程师，2007，23（3）：26-30．

[98] 国家标准局信息分类编码研究所．公路钢筋混凝土及预应力混凝土桥涵设计规范：JTG D62—2004[S]．北京：中国标准出版社，2004．

[99] 唐琎，叶梅新．钢－混凝土组合结构中密集型剪力钉群的受力状态 [J]．长沙铁道学院学报，1999，7（4）：68-73．

[100] 中华人民共和国交通部．公路斜拉桥设计细则：JTG D65—01—2007 [S]．北京：人民交通出版社，2004．

[101] 唐琎，叶梅新．钢－混凝土组合结构中密集型剪力钉群的受力状态 [J]．长沙铁道学院学报，1999，7（4）：68-73．

[102] 陈开利，王戒躁，安群慧．舟山桃夭门大桥钢与混凝土结合段模型试验研究 [J]．土木工程学报，2006，39（3）：86-90．

[103] 王刚，王福建，吕国文．一种钢管砼－钢箱组合梁力学特性的研究 [J]．华中科技大学学报：自然科学版，2005，33（1）：96-98．

[104] 刘玉擎，曾明根，陈艾荣．连接件在桥梁结构中的应用与研究 [J]．哈尔滨工业大学学报，2003，35（8）：272-275．

[105] 宗周红，车惠民．剪力连接件静载和疲劳试验研究 [J]．福州大学学报：自然科学版，1999，27（6）：61-66．

[106] 王戒燥，安群惠．舟山桃夭门大桥斜拉桥主梁钢混结合段模型试验研究 [D]．铁道部大桥局桥梁科学研究院，2002．

[107] 刘士林，梁智涛，侯金龙．斜拉桥 [M]．北京：人民交通出版社，2002．

[108] 严国敏．现代斜拉桥 [M]．成都：西南交通大学出版社，1996．

[109] 高荣雄．混合梁斜桥施工控制技术研究 [D]．武汉：武汉理工大学，2005．

[110] 刘玉擎．混合梁接合部设计技术的发展 [J]．世界桥梁，2005（4）：9-12．

[111] 周璞．生口桥主梁中钢箱梁与 PC 箱梁接合部的设计 [J]．国外桥梁，1991(2)：1-6．

[112] 蒋永红. 混合梁斜桥结合段刚度匹配的研究 [D]. 湖北：湖北工业大学，2006.

[113] 谢铁坚. 南京长江第三大桥钢混结合段施工技术 [J]. 湖南交通科技，2007，33（3）：86-88.

[114] 蒲怀仁. 佛山平胜大桥钢混结合段设计 [J]. 公路工程，2011，36（3）.

[115] 胡建华，蒲怀仁. PBL剪力键钢混结合段设计与试验研究 [J]. 工程设计，2007，2（22）：62-67.

[116] 陈小玲. 预应力钢混连续梁桥钢混结合段局部应力分析 [J]. 桥梁与隧道工程，2012（5）：86-89.

[117] 刘高，唐亮，谭皓，等. 混合梁斜拉桥钢混结合部的合理位置 [J]. 公路交通科技，2010（6）：52-57.

[118] 徐利平. 混合梁斜拉桥的边、中跨合理比例 [J]. 上海公路，2002（4）：28-30.

[119] 邓青儿. 主跨460 m混凝土梁斜拉桥总体刚度比较研究：第十八届全国桥梁学术会议论文集 [C]. 北京：人民交通出版社，2008：1008-1014.

[120] 赵国藩，金伟良，贡金鑫. 结构可靠度理论 [M]. 北京：中国建筑工业出版社，2000.

[121] 韩大建，马文田. 斜拉桥边跨的结构设计：中国公路学会桥梁和结构工程学会1999年桥梁学术讨论会论文集 [C]. 北京：人民交通出版社，1999：195-199.

[122] 赵国藩，工程结构可靠性理论与应用 [M]. 大连：大连理工大学出版社，1996.

[123] 苗家武. 超大跨度斜拉桥设计理论研究 [D]. 上海：同济大学，2006.

[124] 丁望星，干学军. 预制拼装式混合梁钢混结合段设计研究 [J]. 建材世界，2011，32（5）：101-106.

[125] 刘松，屠柳青，裴炳志，等. 荆岳长江公路大桥钢混结合段混凝土配制及性能研究 [J]. 中国港湾建设.2010（2）：52-52.

[126] 杨霞林，李乔，冉琦山. 斜拉桥双箱单室箱形主梁的空间应力分析 [J]. 中国公路学报，2006，19（1）：71-74.

[127] 郑碧玉，王社，张亚亭，等．组合梁的应力分析与实验[J]．长安大学学报：自然科学版，2006，26（5）：62-65．

[128] 王雷，胡玉昆．扁平宽箱梁剪力滞计算分析[J]．公路与汽运，2005（3）：95-96．

[129] 徐岳，朱万勇，杨岳．波形钢腹板 PC 组合箱梁桥抗弯承载力计算[J]．长安大学学报：自然科学版，2005，25（2）：60-64．

[130] 周建林，刘晓光，张玉玲．苏通大桥钢箱梁桥面板关键构造细节疲劳试验[J]．桥梁建设，2007（4）：17-20．

[131] 刘晓光，张玉玲．西堠门悬索桥分体式钢箱梁锚箱传力路径和疲劳性能分析[J]．钢结构，2010（8）：13-16．

[132] 丁雪松，熊刚，谢斌．大跨度钢箱梁斜拉桥索梁锚固结构的发展与应用[J]．世界桥梁，2007（4）：70-73．

[133] 王嘉弟，赵廷衡．斜拉桥钢箱梁索梁锚固区域应力应变分析[J]．桥梁建设，1997（4）：20-25．

[134] 卫星，李小珍，李俊，等．钢箱梁斜拉桥锚拉板式索梁锚固结构的试验研究[J]．工程力学，2007，24（4）：135-141．

[135] 王禄鹏，钱叶祥，刘晓光，等．大跨度钢箱梁斜拉桥全焊锚箱的制造及变形控制[J]．钢结构，2002（3）：27-29．

[136] 何畏，唐亮，强士中，等．大跨度焊接钢箱梁斜拉桥施工控制技术研究及应用[J]．桥梁建设，2002（5）：14-18．

[137] 许佳尧，闫利峰．天津地铁高架桥大跨度钢箱梁吊装[J]．安装，2004（6）：8-10．

[138] 徐德龙．钢箱梁结构计算浅析[J]．林业科技情报，2013（1）：117-121．

[139] 王志生，李军平．大型钢箱梁有关设计及制造细节问题的探讨[J]．钢结构，2010（4）：56-58．

[140] 金荣铭，曹东威，张玉玲．苏通大桥钢箱梁仰角焊缝焊接工艺及疲劳性能研究[J]．钢结构，2009，24（2）58-60．

[141] 王秀菊．广州珠江黄埔大桥钢箱梁环缝焊接工艺、焊接管理及焊接质量控制[J]．钢结构，2009，24（3）：58-60．

[142] 张太科，周晓蓉．大跨度桥梁钢箱梁设计要素简述[J]．中外公路，2005（4）：139-141．

[143] 邵天吉，孙洪伟，贝玉成. 钢箱梁吊装用扁担梁的设计 [J]. 钢结构，2007（9）：56-58.

[144] 李玉安，曾智明，刘建飞. 城市高架桥钢箱梁制作安装施工技术 [J]. 安装，2001（S1）：13-15.

[145] 郭少波. 钢箱梁跨铁路施工 [J]. 城市建筑，2013（6）：79-80.

[146] 刘斌. 钢箱梁横梁及合龙段现场拼装施工技术 [J]. 铁道建筑技术，2009（10）：29-32.

[147] 梁之海. 大跨度连续钢箱梁架设施工技术 [J]. 铁道标准设计，2005（7）：72-75.

[148] 黄大元，周昌栋，宋官保，等. 悬索桥钢箱梁工地焊接工艺与质量控制 [J]. 中外公路，2002（2）：36-38.

[149] 尉慧. 钢箱梁焊接质量控制 [J]. 机械管理开发，2005（1）：58-59.

[150] 贾建彬. 高速公路跨线钢箱梁施工质量控制措施 [J]. 交通标准化，2008（6）：71-73.

[151] 邓娟红，宋一凡，陈至辰. 钢箱梁开口加劲肋设计探讨 [J]. 钢结构，2005（5）：29-31.

[152] 文小和，陈晓英，黄祥国. 大悬挑钢箱梁三维仿真分析 [J]. 交通科技，2010（3）：1-3.

[153] 罗红东. 广州市内环路高架钢箱梁制作 [J]. 工业建筑，2005（S1）：338-341.

[154] 汪泱. 钢箱梁桥详图设计的特点及方法 [J]. 工业建筑，2012（S1）：614-617.

[155] 付常谊. 鄂东大桥钢箱梁梁段制造及预拼装技术研究 [J]. 建筑与工程，2009（33）：79-80.

[156] 程建华，熊健民，周金枝. 钢箱梁正交异性板受力性能分析 [J]. 钢结构，2014（2）：39-43.

[157] 黄波. 大体积钢箱梁简易安装方法 [J]. 施工技术，2006（35）：72-75.

[158] 郜振宇，孙晓军. 钢箱梁施工中的吊装及测控技术 [J]. 公路交通技术，2008（1）.

[159] 盖洪涛，李晋滨. 斜拉桥的施工监测 [J]. 黑龙江交通科技，

2008（5）：53-54.

[160] 李传习，张磊. 九江长江大桥混合梁斜拉桥稳定分析 [J]. 交通科学与工程，2010，26（4）.

[161] 苗家武. 超大跨度斜拉桥设计理论研究 [D]. 上海：同济大学，2006.

[162] 王治均，李三珍. 混合梁斜拉桥主梁钢混结合段设计 [J]. 公路交通技术，2010（8）：46-48.

[163] 颜东煌，文钰，刘光栋，等. 斜拉桥施工最优控制 [J]. 国外公路，1999，19（3）.

[164] 黄晓航. 夷陵长江大桥三塔斜拉桥施工监控 [J]. 桥梁建设，2003（3）：22-24.

[165] 邓新安. 斜拉桥悬浇施工过程控制 [J]. 水运工程，2003（3）：22-24.

[166] 常因. 大跨钢箱梁斜拉桥施工控制要点分析 [J]. 公路交通科技，2001（2）：39-43.

[167] 吴溉原，颜东煌，陈常松. 大跨度混合梁斜拉桥几何非线性影响分析 [J]. 公路与汽运，2009，5：124-127.

[168] 罗瑞华，黄中华. 无锡蓉湖桥钢混凝土混合梁斜拉桥施工技术 [J]. 铁道标准设计，2005（10）：52-53.

[169] 李孟然，高荣雄，杨涛. 独塔混合梁斜拉桥成桥恒载索力优化研究 [J]. 山西建筑，2007，33（10）：286-287.

[170] 胡雄，陈兆能，佟德纯，等. 多参数监测与模式识别技术在斜拉桥模型中的应用 [J]. 上海交通大学学报，2004（3）：354-359.

[171] 李传习，朱潇潇，陈富强. 独塔混合梁斜拉桥成桥状态的影响参数分析 [J]. 广西科学，2008，15（3）：288-293.

[172] 陈宇，夏招广，高玉峰. 独塔混合梁斜拉桥荷载试验研究 [J]. 四川建筑，2009，29（3）：148-150.

[173] 施洲，曹发辉，蒲黔辉. 大跨度独塔斜拉桥静动载试验研究 [J]. 铁道建筑技术，2005（1）：16-19.

[174] 王伯慧. 斜拉桥结构发展和中国经验 [M]. 北京：人民交通出版社，2003.

[175] 邓水源. 大跨径斜拉桥施工控制的分析研究 [D]. 合肥：合肥工业大学，2005.

[176] 颜东煌. 斜拉桥合理设计状态确定与施工控制 [D]. 长沙：湖南大学，2001.

[177] 黄侨. 桥梁钢—混凝土组合结构设计原理 [M]. 北京：人民交通出版社，2004.

[178] 徐利平. 混合梁斜拉桥的边、中跨合理比例 [J]. 上海公路，2002.

[179] 刘菊玖，杨继前，汪正兴. 斜拉桥技术的最新演变 [J]. 国外桥梁，2000（1）：1-7.

[180] 马坤全. 大跨径斜拉桥建设与展望 [J]. 国外桥梁，2000（4）：60-65.

[181] 陈务军，关富玲. 我国斜拉桥的发展 [J]. 华东公路，1996，101(4)：51-54.

[182] 经柏林. 斜拉桥的现状与展望 [J]. 中国市政工程，2002，96（1）：21-23.

[183] 陈德伟，许俊，周宗泽，等. 预应力混凝土斜拉桥施工控制新进展 [J]. 同济大学学报，2001，29（1）：99-103.

[184] 汪劲丰. 预应力混凝土斜拉桥施工控制研究 [D]. 杭州：浙江大学，2003.

[185] 乔建东，陈政清. 确定斜拉桥索力的有约束优化法 [J]. 上海力学，1999，20（1）：50-55.

[186] 官万轶，韩大建. 斜拉桥的索力调整 [J]. 昆明理工大学学报，2000，25（1）：125-128.

[187] 陈务军，关富玲，袁行飞，等. 斜拉桥施工控制分析中线性与非线性影响分析 [J]. 中国公路学报，1998，11（2）：52-58.

[188] 江锋. 淇澳大桥独柱式主塔横向受力分析 [J]. 武汉城市建设学院学报，2001，18（1）：20-24.

[189] 毛时昌，杜国华，范立础. 混凝土斜拉桥徐变倒退分析 [J]. 中国公路学报，1995（8）：42-46.

工程施工图片

一、超长大直径钻孔桩施工

图 1 超长大直径钻孔桩施工场地布置

图 2 钢筋笼长线法施工场地布局全景

图 3 ZJD4000 型全液压动力头钻机

图 4 MT85+85 双天钩龙门吊联合吊装钢筋笼

二、主承台深大基坑施工

图 5　主桥承台钢筋绑扎施工图

图 6　主承台深基坑栈桥法开挖

图 7 主承台温控冷却水管布置

图 8 主承台大体积混凝土浇筑

三、超高索塔施工

图 9　索塔起步段施工图

图 10　北岸索塔下横梁塔梁同步施工

图 11 南岸索塔塔梁异步施工

图 12 索塔中塔柱施工图

图 13 索塔钢锚箱吊装施工

图 14 索塔上塔柱施工图

四、钢混结合段施工

图 15 钢混结合段胎架组拼焊接

图 16 钢混结合段模块吊装

图 17　钢混结合段同步牵引滑移

图 18　钢混结合段浇筑施工图

五、钢箱梁梁上运梁转体架设

图 19 提梁门架提升钢梁

图 20 运梁小车梁上运梁

图 21　钢箱梁转体

图 22　钢箱梁合龙段配切合龙

图 23　钢箱梁合龙施工

图 24　甬江特大桥成桥全景

后　记

甬江特大桥作为国内外铁路建设史上最大跨度钢箱混合梁斜拉桥，于2010年5月开工建设，2014年12月6日建成通车，建造历时4年多，所采用的多项设计、施工创新技术达到国际先进水平，所开展的科技研究取得了良好的科技成果，得到了国家权威机构的认可。

甬江特大桥的成功建设，开辟了铁路桥结构的新篇章，引导了中国铁路桥梁的发展方向，甬江桥后势必有更多、更大跨度的铁路混合梁斜拉桥像雨后春笋般涌现，这也是甬江特大桥作为首座新结构大跨度铁路桥梁最大的建设意义。当然，荣誉和成就的取得离不开建设单位、勘察设计单位、施工单位、监理单位、监控监测单位、参建的高校，以及质量检查站等部门的协作与配合，这是集体智慧的体现。在此对所有参建单位及参建人员的辛勤付出表示衷心感谢！